제5판

면과락을 위한 세무사 1차시험대비

재무회계 핵심요약정리 – 100분에 끝내기 | 핵심이론, 주요계산식(한줄풀이, Powerful Method)

K-IFRS
객관식 회계학
실전모의고사

공인회계사 **김정호** 지음

■ 기업회계기준서 제1109호 '금융상품' 반영
■ 기업회계기준서 제1115호 '고객과의 계약에서 생기는 수익' 반영
■ 기업회계기준서 제1116호 '리스' 반영

2019년

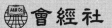 會經社

Materiality & Substance over form Approach

저자의 생각으로는 회계학 저변에 흐르는 기본개념은 실질우선(substance over form)의 원칙과 중요성(materiality)이라고 생각한다. 이 문제집도 실질과 중요성의 관점에서 쓰이도록 노력하였다.

1차시험 불합격사유의 대부분은 전과목 과락은 없으나 평균 60점 미만이어서가 아니라 한 과목이라도 과락이 있기 때문이다. 《평균 60점 이상이지만 한 과목 이상이 과락인 불합격생》이 《전과목 과락은 없으나 평균 60점 미만인 불합격생》보다 많을 것으로 판단한다. 따라서 저자는 강의시간에 늘 **"면과락이면 1차시험은 합격"**이라고 강조한다.

회계학은 과락가능성이 매우 높은 과목이다. 실력은 있으나 요령이 부족하여 과락을 맞는 안타까운 경험을 회피하려면 실전 모의고사를 비중 있게 풀어서 발생할 수 있는 문제점을 극복하여야 한다. 실전 모의고사는 면과락을 위한 사전 점검이다. 실전 모의고사를 통하여 면과락의 해법을 찾을 수 있을 것이다. 시험에 강한 자는 시험을 자주 접한 자이다.

이 문제집의 특징은 다음과 같다.

첫째, 모의고사 문제는 **기출문제와 가능하면 유사하게** 출제하였다. 난이도와 단원별 출제비중을 실전 문제와 유사하게 구성하였다. 다만, 재무회계 25문항(60%), 원가관리회계 15문항(40%)으로 출제되고 있으나, 본 모의고사는 재무회계에 더 비중을 두어 재무회계 30문항(75%), 원가관리회계 10문항(25%)로 구성하였다. 모의고사 회당 출제현황표는 별도로 제시하였다. 따라서 모의고사점수가 실제 점수의 최전의 추정치가 될 수 있다.

둘째, 문제는 **개정된 사항이나 새롭게 기준에서 반영된 내용** 또는 **틀리기 쉬운 중요문제**를 엄선하여 출제하였다.

셋째, 여기에 수록된 문제는 타 문제집에서 카피한 문제는 하나도 없다. 또한, 저자의 예상문제집(2012년 11월 출간)의 문제와 동일한 문제가 하나도 없다. 대부분의 문제는 저자가 출제자의 입장에서 서서 **독창적으로 출제한 문제**이다. 따라서 시험을 앞둔 수험생이 **실력점검**하는데 유용하며, **응용문제에 대비할 수 있게** 하였다.

넷째, 객관식 회계학은 시간 부족으로 과락이 많은 과목이다. 따라서 가능하면 문제풀이 소요시간을 단축하여야 하는바, 이 책은 **실전적인 풀이방법(Powerful Method)을 제시**하여 이러한 문제를 해결하려고 노력하였다.

다섯째, 수록된 재무회계핵심요약정리는 신속·간편하게 마무리 정리하는 데 도움이 될 것이다. 또한 요약정리 아래에 관련 출제문제번호를 표시하여 문제로 요약정리내용을 확인할 수 있게 하였다.

이 문제집은 실제 시험과 동일한 상황에서 문제를 풀어야 한다.

- **모의고사 풀이시간** : 실전에서 **회계학은 50분에서 55분**, 상법은 25분에서 30분을 배분하는 것이 회계학의 과락을 면하면서 상법(행정소송법)에서 고득점을 획득할 수 있는 황금시간배분이다. 이 시간은 답안지에 답을 표시하는 시간이 포함된 것이다. 모의고사 문제는 **50분을 투입하여 획득한 점수가 최선의 예상점수**가 될 것이다. **시간을 통제(50분 안팎)하에 풀지 않으면 모의고사의 효익은 크지 않다. 통제된 시간하에 득점을 확인하는 것이 매우 중요하다.**
- **모의고사 점수** : 실전과 유사한 난이도로 출제되었으므로 획득된 점수가 **50점 이상이면 실전에서 과락을 면할 수 있을 것**이며, 획득된 점수가 40점 미만이면 실전에서도 과락의 위험이 높다고 본다.

모의고사 문제 풀이요령은 실전 문제풀이요령과 동일하게 다음과 같다.

1. 시험지가 배포된 후 시험지 점검시간에 천천히 페이지를 넘기면서 **회계학, 상법(행정소송법)의 난이도 및 지면의 양을 전체적으로 훑어본다.** 전반적으로 지문의 양이 많거나 특수회계의 비중이 크다면 면과락을 위해 더 빠른 속도로 문제를 풀어야 한다.

2. **풀이과목 순서** : 일반적으로 풀이순서는 '상법(행정소송법)' → '회계학'이 바람직하다.

3. **시간배분**

> - 상법(행정소송법) : 25분~30분
> - 회계학 : 55분~50분
> - ※ 상법(행정소송법)을 35분 이상 투입하면 회계학 과락 위험 큼

4. 문제 푸는 순서 : FIFO가 아니다. 즉, 문제 1번부터 순차적으로 풀면 안 된다.

1순위	서술형 : 상법과 동일하게 1문제당 30초안에 푼다. ※ 한 번 읽어서 답을 고를 수 없으면 다시 지문을 읽어도 답을 찾을 수 없으니 답을 즉시 결정(느낌으로 감각적으로 결정)한다.
2순위	• 간단한 계산문제(매출총이익법, 자본유지접근법 등) • Powerful Method로 30초에서 1분 안에 해결되는 문제(파생상품, 손실나는공사 등)
3순위	관리회계문제 중 정형화된 유형의 문제
4순위	1분에서 2분 정도 소요되는 문제

5. skip문제 : **25문제에서 30문제를 푼다는 전략으로 푼다.** 즉, 10문제 이상은 풀 수 없는 문제라고 생각하고 과감하게 skip한다. 다음 문제는 과감히 찍는다. 반드시 답을 결정하고 다음 문제로 넘어간다.(답의 결정을 유보하면 안 된다. 나중에 볼 시간이 없고 나중에 본다고 해결되지 않는다)

> ① 시간이 많이 소요될 것 같은 문제(이연법인세, 주당이익, 연결회계 등)
> ② 풀이방법이 생각나지 않는 문제
> ③ 처음 보는 유형의 문제
> ④ 평소에 풀지 못하거나 자신이 없는 문제

6. 답안지 작성 : 중간 중간에 답을 이기한다. **상법(행정소송법)을 풀었다면 상법(행정소송법) 답안지 작성 완료 후 회계학 풀이로 넘어간다.** 빨간색 펜으로 먼저 표시하는 것도 좋다. **수정테이프로 수정할 수 있으니 반드시 수정테이프를 준비한다.** 수정테이프로 수정하는 것도 미리 연습한다.

※ 절대로, 마지막에 답안지에 표시하면 안 된다. 이기 못한 답안이 발생할 수 있다. 시험시간이 종료 되면 답안지가 즉시 회수되어 이기가 허용되지 않는다.

7. 가장 중요 : "풀 수 있다, 합격할 수 있다"는 자신감을 갖고 문제를 푼다.

이 문제집은 부족한 부분이 있고 오류가 있을 수 있다고 생각된다. 이 책의 미비점에 대하여 계속하여 수정·보완해 나갈 것을 약속드리며, 독자 제현의 비판과 충고를 바란다.

독자 제현이 문의와 비판을 저자의 다음 카페 'kimgaap'이나 E-mail 'gaapgaap@hanmail.net'로 연락주시면 성심껏 답변을 드리고 보완할 사항을 책에 반영토록 노력하겠다.

필자가 강의시간에 강조하는 한자성어를 소개하고자 한다.

- **불한불성(不汗不成)** : 땀을 흘리지 않고는 이루지 못한다.
- **불광불급(不狂不及)** : 미치지 않고는 얻을 수 없다.

이 책이 출간되기까지 많은 수고를 아끼지 않은 회경사의 이진근 사장님과 편집실 여러분에게 감사드린다.

2018년 9월

❑ 세무사 재무회계 기출문제 현황(2010~2018)(중급회계 및 객관식문제집과 목차 일치)

장	재무회계 내용	2010	2011	2012	2013	2014	2015	2016	2017	2018	합	비율
1	회계환경과 회계원칙	-	-	-	-	-	-	-	-	-	-	0%
2	개념체계	1	2	2	1	1	2	-	1	1	11	5%
3	회계처리과정	-	-	-	-	-	-	-	-	-	-	0%
4	현재가치회계 및 이익의 측정	1	-	-	-	-	-	-	-	-	1	0%
5	재무제표 표시	1	1	-	2	3	-	1	1	1	10	4%
6	현금및현금성자산	-	-	1	-	-	-	1	-	1	3	1%
7	금융자산	2	1	1	1	1	1	3	2	2	14	6%
8	재고자산	2	1	2	3	2	2	2	2	2	18	8%
9	유형자산	3	3	3	2	4	5	2	4	5	31	14%
10	무형자산	2	1	1	2	1	-	1	-	-	8	4%
11	투자부동산	1	-	1	-	-	1	1	-	1	5	2%
12	차입원가	-	1	1	1	-	1	1	-	1	6	3%
13	자산손상	-	-	1	1	-	-	-	-	-	2	1%
14	금융부채	-	-	1	1	1	-	1	1	1	6	3%
15	충당부채	-	-	-	1	-	-	1	1	1	4	2%
16	자본(지분상품)	1	1	-	1	1	1	-	1	1	7	3%
17	복합금융상품	1	1	1	1	2	-	1	-	1	8	4%
18	수익	-	2	2	1	1	2	-	-	-	8	4%
19	건설계약	1	-	1	1	-	-	1	1	-	5	2%
20	공정가치측정	-	-	-	-	-	1	1	-	-	2	1%
21	관계기업과 공동기업에 대한 투자	2	1	-	1	1	-	1	1	-	7	3%
22	연결재무제표와 별도재무제표	1	1	-	-	-	-	-	-	2	4	2%
23	사업결합	-	-	-	-	1	-	-	1	-	2	1%
24	정부보조금	-	-	-	-	1	1	1	1	-	4	2%
25	농림어업	-	1	-	1	-	-	-	-	1	3	1%
26	광물자원의 탐사와 평가	-	-	-	-	-	-	-	-	-	-	0%
27	종업원급여	-	-	-	1	1	-	-	-	-	2	1%
28	퇴직급여제도	-	1	-	-	-	-	-	1	-	2	1%
29	리스회계	1	1	1	1	1	1	2	-	-	8	4%
30	법인세회계	1	-	-	-	-	-	-	-	1	2	1%
31	주식기준보상		1	-	1		1	1	-	-	4	2%
32	주당이익	1	1	1	1	1	1	1	1	1	9	4%
33	환율변동효과	-	1	-	-				1	-	2	1%
34	파생상품	-	-	-	-	-	-		-	-	-	0%
35	회계변경과 오류수정	1	2	1	-	1	2	1	-	2	10	4%
36	중간재무보고	-	-	-	-	-	-	-	1	-	1	0%
37	특수관계자공시	-	-	1	-	-	-	-	1	-	2	1%
38	보고기간후사건	-	-	-	-	-	-	-	-	-	-	0%
39	중단영업 및 매각예정 비유동자산	-	-	-	1	-	-	-	-	-	1	0%
40	영업부문	-	-	-	-	-	-	-	1	-	1	0%
41	현금흐름표	1	1	3		1	1	1	1	1	10	4%
42	재무제표 분석	1	-	-	-	-	-		1		2	1%
	계	25	25	25	25	25	25	25	25	25	225	100%

❑ 원가관리회계

장	원가관리회계 내용	2010	2011	2012	2013	2014	2015	2016	2017	2018	합	비율
1	원가흐름	–	1	1	1	1	–	1	–	–	5	4%
2	개별원가계산	1	1	1	1	1	–	1	1	1	8	6%
3	종합원가계산(공손이 없는 경우)	–	–	1	1		1	1	1	1	6	4%
4	종합원가계산(공손이 있는 경우)	1	–	–	1	1	1	–	–	1	5	4%
5	결합원가계산(결합제품과 부산물)	1	1	1	1	1	1	1	1	1	9	7%
6	부문별원가계산	–	–	–	1	1	–	1	1	1	5	4%
7	활동기준원가계산	1	2	1	–	1	1	–	1	–	7	5%
8	원가추정	1	–	1	–	1	1	–	1	1	6	4%
9	원가 · 조업도 · 이익 분석(CVP분석)	2	1	1	2	2	1	4	2	2	17	13%
10	변동원가계산	1	1	2	1	1	1	1	1	3	12	9%
11	단기의사결정과 관련원가	2	2	2	2	–	3	2	3	3	19	14%
12	불확실성하의 의사결정	1	–	–	–	–	–	–	–	–	1	1%
13	종합예산	1	–	–	–	1	1	1	1	–	5	4%
14	책임회계	1	2	2	3	1	1		–	–	10	7%
15	표준원가계산	1	2	1	1	1	2	1	2	1	12	9%
16	사내대체가격	–	–	–	–	1	–	1	–	–	2	1%
17	전략적 원가관리	1	2	1	–	1	1	–	–		6	4%
	합계	15	15	15	15	15	15	15	15	15	135	

모의고사 결과표(성적표)

	1회	2회	3회	4회	5회	6회	7회	8회	9회	10회
시 험 일 자										
소 요 시 간										
점 수										
재무회계(1~30)										
원가회계(31~40)										
푼 문 제 수										
맞은 문 제 수										
정 답 률										
못 푼 문 제 수										
맞은 문 제 수										
정 답 률										
서술형 문제수										
맞은 문 제 수										
정 답 률										
계산형 문제수										
맞은 문 제 수										
정 답 률										

이 책의
차 례

I 실전모의고사 문제

II 실전모의고사 정답 및 해설

핵심요약정리

I 실전모의고사 문제

国家専門資格試験 答案カード

절 취 선

( )년도 제( )회 ( )

	①	②	③	④	⑤		①	②	③	④	⑤		①	②	③	④	⑤		①	②	③	④	⑤		①	②	③	④	⑤		①	②	③	④	⑤
1						21						41						61						81						101					
2						22						42						62						82						102					
3						23						43						63						83						103					
4						24						44						64						84						104					
5						25						45						65						85						105					
6						26						46						66						86						106					
7						27						47						67						87						107					
8						28						48						68						88						108					
9						29						49						69						89						109					
10						30						50						70						90						110					
11						31						51						71						91						111					
12						32						52						72						92						112					
13						33						53						73						93						113					
14						34						54						74						94						114					
15						35						55						75						95						115					
16						36						56						76						96						116					
17						37						57						77						97						117					
18						38						58						78						98						118					
19						39						59						79						99						119					
20						40						60						80						100						120					

필적감정용 기재란		①	②	③	④	⑤
합격의 기쁨	121					
	122					
	123					
	124					
	125					

성 명

교시(차수) 기재란
(교시·차) ① ② ③

문제지 형별 기재란
(형) Ⓐ Ⓑ

선택과목 1

선택과목 2

수험번호
⓪	①	②	③	④	⑤	⑥	⑦	⑧	⑨
⓪	①	②	③	④	⑤	⑥	⑦	⑧	⑨
⓪	①	②	③	④	⑤	⑥	⑦	⑧	⑨
⓪	①	②	③	④	⑤	⑥	⑦	⑧	⑨
⓪	①	②	③	④	⑤	⑥	⑦	⑧	⑨
⓪	①	②	③	④	⑤	⑥	⑦	⑧	⑨
⓪	①	②	③	④	⑤	⑥	⑦	⑧	⑨

감독위원 확인
㊞

성 명		

교시(차수) 기재란		
( )교시·차	① ② ③

문제지 형별 기재란	
( )형	Ⓐ Ⓑ

선택 과목 1

선택 과목 2

수험번호	0	1	3	2	9	8	0	1
	●	⓪	⓪	⓪	⓪	⓪	●	⓪
	①	●	①	①	①	①	①	●
	②	②	②	●	②	②	②	②
	③	③	●	③	③	③	③	③
	④	④	④	④	④	④	④	④
	⑤	⑤	⑤	⑤	⑤	⑤	⑤	⑤
	⑥	⑥	⑥	⑥	⑥	⑥	⑥	⑥
	⑦	⑦	⑦	⑦	⑦	⑦	⑦	⑦
	⑧	⑧	⑧	⑧	●	●	⑧	⑧
	⑨	⑨	⑨	⑨	●	⑨	⑨	⑨

감독위원 확인	
(인)	김 갑 동

수험자 유의사항

1. 시험 중에는 통신기기(휴대전화·소형 무전기 등) 및 전자기기(초소형 카메라 등)를 소지하거나 사용할 수 없습니다.
2. 부정행위 예방을 위해 시험문제지에도 수험번호와 성명을 반드시 기재하시기 바랍니다.
3. 시험시간이 종료되면 즉시 답안작성을 멈춰야 하며, 종료시간 이후 계속 답안을 작성하거나 감독위원의 답안카드 제출지시에 불응할 때에는 당해 시험이 무효처리 됩니다.
4. 기타 감독위원의 정당한 지시에 불응하여 타 수험자의 시험에 방해가 될 경우 퇴실조치 될 수 있습니다.

답안카드 작성 시 유의사항

1. 답안카드 기재·마킹 시에는 반드시 검정색 사인펜을 사용해야 합니다.
2. 답안카드를 잘못 작성했을 시에는 카드를 교체하거나 수정테이프를 사용하여 수정할 수 있습니다.
   그러나 불완전한 수정처리로 인해 발생하는 전산자동판독불가는 등 불이익은 수험자의 귀책사유입니다.
   - 답안카드 왼쪽(성명·수험번호 등)을 제외한 '답안란' 만 수정테이프로 수정 가능
3. 성명란은 수험자 본인의 성명을 정자체로 기재합니다.
4. 해당차수(교시)시험을 기재하고 해당 란에 마킹합니다.
5. 시험문제지 형별기재란은 시험문제지 형별을 기재하고, 우측 형별마킹란에 해당 형별을 마킹합니다.
6. 수험번호란은 숫자로 기재하고 아래 해당번호에 마킹합니다.
7. 필적감정용 기재란은 '합격의 기쁨'을 정자체로 기재합니다.
8. 시험문제지 형별 및 수험번호 등 마킹착오로 인한 불이익은 전적으로 수험자의 귀책사유입니다.
9. 감독위원의 날인이 없는 답안카드는 무효처리 됩니다.
10. 상단과 우측의 검은색 띠(▮▮▮) 부분은 낙서를 금지합니다.

부정행위 처리규정

시험 중 다음과 같은 행위를 하는 자는 당해 시험을 무효처리하고 자격별 관련 규정에 따라 일정기간 동안 시험에 응시할 수 있는 자격을 정지합니다.

1. 시험과 관련된 대화, 답안카드 교환, 다른 수험자의 답안·문제지를 보고 답안 작성, 대리시험을 치르거나 치르게 하는 행위, 시험문제 내용과 관련된 물건을 휴대하거나 이를 주고받는 행위
2. 시험장 내외로부터 도움을 받아 답안을 작성하는 행위, 공인어학성적 및 응시자격서류를 허위기재하여 제출하는 행위
3. 통신기기(휴대전화·소형 무전기 등) 및 전자기기(초소형 카메라 등)를 휴대하거나 사용하는 행위
4. 다른 수험자와 성명 및 수험번호를 바꾸어 작성·제출하는 행위
5. 기타 부정 또는 불공정한 방법으로 시험을 치르는 행위

01 ㈜다빈건설은 20×1년 1월 1일에 연구소 건설 공사를 ₩150,000에 수주하였다. 공사기간은 20×1년 1월 1일부터 20×3년 12월 31일까지이다. 다음은 연도별 공사와 관련된 내용이다.

구 분	20×1년	20×2년	20×3년
누적발생원가	₩21,250	₩68,000	₩105,000
추가원가	63,750	38,250	—
물리적 완성비율	30%	62%	100%

20×1년 발생원가에는 하도급계약에 따라 수행될 공사에 대해 하도급자에게 선급한 금액 ₩4,250이 포함되어 있으며, 동 금액은 20×2년에 공사가 수행되었다.

㈜다빈건설이 누적발생원가기준과 물리적 완성비율로 진행률을 산정하는 경우 각각 20×2년 계약이익은 얼마인가?

	누적발생기준	물리적 완성비율기준
①	₩15,000	₩7,625
②	₩16,750	₩1,250
③	₩6,750	₩5,500
④	₩15,000	₩1,250
⑤	₩16,750	₩7,625

02 ㈜다인은 20×1년 1월 1일에 ㈜서정의 주식 20%을 ₩55,000에 취득하였다. 이러한 주식취득으로 인하여 ㈜서정은 ㈜다인의 관계기업이 되었다. 취득당시 ㈜서정의 순자산의 장부금액은 ₩250,000이고 순자산의 공정가치는 ₩300,000이다. 공정가치와 장부금액의 차이는 건물의 과소계상에 기인한다. 20×1년 1월 1일 현재 건물은 잔존내용연수 10년간 잔존가치없이 정액법으로 상각된다. ㈜서정의 20×1년 순이익은 ₩100,000이고, 중간배당액은 ₩20,000이다. ㈜서정은 20×1년 12월 31일에 모든 건물을 처분하였다. ㈜다인이 20×1년 ㈜서정의 주식에 대하여 지분법을 적용하는 경우 20×1년 12월 31일의 관계기업투자주식은 얼마인가?

① ₩61,000   ② ₩66,000   ③ ₩70,000   ④ ₩71,000   ⑤ ₩75,000

03 ㈜다빈은 퇴직급여제도로 확정급여제도(defined benefit plan)를 채택하고 있다. 다음은 확정급여 제도와 관련된 ㈜다빈의 자료이다.

	20×1년 초	20×1년 말
확정급여채무의 현재가치	₩620,000	₩700,000
사외적립자산의 공정가치	430,000	500,000
20×2년 당기근무원가	70,000	
20×2년 과거근무원가	10,000	
20×2년 퇴직금지급액	40,000	
20×2년 사외적립자산에 대한 기여금 납부액	60,000	

20×1년 1월 1일과 20×1년 12월 31일 확정급여채무를 할인하기 위해 사용되는 할인율은 각각 연 4%, 연 5%이다. 모든 거래는 기말에 발생하고, 퇴직금은 사외적립자산에서 지급한다. ㈜다빈의 회계기간은 1월 1일부터 12월 31일까지이다. ㈜다빈의 20×1년 순확정급여부채의 순이자는 얼마인가?

① ₩7,600　　　　　② ₩8,000　　　　　③ ₩8,800
④ ₩9,500　　　　　⑤ ₩10,000

04 기업회계기준서 제1116호 '리스'에 관한 다음 설명 중 옳지 않은 것은?

① 단기리스에 대한 선택은 리스별로 한다. 소액 기초자산 리스에 대한 선택은 사용권이 관련되어 있는 기초자산의 유형별로 할 수 있다.
② 리스이용자가 단기리스에 사용권자산과 리스부채을 인식하는 요구사항을 적용하지 않다가 리스변경이 있는 경우 그 리스를 새로운 리스로 본다.
③ 리스이용자는 리스약정일에 사용권자산과 리스부채를 인식한다.
④ 리스이용자는 재무상태표에 사용권자산을 다른 자산과 반드시 구분하여 표시한다.
⑤ 리스이용자가 투자부동산에 기업회계기준서 제1040호 '투자부동산'의 공정가치모형을 적용하는 경우에는, 기업회계기준서 제1040호의 투자부동산 정의를 충족하는 사용권 자산은 원가모형과 공정가치모형 중 선택할 수 있다.

05 ㈜다인은 20×1년 1월 1일에 액면금액이 ₩1,000,000인 전환사채를 액면발행하였다. 동 사채의 이자율은 4%이며 매년말에 지급되고 만기일은 20×3년 12월 31일이다. 전환청구는 만기까지 가능하며, 사채 액면 ₩1,000당 보통주 1주(주당액면금액 : ₩500)로 전환할 수 있다. 발행 당시 전환권이 없는 일반사채의 시장이자율은 10%이다.

〈현가계수자료〉

기간	₩1의 현재가치		연금 ₩1의 현재가치	
	할인율 10%	할인율 12%	할인율 10%	할인율 12%
1	0.9091	0.8929	0.9091	0.8929
2	0.8264	0.7972	1.7355	1.6901
3	0.7513	0.7118	2.4868	2.4018

20×2년 1월 1일에 ㈜다인은 전환사채 액면금액 ₩500,000을 공정가치인 ₩530,000로 재매입하였다. ㈜다인이 20×2년 1월 1일에 2년 만기 전환권이 없는 사채를 발행한다면 12%로 유효이자율이 결정된다. 한국채택국제회계기준에 따라 처리하는 경우에 사채상환이익을 계산하면 얼마인가?

① ₩7,016   ② ₩9,012   ③ ₩11,683

④ ₩15,523   ⑤ ₩22,984

06 비용의 분석은 성격별 분류와 기능별 분류 중 하나로 제공된다. 다음 항목 중 성격별(nature) 분류에 대한 설명으로만 구성되어 있는 것은?

> A. 매출원가법이라고도 한다.
> B. 재무제표이용자에게 더욱 목적적합한 정보를 제공할 수 있다.
> C. 적용이 간단하다.
> D. 미래현금흐름을 예측하는데 더 유용하다.
> E. 자의적인 배분과 상당한 정도의 판단이 개입될 수 있다.

① C, D   ② C, B   ③ A, B, E

④ A, D, E   ⑤ A, B, C

07 ㈜다빈은 20×1년의 당기순이익은 ₩5,635,000이고, 20×1년 초 보통주식수는 850주이다. 20×1년 이전에 발행한 보통주를 취득할 수 있는 A옵션이 600개가 있다. A옵션의 행사가격은 ₩2,000이다. 보통주 1주의 평균시장가격은 ₩2,500이다. 옵션과 관련하여 20×1년 당기순이익에 반영된 손익은 없다. 20×1년 4월 1일에 A옵션 400개가 행사되어 보통주식이 400주가 발행되었다. 보통주식의 가중평균은 월적수에 의한다. ㈜다빈의 20×1년 희석주당순이익은 얼마인가?

① ₩4,174   ② ₩4,657   ③ ₩4,696

④ ₩4,796   ⑤ ₩4,900

08 ㈜다빈은 부부젤라를 매입하여 판매한다. 부부젤라의 20×1년과 20×2년의 현황은 다음과 같다.

구분	〈20×1년〉				〈20×1년〉			
	기초	매입	판매	기말	기초	매입	판매	기말
수 량(개)	0	5,000	4,000	1,000	1,000	0	600	400
개당원가	0	₩200	?	₩200	₩200	0	0	₩200

20×1년 12월 31일 현재 자블라니의 개당 판매금액 ₩210이고, 단위당 판매비용은 ₩20이다. 축구붐이 조성되어 20×2년 12월 31일 현재 자블라니의 개당 판매금액 ₩215이고, 단위당 판매비용은 ₩20이다. ㈜다빈의 회계기간은 1월 1일부터 12월 31일까지이다. ㈜다빈이 20×2년 12월 31일에 재고자산평가손실환입으로 인식할 금액을 계산하면 얼마인가?

① ₩2,000 ② ₩5,000 ③ ₩8,000
④ ₩10,000 ⑤ ₩15,000

09 재무보고를 위한 개념체계에 대한 다음의 설명 중 틀리게 서술된 것은?

① 많은 현재 및 잠재적 투자자, 대여자 및 기타 채권자는 일반목적재무보고서가 대상으로 하는 주요 이용자이다.
② 일반목적재무보고서는 현재 및 잠재적 투자자, 대여자 및 기타 채권자가 필요로 하는 모든 정보를 제공하지는 않으며 제공할 수도 없다.
③ 일반목적재무보고서는 보고기업의 가치를 보여주기 위해 고안된 것이다.
④ 재무보고서는 정확한 서술보다는 상당 부분 추정, 판단 및 모형에 근거한다.
⑤ 경영진의 책임 이행에 대한 정보는 경영진의 행동에 대해 의결권을 가지거나 다른 방법으로 영향력을 행사하는 현재 투자자, 대여자 및 기타 채권자의 의사결정에도 유용하다.

10 기업회계기준서 제1109호 '금융상품' 중 금융자산의 제거에 관한 다음 설명 중 옳지 <u>않은</u> 것은?

① 양수자가 자산 전체를 독립된 제3자에게 매도할 수 있는 실질적 능력을 가지고 있으며 양도에 추가 제약을 할 필요 없이 그 능력을 일방적으로 행사할 수 있다면, 양도자는 양도자산에 대한 통제를 상실한 것이다.
② 양도자가 양도자산의 소유에 따른 위험과 보상의 대부분을 보유하고 있기 때문에 양도자산을 제거하지 않는다면, 그 양도자산 전체를 계속 인식하며 수취한 대가는 금융부채로 인식한다. 양도자는 후속기간에 양도자산에서 생기는 모든 수익과 금융부채에서 생기는 모든 비용을 인식한다.
③ 양도자가 양도자산의 소유에 따른 위험과 보상의 대부분을 보유하지도 이전하지도 않고, 양도자가 양도자산을 통제하고 있다면, 그 양도자산에 지속적으로 관여하는 정도까지 그 양도자산을 계속 인식한다.

④ 양도자산을 상각후원가로 측정한다면, 금융부채를 당기손익─공정가치 측정 금융부채로 지정하는 공정가치선택권을 양도자산과 관련된 부채에는 적용할 수 없다.

⑤ 양도자산을 계속 인식하는 경우에 그 양도자산과 관련 부채는 상계하지 아니한다. 반면 양도자산에서 생기는 모든 수익은 관련 부채에서 생기는 비용과 상계하여 표시할 수 있다.

11 수익에 관한 설명으로 옳은 것은?

① 고객과 계약을 체결하는 관행과 과정은 고객과의 합의로 집행 가능한 권리와 의무가 생기는지, 생긴다면 언제 생기는지를 판단할 때 고려하지 않는다.

② 대가의 회수 가능성이 높은지를 평가할 때에는 지급기일에 고객이 대가(금액)를 지급할 수 있는 능력과 지급할 의도만을 고려한다.

③ 계약 당사자들끼리 계약변경 범위나 가격(또는 둘 다)에 다툼이 있거나, 당사자들이 계약 범위의 변경을 승인하였지만 아직 이에 상응하는 가격 변경을 결정하지 않았다면, 계약변경은 존재하지 않는 것이다.

④ 고객에게 재화나 용역을 이전하는 활동이 아니라도 계약을 이행하기 위해 해야한다면 그 활동은 수행의무에 포함된다.

⑤ 계약상대방이 협업약정에 따른 자산 개발에 참여하기 위해 기업과 계약하였고, 그 계약 당사자들이 그 활동이나 과정에서 생기는 위험과 효익을 공유한다면, 그 계약상대방은 고객이다.

12 ㈜다빈은 20×1년 1월 1일 기계장치를 ₩100,000에 취득하였다. 동 기계장치의 내용연수는 5년이며 잔존가치 ₩10,000이고 연수합계법으로 상각된다. ㈜다빈은 20×4년 1월 1일 동 기계장치에 대하여 상각방법을 정액법으로 잔존가치는 ₩5,000으로, 잔존내용연수는 4년으로 각각 변경하였다. ㈜다빈의 회계기간은 1월 1일부터 12월 31일까지이다. ㈜다빈이 20×4년에 인식할 감가상각비는 얼마인가?

① ₩4,875 ② ₩5,750 ③ ₩6,250
④ ₩7,350 ⑤ ₩8,750

13 다음 자료는 ㈜다빈의 20×1년 재무상태표 잔액의 일부이다.

	기초잔액	기말잔액
매출채권	₩430,000	₩490,000
재고자산	370,000	450,000

㈜다빈의 20×1년 매출액은 ₩1,150,000이고 매입액은 ₩1,002,500이다. ㈜다빈의 영업주기는 얼마

인가?(단, 1년은 360일로 간주한다.)

① 250일   ② 260일   ③ 284일
④ 291일   ⑤ 304일

14   다음 환율변동효과에 대한 설명 중 한국채택국제회계기준과 일치하지 않은 것은?

① 기능통화를 변경하는 경우에는 새로운 기능통화에 의한 환산절차를 변경한 날부터 전진적용한다.

② 해외사업장의 손실 또는 투자자가 인식한 손상으로 인한 해외사업장의 장부금액에 대한 감액의 인식은, 해외사업장의 일부를 처분하는 경우에는 해당하지 않는다. 따라서 기타포괄손익으로 인식된 외환손익은 감액을 인식한 시점에 손익으로 재분류하지 아니한다.

③ 보고기업의 해외사업장에 대한 순투자의 일부인 화폐성항목에서 생기는 외환차이는 보고기업의 별도재무제표나 해외사업장의 개별재무제표에서 기타포괄손익으로 적절하게 인식한다.

④ 기능통화 이외의 다른 통화로 장부를 기록하는 경우에는 재무제표를 작성할 때 모든 금액을 기능통화로 환산한다.

⑤ 기업이 해외사업장으로부터 수취하거나 해외사업장에 지급할 화폐성항목 중에서 예측할 수 있는 미래에 결제할 계획이 없고 결제될 가능성이 낮은 항목은 그 해외사업장에 대한 순투자의 일부로 보아 회계처리한다. 이러한 화폐성항목에는 장기 채권이나 대여금은 포함될 수 있으나 매출채권과 매입채무는 포함되지 아니한다.

15   20×1년 1월 1일에 ㈜다인은 최고경영자에게 주식선택권 300개를 부여하였다. 부여한 주식선택권은 20×8년 12월 31일까지 회사의 주가가 ₩10,000을 상회하면 즉시 가득되어 가득된 후부터 20×8년 12월 31일까지에 행사할 수 있다. 회사는 20×1년 12월 31일에 기대가득기간을 4년으로 추정하였으나 20×2년 12월 31일에 기대가득기간을 5년으로 추정하였다. 동 주식선택권의 행사가격은 ₩10,000이다. 동 주식선택권의 공정가치는 다음과 같다.

20×1년 1월 1일	20×1년 12월 31일	20×2년 12월 31일
₩1,000	₩1,100	₩800

㈜다인이 20×2년에 인식할 보상원가는 얼마인가?

① ₩45,000   ② ₩50,000   ③ ₩75,000   ④ ₩80,000   ⑤ ₩85,000

16   다음 중 금융자산의 재분류에 따라 재분류조정이 필요한 것은?

① 상각후원가 측정 범주에서 당기손익-공정가치 측정 범주로 재분류
② 상각후원가 측정 범주에서 기타포괄손익-공정가치 측정 범주로 재분류

③ 기타포괄손익-공정가치 측정 범주에서 상각후원가 측정 범주로 재분류

④ 당기손익-공정가치 측정 범주에서 기타포괄손익-공정가치 측정 범주로 재분류

⑤ 기타포괄손익-공정가치 측정 범주에서 당기손익-공정가치 측정 범주로 재분류

17 12월 결산법인인 A회사는 원화의 평가절하를 예상하고 다음과 같은 통화선도거래계약을 체결하였다.

> • 통화선도거래계약 체결일 : 20×1. 11. 1
> • 계약기간 : 5개월(20×1.11.1~20×2.3.31)
> • 계약조건 : US$100를 약정통화선도환율 @₩1,200/US$1로 매입하기로 함

환율에 대한 자료는 다음과 같다.

일 자	현물환율(₩/$)	통화선도환율(₩/$)
20×1. 11. 1	1,180	1,200(만기5개월)
20×1. 12. 31	1,190	1,240(만기3개월)
20×2. 3. 31	1,150	

20×1. 12. 31의 적절한 할인율은 6%이며 현재가치계산시 불연속연복리를 가정하며, 60일의 6%의 불연속복리는 할인율은 1.01이다. 20×1년 12월 31일에 통화선도거래와 관련하여 행할 회계처리로 적절한 것은?

① (차) 통화선도   4,000   (대) 통화선도평가이익   4,000

② (차) 통화선도   3,960   (대) 통화선도평가이익   3,960

③ (차) 통화선도   4,040   (대) 통화선도평가이익   4,040

④ (차) 통화선도평가손실 3,960   (대) 통화선도   3,960

⑤ (차) 통화선도평가손실 4,040   (대) 통화선도   4,040

18 다음은 ㈜다빈의 20×1년도 재무자료이다.

법인세비용차감전순이익	₩300,000
감가상각비	10,000
대손상각비	10,000
법인세비용	40,000
재고자산감소	20,000
매출채권(순액)증가	35,000
법인세납부액	50,000
기타포괄손익-공정가치측정금융자산(채무상품)처분손실	10,000

주어진 자료를 이용하여 ㈜다빈의 20×1년 영업활동에서 유입된 현금을 계산하면 얼마인가?

① ₩215,000   ② ₩255,000   ③ ₩285,000   ④ ₩295,000   ⑤ ₩305,000

19 다음 중 확정기여제도의 특성 및 회계처리와 관련된 내용을 모두 표시한 것은?

> A. 확정기여제도에서 가입자의 미래급여금액은 사용자나 가입자가 출연하는 기여금과 기금의 운영효율성 및 투자수익에 따라 결정된다.
> B. 일반적으로 사용자는 기금에 기여금을 출연함으로써 급여지급의무를 다한다.
> C. 현재 기여금이나 미래 기여금의 예상수준 및 투자수익에 기초하여 달성될 미래급여를 추정하기 위하여 보험계리인의 자문을 받는 경우도 있지만 일반적으로 그러한 보험계리인의 자문이 요구되는 것은 아니다.

① A 　② A, B 　③ A, C 　④ B, C 　⑤ A, B, C

20 다음 사업결합에 대한 설명 중 한국채택국제회계기준과 일치하는 것은?

① 취득자는 취득일에 이미 알았더라면 취득일에 인식한 금액의 측정에 영향을 주었을 그 정보를 반영하기 위하여 취득일에 인식한 잠정금액을 소급하여 조정한다. 측정기간은 취득일이 속한 회계연도 말 이후 최초로 개시하는 회계연도 말까지이다.
② 사업결합의 회계처리방법으로 원칙적으로 취득법을 적용하고, 일정한 조건을 충족하는 경우 지분통합법을 적용할 수 있다.
③ 취득자는 피취득자에 대한 교환으로 이전한 대가의 일부로서 조건부 대가를 발생할 가능성이 확실한 경우에 한하여 취득일의 공정가치로 인식한다.
④ 당해 의무를 이행하기 위하여 경제적효익을 갖는 자원이 유출될 가능성이 높지 않더라도 취득자는 취득일에 사업결합으로 인수한 우발부채를 인식한다.
⑤ 단계적으로 이루어지는 사업결합에서, 취득자는 이전에 보유하고 있던 피취득자에 대한 지분을 취득일의 장부금액으로 측정한다.

21 20×1년 ㈜다빈의 현금주의 순이익은 ₩500,000이다. 20×1년 ㈜다빈의 주요 계정과목은 다음과 같다.

과　목	기초잔액	기말잔액
매출채권	₩100,000	₩120,000
재고자산	70,000	60,000
미수수익	10,000	20,000
선급비용	5,000	10,000
매입채무	30,000	40,000
선수수익	14,000	15,000
미지급비용	16,000	10,000

발생주의 순이익을 계산하면 얼마인가?

① ₩480,000 　② ₩485,000 　③ ₩490,000 　④ ₩515,000 　⑤ ₩520,000

22 ㈜다빈은 20×1년 1월 1일에 건물(잔존가치는 '0'이고 내용연수는 5년)을 ₩800,000에 취득하였다. ㈜다빈은 건물을 정액법으로 감가상각하고, 재평가모형으로 평가한다. ㈜다빈은 자산을 사용함에 따라 재평가잉여금을 이익잉여금으로 대체하지 않는다. 20×1년 12월 31일과 20×2년 12월 31일의 건물의 공정가치는 각각 ₩600,000과 ₩550,000이었다. ㈜다빈의 회계기간은 1월 1일부터 12월 31일까지이다. 상기 건물과 관련하여 ㈜다빈의 20×2년 포괄손익계산서상 기타포괄이익으로 인식할 금액은 얼마인가?(단, 법인세효과는 고려하지 않는다.)

① ₩60,000　　② ₩70,000　　③ ₩80,000　　④ ₩90,000　　⑤ ₩100,000

23 ㈜다빈은 20×1년 1월 1일 본사사옥으로 사용하기 위하여 건물A을 취득하였다. 건물A의 취득원가는 ₩800,000, 잔존가치는 ₩100,000, 내용연수는 20년, 상각방법은 정액법이다. ㈜다빈은 건물A를 원가모형으로 평가한다. ㈜다빈은 20×4년 12월 31일 건물A 전체를 임대하여 자가사용부동산에서 투자부동산으로 대체하였다. 투자부동산은 공정가치모형으로 평가한다. 투자부동산의 잔존가치는 ₩100,000, 잔존내용연수는 16년이다. ㈜다빈은 모든 상각자산에 대하여 정액법으로 적용한다. 건물A의 공정가치는 다음과 같다.

구분	20×4년 12월 31일	20×5년 12월 31일
공정가치	₩700,000	₩600,000

건물A가 ㈜다빈의 20×4년과 20×5년 당기순이익 미치는 영향을 각각 계산하면 얼마인가?(단, 법인세효과는 고려하지 않는다.)

	20×4년	20×5년
①	₩5,000 증가	₩60,000 감소
②	₩35,000 감소	₩60,000 감소
③	₩20,000 감소	₩60,000 감소
④	₩5,000 증가	₩100,000 감소
⑤	₩35,000 감소	₩100,000 감소

24 12월 결산법인인 ㈜다빈건설은 공장을 신축 중에 있다. 동 공장신축공사는 20×2년 초부터 시작되었으며, 20×2년 1월 1일에 ₩300,000과 7월 1일에 ₩900,000이 동 공사에 지출되었다. 동 공사와 관련된 차입금 내역은 다음과 같다.

차입금	차입일	차입금액	상환일	이자율
A	20×2년 1월 1일	₩400,000	20×3년 12월 31일	8%
B	20×2년 7월 1일	₩600,000	20×2년 12월 31일	10%
C	20×1년 1월 1일	₩500,000	20×3년 12월 31일	12%

차입금A는 동 공사를 위하여 개별적으로 차입되었으며, 이 중 ₩100,000은 6개월간 연 4%로 금융기관에 예치후 사용되었다. ㈜다빈건설이 동 공사에 대하여 20×2년에 자본화할 차입원가는 얼마인가?

① ₩67,375 ② ₩73,636 ③ ₩75,000 ④ ₩77,091 ⑤ ₩78,625

25 다음 유형자산에 대한 설명 중 한국채택국제회계기준과 일치하지 않은 것은?

① 유형자산의 감가상각은 자산이 사용가능한 때부터 시작한다. 즉, 경영진이 의도하는 방식으로 자산을 가동하는 데 필요한 장소와 상태에 이른 때부터 시작한다.

② 유형자산의 잔존가치와 내용연수는 적어도 매 회계연도말에 재검토한다. 재검토결과 추정치가 종전 추정치와 다르다면 그 차이는 회계추정의 변경으로 회계처리한다.

③ 유형자산의 감가상각방법은 적어도 매 회계연도말에 재검토한다. 재검토결과 자산에 내재된 미래경제적효익의 예상되는 소비형태에 유의적인 변동이 있다면, 변동된 소비형태를 반영하기 위하여 감가상각방법을 변경한다. 그러한 변경은 회계추정의 변경으로 회계처리한다.

④ 손상, 소실 또는 포기된 유형자산에 대해 제3자로부터 보상금을 받는 경우 동 보상금은 손상차손과 상계하여 표시한다. 표시하고 잔액이 남으면 보험금수익 등으로 표시한다.

⑤ 재평가의 빈도는 재평가되는 유형자산의 공정가치 변동에 따라 달라진다. 재평가된 자산의 공정가치가 장부금액과 중요하게 차이가 나는 경우에는 추가적인 재평가가 필요하다.

26 다음 법인세회계에 대한 설명 중 한국채택국제회계기준과 일치하는 것은?

① 영업권의 최초 인식에서 발생하는 이연법인세부채는 인식하지 아니한다.

② 연결재무제표에서 연결실체내 한 기업의 당기법인세자산을 다른 기업의 당기법인세부채와 상계한다.

③ 당기손익 이외의 항목으로(기타포괄손익이나 자본에 직접) 인식되는 항목과 관련된 당기법인세와 이연법인세 금액을 결정하기 어려운 경우에는 당기손익 이외의 항목으로 인식된 항목과 관련된 당기법인세와 이연법인세는 이연법인세로 인식한다.

④ 세무상의 재평가가 과거에 이루어진 회계상의 재평가나 또는 미래에 이루어질 회계상의 재평가와 관련이 없더라도, 세무기준액의 조정으로 인한 세효과는 기타포괄손익에 반영한다.

⑤ 세공제액(또는 미래 세공제의 추정액)이 관련 누적보상비용을 초과하는 경우에 관련 당기법인세 또는 이연법인세의 초과분은 당기손익으로 인식한다.

27 12월 결산법인인 ㈜다인은 20×1년 1월에 정부보조금을 수취하였다. ㈜다인은 20×1년 10월 1일 반도체생산설비를 ₩500,000에 취득하였다. 동 취득가액 중 ₩200,000은 정부보조금으로 사용되었다. 동 설비의 내용연수는 5년이고, 잔존가치는 ₩50,000이며, 정액법으로 상각한다. 회사는 정부보조금을 설비의 차감항목으로 표시하였다. ㈜다인이 20×1년에 인식할 감가상각비는 얼마인가?

① ₩12,500 ② ₩13,500 ③ ₩40,000 ④ ₩50,000 ⑤ ₩60,000

28 다음 무형자산에 대한 설명 중 한국채택국제회계기준과 일치하지 않은 것은?

① 개별 취득하는 무형자산은 미래 경제적 효익의 유입가능성조건을 항상 충족하는 것으로 본다.
② 새로운 지역에서 또는 새로운 계층의 고객을 대상으로 사업을 수행하는 데서 발생하는 원가는 무형자산의 취득원가에 포함한다.
③ 무형자산을 사용하거나 재배치하는 데 발생하는 원가는 자산의 장부금액에 포함하지 않는다.
④ 사업결합으로 취득하는 무형자산의 취득원가는 취득일의 공정가치로 한다.
⑤ 사업결합으로 취득하는 무형자산은 미래 경제적 효익의 유입가능성조건을 항상 충족하는 것으로 본다.

29 다음 자산손상에 대한 설명 중 한국채택국제회계기준과 일치하지 않은 것은?

① 순공정가치는 자산이 활성시장에서 거래되지 않아도 결정할 수 있다.
② 매 보고기간말마다 자산손상을 시사하는 징후가 있는지를 검토한다.
③ 영업권이 배분된 현금창출단위에 속하는 자산에 대해서 당해 현금창출단위와 동일한 시점에 손상검사를 하는 경우에는, 영업권을 포함하는 당해 현금창출단위보다 그 자산에 대한 손상검사를 먼저 실시한다.
④ 영업권과 관련되어 있지만 영업권이 배분되지 않은 현금창출단위에 대해서는, 매년, 그리고 손상을 시사하는 징후가 있을 때마다 영업권을 제외한 현금창출단위의 장부금액과 회수가능액을 비교하여 손상검사를 한다.
⑤ 현금창출단위의 장부금액과 회수가능액의 의미있는 비교를 위해서 부채의 장부금액은 현금창출단위의 장부금액과 사용가치를 결정할 때 차감한다.

30 ㈜양천의 이사회는 계속적인 판매부진으로 20×1년 말에 아래와 같은 구조조정 계획을 발표하고 이행에 착수하였다.

- 20×2년에 인원감축과 본사건물을 매각하는 구조조정을 실시한다.
- 인원감축에 따라 퇴직위로금을 지급한다.(퇴직위로금은 ₩50,000으로 예상된다)

> • 본사 건물을 매각한다(장부금액이 ₩40,000인 본사건물을 ₩60,000에 매각할 수 있을 것으로 예상된다).

기타 사항은 다음과 같다.

> • 사용중인 운용리스 설비는 더 이상 사용할 수 없게 되었다. 운용리스를 해지하면 위약금 ₩5,000을 지출해야 한다. 잔여운용리스료의 현재가치는 ₩4,000이다.
> • ㈜양천은 20×1년 초에 선박을 구입하였는데 관련 법에 의하면 3년 후 의무적으로 수선을 하여야 한다. 수선비는 ₩6,000으로 예상된다.
> • 20×2년 영업손실은 ₩10,000으로 예상된다.

㈜양천이 20×1년 12월 31일 현재 재무상태표에 충당부채로 인식할 금액의 총액은 얼마인가?

① ₩44,000　　　　　② ₩54,000　　　　　③ ₩56,000
④ ₩64,000　　　　　⑤ ₩65,000

31 ㈜다빈중공업은 헬기를 제작하여 정부에 납품하려고 한다. 이 회사가 시제품으로 1대의 헬기를 제작하여 정부에 기증하였는데, 비행기 1대의 원가구성은 다음과 같다.

직접재료원가	₩46,000
직접노무원가	50,000
변동제조간접원가	30,000
고정제조간접원가(배부액)	24,000
합계	₩150,000

변동제조간접원가는 직접노무원가의 60%로 배부된다. 헬기제작에 따른 직접노무원가는 90%의 학습률(learning rate)이 적용된다고 한다. 정부에 납품할 헬기는 3대로 예상된다. 납품할 3대의 최소납품가격은 얼마인가?(단, 직접노무시간이 학습곡선상의 누적평균시간모형을 따른다고 가정한다.)

① ₩317,200　　　　　② ₩334,760　　　　　③ ₩357,520
④ ₩397,200　　　　　⑤ ₩474,960

32 ㈜다인은 20×1년에 다음과 같은 두 가지 상품을 판매하고 있다.

	상품 A	상품 B
단위당 공헌이익	₩500	₩400
판매비율	40%	60%

20×1년의 손익분기점에서의 상품B의 판매량은 3,000단위이다. 20×2년에는 상품C를 추가하려고 한다. 상품C의 단위당공헌이익은 ₩300이다. 상품C를 추가하여도 고정비 및 단위당 공헌이익은 20×1년과 동일하다. 20×2년의 판매비율은 A : B : C = 30% : 40% : 30%로 예상된다. 20×2년 손익분기점에서 상품B의 판매량은 얼마인가?

① 2,000단위   ② 2,200단위   ③ 2,400단위

④ 2,500단위   ⑤ 2,700단위

33 ㈜다빈은 3개의 서비스부문과 2개의 제조부문을 가지고 있다. 서비스부문은 동력부문, 수선부문, 총무부문이며, 제조부문은 절삭부문과 조립부문이다. 4월 보조부문에 발생원가는 다음과 같다.

보조부문	동력부문	수선부문	총무부문	절삭부문	조립부문	합계
원가	25,000	46,000	16,000	185,000	158,000	430,000

특정 보조부문이 타 보조부문 및 제조부문에 제공하는 용역제공비율은 다음과 같다.

사용부문 / 제공부문	동력부문	수선부문	총무부문	절삭부문	조립부문
동력부문	－	0.1	0.2	0.5	0.2
수선부문	0.3	－	0.1	0.2	0.4
총무부문	－	－	－	0.4	0.6

상호배부법(reciprocal allocation method)을 사용하여 보조부문의 원가를 배분하는 경우 절삭부문의 원가를 계산하면 얼마인가?

① ₩209,000   ② ₩214,200   ③ ₩218,000

④ ₩224,200   ⑤ ₩226,600

34 다음은 ㈜다빈정공의 3월의 원가자료이다.

(1) 2월 말 현재 미완성 작업 #101이 있었으며, 집계된 원가는 다음과 같다.

직접재료원가	₩21,000
직접노무원가	25,000
제조간접원가	10,000
합계	₩56,000

(2) 3월에 작업 #102, #103, #104가 새로이 시작되었으며, 3월중 작업 #101, #102, #103가 완성되었고, 3월 말 현재 작업 #104는 미완성 상태이다.

(3) 3월중 작업 #101, #102, #103, #104에 발생한 원가는 다음과 같다.

	#101	#102	#103	#104	합계
직접재료원가	—	₩36,000	₩55,000	₩28,000	₩119,000
직접노무원가	12,000	43,000	60,000	35,000	150,000
제조간접원가					96,000
합계					₩365,000

회사는 개별원가계산제도를 채택하고 있으며, 제조간접원가는 직접노무원가를 기준으로 배부하고 있다. 2월말과 3월말의 제품재고는 없다. 3월의 매출원가는 얼마인가?

① ₩228,600 ② ₩319,800 ③ ₩328,200 ④ ₩335,600 ⑤ ₩336,000

35 결합공정을 통하여 A와 B의 제품을 생산하는데 상대적판매가치법에 의하면 A에 배분될 결합원가는 결합원가의 60%인 ₩42,000이라고 한다. 만일 A의 분리점에서의 판매가치가 10% 더 상승한다면 B에 배분될 결합원가는 얼마인가?

① ₩21,000 ② ₩23,800 ③ ₩26,415 ④ ₩28,000 ⑤ ₩49,000

36 ㈜다인은 표준원가계산을 하고 있다. 다음은 표준원가, 실제원가 및 차이분석과 관련된 자료이다.

시간당제조간접원가배부액	₩45
변동제조간접원가 소비차이	₩900 유리
고정제조간접원가 예산차이	₩1,600 유리
조업도차이	₩2,700 불리
기준조업도(시간)	800 시간
실제발생 변동제조간접원가	₩13,500
실제발생 고정제조간접원가	₩20,000

실제시간과 변동제조간접원가 능률차이는 각각 얼마인가?

	실제시간	능률차이
①	800H	₩1,800(불리)
②	800H	₩2,700(불리)
③	900H	₩1,800(불리)
④	900H	₩2,700(불리)
⑤	1,000H	₩2,700(유리)

37 ㈜다빈자동차의 사업부에는 엔진사업부가 있는데, 엔진사업부에서 생산된 엔진은 외부에 ₩700,000에 판매하고 있다. 엔진사업부의 최대생산능력은 60,000단위이며 전량외부에 판매가 가능하다. 자동차 생산사업부에서는 엔진사업부에서 생산된 엔진을 사용할 수도 있고, 외부에서 엔진을 ₩550,000에 구입하여 사용할 수도 있다. 엔진사업부의 단위당 변동제조원가는 ₩400,000이고, 단위당 변동판매 비는 ₩100,000, 단위당 고정비(60,000단위기준)는 ₩50,000이다. 만일, 엔진사업부에서 자동차사 업부로 엔진을 대체한다면 단위당 변동판매비는 발생하지 않는다. ㈜다빈자동차의 사업부는 의사결정 의 자율권이 부여되어 있다. 엔진의 최소대체가격은 얼마이며, 엔진을 내부대체하는 경우와 엔진을 내부대체하지 않는 경우 자동차사업부의 단위당 이익의 차이를 계산하면 얼마인가?

	최소대체가격	성과비교(단위당)
①	₩400,000	대체가 ₩50,000 더 유리
②	₩600,000	외부구입이 ₩50,000 더 유리
③	₩600,000	대체가 ₩50,000 더 유리
④	₩700,000	외부구입이 ₩100,000 더 유리
⑤	₩700,000	대체가 ₩100,000 더 유리

38 ㈜다빈은 10가지 종류의 제품을 생산하는 회사이다. 회사의 1년간 총원가 관련 자료는 다음과 같다.

변동제조원가	₩2,600,000
고정제조원가	1,000,000
변동판매관리비	700,000
고정판매관리비	500,000
	₩4,800,000

회사의 연간 목표이익은 ₩420,000이다. 한편, 회사의 제품 중 판매순위 1위를 유지하고 있는 A제품의 단위당 원가자료는 다음과 같다.

변동제조원가	₩400
고정제조원가	220
변동판매관리비	110
고정판매관리비	70
총원가	₩800

회사는 전부원가기준의 마크업을 사용하여 제품의 판매가격을 결정한다. 마크업%와 목표이익을 달성하는 A제품의 단위당 판매가격을 계산하면 얼마인가?

	마크업%	A제품의 단위당 판매가격
①	35%	₩837
②	35%	₩880
③	35%	₩892
④	45%	₩865
⑤	45%	₩899

39 유사랑씨는 대학축제 때 노래테이프를 팔려고 한다. 이 노래테이프는 단위당 ₩500에 구입할 수 있다. 팔리지 않은 테이프는 반환할 수 없으며, 축제가 끝나면 레코드가계에 단위당 ₩200에 처분할 수 있다. 테이프를 팔기 위해 부수비용으로 ₩40,000의 경비가 소요된다. 유사랑씨는 단위당 ₩1,000에 1,500개를 팔 수 있을 것으로 예측하고 있다. 만일 이 같은 예측이 틀린 것으로 판명되어 실제 1,000개 만 팔렸다면 예측오차의 원가는 얼마인가?

① ₩110,000   ② ₩150,000   ③ ₩190,000
④ ₩210,000   ⑤ ₩250,000

40 원가관리기법의 하나인 제약이론(TOC : Theory of Constraints)에 대한 설명으로 부적절한 것은?

① TOC에서는 매출액에서 직접재료원가를 차감한 수치를 스루풋(through-put)이라고 정의하고, 이 스루풋의 극대화를 강조한다.

② TOC에서는 총비용 중 재료비와 노무비만을 순순한 변동비로 간주하고 나머지비용은 전부 고정비로 간주한다.

③ TOC에서는 전통적인 방식과는 달리 재료비와 운영비라는 2분류체계를 이용하여 영업이익을 계산한다.

④ TOC에서는 스루풋(through-put)을 최대한 늘리고, 재고와 운영비를 낮추어서 기업에 유입되는 현금을 증가시켜야 한다고 강조한다.

⑤ TOC는 산출물생산속도를 지연시키는 생산공정의 장애제약을 제거함으로써 스루풋(through-put) 개선을 강조한다. 따라서 스루풋(through-put)에 영향을 미치지 않는 생산공정과 유통활동은 관리대상 밖이다.

국가전문자격시험 답안카드

( )년도 제( )회 ( )

	①	②	③	④	⑤
성명					
교시(차수) 기재란	① ② ③				
문제지 형별 기재란	④ Ⓑ				
선택과목 1					
선택과목 2					
수험번호	⓪①②③④⑤⑥⑦⑧⑨				
감독위원 확인	(인)				

1	①②③④⑤	21	①②③④⑤	41	①②③④⑤	61	①②③④⑤	81	①②③④⑤	101	①②③④⑤	121	①②③④⑤
2	①②③④⑤	22	①②③④⑤	42	①②③④⑤	62	①②③④⑤	82	①②③④⑤	102	①②③④⑤	122	①②③④⑤
3	①②③④⑤	23	①②③④⑤	43	①②③④⑤	63	①②③④⑤	83	①②③④⑤	103	①②③④⑤	123	①②③④⑤
4	①②③④⑤	24	①②③④⑤	44	①②③④⑤	64	①②③④⑤	84	①②③④⑤	104	①②③④⑤	124	①②③④⑤
5	①②③④⑤	25	①②③④⑤	45	①②③④⑤	65	①②③④⑤	85	①②③④⑤	105	①②③④⑤	125	①②③④⑤
6	①②③④⑤	26	①②③④⑤	46	①②③④⑤	66	①②③④⑤	86	①②③④⑤	106	①②③④⑤		
7	①②③④⑤	27	①②③④⑤	47	①②③④⑤	67	①②③④⑤	87	①②③④⑤	107	①②③④⑤		
8	①②③④⑤	28	①②③④⑤	48	①②③④⑤	68	①②③④⑤	88	①②③④⑤	108	①②③④⑤		
9	①②③④⑤	29	①②③④⑤	49	①②③④⑤	69	①②③④⑤	89	①②③④⑤	109	①②③④⑤		
10	①②③④⑤	30	①②③④⑤	50	①②③④⑤	70	①②③④⑤	90	①②③④⑤	110	①②③④⑤		
11	①②③④⑤	31	①②③④⑤	51	①②③④⑤	71	①②③④⑤	91	①②③④⑤	111	①②③④⑤		
12	①②③④⑤	32	①②③④⑤	52	①②③④⑤	72	①②③④⑤	92	①②③④⑤	112	①②③④⑤		
13	①②③④⑤	33	①②③④⑤	53	①②③④⑤	73	①②③④⑤	93	①②③④⑤	113	①②③④⑤		
14	①②③④⑤	34	①②③④⑤	54	①②③④⑤	74	①②③④⑤	94	①②③④⑤	114	①②③④⑤		
15	①②③④⑤	35	①②③④⑤	55	①②③④⑤	75	①②③④⑤	95	①②③④⑤	115	①②③④⑤		
16	①②③④⑤	36	①②③④⑤	56	①②③④⑤	76	①②③④⑤	96	①②③④⑤	116	①②③④⑤		
17	①②③④⑤	37	①②③④⑤	57	①②③④⑤	77	①②③④⑤	97	①②③④⑤	117	①②③④⑤		
18	①②③④⑤	38	①②③④⑤	58	①②③④⑤	78	①②③④⑤	98	①②③④⑤	118	①②③④⑤		
19	①②③④⑤	39	①②③④⑤	59	①②③④⑤	79	①②③④⑤	99	①②③④⑤	119	①②③④⑤		
20	①②③④⑤	40	①②③④⑤	60	①②③④⑤	80	①②③④⑤	100	①②③④⑤	120	①②③④⑤		

필적감정용 기재란
합격의 기쁨

절취선

성 명	

교시(차수) 기재란	
(교시·차)	① ② ③

문제지 형별 기재란	
( )형	Ⓐ Ⓑ

선택 과목 1

선택 과목 2

수 험 번 호	0	1	3	2	9	8	0	1
	●	⓪	⓪	⓪	⓪	⓪	●	⓪
	①	●	①	①	①	①	①	●
	②	②	②	●	②	②	②	②
	③	③	●	③	③	③	③	③
	④	④	④	④	④	④	④	④
	⑤	⑤	⑤	⑤	⑤	⑤	⑤	⑤
	⑥	⑥	⑥	⑥	⑥	⑥	⑥	⑥
	⑦	⑦	⑦	⑦	⑦	⑦	⑦	⑦
	⑧	⑧	⑧	⑧	⑧	●	⑧	⑧
	⑨	⑨	⑨	⑨	●	⑨	⑨	⑨

감독위원 확인
(서 명)

수험자 유의사항

1. 시험 중에는 통신기기(휴대전화·소형 무전기 등) 및 전자기기(초소형 카메라 등)를 소지하거나 사용할 수 없습니다.
2. 부정행위 예방을 위해 시험문제지에도 수험번호와 성명을 반드시 기재하시기 바랍니다.
3. 시험시간이 종료되면 즉시 답안작성을 멈춰야 하며, 종료시간 이후 계속 답안을 작성하거나 감독위원의 답안카드 제출지시에 불응할 때에는 당해 시험이 무효처리 됩니다.
4. 기타 감독위원의 정당한 지시에 불응하여 타 수험자의 시험에 방해가 될 경우 퇴실조치 될 수 있습니다.

답안카드 작성 시 유의사항

1. 답안카드 기재·마킹 시에는 반드시 검정색 사인펜을 사용해야 합니다.
2. 답안카드를 잘못 작성했을 시에는 카드를 교체하거나 수정테이프를 사용하여 수정할 수 있습니다.
   그러나 불완전한 수정처리로 인해 발생하는 전산자동판독불가 등 불이익은 수험자의 귀책사유입니다.
   - 수정테이프 이외의 수정액, 스티커 등은 사용 불가
   - 답안카드 왼쪽(성명·수험번호 등)을 제외한 '답안란' 만 수정테이프로 수정 가능
3. 성명란은 수험자 본인의 성명을 정자체로 기재합니다.
4. 해당차수(교시)시험을 기재하고 해당 란에 마킹합니다.
5. 시험문제지 형별기재란은 시험문제지 형별을 기재하고, 우측 형별마킹란의 해당 형별을 마킹합니다.
6. 수험번호란은 숫자로 기재하고 아래 해당번호에 마킹합니다.
7. 필적감정용 기재란은 '합격의 기쁨' 을 정자체로 기재합니다.
8. 시험문제지 형별 및 수험번호 등 마킹착오로 인한 불이익은 전적으로 수험자의 귀책사유입니다.
9. 감독위원의 날인이 없는 답안카드는 무효처리 됩니다.
10. 상단과 우측의 검은색 띠(▌▌▌) 부분은 낙서를 금지합니다.

부정행위 처리규정

시험 중 다음과 같은 행위를 하는 자는 당해 시험을 무효처리하고 자격별 관련 규정에 따라 일정기간 동안 시험에 응시할 수 있는 자격을 정지합니다.
1. 시험과 관련된 대화, 답안카드 교환, 다른 수험자의 답안·문제지를 보고 답안 작성, 대리시험을 치르거나 치르게 하는 행위, 시험문제 내용과 관련된 물건을 휴대하거나 이를 주고받는 행위
2. 시험장 내외로부터 도움을 받아 답안을 작성하는 행위, 공인어학성적 및 응시자격서류를 허위기재하여 제출하는 행위
3. 통신기기(휴대전화·소형 무전기 등) 및 전자기기(초소형 카메라 등)를 휴대하거나 사용하는 행위
4. 다른 수험자와 성명 및 수험번호를 바꾸어 작성·제출하는 행위
5. 기타 부정 또는 불공정한 방법으로 시험을 치르는 행위

01 12월 결산법인인 ㈜다인은 20×1년 1월 1일 액면금액이 ₩1,000,000인 전환사채를 액면발행하였다. 동 전환사채의 표시이자율은 6%이고, 이자지급일은 매년말 지급하며, 만기일은 20×3년 12월 31일이다. 20×1년 1월 1일 현재 동 전환사채의 전환권이 없는 일반사채의 시장이자율은 8%이다. 8%의 3년 단일현가계수는 0.7938이고 8%의 3년 연금현가계수는 2.5771이다. ㈜다인이 동 전환사채를 만기에 상환한다고 가정하고 전환사채 발행 시부터 만기 상환시까지 인식할 총이자비용을 계산하면 얼마인가?

① ₩180,000　　　　② ₩198,074　　　　③ ₩218,842
④ ₩225,643　　　　⑤ ₩231,574

02 재무보고를 위한 개념체계에 대한 다음의 설명 중 틀리게 서술된 것은?

① 질적 특성과 원가 제약요인 적용시의 고려 사항은 정보의 유형별로 달라질 수 있다.
② 재무정보가 유용하기 위해서는 목적적합해야 하고 나타내고자 하는 바를 충실하게 표현해야 한다. 재무정보가 비교가능하고, 검증가능하며, 적시성 있고, 이해가능한 경우 그 재무정보의 유용성은 보강된다.
③ 재무정보가 예측가치를 갖기 위해서 그 자체가 예측치 또는 예상치일 필요는 없다. 예측가치를 갖는 재무정보는 정보이용자 자신이 예측하는 데 사용된다.
④ 재무정보가 과거 평가에 대해 피드백을 제공한다면 (과거 평가를 확인하거나 변경시킨다면) 예측가치를 갖는다.
⑤ 재무정보의 예측가치와 확인가치는 상호 연관되어 있다.

03 A사는 20×1년 7월 3일에 창고에 화재가 발생하여 창고재고가 소실되었다. 소실된 후 재고의 처분가치는 ₩10,000으로 추정된다. 회사의 20×1년 초 재고는 ₩60,000이고, 20×1년 초부터 7월 3일까지 매입한 재고는 ₩270,000이다. 회사의 매출총이익은 원가의 25% 수준으로 매년 안정적이다. 20×1년 초부터 7월 3일까지 매출액은 ₩300,000이다. 7월 3일 현재 미착품은 ₩5,000이다. 회사가 인식할 재해손실은 얼마인가?

① ₩75,000　　② ₩80,000　　③ ₩85,000　　④ ₩90,000　　⑤ ₩100,000

04 회계기간이 1월 1일부터 12월 31일까지인 ㈜다빈은 20×1년 1월 1일 내용연수가 10년, 잔존가치가 0인 기계장치를 ₩1,000,000에 취득하여 정액법으로 감가상각을 하고 있다. 20×2년 12월 31일 동 기계장치의 순공정가치는 ₩520,000이고, 사용가치는 ₩480,000으로 20×2년 12월 31일은 손상차손을 인식해야 하는 상황이다. 20×4년 12월 31일의 회수가능액은 ₩620,000으로 20×4년 12월 31일은 손상차손환입을 인식할 상황이다. 20×4년 말에 인식할 손상차손환입은 얼마인가?

① ₩160,000　　　　② ₩180,000　　　　③ ₩210,000
④ ₩230,000　　　　⑤ ₩240,000

05 ㈜다빈은 20×1년 1월 1일에 종업원 200명에게 각각 주식선택권 100개를 부여하고, 3년의 용역제공조건을 부과하였다. ㈜다빈은 주식선택권의 단위당 공정가치를 ₩60으로 추정하였다. 주식선택권 부여 이후 ㈜다빈의 주가가 지속적으로 하락함에 따라 20×1년 12월 31일 ㈜다빈은 주식선택권의 행사가격을 하향 조정하였다. 20×1년 12월 31일 현재, 가득기간 중 퇴사할 것으로 추정되는 종업원 수는 총 10명이다. 20×2년 12월 31일 현재 가득기간(3년)에 걸쳐 퇴사하는 종업원 수는 총 15명으로 추정되었다. 행사가격을 조정한 날(20×1년 12월 31일)에 ㈜다빈은 당초 주식선택권의 공정가치를 ₩20으로 추정하였고, 조정된 주식선택권의 공정가치를 ₩30으로 추정하였다. 20×2년에 인식할 보상원가는 얼마인가?

① ₩370,833　　　　② ₩340,000　　　　③ ₩452,500
④ ₩462,500　　　　⑤ ₩525,000

06 기업회계기준서 제1109호 '금융상품'에 관한 다음 설명 중 옳은 것은?

① 금융자산을 재분류하는 경우에 그 재분류를 재분류일부터 전진적으로 적용한다. 재분류 전에 인식한 손익[손상차손(환입) 포함]이나 이자는 다시 작성하지 않는다.
② 금융자산의 계약상 현금흐름 특성이 변경하는 경우에만, 영향 받는 모든 금융자산을 재분류한다.
③ 금융자산을 상각후원가 측정 범주에서 기타포괄손익-공정가치 측정 범주로 재분류하는 경우에 재분류일의 공정가치로 측정한다. 금융자산의 재분류 전 상각후원가와 공정가치의 차이에 따른 손익은 당기손익으로 인식한다. 유효이자율과 기대신용손실 측정치는 재분류로 인해 조정되지 않는다.
④ 금융자산을 기타포괄손익-공정가치 측정 범주에서 상각후원가 측정 범주로 재분류하는 경우에 재분류일의 공정가치로 측정한다. 그러나 재분류 전에 인식한 기타포괄손익누계액은 계속 자본으로 인식한다.
⑤ 금융자산을 기타포괄손익-공정가치 측정 범주에서 당기손익-공정가치 측정 범주로 재분류하는 경우에 계속 공정가치로 측정한다. 재분류 전에 인식한 기타포괄손익누계액은 계속 자본으로 인식한다.

07 보고기간 후와 재무제표발생의 발행이 승인된 날 사이에 발생하였다면 당기와 표시되는 이전 기간의 주당이익을 새로운 유통주식수에 근거하여 재계산하여야 하는 경우에 해당하는 것은?

① 현금납입에 의한 유상증자
② 무상증자
③ 유통중인 보통주의 매입소각
④ 보고기간말의 잠재적보통주의 보통주로의 전환이나 행사
⑤ 옵션, 주식매입권 또는 전환금융상품의 발행

08 기업(소비재 제조업자)은 20×1년 1월 1일 국제적인 대형 소매체인점인 고객에게 1년 동안 재화를 판매하기로 계약을 체결한다. 고객은 1년 동안 적어도 ₩400,000어치의 제품을 사기로 약속한다. 계약에서는 기업이 계약 개시시점에 환불되지 않는 ₩20,000을 고객에게 지급하도록 되어 있다. 이 ₩20,000의 지급액은 고객이 기업의 제품을 선반에 올리는 데 필요한 변경에 대해 고객에게 보상하는 것이다. 기업은 20×1년 1월에 ₩50,000어치의 제품을 고객에게 이전하였다. 기업이 20×1년 1월에 인식할 수익금액은?

① ₩0 　　　　　　② ₩30,000 　　　　　　③ ₩47,500
④ ₩50,000 　　　　　⑤ ₩380,000

09 다음은 ㈜다빈의 20×1년도 재무자료이다.

법인세비용차감전당기순이익	₩200,000
감가상각비	10,000
대손상각비	5,000
이자비용	25,000
재고자산감소	50,000
매출채권(순액)증가	35,000
매입채무감소	10,000
법인세납부액	30,000
이자지급액	15,000
토지처분이익	45,000

주어진 자료를 이용하여 ㈜다빈의 20×1년 영업활동에서 창출된 현금과 영업활동순현금흐름을 각각 계산하면 얼마인가?(단, 이자지급과 법인세납부는 영업활동으로 분류한다.)

	영업에서 창출된 현금	영업활동순현금흐름
①	₩185,000	₩150,000
②	₩195,000	₩150,000
③	₩185,000	₩275,000
④	₩195,000	₩275,000
⑤	₩215,000	₩275,000

10 12월 결산법인이 ㈜다빈건설은 공장을 신축 중에 있다. 동 공장신축공사는 20×3년 초부터 시작되었으며, 20×3년 1월 1일에 ₩400,000과 7월 1일에 ₩600,000이 동 공사에 지출되었다. 동 공사와 관련된 차입금 내역은 다음과 같다.

차입금	차입일	차입금액	상환일	이자율
A	20×3년 1월 1일	₩400,000	20×4년 12월 31일	4%
B	20×1년 1월 1일	400,000	20×3년 12월 31일	6%
C	20×3년 1월 1일	600,000	20×4년 12월 31일	7%

차입금A는 동 공사를 위하여 개별적으로 차입되었다. ㈜다빈건설이 동 공사에 대하여 20×3년에 자본화할 차입원가는 얼마인가?

① ₩19,800   ② ₩35,200   ③ ₩35,800
④ ₩58,000   ⑤ ₩64,000

11 기업회계기준서 제1116호 '리스'에 관한 다음 용어의 설명이 옳은 것은?

① 단기리스 : 리스개시일에, 리스기간이 12개월 이하인 리스. 매수선택권이 있는 리스도 단기리스에 해당할 수 있다.

② 리스인센티브 : 리스와 관련하여 리스이용자가 리스제공자에게 지급하는 금액이나 리스의 원가를 리스제공자가 보상하거나 부담하는 금액

③ 선택권 리스료 : 리스를 연장하거나 종료하는 선택권의 대상 기간(리스기간에 포함되는 기간은 제외)에 기초자산 사용권에 대하여 리스이용자가 리스제공자에게 지급하는 리스료

④ 리스총투자 : 금융리스에서 리스제공자가 받게 될 리스료와 보증잔존가치의 합계액

⑤ 잔존가치보증 : 리스이용자와 특수 관계에 있지 않은 당사자가 리스제공자에게 제공한, 리스종료일의 기초자산 가치(또는 가치의 일부)가 적어도 특정 금액이 될 것이라는 보증

12 ㈜다빈은 20×1년 1월 1일에 다음과 같은 A사채와 B사채를 구입하였다.

구분	A사채	B사채
액면금액	₩1,000,000	₩1,000,000
액면이자율	6%	7%
이자지급일	매년 12월 31일	매년 12월 31일
만 기	20×3년 12월 31일	20×3년 12월 31일
구입가격	₩903,508	₩955,391
취득시 수수료	3,000	3,000
유효이자율	10%	9%

20×1년 12월 31일에 A사채와 B사채의 공정가치는 각각 ₩924,000과 ₩978,000이라고 한다. ㈜다빈은 A사채는 당기손익-공정가치측정금융자산으로 B사채는 기타포괄손익-공정가치측정금융자산으로 각각 분류하였다. 동 사채와 관련하여 ㈜다빈의 20×1년 포괄손익계산서의 당기순이익은 얼마나 증가하는 가?(단, 법인세효과는 고려하지 않는다.)

① ₩139,715 ② ₩160,207 ③ ₩163,747
④ ₩180,699 ⑤ ₩190,558

13 재무제표 표시에 관한 한국채택국제회계기준에 대한 다음의 설명 중 틀리게 서술된 것은?

① 유동자산은 단기매매목적으로 보유하고 있는 자산(이 범주의 금융자산은 단기매매자산으로 분류한다)과 비유동금융자산의 유동성 대체 부분을 포함한다.
② 유동자산은 보고기간 후 12개월 이내에 실현될 것으로 예상되지 않는 경우에도 재고자산 및 매출채권과 같이 정상영업주기의 일부로서 판매, 소비 또는 실현되는 자산을 포함한다.
③ 계약 상대방의 선택에 따라, 지분상품의 발행으로 결제할 수 있는 부채의 조건은 그 분류에 영향을 미치지 아니한다.
④ 현금이나 현금성자산으로서, 교환이나 부채 상환 목적으로의 사용에 대한 제한 기간이 보고기간 후 12개월 이상이 아니면 해당 현금이나 현금성자산은 유동자산으로 분류한다.
⑤ 보고기간 후 12개월 이내에 만기가 도래하는 채무는 기업에게 부채의 차환이나 연장의 재량권이 없다면(예를 들어, 차환약정이 없는 경우), 차환가능성을 고려하여 유동부채와 비유동부채로 분류한다.

14 원가가 상승하고 기말수량이 기초수량을 초과하는 상황에서의 순이익비교가 맞는 것은?

① 후입선출법 〉 총평균법 〉 이동평균법 〉 선입선출법
② 선입선출법 〉 후입선출법 〉 총평균법 〉 이동평균법

③ 후입선출법 〉 선입선출법 〉 총평균법 〉 이동평균법
④ 선입선출법 〉 총평균법 〉 이동평균법 〉 후입선출법
⑤ 선입선출법 〉 이동평균법 〉 총평균법 〉 후입선출법

15 ㈜다빈은 퇴직급여제도로 확정급여제도(defined benefit plan)를 채택하고 있다. 다음은 확정급여제도와 관련된 ㈜다빈의 20×1년도 자료이다.

	20×1년	
당기근무원가	₩80,000	
퇴직금지급액	40,000	
사외적립자산에 대한 기여금 납부액	50,000	
확정급여채무의 현재가치	400,000	(20×1년 초)
사외적립자산의 공정가치	300,000	(20×1년 초)
확정급여채무의 현재가치	470,000	(20×1년 말)
사외적립자산의 공정가치	350,000	(20×1년 말)

㈜다빈의 확정급여채무를 할인하기 위해 사용할 할인율은 20×1년 초와 20×1년 말 각각 연 5%와 연 6%이다. 퇴직금 지급과 기여금 납부액은 모두 기말에 발생하고, 퇴직금은 사외적립자산에서 지급하였다. ㈜다빈의 20×1년 보험수리적손익은 얼마인가?

① 손실 ₩10,000　　　② 손실 ₩6,000　　　③ 이익 ₩4,000
④ 이익 ₩6,000　　　⑤ 이익 ₩10,000

16 다음은 ㈜다인의 재무비율분석지표의 일부이다.

자기자본이익률	30%	총자산회전율	1.2
매출액순이익률	10%	이자보상비율	2.5

위의 자료를 이용하여 ㈜다인의 부채비율을 계산하면 얼마인가?

① 120%　　　② 150%　　　③ 160%
④ 200%　　　⑤ 220%

17 12월 결산법인인 ㈜다빈의 20×1년과 20×2년 세무조정사항은 다음과 같다.

〈20×1년〉
　① 감가상각비한도초과액 : ₩6,000
　② 접대비한도초과액 : ₩2,000

〈20×2년〉
① 감가상각비한도초과액 : ₩5,000
② 접대비한도초과액 : ₩3,000

20×1년의 법인세율은 30%이고, 20×2년 말에 세법이 개정되어 20×2년부터의 법인세율은 20%이다. 모든 차감할 일시적차이는 이연법인세자산인식조건을 충족한다. ㈜다빈의 20×2년의 법인세비용차감전순이익은 ₩10,000인 경우 20×2년의 법인세비용을 계산하면 얼마인가?

① ₩3,200 ② ₩4,400 ③ ₩4,600
④ ₩5,000 ⑤ ₩5,800

18 ㈜다빈은 20×1년 1월 1일 기계장치를 ₩100,000에 취득하였다. 동 기계장치의 내용연수는 5년이며 잔존가치 ₩10,000이고 정액법으로 상각된다. ㈜다빈은 20×4년 1월 1일 동 기계장치에 대하여 상각방법을 연수합계법으로 잔존가치는 ₩5,000으로, 잔존내용연수는 4년으로 각각 변경하였다. ㈜다빈의 회계기간은 1월 1일부터 12월 31일까지이다. ㈜다빈이 20×4년에 인식할 감가상각비는?

① ₩15,900 ② ₩16,400 ③ ₩18,200
④ ₩19,600 ⑤ ₩20,000

19 12월 결산법인인 ㈜다빈은 20×1년 11월 7일 ㈜목동의 주식 10주를 주당 ₩5,000에 취득하여 당기손익-공정가치측정금융자산으로 분류하였다. 취득시 1주당 수수료 ₩300을 지출하였다. 20×1년 12월 31일의 ㈜목동의 주당 공시되는 시장가격은 ₩6,000이고 처분된다면 1주당 수수료는 ₩200이다. ㈜다빈이 취득한 ㈜목동의 주식에 대하여 20×1년 12월 31일에 인식할 평가이익은 얼마인가?

① ₩0 ② ₩5,000 ③ ₩7,000
④ ₩8,000 ⑤ ₩10,000

20 ㈜다빈은 20×2년 3월에 발생할 예상매입에 대한 위험회피목적으로 20×1년 11월에 파생상품계약을 체결하였다. 20×1년의 파생상품평가이익은 ₩120,000이고, 예상매입의 현금흐름변동으로 인한 손실은 ₩80,000이다. 12월 31일로 종료되는 ㈜다빈의 20×1년도 손익계산서에 반영될 예상매입과 파생상품의 손익은 각각 얼마인가?

	예상거래	파생상품
①	손실 ₩80,000	이익 ₩120,000
②	손실 ₩80,000	이익 ₩80,000
③	손익 0	손익 0
④	손익 0	이익 ₩120,000
⑤	손익 0	이익 ₩40,000

21 재고자산 단위원가결정방법에 대한 설명으로 틀린 것은?

① 후입선출법을 적용하는 경우에 물가가 상승하고 기준재고층이 침식(고갈)되는 경우는 낮은 이익이 보고되는 문제점이 있다.
② 선입선출법에서 재고회전율이 빠른 경우에 기말재고액은 현행원가의 근사치로 측정된다.
③ 선입선출법은 먼저 매입된 재고자산이 먼저 매출된다는 가정을 한다.
④ 이동평균법은 계속기록법과 평균원가법의 결합이라고 할 수 있다.
⑤ 선입선출법은 원가흐름이 물적흐름을 충실히 반영하고 있다.

22 ㈜다빈건설은 20×1년에 회계학원 신축공사를 ₩100,000에 수주하였다. 공사기간별 누적공사원가 및 추가공사원가는 다음과 같다.

	20×1년	20×2년	20×3년
누적공사원가	₩20,000	₩84,000	₩110,000
추가공사원가	60,000	21,000	―

㈜다빈건설이 누적발생원가기준에 따라 진행률을 계산하는 경우 20×2년에 인식할 공사원가는 얼마인가?

① ₩65,000   ② ₩66,000   ③ ₩57,000
④ ₩68,000   ⑤ ₩59,000

23 다음 농림어업에 대한 설명 중 한국채택국제회계기준과 일치하지 않은 것은?

① 생물자산은 최초 인식시점과 매 보고기간말에 순공정가치로 측정하여야 한다.
② 생물자산에서 수확된 수확물은 수확시점에 순공정가치로 측정하여야 한다.
③ 계약이 존재(existence of contract)한다고 하여 생물자산이나 수확물의 공정가치를 조정해야 하는 것은 아니다.
④ 생물자산의 공정가치를 신뢰성 있게 측정할 수 없는 경우 생물자산은 원가에서 감가상각누계액과 손상차손누계액을 차감한 금액으로 측정한다.
⑤ 수확물의 공정가치를 신뢰성 있게 측정할 수 없는 경우 수확물은 원가에서 감가상각누계액과 손상차손누계액을 차감한 금액으로 측정한다.

24 다음 중단영업 및 매각예정비유동자산에 대한 설명 중 한국채택국제회계기준과 일치하지 않은 것은?

① 매각예정으로 분류하기 위해서는 당해 자산(또는 처분자산집단)은 현재의 상태에서 통상적이고 관습적인 거래조건만으로 즉시 매각(immediate sale) 가능하여야 하며, 매각될 가능성이 높아(probable)야 한다.
② 매각예정분류 요건이 보고기간 후에 충족된 경우 당해 비유동자산(또는 처분자산집

단)은 보고기간 후 발행되는 당해 재무제표에서 매각예정으로 분류할 수 없다.

③ 폐기될 비유동자산(또는 처분자산집단)은 매각예정으로 분류할 수 없다.

④ 매각예정으로 분류된 비유동자산(또는 처분자산집단)은 순공정가치(fair value less costs to sell)와 장부금액 중 작은 금액으로 측정한다.

⑤ 자산(또는 처분자산집단)을 매각예정으로 최초 분류하기 직전에 해당 자산(또는 처분자산집단 내의 모든 자산과 부채)의 장부금액은 적용가능한 한국채택국제회계기준서에 따라 측정한다.

25 ㈜별로제약은 당사가 만든 신약의 부작용으로 해당 약품을 복용한 소비자 일부가 위독해 병원에 입원하게 되었다. 이에 회사는 고소를 당하여 ₩100,000을 지급하라는 확정판결이 나왔다. 회사는 사전에 의료사고에 대비하여 보험에 가입하였다. 보험회사가 보험사고보상액의 60%을 병원에 지급하게 된다. ㈜별로제약이 이와 관련하여 자산, 부채, 비용 및 수익으로 인식할 금액 중 적절하지 않은 것은?

① 자산 ₩60,000　　　② 부채 ₩100,000　　　③ 비용 ₩100,000

④ 비용 ₩40,000　　　⑤ 부채 ₩40,000

26 ㈜다빈이 20×1년 12월 31일 현재 보유하고 있는 부동산현황은 다음과 같다.

구분	금액	보유목적 등
금융리스로 제공한 건물	₩100,000	소유권이전 약정 없음
호텔	200,000	㈜다빈이 직접 경영하는 호텔
공장건물	300,000	제조활동에 사용
사택(아파트)	100,000	공장에 근무하는 종업원에게 임차 (시장가격으로 임차료 받음)
사택(단독주택)	50,000	공장에 근무하는 종업원에게 임차 (임차료 받지 않음)
건물(이중목적)	150,000	임대 및 자가사용, 분리매각불가 단, 자가사용부분이 경미함
건설중인 건물	80,000	투자부동산으로 사용하기 위하여 건설중
재개발 중인 건물	70,000	투자부동산으로 사용한 건물로 미래 투자부동산으로 사용하기 위하여 재개발 중
임대중인 건물	90,000	20×2년 초에 처분예정인 투자부동산

㈜다빈이 20×1년 12월 31일 현재 재무상태표에 투자부동산으로 인식할 금액은 얼마인가?

① ₩300,000　　　② ₩390,000　　　③ ₩440,000

④ ₩450,000　　　⑤ ₩490,000

27   다음 중 손상의 징후가 없더라고 매년 손상검토가 의무가 되는 자산을 모두 표시한 것은?

> (a) 사업결합에서 취득한 영업권
> (b) 아직 사용가능하지 않은 유형자산
> (c) 내용연수가 비한정인 무형자산
> (d) 내용연수가 20년을 초과한 무형자산
> (e) 내용연수가 무한한 토지

① (a), (b), (c)   ② (a), (b), (c), (d)   ③ (a), (b), (c), (e)
④ (a), (c)   ⑤ (b), (d), (e)

28   ㈜다빈은 20×1년 12월 31일에 ㈜서울의 주식 800주(지분율 80%)를 ₩480,000에 취득하여 지배권을 획득하였다. ㈜서울의 20×1년 1월 1일 현재 순자산의 장부금액과 공정가치는 각각 ₩400,000과 ₩450,000이다. ㈜서울의 20×1년 1월 1일 현재 주식의 주당공정가치는 ₩500이다. ㈜다빈은 연결재무제표를 작성함에 있어 비지배지분을 공정가치로 측정한다. ㈜다빈이 ㈜서울을 포함하여 연결재무제표를 작성하는 경우 20×1년 12월 31일의 연결재무제표에 표시될 영업권은 얼마인가?

① ₩100,000   ② ₩120,000   ③ ₩130,000
④ ₩150,000   ⑤ ₩200,000

29   ㈜다빈은 20×1년 1월 1일에 ㈜서울의 주식 20%을 취득하였다. 이러한 주식취득으로 인하여 ㈜서울은 ㈜다빈의 관계기업이 되었다. ㈜다빈은 20×1년 중 ㈜서울에 원가 ₩100,000인 상품을 ₩150,000에 판매하였고, 20×1년 말 현재 ㈜서울은 ㈜다빈으로부터 매입한 상품 중 70%을 보유하고 있다. ㈜다빈이 20×1년 ㈜서울의 주식에 대하여 지분법을 적용하는 경우 제거하여야 할 내부미실현이익은 얼마인가?

① ₩0   ② ₩3,000   ③ ₩7,000
④ ₩15,000   ⑤ ₩35,000

30   다음 사업결합에 대한 설명 중 한국채택국제회계기준과 일치하지 않은 것은?

① 계약만으로 이루어지는 경우를 포함하여 대가의 이전이 없는 방식으로 피취득자에 대한 지배력을 획득할 수 있다.
② 사업결합은 취득 자산과 인수 부채가 사업을 구성해야 한다. 취득 자산이 사업이 아닐 경우에 보고기업은 그 거래나 그 밖의 사건을 자산의 취득으로 회계처리한다.
③ 동일지배 하에 있는 기업이나 사업 간의 결합은 사업결합의 범위에서 제외된다.
④ 취득자는 식별가능한 취득 자산과 인수 부채를 취득일의 공정가치로 측정한다.
⑤ 사업결합에서 취득자는 비지배지분에 대한 영업권을 인식하지 않는다.

31 ㈜다빈은 X와 Y제품을 생산하여 판매하고 있다. 제품X와 제품Y의 단위당 판매가격과 단위당 변동비는 다음과 같다.

	제품 X	제품 Y
단위당 판매가격	₩100	₩200
단위당 변동비	60	100

제품X와 제품Y의 매출기여도는 2 : 3이다. 회사는 매출액의 10%의 세후이익을 달성하는 목표를 세우고 있다. 회사의 고정비는 ₩268,000이고, 법인세율은 20%인 경우에 목표이익을 달성하는 제품X의 판매량은 얼마인가?

① 2,400개 ② 2,500개 ③ 2,700개 ④ 3,200개 ⑤ 3,600개

32 ㈜다빈자동차의 20×1년과 20×2년의 원가자료는 생산 및 원가자료는 다음과 같다.

구 분	20×1년	20×2년
판매수량(개)	700	800
생산수량(개)	800	1,000
변동제조원가	₩200,000	₩250,000
변동판매관리비	100,000	140,000
고정제조원가	120,000	120,000
고정판매관리비	80,000	80,000

20×1년 기초재고는 200개이다. 회사는 선입선출법으로 재고자산을 평가한다. 다음 중 전부원가계산방법과 변동원가계산방법에 의한 20×2년 이익을 비교한 것으로 적절한 것은?

① 전부원가계산에 의한 순이익이 변동원가계산에 의한 순이익보다 ₩21,000 더 많다.
② 전부원가계산에 의한 순이익이 변동원가계산에 의한 순이익보다 ₩12000 더 많다.
③ 전부원가계산에 의한 순이익이 변동원가계산에 의한 순이익보다 ₩21,000 더 적다.
④ 전부원가계산에 의한 순이익이 변동원가계산에 의한 순이익보다 ₩15,000 더 많다.
⑤ 전부원가계산에 의한 순이익이 변동원가계산에 의한 순이익보다 ₩15,000 더 적다.

33 다음 자료에서 이상공손비를 계산하면 얼마인가?

기초재공수량 0	당기착수수량 10,000
당기완성수량 7,000	기말재공품수량 1,800(60%진척)
검사시점 50%	정상공손수량은 검사수량의 10%이다.
원재료는 공정초에 전량 투입되며, 가공비는 공정비례로 투입된다.	
단위당 재료비 ₩30,	단위당 가공비 ₩40

① ₩10,000 ② ₩16,000 ③ ₩25,000 ④ ₩35,000 ⑤ ₩44,000

34 ㈜다빈은 디지털카메라를 제조·판매하는 회사이다. 회사가 생산·판매하는 디지털카메라에는 일반용과 전문가용 2가지가 있다. 회사는 20×1년에 일반용 600대와 전문가용 400대를 생산하였다. 제품별 원가자료는 다음과 같다.

원가구분	일반용	전문가용
단위당 직접재료원가	₩100	₩150
단위당 직접노무원가	150	250
총제조간접원가	200,000	

회사는 활동기준원가계산(ABC : activity-based costing)으로 제조원가를 계산하고 있다. 다음은 활동기준원가계산과 관련된 자료이다.

활동	원가동인	원가	일반형	전문가용
주문	주문횟수	₩20,000	20회	20회
생산준비	준비횟수	30,000	6회	9회
부품관리	부품수	40,000	40개	60개
조립	직접노동시간	80,000	30시간	70시간
제품검사	검사횟수	30,000	30회	20회

위 자료를 이용하여 전문가용 단위당 제조원가를 계산하면 얼마인가?

① ₩600 ② ₩640 ③ ₩680
④ ₩700 ⑤ ₩750

35 ㈜다인은 표준원가계산제도와 변동예산제도를 채택하며 간접원가 차이분석에는 2분법을 사용한다. 20×1년 3월 중의 생산활동자료는 다음과 같다.

• 고정간접원가 예산액	₩78,000
• 실제제조간접원가 발생액	₩200,000
• 직접노동시간당 변동제조간접원가율	₩5
• 표준직접노동시간	24,000H
• 실제직접노동시간	25,000H

위 자료를 이용하여 20×1년 3월 중의 통제가능 예산차이를 계산하면 얼마인가?

① ₩3,000유리 ② ₩3,000불리 ③ ₩2,000유리
④ ₩2,000불리 ⑤ ₩4,000유리

36 ㈜다인은 판매업을 주업으로 하는 회사이며, 분기별 다음과 같은 판매예산을 수립하였다.

분기	매출액
1/4	₩200,000
2/4	250,000
3/4	350,000
4/4	300,000

㈜다인은 1단위를 ₩300에 매입하여 ₩500에 판매하고 있다. 각 분기말 재고는 다음 분기 판매량의 30%을 보유하는 정책을 채택하고 있다. 1/4분기초 재고는 ₩36,000이다. 2/4분기에 구입해야할 예산액은 얼마인가?

① ₩168,000　　　　② ₩180,000　　　　③ ₩213,000
④ ₩268,000　　　　⑤ ₩280,000

37 ㈜다인은 디지털카메라를 생산하고 있는 업체인데, 디지털카메라 대신 캠코더로 생산제품을 변경하려고 한다. 캠코더를 생산하기 위해서는 ₩4,000,000 상당의 설비를 구입하여야 하며, 동 설비는 5년간 잔존가치없이 정액법으로 상각된다. 캠코더 생산시 현재 원재료보관 창고를 사용하여 생산을 하는데 창고의 연간감가상각비는 ₩200,000이고, 별도 원재료 창고는 연간 ₩300,000에 임차하여야 한다. 캠코더는 연간 ₩20,000단위가 판매될 것으로 예상되며, 단위당 변동제조원가는 ₩80, 단위당 변동판매관리비는 ₩20이다. 회사는 연간 평균투자액기준 회계적이익률 12%이상을 달성하는 투자안을 선택한다. 회사의 법인세율은 40%이다. 회사의 요구수익률을 달성하려면 캠코더의 판매가격은 최소 얼마가 되어야 하는가?

① ₩165　　　　② ₩170　　　　③ ₩175
④ ₩180　　　　⑤ ₩185

38 ㈜다인패션은 유아용, 청바지, 신사정장 및 숙녀정장 등 네 가지 사업부문을 유지하고 있다. 각 사업부문별 다음 해의 손익은 다음과 같이 발생할 것으로 추정된다.

	유아용	청바지	신사정장	숙녀정장	전체
매 출	₩29,000	₩35,000	₩42,000	₩94,000	₩200,000
총 원 가	23,000	41,000	66,000	69,000	199,000
순 이 익	₩6,000	(−)₩6,000	(−)₩24,000	₩25,000	₩1,000

총원가 중 고정비는 ₩80,000으로 사업부의 매출액에 비례하여 각 사업부에 배분된다. 고정비중 80%은 특정 사업부가 폐쇄되더라도 계속 발생하며, 나머지 20%는 특정 사업부가 폐쇄되면 회피가

능할 것으로 판단된다. 경영진은 회사전제이익을 극대화하기 위하여 일부 사업부문을 폐쇄하려고 한다. 회사이익을 극대화하는 방향으로 사업부문의 일부를 폐쇄하는 경우 다음해의 달성가능한 최대이익은 얼마인가?

① ₩11,500　　　　② ₩14,920　　　　③ ₩17,820
④ ₩19,480　　　　⑤ ₩23,610

39 ㈜포도는 포도주를 생산·판매하는 회사이다. ㈜포도가 다음과 같은 재고자산과 관련된 자료를 가지고 있을 때 ㈜포도의 원재료인 포도의 경제적주문량과 주문횟수를 구하면?

(1) 포도의 연간 사용량	6,000상자
(2) 매주문당 주문비	₩3,000
(3) 상자당 재고유지비	₩100
(4) 상자당 구입가격	₩170,000

	경제적 주문량	주문횟수
①	60상자	80회
②	100상자	80회
③	80상자	100회
④	100상자	80회
⑤	600상자	10회

40 카이젠원가계산(kaizen costing)에 대한 설명으로 틀린 것은?

① 카이젠원가계산은 일본기업들이 오래 전부터 사용해온 원가관리기법이다. 여기서 카이젠(kaizen)이란 개선(改善)이란 한자어이 일본식 발음을 영어로 표현한 것이다.
② 제조이전의 전방단계에서의 원가절감을 강조하는 목표원가계산(target costing)과는 달리 카이젠원가계산은 생산이 개시되기 시작한 후에 제조단계에서의 전향적인 원가절감을 강조한다.
③ 카이젠원가계산은 생산단계에서 대규모 혁신적인 개선을 통하여 원가절감의 극대화를 달성하려는 기법이며, 특히 신제품개발에 따른 원가상승요인을 제거하는 데 주로 활용된다.
④ 카이젠원가계산은 공정개선이나 작업방식의 개선에 제일 많은 아이디어를 가진 종업원의 제안을 독려하고 반영할 것을 강조한다.
⑤ 카이젠원가계산은 개선원가절감 목표를 각 원가요소별로 책정한다.

국가전문자격시험 답안카드

( )년도 제( )회

필적감정용 기재란
합격의 기쁨

성 명

교시(차수) 기재란
( )교시·차
문제지 형별 기재란
( )형
선택과목 1
선택과목 2

수험번호

감독위원

성명		
교시(차수) 기재란	( )교시·차	① ② ③
문제지 형별 기재란	( )형	Ⓐ Ⓑ
선택과목 1		
선택과목 2		

수 험 번 호	0	1	3	2	9	8	0	1
	⓪	①	⓪	⓪	⓪	⓪	●	⓪
	①	●	①	①	①	①	①	●
	②	②	②	●	②	②	②	②
	③	③	●	③	③	③	③	③
	④	④	④	④	④	④	④	④
	⑤	⑤	⑤	⑤	⑤	⑤	⑤	⑤
	⑥	⑥	⑥	⑥	⑥	⑥	⑥	⑥
	⑦	⑦	⑦	⑦	⑦	⑦	⑦	⑦
	⑧	⑧	⑧	⑧	⑧	●	⑧	⑧
	⑨	⑨	⑨	⑨	●	⑨	⑨	⑨

감독위원 확인
인

수험자 유의사항

1. 시험 중에는 통신기기(휴대전화·소형 무전기 등) 및 전자기기(초소형 카메라 등)를 소지하거나 사용할 수 없습니다.
2. 부정행위 예방을 위해 시험문제지에도 수험번호와 성명을 반드시 기재하시기 바랍니다.
3. 시험시간이 종료되면 즉시 답안작성을 멈춰야 하며, 종료시간 이후 계속 답안을 작성하거나 감독위원의 답안카드 제출지시에 불응할 때에는 당해 시험이 무효처리 됩니다.
4. 기타 감독위원의 정당한 지시에 불응하여 타 수험자의 시험에 방해가 될 경우 퇴실조치 될 수 있습니다.

답안카드 작성 시 유의사항

1. 답안카드 기재·마킹 시에는 반드시 검정색 사인펜을 사용해야 합니다.
2. 답안카드를 잘못 작성했을 시에는 카드를 교체하거나 수정테이프를 사용하여 수정할 수 있습니다.
   그러나 불완전한 수정처리로 인해 발생하는 전산자동판독불가는 수험자의 귀책사유입니다.
   - 수정테이프 이외의 수정액, 스티커 등은 사용 불가
   - 답안카드 왼쪽(성명·수험번호 등)을 제외한 '답안란' 만 수정테이프로 수정 가능
3. 성명란은 수험자 본인의 성명을 정자체로 기재합니다.
4. 해당 차수(교시)시험을 기재하고 해당 란에 마킹합니다.
5. 시험문제지 형별기재란은 시험문제지 형별을 기재하고, 우측 형별마킹란에 해당 형별을 마킹합니다.
6. 수험번호란은 숫자로 기재하고 아래 해당번호에 마킹합니다.
7. 필적감정용 기재란은 '합격의 기쁨' 을 정자체로 기재합니다.
8. 시험문제지 형별 및 수험번호 등 마킹착오로 인한 불이익은 전적으로 수험자의 귀책사유입니다.
9. 감독위원의 날인이 없는 답안카드는 무효처리 됩니다.
10. 상단과 우측의 검은색 띠(▮▮▮) 부분은 낙서를 금지합니다.

부정행위 처리규정

시험 중 다음과 같은 행위를 하는 자는 당해 시험을 무효처리하고 자격별 관련 규정에 따라 일정기간 동안 시험에 응시할 수 있는 자격을 정지합니다.

1. 시험과 관련된 대화, 답안카드 교환, 다른 수험자의 답안·문제지를 보고 답안 작성, 문제내용을 보거나 베끼게 하는 행위, 시험문제 내용과 관련된 물건을 휴대하거나 이를 주고받는 행위
2. 시험장 내외로부터 도움을 받아 답안을 작성하는 행위, 공인어학성적 및 응시자격서류를 허위기재하여 제출하는 행위
3. 통신기기(휴대전화·소형 무전기 등) 및 전자기기(초소형 카메라 등)를 휴대하거나 사용하는 행위
4. 다른 수험자와 성명 및 수험번호를 바꾸어 작성·제출하는 행위
5. 기타 부정 또는 불공정한 방법으로 시험을 치르는 행위

01 12월 결산법인인 ㈜다빈은 20×1년 7월 1일 임대목적으로 건물 3채를 취득하여 투자부동산으로 분류하였다. 다음은 취득한 건물에 대한 내역이다. 회사는 건물A와 건물B는 대하여 공정가치모형으로 평가하고, 건물C는 임대수익으로 부채를 상환하는 투자부동산으로 원가모형으로 평가한다. ㈜다빈은 유형자산에 대하여 정액법으로 감가상각한다.

구분	취득원가	잔존가치	내용연수
건물A	₩450,000	₩50,000	10년
건물B	₩500,000	₩50,000	10년
건물C	₩600,000	₩50,000	10년

건물B의 20×1년 12월 31일 현재 공정가치는 ₩530,000(거래원가 ₩10,000차감전 금액)이다. 반면, 건물A는 비교할 만한 시장거래의 발생빈도가 낮고 신뢰성 있는 공정가치의 대체적 추정방법(예를 들면 미래현금흐름을 할인하는 방법)이 가능하지 않아 공정가치를 추정할 수 없는 상황이다. 상기 투자부동산이 20×1년 ㈜다빈의 당기순이익에 미치는 영향을 계산하면 얼마인가?(단, 법인세효과는 고려하지 않는다.)

① ₩17,500감소   ② ₩20,000감소   ③ ₩20,500감소
④ ₩50,000감소   ⑤ ₩70,000감소

02 ㈜다빈은 20×1년 1월 1일에 종업원 200명에게 각각 주식선택권 300개를 부여하고, 3년의 용역제공조건을 부과하였다. 부여일 현재 주식선택권의 단위당 공정가치는 ₩60으로 추정되었다. ㈜다빈은 20×3년 12월 31일까지 퇴사자가 없을 것으로 추정하였고 실제 결과도 당초 추정과 동일하였다. 20×2년 12월 31일 ㈜다빈은 종업원과의 합의하에 주식선택권 1개당 현금 ₩100을 지급하여 주식선택권을 모두 중도청산하였다. 20×2년 12월 31일 현재 주식선택권의 공정가치는 ₩90이다. 20×2년 12월 31일 현재 ㈜다빈의 재무제표에는 20×1년 1월 1일 이전에 부여한 다른 주식선택권과 관련하여 인식한 기타자본잉여금 ₩600,000이 계상되어 있다. ㈜다빈이 20×2년에 인식할 주식보상원가는 얼마인가?

① ₩1,800,000   ② ₩2,400,000   ③ ₩3,000,000
④ ₩3,600,000   ⑤ ₩7,800,000

03 감사인은 20×2년 12월 31일로 종료하는 ㈜목동제과의 재무제표를 감사하는 도중에 다음과 같은 중요한 오류를 발견하였다. 오류수정 전 당기순이익은 ₩100,000이다.

	20×1. 12. 31	20×2. 12. 31
선급비용과소	₩2,000	₩4,000
선수수익과소	5,000	7,000
미수수익과소	4,000	9,000
미지급비용과소	3,000	1,000

한국채택국제회계기준에 따라 수정하는 경우 20×2년의 수정 후 당기순이익은 얼마인가?(단, 법인세효과는 고려하지 않는다.)

① ₩95,000   ② ₩97,000   ③ ₩103,000   ④ ₩105,000   ⑤ ₩107,000

04 다음 공정가치에 대한 회계처리 내용으로 옳지 않은 것은?

① 공정가치는 측정일의 현행 시장 상황에서 주된 (또는 가장 유리한) 시장에서의 정상 거래에서 자산을 매도하면서 수취하거나 부채를 이전하면서 지급하게 될 가격(즉 유출가격)이다.

② 반증이 없는 한, 자산을 매도하거나 부채를 이전하기 위해 통상적으로 거래를 하는 시장을 주된 시장 또는 가장 유리한 시장(주된 시장이 없는 경우)으로 간주한다

③ 기업은 시장참여자가 경제적으로 최선의 행동을 한다는 가정하에 시장참여자가 자산이나 부채의 가격을 결정할 때 사용하는 가정에 근거하여 자산이나 부채의 공정가치를 측정하여야 한다. 그러한 가정을 도출하기 위하여 특정 시장참여자를 식별할 수 있어야 한다.

④ 주된 (또는 가장 유리한) 시장(해당 시장 참여자)은 기업의 관점에서 고려되며 이에 따라 다른 활동을 하는 기업 간의 차이는 허용된다.

⑤ 기업은 시장참여자가 경제적으로 최선의 행동을 한다는 가정하에 시장참여자가 자산이나 부채의 가격을 결정할 때 사용하는 가정에 근거하여 자산이나 부채의 공정가치를 측정하여야 한다.

05 ㈜다빈은 종업원이 퇴직한 시점에 일시불급여를 지급하며, 일시불급여는 종업원의 퇴직전 최종임금의 1%에 근무연수를 곱하여 산정된다. 종업원의 연간임금은 1차년도에 ₩6,000,000이며 향후 매년 5%(복리)씩 상승하는 것으로 가정한다. 또 연간 할인율은 10%라고 가정한다. 종업원이 당초 예상보다 일찍 또는 늦게 퇴직할 가능성을 반영하기 위해 필요한 추가적인 조정은 없다고 가정한다. 보험수리적 가정에 변화가 없다고 할 때 5년 경과후인 20×6년 초에 모든 종업원이 퇴사한다고 가정한다. 3차년도인 20×3년의 당기근무원가를 계산하면 얼마인가?

① ₩40,795   ② ₩54,793   ③ ₩60,273   ④ ₩63,287   ⑤ ₩97,069

06 ㈜다빈의 손익상황 및 자본에 관한 사항은 다음과 같다.

> (1) 당기순이익 : ₩1,000,000
> (2) 유통보통주식수 : 8,000주
> (3) 참가적우선주 : 6,000주
> (4) 비누적적 우선주에 대한 연간배당금(보통주에 대한 배당전) : 주당 ₩40

보통주에 대하여 주당 ₩20의 배당금이 지급된 후, 우선주는 보통주와 1 : 3의 비율로 추가적 배당에 참가한다. 즉, 우선주와 보통주에 대하여 각각 주당 ₩40과 ₩20의 배당금을 지급한 후, 우선주는 보통주에 대하여 추가적으로 지급되는 배당금액의 1/3 비율로 참가한다. 보통주의 기본주당이익을 계산하면 얼마인가?

① ₩70　　　② ₩72　　　③ ₩75　　　④ ₩76　　　⑤ ₩80

07 기업회계기준서 제1109호 '금융상품'에 관한 다음 설명 중 옳지 않은 것은?

① 지분상품에 대한 투자로서 단기매매항목이 아니고 사업결합에서 취득자가 인식하는 조건부 대가가 아닌 지분상품에 대한 투자의 후속적인 공정가치 변동을 기타포괄손익으로 표시할 수 있다. 이러한 선택은 최초 인식시점에만 가능하며 이후에 취소할 수 없다.

② 매출채권을 제외하고는, 최초 인식시점에 금융자산을 공정가치로 측정하며, 당기손익－공정가치 측정 금융자산이 아닌 경우에 해당 금융자산의 취득과 직접 관련되는 거래원가는 공정가치에 가산한다.

③ 후속적으로 상각후원가로 측정하는 자산에 결제일 회계처리방법을 적용하는 경우에 해당 자산은 최초 인식시점에 결제일의 공정가치로 인식한다.

④ 회계불일치를 제거하거나 유의적으로 줄이는 경우에는 최초 인식시점에 해당 금융자산을 당기손익－공정가치 측정 항목으로 지정할 수 있다. 다만 한번 지정하면 이를 취소할 수 없다.

⑤ 최초 인식시점에 매출채권이 유의적인 금융요소를 포함하지 않는 경우에는 거래가격으로 측정한다.

08 재무보고를 위한 개념체계에 대한 다음의 설명 중 틀리게 서술된 것은?

① 중요성은 개별 기업 재무보고서 관점에서 해당 정보와 관련된 항목의 성격이나 규모 또는 이 둘 모두에 근거하여 해당 기업에 특유한 측면의 목적적합성을 의미한다.

② 완벽하게 충실한 표현을 하기 위해서는 서술에 세 가지의 특성이 있어야 할 것이다. 서술은 완전하고, 중립적이며, 오류가 없어야 할 것이다.

③ 중립적 서술은 재무정보의 선택이나 표시에 편의가 없는 것이다. 따라서 중립적 정보는 목적이 없고 행동에 대한 영향력이 없는 정보를 의미한다.

④ 오류가 없다는 것은 모든 면에서 완벽하게 정확하다는 것을 의미하지는 않는다.

⑤ 완전한 서술은 필요한 기술과 설명을 포함하여 정보이용자가 서술되는 현상을 이해하는 데 필요한 모든 정보를 포함하는 것이다.

09 기업회계기준서 제1109호 '금융상품'에 관한 다음 설명 중 옳은 것은?

① 유의적인 금융요소를 포함하고 있는 매출채권과 계약자산은 항상 전체기간 기대신용손실에 해당하는 금액으로 손실충당금을 측정한다.

② 리스채권으로서, 전체기간 기대신용손실에 해당하는 금액으로 손실충당금을 측정하는 것을 회계정책으로 선택한 경우. 해당 회계정책은 모든 리스채권에 적용해야 한다. 따라서 회계정책을 금융리스채권과 운용리스채권에 각각 구분하여 적용할 수 없다.

③ 매출채권, 리스채권, 계약자산에 각각 독립적으로 회계정책을 선택할 수 있다.

④ 최초 인식 후에 금융상품의 신용위험이 유의적으로 증가하였는지를 매 보고기간 말에 평가한다. 신용위험의 유의적인 증가를 평가할 때 기대신용손실액의 변동을 사용한다.

⑤ 기타포괄손익-공정가치 측정 금융자산의 손실충당금을 인식하고 측정하는 데 손상 요구사항을 적용한다. 그러나 해당 손실충당금은 당기손익에서 인식하고 재무상태표에서 금융자산의 장부금액을 감소시킨다.

10 ㈜다빈백화점은 가중평균(평균원가) 소매재고법에 의하여 기말재고자산을 평가하고 있으며, 다음은 재고자산에 관한 자료이다.

	원 가	판매가
기초재고	₩200,000	₩300,000
매입	1,500,000	2,250,000
매입환출	40,000	80,000
매입할인	20,000	
매입운임	90,000	
순인상액		100,000
순인하액		30,000
총매출		1,800,000
매출환입		200,000
종업원할인		100,000
정상적 파손	20,000	30,000
비정상적 파손	30,000	40,000

기말재고자산의 원가는 얼마인가?

① ₩523,600 ② ₩524,601 ③ ₩533,284 ④ ₩534,100 ⑤ ₩542,702

11 재무제표 표시에 관한 한국채택국제회계기준에 대한 다음의 설명 중 틀리게 서술된 것은?

① 재분류조정(reclassification adjustments)은 당기나 과거 기간에 기타포괄손익으로 인식되었으나 당기손익으로 재분류된 금액을 말한다.

② 재분류조정은 해외사업장을 매각할 때, 위험회피예상거래가 당기손익에 영향을 미칠 때 발생한다.

③ 재분류조정은 기업회계기준서 재평가잉여금의 변동이나 확정급여제도의 재측정요소에 의해서는 발생하지 않는다.

④ 재분류조정은 포괄손익계산서에 표시된다.

⑤ 재평가잉여금의 변동은 자산이 사용되는 후속 기간 또는 자산이 제거될 때 이익잉여금으로 대체될 수 있다.

12 다음 유형자산에 대한 설명 중 한국채택국제회계기준과 일치하지 않은 것은?

① 토지와 건물을 동시에 취득하는 경우에도 이들은 분리가능한 자산이므로 별개의 자산으로 회계처리한다.

② 채석장이나 매립지 등을 제외하고는 토지는 내용연수가 무한하므로 감가상각하지 아니한다.

③ 건물은 내용연수가 유한하므로 감가상각대상자산이다. 건물이 위치한 토지의 가치가 증가하더라도 건물의 감가상각대상금액에는 영향을 미치지 않는다.

④ 토지의 원가에 해체, 제거 및 복구원가가 포함된 경우에는 그러한 원가를 관련 경제적효익이 유입되는 기간에 감가상각한다.

⑤ 경우에 따라서는 토지의 내용연수가 한정될 수 있다. 이 경우에도 토지는 감가상각하지 아니한다.

13 ㈜다빈은 보유하고 있는 토지A에 대하여 재평가모형으로 측정하려고 한다. 다음은 재평가와 관련된 자료이다. 회사의 회계기간은 1월 1일부터 12월 31일까지이다.

구분	취득원가	재평가금액			
일자	20×1.1.1	20×1.12.31	20×2.12.31	20×3.12.31	20×4.12.31
금액	₩5,000	₩6,000	₩7,000	₩4,000	₩6,000

㈜다빈은 20×5년 11월 7일에 토지A를 ₩7,000에 처분하였다. 한국채택국제회계기준에 따라 회계처리할 때 20×4년과 20×5년 각각 당기순이익에 미치는 영향은? (법인세효과는 고려하지 아니한다.)

	20×4년	20×5년		20×4년	20×5년
①	₩0	₩1,000	④	₩0	₩2,000
②	₩1,000	₩1,000	⑤	₩2,000	₩2,000
③	₩1,000	₩2,000			

14 ㈜다빈의 20×1년 법인세비용차감전순이익은 ₩50,000이고, 법인세율은 30%이다. 20×1년의 세무조정사항은 다음과 같다.

감가상각비한도초과액	₩7,000
접대비한도초과액	6,000
대손충당금한도초과액	2,000
미수이자	1,000
재평가잉여금(토지관련)	4,000
재평가이익(건물관련, 당기손익)	2,000

20×1년말에 세법이 개정되어 20×2년과 20×3년이후 세율은 각각 25%와 20%이다. 감가상각비한도초과액은 20×2년에 ₩4,000, 20×3년에 ₩3,000씩 각각 손금추인될 것으로 예상된다. 또한 재평가잉여금과 재평가이익은 전액 20×3년에 소멸될 것으로 가정한다. 상기 차감할 일시적 차이의 실현가능성은 높다고 가정한다. 20×1년 초에 이연법인세자산(부채)의 잔액은 없었다. 위의 자료를 이용하여 ㈜다빈의 20×1년 법인세비용을 계산하면 얼마인가?

① ₩17,150   ② ₩17,650   ③ ₩17,950

④ ₩18,350   ⑤ ₩18,450

15 다음 충당부채에 대한 설명 중 한국채택국제회계기준과 일치하지 않은 것은?

① 현재의무를 이행하기 위하여 소요되는 지출 금액에 영향을 미치는 미래사건이 발생할 것이라는 충분하고 객관적인 증거가 있더라도 그러한 미래사건은 충당부채 금액을 추정하는데 고려하지 아니한다.

② 예상되는 자산처분이 충당부채를 발생시킨 사건과 밀접하게 관련되었더라도 당해 자산의 예상처분이익은 충당부채를 측정하는 데 고려하지 아니한다.

③ 과거에 우발부채로 처리하였더라도 미래경제적효익의 유출가능성이 높아진 경우에는 그러한 가능성의 변화가 발생한 기간의 재무제표에 충당부채로 인식한다.

④ 비록 개별항목의 의무이행에 필요한 자원의 유출가능성이 높지 않더라도 전체적인 의무이행을 위하여 필요한 자원의 유출가능성이 높을 경우에는(기타 인식기준이 충족된다면) 충당부채를 인식한다.

⑤ 보고기간말에 현재의무가 존재하지 아니할 가능성이 높더라도 경제적효익이 내재된 자원의 유출가능성이 아주 낮지 않는 한 우발부채로 공시한다.

16 다음 자본에 대한 설명 중 한국채택국제회계기준과 일치하지 않은 것은?

① 자본거래의 거래원가는 관련 법인세혜택을 차감한 순액을 자본에서 직접 차감한다.

② 기업이 지분상품의 보유자에게 일정 금액을 배분하는 경우, 관련 법인세혜택을 차감한 순액을 자본에서 직접 차감한다.

③ 지분상품의 공정가치 변동은 당기손익이 아니라 자본의 변동으로 인식한다.

④ 중도에 포기한 자본거래의 원가는 비용으로 인식한다.

⑤ 지분상품의 상환 또는 차환은 자본의 변동으로 인식한다.

17 12월 결산법인인 ㈜다인은 20×1년 1월 1일 다음과 같은 조건으로 전환사채를 발행하였다.

(a) 액면금액 : ₩1,000,000 (b) 표시이자율 : 5%

(c) 일반사채 시장이자율 : 10% (d) 보장수익률 : 8%

(e) 발행금액 : ₩1,000,000 (f) 이자지급방법 : 매연도말 후급

(g) 만기일 : 20×3년 12월 31일

현가계수는 다음과 같다.

기간	₩1의 현재가치		연금 ₩1의 현재가치	
	할인율 8%	할인율 10%	할인율 8%	할인율 10%
3	0.7938	0.7513	2.5771	2.4868

㈜다인이 만기까지 인식할 총이자비용은 얼마인가?

① ₩201,189 ② ₩247,392 ③ ₩274,360

④ ₩298,581 ⑤ ₩371,752

18 ㈜다인의 20×1년 자산과 부채의 변동을 나타내는 자료는 다음과 같다.

과목	20×1.1.1잔액	20×1.12.31잔액
매출채권	₩30,000	₩23,000
대손충당금	₩1,500	₩1,100
선 수 금	₩10,000	₩9,000

20×1년의 매출채권회수액은 ₩80,000이고 선수금수취액은 ₩20,000이었으며, 대손상각비 계상액은 ₩3,000이었다. ㈜다인의 20×1년 매출액을 계산하면 얼마인가?

① ₩85,000 ② ₩88,600 ③ ₩94,400

④ ₩95,400 ⑤ ₩97,400

19 ㈜목동은 당좌거래은행인 양천은행으로부터 받은 20×1년 12월 31일자의 은행계산서는 다음과 같다.

	인출	예입	잔액
11월 30일 잔액			₩32,000
12월중 예입액		₩55,000	87,000
12월중 어음추심액		27,000	104,000
12월중 수표결제액	₩61,000		43,000
12월중 부도처리수표	2,000		41,000
12월 31일 잔액			₩41,000

12월 중의 ㈜목동의 예금장부는 다음과 같다.

	차변	대변	잔액
11월 30일 잔액			₩32,000
12월중 예입액	₩55,000		87,000
12월중 지급액		?	?
12월 31일 잔액			?

12월 31일에 영업시간이후에 입금된 금액은 ₩4,000이며, 12월에 발행된 수표중 은행에 지급제시되지 아니한 수표는 ₩7,000이다. 회사는 비품을 구입하면서 ₩3,200의 수표를 발행하면서 ₩2,300으로 장부에 표시하였는데, 이 수표는 은행에서 지급되었다. ㈜목동의 장부상 12월 31일의 예금잔액은 얼마인가?

① ₩13,900 ② ₩16,900 ③ ₩22,100
④ ₩38,000 ⑤ ₩40,900

20 ㈜다빈은 20×1년 9월 1일에 보유중인 ₩500,000의 외상매출금을 다인팩토링에 양도하였다. 양도한 외상매출금의 회수기일은 모두 20×1년 12월 31일이다. 다인팩토링은 외상매출금에 대하여 연 12%의 수수료를 부과하고, 5%을 매출할인, 매출환입에 대한 유보액으로 차감한 잔액을 ㈜다빈에게 지급하였다. 대손발생에 대한 위험은 다인팩토링이 전부 부담하기로 하였다. 양도한 외상매출금 중 20×1년 12월 31일까지 ₩470,000은 현금으로 회수되었고, 매출환입 ₩15,000 및 매출할인 ₩5,000이 각각 발생하였고, ₩10,000은 회수가 불가능한 것으로 판명되었다. ㈜다빈이 팩토링거래로 수취한 총금액은 얼마인가?

① ₩430,000 ② ₩440,000 ③ ₩450,000
④ ₩460,000 ⑤ ₩470,000

21 다음 재고자산에 대한 설명 중 한국채택국제회계기준과 일치하는 것은?

① 생물자산에서 수확한 농림어업 수확물로 구성된 재고자산은 공정가치로 측정하여 수확시점에 최초로 인식한다.

② 재고자산을 후불조건으로 취득할 수도 있다. 계약이 실질적으로 금융요소를 포함하고 있다면, 해당 금융요소(예 : 정상신용조건의 매입가격과 실제 지급액 간의 차이)는 금융이 이루어지는 기간 동안 재고자산의 원가로 인식한다.

③ 순실현가능가치의 상승으로 인한 재고자산 평가손실의 환입은 환입이 발생한 기간의 수익으로 인식한다.

④ 순실현가능가치를 추정할 때 재고자산의 보유 목적도 고려하여야 한다. 예를 들어 확정판매계약 또는 용역계약을 이행하기 위하여 보유하는 재고자산의 순실현가능가치

는 계약가격에 기초한다.

⑤ 용역제공기업은 일반적으로 용역대가가 청구되는 용역별로 원가를 집계한다. 그러므로 그러한 각 용역은 별도의 항목으로 취급되어야 한다.

22 다음 자산손상에 대한 설명 중 한국채택국제회계기준과 일치하는 것은?

① 아직 사용할 수 없는 유형자산은 손상의 징후가 없더라도 매년 손상검사를 하여야 한다.

② 회수가능액은 자산 또는 현금창출단위의 순공정가치와 사용가치 중 큰 금액으로 정의된다. 회수가능액을 측정할 때에 항상 순공정가치와 사용가치 모두를 추정하여야 한다.

③ 사업결합으로 취득한 영업권의 최초 배분을 사업결합이 이루어진 회계연도 말 이전에 완료할 수 없는 경우, 취득일 후 최초로 개시하는 회계연도 말까지 그 영업권의 최초 배분을 완료하여야 한다.

④ 영업권이 배분된 현금창출단위에 속하는 자산에 대해서 당해 현금창출단위와 동일한 시점에 손상검사를 하는 경우에는, 영업권을 포함하는 당해 현금창출단위를 그 자산보다 먼저 손상검사를 실시한다.

⑤ 회수가능액이 장부금액보다 커지는 경우라면 시간의 경과(때때로 할인액의 '상각'이라고 한다)에 따른 현재가치의 증가만으로도 손상차손을 환입할 수 있다.

23 ㈜국세는 제품을 개당 ₩500에 이전하기로 20×1년 1월 1일에 고객과 계약을 체결하였다. 고객이 1년 이내에 제품을 10,000개 이상 구매할 경우에는 계약에 따라 개당 가격을 소급하여 ₩400으로 낮추어야 한다. 제품에 대한 통제를 고객에게 이전할 때 대가를 지급받을 권리가 생긴다. 거래가격을 산정할 때, 기업은 계약 개시시점에 고객이 임계치인 제품 10,000개 조건을 충족할 것이고 따라서 거래가격이 제품 개당 ₩400으로 추정된다고 결론짓는다고 가정한다. ㈜국세가 제품 100개를 고객에게 처음 운송할 때 회계처리로 옳은 것은?

①	(차) 수취채권	40,000	(대) 수 익		40,000
②	(차) 계약자산	50,000	(대) 수 익		50,000
③	(차) 수취채권	50,000	(대) 수 익		40,000
④	(차) 계약자산	50,000	(대) 수 익		40,000
			환불부채		10,000
⑤	(차) 수취채권	50,000	(대) 수 익		40,000
			환불부채		10,000

24 다음 내용 중 한국채택국제회계기준과 일치하지 않은 것은?

① 우선주의 보유자가 발행자에게 특정일이나 그 이후에 확정되거나 확정가능한 금액의 상환을 청구할 수 있는 권리를 보유하고 있는 우선주에 대하여 지급되는 배당은 비용으로 인식한다.

② 당기손익인식금융부채와 금융보증계약은 상각후원가로 측정하지 않는다.

③ 법인세관련 부채와 의제의무와 관련된 부채는 금융부채가 아니다.

④ 기업은 1,000원의 액면금액에 대하여 연 8%의 이자율을 적용한 금액에 상당하는 연간 지급액을 영구적으로 지급하는 것을 조건으로 하는 금융상품을 발행할 수 있다. 이러한 금융상품의 보유자와 발행자는 각각 금융자산과 금융부채를 보유하게 된다.

⑤ 계약상 의무를 결제하기 위한 현금 등 금융자산의 인도를 회피할 수 있는 무조건적인 권리(unconditional right)를 기업이 가지고 있는 경우, 이러한 의무는 금융부채의 정의를 충족한다.

25 ㈜다빈은 20×1년 1월 1일에 도서관 건설 공사를 ₩500,000에 수주하였다. 공사기간은 20×1년 1월 1일부터 20×3년 12월 31일이다. 다음은 20×1년도와 20×2년도의 공사와 관련된 내용이다.

구분	20×1년	20×2년
발생원가	₩100,000	₩170,000
추가원가	300,000	180,000
공사대금청구액	130,000	150,000
공사대금회수액	120,000	140,000

㈜다빈은 누적발생원가기준으로 진행률을 산정한다. ㈜다빈의 회계기간은 1월 1일부터 12월 31일까지이다. 한국채택국제회계기준서에 따라 회계처리하는 경우에 20×1년과 20×2년 재무상태표에 표시될 미청구공사잔액과 초과청구공사잔액을 각각 계산하면 얼마인가?

	20×1년		20×2년	
①	미청구공사	₩5,000	초과청구공사	₩40,000
②	미청구공사	₩5,000	초과청구공사	₩20,000
③	미청구공사	₩5,000	초과청구공사	₩25,000
④	초과청구공사	₩5,000	미청구공사	₩20,000
⑤	초과청구공사	₩10,000	미청구공사	₩40,000

26 ㈜다빈자동차는 20×1년 1월 1일에 제조차량을 금융리스거래방식으로 판매하였다. 판매계약의 내용은 다음과 같다.

(a) 리스기간 : 4년 (20×1년 1월 1일부터 20×4년 12월 31일까지)

(b) 리스료 지급 : 매년 말에 ₩2,000,000씩 지급

(c) 리스기간 종료시 추정잔존가치 : ₩500,000

(d) 리스기간 종료시 보증잔존가치 : ₩300,000

(e) 시장이자율 : 10% (4년 연금현가계수 : 3.1699, 4년 단일현가계수 : 0.6830)

(f) 판매당시 차량의 공정가치 : ₩7,000,000

(g) 차량의 제조원가 : ₩5,000,000

㈜다빈자동차가 리스개시일에 인식할 매출액은 얼마인가?

① ₩1,681,300　　　　　② ₩1,681,460　　　　　③ ₩4,863,400

④ ₩6,544,700　　　　　⑤ ₩6,681,300

27 ㈜다빈은 20×1년 1월 1일에 ㈜서울의 주식 20%을 ₩30,000에 취득하였다. 이러한 주식취득으로 인하여 ㈜서울은 ㈜다빈의 관계기업이 되었다. ㈜서울의 20×1년 1월 1일 순자산의 공정가치는 장부금액과 동일하게 ₩100,000이다. ㈜서울은 20×1년에 당기순이익 ₩25,000과 기타포괄이익 ₩5,000을 보고하였고, ₩5,000의 중간배당을 하였다. 20×1년 12월 31일 현재 ㈜다빈이 보유한 ㈜서울의 주식에 포함된 영업권 평가액은 ₩7,000이다. ㈜서울의 주식과 관련하여 ㈜다빈이 인식할 20×1년 지분법이익과 20×1년 12월 31일 관계기업투자주식은 각각 얼마인가?

	지분법이익	관계기업투자주식
①	₩2,000	₩32,000
②	₩2,000	₩33,000
③	₩3,000	₩32,000
④	₩3,000	₩33,000
⑤	₩5,000	₩35,000

28 다음 환율변동효과에 대한 설명 중 한국채택국제회계기준과 일치하지 않은 것은?

① 기능통화를 변경하는 경우에는 새로운 기능통화에 의한 환산절차를 변경한 날 이전기간에 소급적용한다.

② 이전에 기타포괄손익으로 인식한 해외사업장의 환산에서 생긴 외환차이는 해외사업장을 처분할 때 자본에서 당기손익으로 재분류한다.

③ 보고기업의 해외사업장에 대한 순투자의 일부인 화폐성항목에서 생기는 외환차이는 보고기업의 별도재무제표나 해외사업장의 개별재무제표에서 당기손익으로 적절하게 인식한다.

④ 해외사업장의 손실 또는 투자자가 인식한 손상으로 인한 해외사업장의 장부금액에 대한 감액의 인식은, 해외사업장의 일부를 처분하는 경우에는 해당하지 않는다. 따라서 기타포괄손익으로 인식된 외환손익은 감액을 인식한 시점에 손익으로 재분류하지 아니한다.

⑤ 기능통화(functional currency)는 영업활동이 이루어지는 주된 경제 환경의 통화이다. 기능통화 이외의 다른 통화를 외화(foreign currency)라고 한다.

29 ㈜다빈은 20×1년 7월 1일에 에너지절약 설비취득자금에 대한 정부보조금 ₩10,000을 수취하였고 20×1년 10월 1일에 설비자산을 ₩60,000에 취득하였다. 동 설비자산의 잔존가치는 ₩5,000이고, 내용연수는 10년이다. ㈜다빈은 설비자산에 대하여 정액법으로 감가상각한다. ㈜다빈의 회계기간은 1월 1일부터 12월 31일이다. ㈜다빈은 동 설비자산을 20×5년 7월 1일에 ₩40,000에 처분하였다. 정부보조금을 이연수익으로 표시하는 경우와 관련자산에 차감하는 경우로 구분하여 ㈜다빈이 20×5년 7월 1일에 계상할 유형자산처분이익을 계산하면 각각 얼마인가?

	이연수익	관련자산차감
①	₩625	₩11,875
②	₩11,875	₩11,875
③	₩2,000	₩6,875
④	₩6,875	₩6,875
⑤	₩8,000	₩8,000

30 다음 연결재무제표에 대한 설명 중 한국채택국제회계기준과 일치하지 <u>않은</u> 것은?

① 지배기업은 유사한 상황에서 발생한 거래와 그 밖의 사건에 대하여 동일한 회계정책을 적용하여 연결재무제표를 작성한다.

② 지배기업은 비지배지분을 연결재무상태표에서 자본에 포함하되 지배기업의 소유주지분과는 구분하여 별도로 표시한다.

③ 종속기업에 대한 지배기업의 소유지분이 변동한 결과로 지배기업이 종속기업에 대한 지배력을 상실하지 않는다면, 그것은 자본거래(즉, 소유주로서의 자격을 행사하는 소유주와의 거래)이다.

④ 투자자는 피투자자에 대한 관여로 변동이익에 노출되거나 변동이익에 대한 권리가 있고 피투자자에 대하여 자신의 힘으로 그러한 이익에 영향을 미치는 능력이 있을 때 피투자자를 지배한다

⑤ 지배기업이 종속기업에 대한 지배력을 상실한다하더라도, 지배기업은 종전의 지배지분에 귀속되는 지배력 상실 관련 손익을 인식하지 아니한다.

31 연간수선유지비에 대한 회귀분석결과는 다음과 같다.

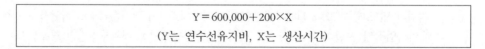

$$Y = 600,000 + 200 \times X$$
(Y는 연수선유지비, X는 생산시간)

20×1년의 6월의 생산시간이 300시간이라면 수선유지비의 변동예산은 얼마인가?

① ₩50,000　　　　② ₩55,000　　　　③ ₩60,000
④ ₩110,000　　　　⑤ ₩660,000

32 ㈜다빈정공은 제조부문A, B와 보조부문X, Y를 보유하고 있다. 각 보조부문의 서비스용역수수관계는 다음과 같다.

용역제공 부문	용역사용부문				
	X	Y	A	B	합계
X		30시간	50시간	70시간	150시간
Y	200kw		150kw	450kw	800kw

X, Y부문의 변동원가는 각각 ₩450,000, ₩600,000이며, 고정원가는 고려하지 않는다. ㈜다빈정공은 보조부문Y을 폐쇄하고 외부에서 전력을 공급받으려 한다. 외부에서 공급받을 전력량은 얼마인가?

① 200kw ② 600kw ③ 720kw
④ 760kw ⑤ 800kw

33 올 초에 설립되어 사업을 시작한 ㈜다인은 개별원가계산을 사용하고 있다. 제조간접원가는 직접노무원가를 기준으로 예정배부하고 있는데, 당 회계연도의 직접노무원가는 ₩400,000, 제조간접원가는 ₩320,000으로 예측되고 있다. 연말에 작업 #101과 #102가 미완성 상태이다. #101의 직접재료원가는 ₩34,500, 직접노무원가는 ₩48,800이 각각 발생하였고, #102의 직접재료원가는 ₩29,300, 직접노무원가는 ₩36,200이 각각 발생하였다. 연말까지 모든 작업지시서에 집계된 직접재료원가는 ₩295,000, 직접노무원가는 ₩365,000이며, 제조간접원가 발생액은 ₩304,000이다. 기말제품재고액은 ₩164,000이다. 배부차이는 재고자산과 매출원가에 배분하고 있다. 매출원가는 얼마인가?

① ₩571,200 ② ₩578,400 ③ ₩588,000
④ ₩589,200 ⑤ ₩589,600

34 20×1년의 즉효제약회사의 생산활동에 관한 자료는 다음과 같다.

	수량	완성도	재료비	가공비
기초재공품	1,000	80%	₩540,000	₩880,000
당월투입	9,000		₩5,000,000	₩9,460,000
완성품	7,000			
기말재공품	1,500	60%	0	0

위 회사는 완성품의 10%를 정상공손으로 간주하며, 모든 공손은 공정말에 발견된다. 기말재공품평가는 평균법에 의한다.

위 자료에 근거하여 완성품원가를 계산하면 얼마나 되는가?

① ₩12,735,800 ② ₩12,825,300 ③ ₩13,134,400
④ ₩13,273,200 ⑤ ₩11,357,400

35 ㈜목동이앤씨는 한 가지 원료를 투입하여 세 가지 최종제품 A, B, D를 생산하고 있다. 제 1차가공에서 제품 A와 B가 생산되고, 제2차가공에서는 제품B는 제품C와 제품D가 생산된다.

구 분	투입원가	생산제품	생산량(kg)	판매가격(kg 당)
제1차가공	₩3,000,000	제품 A	400	6,000
		제품 B	600	
제2차가공	₩2,000,000	제품 C	200	6,000
		제품 D	300	8,000

결합원가는 순실현가치법에 의하여 결합제품에 배분된다. 제품C의 kg 당 원가는 얼마인가?

① ₩2,500   ② ₩3,753   ③ ₩4,167   ④ ₩5,333   ⑤ ₩6,133

36 다음은 ㈜다인의 매출관련 자료이다.

구 분	1/4분기(실적)	2/4분기(추정)	3/4분기(추정)
현 금 매 출 액	₩1,500,000	₩1,200,000	₩2,600,000
외 상 매 출 액	4,600,000	5,000,000	5,800,000
총 매 출 액	₩6,100,000	₩6,200,000	₩8,400,000

㈜다인의 평균대손율은 외상매출액의 4%로 추정되며, 당분기의 회수가능한 외상매출액중 70%은 당분기에 회수가 되고, 나머지 30%은 다음 분기에 회수된다. 매분기 매입액(전액 외상매입)은 다음 분기 추정매출액의 60%에 해당되며, 외상매입금은 매입한 분기에 55%을 지급하고 나머지는 다음분기에 지급한다. 위의 자료를 근거로 하여 2/4분기 순현금수입의 추정치는 얼마인가?

① ₩1,438,800   ② ₩1,620,600   ③ ₩1,984,200   ④ ₩2,020,800   ⑤ ₩2,216,000

37 ㈜다빈모터는 오토바이용 모터를 전문으로 생산·판매하는 회사이다. 모터는 서울공장에서 생산되며 회사의 최대 조업도는 연 300,000대이며 연간 250,000대를 시장에서 안정적으로 판매하고 있다. 다음은 20×1년도의 예상 판매 및 원가자료이다.

매출액	(250,000대×₩400)	₩100,000,000
변동원가		60,000,000
고정원가		20,000,000
영업이익		₩20,000,000

회사는 20×1년 생산한 모터를 사용하여 오토바이를 생산하는 인천공장을 신축하여 생산하고자 한다. 오토바이는 연간 80,000대가 판매될 것으로 예측된다. 생산된 오토바이의 대당 판매가격은 ₩1,000이고, 모터구입비를 제외한 변동원가는 ₩200이며, 고정원가는 ₩15,000,000이다. 회사는 사업부제를 채택하고 있으며, 인천공장은 모터 ₩80,000대 전량을 모두 구입하는 조건으로 대당

₩380에 구입할 수 있다. 모터를 내부대체하는 경우에 대당 ₩15의 변동판매비는 발생하지 않는다. 회사이익을 극대화하는 최소대체가격은 얼마인가?

① ₩225   ② ₩240   ③ ₩285   ④ ₩300   ⑤ ₩385

38 ㈜다빈스포츠는 운동화를 생산 및 판매하는 회사이다. 연간 생산능력은 200,000켤레이며, 대리점을 통하여 150,000켤레를 판매하고 있다. 최근 축구협회에서 80,000켤레의 구입하겠다는 의사를 표시해 왔다. 주문 조건은 80,000켤레 전량을 충족하여야 하며, 대당 구입단가는 ₩7,000이다. 회사가 이러한 특별주문(special order)을 수락하게 되면 대리점에 공급물량의 일부가 불가피하게 축소되어야 한다. 회사의 대리점 공급가액은 대당 ₩9,000이다. 다음은 정상조업도 150,000켤레를 기준으로 한 원가자료이다.

	단위당 원가
직접재료원가	₩1,500
직접노무원가	2,000
제조간접원가[주1]	2,500
판매관리비[주2]	1,800
합계	₩7,800

주1) 고정제조간접원가 배부율은 40%이다.
주2) 고정판매관리비비율은 30%이다.

이러한 특별판매가 정규시장의 판매량과 판매가격에는 아무런 영향을 미치지 않을 것으로 판단된다. 회사가 이러한 특별주문을 수락하는 경우에 이익의 증감은 얼마인가?

① ₩23,000,000 감소   ② ₩12,000,000 감소   ③ ₩12,000,000 증가
④ ₩32,000,000 증가   ⑤ ₩59,200,000 증가

39 ㈜다빈건설은 고속도로 건설에 입찰여부를 검토 중이다. 고속도로건설비용은 ₩10,000,000이 소요될 것으로 예상된다. 고속도로건설과 관련하여 대금은 통행료수입을 통하여 회수되는데, 다음과 같이 예상된다.

통행료수입	확률
₩6,000,000	0.15
9,000,000	0.25
10,000,000	0.10
12,000,000	0.30
15,000,000	0.20

㈜다빈건설은 외부전문기관에 통행료수입의 예측을 의뢰하려고 한다. 이 외부전문기관이 완전한 통행료수입을 예측하여 준다고 가정시 이 외부전문기관에 지급할 수 있는 최대용역대가(EVPI)는 얼마인가?

① ₩450,000   ② ₩650,000   ③ ₩850,000
④ ₩1,200,000   ⑤ ₩1,600,000

40 다음은 브레이크를 생산하는 ㈜다빈정공의 품질원가 자료이다.

검사장비의 유지보수원가	₩20,000	설계엔지니어링원가	₩50,000
제품품질검사원가	40,000	품질훈련원가	40,000
보증이행원가	10,000	현장에서의 수리원가	30,000
공급업체평가 및 보증원가	30,000	기계가동중단원가	20,000
재작업원가	20,000	고객요구사항조사원가	10,000

품질원가를 예방원가, 평가원가, 내부실패원가 및 외부실패원가로 세분하는 경우에 예방원가(prevention costs)에 해당하는 원가는 얼마인가?

① ₩80,000   ② ₩90,000   ③ ₩110,000
④ ₩120,000   ⑤ ₩130,000

국가전문자격시험 답안카드

( )년도 제( )회

절
취
선

수험자 유의사항

1. 시험 중에는 통신기기(휴대전화·소형 무전기 등) 및 전자기기(초소형 카메라 등)를 소지하거나 사용할 수 없습니다.
2. 부정행위 예방을 위해 시험문제지에도 수험번호와 성명을 반드시 기재하시기 바랍니다.
3. 시험시간이 종료되면 즉시 답안작성을 멈춰야 하며, 종료시간 이후 계속 답안을 작성하거나 감독위원의 답안카드 제출지시에 불응할 때에는 당해 시험이 무효처리 됩니다.
4. 기타 감독위원의 정당한 지시에 불응하여 타 수험자의 시험에 방해가 될 경우 퇴실조치 될 수 있습니다.

답안카드 작성 시 유의사항

1. 답안카드 기재·마킹 시에는 반드시 검정색 사인펜을 사용해야 합니다.
2. 답안카드를 잘못 작성했을 시에는 카드를 교체하거나 수정테이프를 사용하여 수정할 수 있습니다.
   그러나 수정테이프 이외의 수정액 등을 발생하는 컨선자동판독불능가 등을 붙이는 수험자의 귀책사유입니다.
   - 수정테이프 이외의 수정액·수험번호 등을 제외한 '답안란' 만 수정테이프로 수정 가능
   - 답안카드 왼쪽(성명·수험번호 등)을 제외한 '답안란' 만 수정테이프로 수정 가능
3. 성명란은 수험자 본인의 성명을 정자체로 기재합니다.
4. 해당차수(교시)시험을 기재하고 해당 란에 마킹합니다.
5. 시험문제지 형별기재란은 시험문제지 형별을 기재하고, 우측 형별마킹란의 해당 형별을 마킹합니다.
6. 수험번호란은 숫자로 기재하고 아래 해당번호에 마킹합니다.
7. 필적감정용 기재란은 '한국어' 을 정자체로 기재합니다.
8. 시험문제지 형별 및 수험번호 등 마킹착오로 인한 불이익은 전적으로 수험자의 귀책사유입니다.
9. 감독위원의 날인이 없는 답안카드는 무효처리 됩니다.
10. 상단과 우측의 검은색 띠(▐▐▐) 부분은 낙서를 금지합니다.

부정행위 처리규정

시험 중 다음과 같은 행위를 하는 자는 당해 시험을 무효처리하고 자격별 관련 규정에 따라 일정기간 동안 시험에 응시할 수 있는 자격을 정지합니다.

1. 시험과 관련된 대화, 답안카드 교환, 다른 수험자의 답안·문제지를 보고 답안 작성, 대리시험을 치르거나 치르게 하는 행위, 시험문제 내용과 관련된 물건을 휴대하거나 이를 주고받는 행위
2. 시험장 내외로부터 도움을 받아 답안을 작성하는 행위, 공인어학성적 및 응시자격서류를 허위기재하여 제출하는 행위
3. 통신기기(휴대전화·소형 무전기 등) 및 전자기기(초소형 카메라 등)를 휴대하거나 사용하는 행위
4. 다른 수험자와 성명 및 수험번호를 바꾸어 작성·제출하는 행위
5. 기타 부정 또는 불공정한 방법으로 시험을 치르는 행위

01 ㈜다빈은 20×1년 1월 1일에 신형 스마트폰 개발에 착수하여 20×2년 9월 30일에 개발이 완성되었다. 상기 개발을 위하여 20×1년과 20×2년에 ₩28,000과 ₩20,000을 각각 지출하였다. 해당 지출액이 무형자산(개발비)의 인식기준을 충족한 시점은 20×1년 4월 1일이다. 20×1년 1월 1일에서 20×1년 3월 31일까지 투입된 지출은 ₩12,000이다. ㈜다빈은 상기 개발비를 잔존가치 없이 5년 동안 정액법으로 상각한다. 상기 개발비의 회수가능액은 20×3년 12월 31일 현재는 ₩18,000이고, 20×4년 12월 31일 현재는 ₩28,000으로 각각 추정된다. ㈜다빈이 20×4년 12월 31일에 인식할 개발비 손상차손환입액은 얼마인가?

① ₩5,400   ② ₩5,500   ③ ₩6,600   ④ ₩8,100   ⑤ ₩13,200

02 ㈜다인은 20×1년 1월 1일에 만기가 4년 후에 도래하는 A회사채를 ₩873,194에 취득하였다. 이 회사채는 액면금액이 ₩1,000,000이고, 액면이자율은 6%이며, 매년말 1회 이자를 지급한다. 이 회사채의 취득 당시 유효이자율은 10%이며 ㈜다인은 이 회사채를 기타포괄손익－공정가치 측정 금융자산으로 분류하였다. 20×1년 12월 31일에 A회사채의 공정가치는 ₩850,000의로 하락하였다. 그러나 ㈜다인은 A회사채를 최초 인식한 후에 신용위험이 유의적으로 증가하지 않았다고 판단하였다. 20×1년 12월 31일에 A회사채의 12개월 기대신용손실은 ₩20,000이고, 전체기간 기대신용손실은 ₩30,000로 측정되었다. 다음 중 옳은 것은? 단, 법인세효과는 고려하지 않는다.

① 20×1년 12월 31일 현재 재무상태표에 A회사채는 ₩820,000으로 표시된다.
② 20×1년 12월 31일 현재 재무상태표에 A회사채는 ₩830,000으로 표시된다.
③ 20×1년 12월 31일 현재 재무상태표에 손실충당금 ₩20,000이 표시된다.
④ 20×1년 12월 31일에 기타포괄손익 ₩30,513을 인식한다.
⑤ 20×1년 12월 31일에 기타포괄손익 ₩50,513을 인식한다.

03 20×1년 1월 1일에 ㈜다인은 최고경영자에게 주식선택권 300개를 부여하였다. 부여한 주식선택권은 20×8년 12월 31일까지 회사의 연평균 판매증가율이 10% 이상이면 즉시 가득되어 가득된 후부터 20×9년 12월 31일까지 행사할 수 있다. 회사는 20×1년 12월 31일에 기대가득기간을 4년으로 추정하였으나 20×2년 12월 31일에 기대가득기간을 5년으로 추정하였다. 동 주식선택권의 행사가격은 ₩10,000이다. 동 주식선택권의 공정가치는 다음과 같다.

20×1년 1월 1일	20×1년 12월 31일	20×2년 12월 31일
₩1,000	₩1,100	₩800

㈜다인이 20×2년에 인식할 보상원가는 얼마인가?

① ₩45,000   ② ₩50,000   ③ ₩75,000   ④ ₩80,000   ⑤ ₩85,000

04 12월 결산법인인 ㈜다인은 액면금액 ₩1,000,000, 액면이자율 4%, 만기 20×3년 12월 31일, 이자지급일 매년 말인 사채를 20×1년 5월 1일에 발행하였다. 이 사채의 권면발행일은 20×1년 1월 1일이다. 사채발행당시의 시장이자율은 10%이다. 10%의 1원의 3기간 단일현가계수는 0.7513이고, 10%의 1원의 3기간 연금현가계수는 2.4868이다. ㈜다인이 사채발행시 인식할 사채할인발행차금과 20×1년에 인식할 이자비용은 각각 얼마인가?

	사채할인발행차금	이자비용
①	₩149,228	₩56,718
②	₩134,202	₩56,718
③	₩149,228	₩57,720
④	₩134,202	₩57,720
⑤	₩135,895	₩57,720

05 다음 주당이익에 대한 설명 중 한국채택국제회계기준과 일치하지 않은 것은?

① 기본주당이익과 희석주당이익은 제시되는 모든 기간에 대하여 동등한 비중으로 제시한다.
② 주당이익은 포괄손익계산서가 제시되는 모든 기간에 대하여 제시된다. 희석주당이익이 최소한 한 회계기간에 대하여 보고된다면 그것이 기본주당이익과 같다고 하더라도 제시되는 모든 기간에 대하여 보고한다.
③ 기본주당이익과 희석주당이익이 같은 경우에는 포괄손익계산서에 한 줄로 표시할 수 있다.
④ 중단영업에 대해 보고하는 기업은 중단영업에 대한 기본주당이익과 희석주당이익을 주석으로 공시한다.
⑤ 기본주당이익과 희석주당이익이 부의 금액인 경우에도 표시한다.

06 재무보고를 위한 개념체계에 대한 다음의 설명 중 틀리게 서술된 것은?

① 일관성은 비교가능성과 관련은 되어 있지만 동일하지는 않다. 일관성은 한 보고기업 내에서 기간 간 또는 같은 기간 동안에 기업 간, 동일한 항목에 대해 동일한 방법을 적용하는 것을 말한다.
② 비교가능성은 통일성이 아니다. 정보가 비교가능하기 위해서는 비슷한 것은 비슷하게

보여야 하고 다른 것은 다르게 보여야 한다.

③ 검증가능성은 합리적인 판단력이 있고 독립적인 서로 다른 관찰자가 어떤 서술이 충실한 표현이라는 데, 비록 반드시 완전히 일치하지는 못하더라도, 의견이 일치할 수 있다는 것을 의미한다.

④ 적시성은 의사결정에 영향을 미칠 수 있도록 의사결정자가 정보를 제때에 이용가능하게 하는 것을 의미한다.

⑤ 재무보고서는 사업활동과 경제활동에 대해 합리적인 지식이 없더라도, 부지런히 정보를 검토하고 분석하는 정보이용자를 위해 작성된다.

07 다음 정부보조금에 대한 설명 중 한국채택국제회계기준과 일치하지 **않은** 것은?

① 자산관련정부보조금(공정가치로 측정되는 비화폐성 보조금 포함)은 재무상태표에 이연수익(deferred income)으로 표시하거나 자산의 장부금액을 결정할 때 차감하여 표시한다.

② 시장이자율보다 낮은 이자율의 정부대여금의 효익은 정부보조금으로 처리하지 않는다. 따라서 시장이자율보다 낮은 이자율의 대여금에 대하여 내재이자를 계산하지 아니한다.

③ 비화폐성 정부보조금은 일반적으로 비화폐성자산의 공정가치를 평가하여 보조금과 자산 모두를 그 공정가치로 회계처리하거나 자산과 보조금을 명목금액으로 회계처리할 수 있다.

④ 자산의 취득과 이와 관련된 보조금의 수취는 기업의 현금흐름에 중요한 변동을 일으킨다. 따라서 재무상태표에 보조금이 관련 자산에서 차감하여 표시되는지와 관계없이 자산의 총투자를 보여주기 위해 이러한 변동을 현금흐름표에 별도 항목으로 표시한다.

⑤ 이미 발생한 비용이나 손실에 대한 보전 또는 향후의 관련원가 없이 기업에 제공되는 즉각적인 금융지원으로 수취하는 정부보조금은 정부보조금을 수취할 권리가 발생하는 기간에 수익으로 인식한다.

08 ㈜다빈은 20×1년 초에 자동차부품 제조를 시작하였다. 다음은 ㈜다빈이 20×1년 제조 및 판매와 관련된 자료이다.

> (1) 정상조업도는 1,000개이나 실제조업도는 750개이다. 실제조업도는 일반적으로 낮은 조업도로 판단된다.
> (2) 단위당 직접재료원가 : ₩400, 단위당 직접노무원가 : ₩600
> 변동제조간접원가 : ₩240,000, 고정제조간접원가 : ₩300,000
> (3) 판매수량 : 500개
> (4) 감모손실이나 평가손실은 발생하지 않았다.

㈜다빈이 20×1년에 인식할 매출원가는 얼마인가?

① ₩770,000　　　　　② ₩810,000　　　　　③ ₩845,000

④ ₩885,000　　　　　⑤ ₩915,000

09　다음 유형자산에 대한 설명 중 한국채택국제회계기준과 일치하지 않은 것은?

① 자가건설에 따른 내부이익과 자가건설 과정에서 원재료, 인력 및 기타 자원의 낭비로 인한 비정상적인 원가는 자산의 원가에 포함하지 않는다.

② 유형자산이 경영진이 의도하는 방식으로 가동될 수 있으나 아직 실제로 사용되지는 않고 있는 경우 또는 가동수준이 완전조업도 수준에 미치지 못하는 경우에 발생하는 원가는 유형자산의 원가에 포함하지 않는다.

③ 건설이 시작되기 전에 건설용지를 주차장 용도로 사용함에 따라 수익이 획득될 수 있다. 그러한 수익과 관련 비용은 당기손익으로 인식하고 각각 수익과 비용항목으로 구분하여 표시한다.

④ 특정기간 동안 재고자산을 생산하기 위해 유형자산을 사용한 결과로 동 기간에 발생한 그 유형자산을 해체, 제거하거나 부지를 복구할 의무의 원가는 유형자산의 원가에 포함한다.

⑤ 직원 교육훈련비와 같이 새로운 지역에서 또는 새로운 고객층을 대상으로 영업을 하는 데 소요되는 원가는 유형자산의 원가에 포함하지 않는다.

10　㈜다인은 기계장치를 취득하였다. 다음은 취득과 관련된 자료이다.

(1) 취득금액(송장금액)	₩80,000
(2) 매입할인	3,000
(3) 리베이트	2,000
(4) 운반비	1,000
(5) 설치비	5,000
(6) 시운전비	4,000
(7) 시제품의 순매각금액	3,000
(8) 초기 가동손실	5,000
(9) 재배치원가	3,000

㈜다인㈜이 취득한 기계장치의 취득원가를 계산하면 얼마인가?

① ₩78,000　　　　　② ₩82,000　　　　　③ ₩85,000

④ ₩86,000　　　　　⑤ ₩94,000

11 12월 결산법인인 ㈜다빈건설은 공장을 신축 중에 있다. 동 공장신축공사는 20×1년 초부터 시작되었으며, 20×1년 1월 1일에 ₩500,000(단, ₩100,000은 정부보조금으로 사용되었다)과 7월 1일에 ₩600,000이 동 공사에 지출되었다. 동 공사와 관련된 차입금 내역은 다음과 같다.

차입금	차입일	차입금액	상환일	이자율
A	20×1년 1월 1일	₩500,000	20×2년 12월 31일	5%
B	20×1년 1월 1일	₩500,000	20×2년 12월 31일	6%

차입금A는 동 공사를 위하여 개별적으로 차입되었으며, 이중 ₩100,000은 6개월간 연 3%으로 금융기관에 예치한 후 사용되었다. ㈜다빈건설이 동 공사에 대하여 20×1년에 자본화할 차입원가는 얼마인가?

① ₩38,500　　② ₩39,500　　③ ₩40,000　　④ ₩44,500　　⑤ ₩46,000

12 ㈜다빈은 퇴직급여제도로 확정급여제도(defined benefit plan)를 채택하고 있다. 다음은 확정급여제도와 관련된 ㈜다빈의 자료이다.

	20×1년 초	20×1년 말
확정급여채무의 현재가치	₩450,000	₩520,000
사외적립자산의 공정가치	350,000	400,000
20×1년 당기근무원가		60,000
20×1년 과거근무원가		10,000
20×1년 퇴직금지급액		40,000
20×1년 사외적립자산에 대한 기여금 납부액		50,000

20×1년 1월 1일과 20×1년 1월 1일 확정급여채무를 할인하기 위해 사용되는 할인율은 각각 연 6%, 연 5%이다. 모든 거래는 기말에 발생하고, 퇴직금은 사외적립자산에서 지급한다. ㈜다빈의 회계기간은 1월 1일부터 12월 31일까지이다. ㈜다빈이 20×1년 당기손익으로 인식할 확정급여원가는 얼마인가?

① ₩65,000　　　② ₩66,000　　　③ ₩75,000
④ ₩76,000　　　⑤ ₩82,000

13 ㈜다빈은 20×4년 회계연도 중 다음과 같은 오류를 발견하였다.

회계연도	기말재고오류
20×1년	₩20,000과대
20×2년	₩30,000과소
20×3년	₩40,000과대

상기 오류수정 전 ㈜다빈의 20×4년 당기순이익은 ₩200,000이고, 20×4년말 이익잉여금은 ₩500,000이다. 상기 오류수정 후 20×4년 당기순이익과 20×4년말 이익잉여금을 계산하면 얼마인가?(단, 법인세효과는 무시한다.)

	당기순이익	이익잉여금
①	₩240,000	₩500,000
②	₩240,000	₩540,000
③	₩130,000	₩500,000
④	₩130,000	₩540,000
⑤	₩130,000	₩470,000

14 다음 내용 중 한국채택국제회계기준과 일치하지 않은 것은?

① 계약상 의무를 결제하기 위한 현금 등 금융자산의 인도를 회피할 수 있는 무조건적인 권리(unconditional right)를 기업이 가지고 있지 않은 경우, 이러한 의무는 금융부채의 정의를 충족한다.

② 우선주의 보유자가 발행자에게 특정일이나 그 이후에 확정되거나 확정가능한 금액의 상환을 청구할 수 있는 권리를 보유하고 있는 우선주는 금융부채이다.

③ 풋가능 금융상품은 금융상품 보유자가 발행자에게 당해 금융상품의 환매를 요구하여 현금 등 금융자산을 수취할 권리가 부여된 금융상품 또는 불확실한 미래 사건이 발생하거나 금융상품 보유자가 사망하거나 퇴직하는 경우 발행자에게 자동으로 환매되는 금융상품이다. 모든 풋가능 금융상품은 금융부채로 분류된다.

④ 현금으로 상환할 수 있는 권리가 발행자에게 있는 우선주는 발행자가 주식의 보유자에게 금융자산을 이전해야 할 현재의무가 없으므로 금융부채의 정의를 충족하지 못한다.

⑤ 특정 시점에 상환하거나 보유자의 선택에 의하여 상환하여야 하는 우선주는 발행자가 보유자에게 금융자산을 이전해야 할 의무가 있으므로 금융부채의 성격을 가지고 있다.

15 ㈜헤란베이커리는 현금주의에 의하여 손익을 계산한다. 20×1년에 현금매출및매출채권회수액 ₩80,000을 계상하고 영업비지출액 ₩10,000을 계상하여 순이익 ₩70,000을 계상하였다. 20×1년의 매출채권 감소액은 ₩20,000이고, 미지급영업비 증가액이 ₩5,000이며, 감가상각비는 ₩5,000인 경우에 발생주의에 의한 ㈜헤란베이커리의 20×1년의 순이익은 얼마인가?

① ₩40,000 ② ₩60,000 ③ ₩65,000 ④ ₩70,000 ⑤ ₩90,000

16 한국채택국제회계기준에 따라 제거와 관련된 내용이다. 다음 중 일부제거조건을 모두 골라 짝지은 것은?

> (가) 거래상대방이 채무상품의 현금흐름 중 90%에 대한 권리를 가지는 계약을 체결하는 경우에는 현금흐름의 90%에 적용한다.
> (나) 금융자산에서 회수되는 현금 중 처음이나 마지막 90%에 대한 권리를 양도하는 경우
> (다) 거래상대방이 채무상품의 현금흐름 중 이자부분의 90%에 대한 권리를 가지는 계약을 체결하는 경우

(라) 수취채권 집합의 현금흐름 중 90%에 대한 권리를 양도하면서 매입자에게 수취채권 원금의 8%까지 신용손실을 보상하기로 하는 지급보증을 제공하는 경우

(마) 이자율스트립채권 계약에서 거래상대방이 채무상품의 현금흐름 중 원금에 대한 권리는 없고 이자부분에 대한 권리만 있는 경우

① (가), (다)　　② (가), (다), (마)　　③ (가), (라), (마)　　④ (나), (다)　　⑤ (나), (다), (라)

17 다음은 ㈜다빈의 20×1년도 재무자료이다.

법인세비용차감전당기순이익	₩300,000
법인세비용	40,000
감가상각비	30,000
단기매매증권평가이익	20,000
이자비용	20,000
기타포괄손익－공정가치측정금융자산(채무상품)평가이익	10,000
기타포괄손익－공정가치측정금융자산증가	50,000
재고자산평가손실	10,000
단기매매증권감소	30,000
재고자산증가	50,000
매입채무증가	60,000
법인세납부액	30,000
이자지급액	20,000

주어진 자료를 이용하여 ㈜다빈의 20×1년 영업활동에서 창출된 현금과 영업활동순현금흐름을 각각 계산하면 얼마인가?(단, 이자지급과 법인세납부는 영업활동으로 분류한다.)

	영업에서 창출된 현금	영업활동순현금흐름
①	₩360,000	₩310,000
②	₩360,000	₩340,000
③	₩380,000	₩320,000
④	₩390,000	₩310,000
⑤	₩390,000	₩340,000

18 ㈜다인백화점은 소매재고법에 의하여 기말재고자산의 원가를 결정하고 있으며, 다음은 재고자산에 관한 자료이다.

	원 가	판매가
기초재고	₩12,600	₩15,000
순매입	52,400	72,000
순인상액		6,000
순인하액		5,000
순매출액		57,000
종업원할인		3,000
정상적 파손	3,000	4,000
비정상적 파손	2,000	3,000

원가흐름의 가정으로 선입선출법에 의한 평균원가기준을 적용하는 경우의 기말재고원가를 A라고, 가중평균법에 의한 저가기준을 적용하는 경우의 기말재고원가를 B라고 하면 "A−B"의 값은 얼마인가?

① ₩170   ② ₩240   ③ ₩350   ④ ₩390   ⑤ ₩420

19 다음 투자부동산에 대한 설명 중 한국채택국제회계기준과 일치하지 않은 것은?

① 부동산이 투자부동산의 정의를 충족하고 리스이용자가 공정가치모형으로 평가하는 경우에만, 투자부동산으로 분류하고 회계처리 할 수 있다.
② 부동산에 대한 권리를 하나라도 투자부동산으로 인식한다면 모든 부동산에 대한 권리를 투자부동산으로 인식하여야 한다.
③ 종업원이 시장가격으로 임차료를 지급하더라도 종업원이 사용하고 있는 부동산은 자가사용부동산으로 분류한다.
④ 소유자가 직접 경영하는 호텔은 투자부동산이 아니며 자가사용부동산이다.
⑤ 미래에 투자부동산으로 사용하기 위하여 건설 또는 개발중인 부동산은 투자부동산으로 분류한다.

20 다음 복합금융상품에 대한 설명 중 한국채택국제회계기준과 일치하는 것을 모두 묶은 것은?

> ㈎ 금융상품의 구성요소를 분리하여 인식하는 최초인식시점에는 어떠한 손익도 발생하지 않는다
> ㈏ 전환사채를 조기상환하거나 재매입함에 따라 발생하는 손익은 당기손익으로 인식한다.
> ㈐ 전환사채를 조기상환하거나 재매입함에 따라 발생하는 손익은 자본으로 인식한다.
> ㈑ 만기시점에서 전환사채의 전환에 따라 인식할 손익은 없다.

① ㈎, ㈑   ② ㈎, ㈏, ㈑   ③ ㈎, ㈐, ㈑   ④ ㈏, ㈑   ⑤ ㈐, ㈑

21 ㈜다빈은 20×1년 1월 1일에 다음과 같은 자본으로 영업을 시작하였으며, 20×3년 12월 31일 현재까지 증자하지 아니하였다.

(1) 보통주자본금(주당액면금액 ₩5,000)	₩600,000
(2) 우선주자본금(6%,완전참가적, 누적적 : 주당액면금액 ₩5,000)	₩200,000
(3) 우선주자본금(8%,비참가적, 비누적적 : 주당액면금액 ₩5,000)	₩500,000

㈜다빈은 20×4년 초에 ₩200,000의 배당을 선언하였다. 이전에 배당을 실시한 적은 없다. 우선주에 배당할 금액은 얼마인가?

① ₩87,000   ② ₩92,000   ③ ₩95,000
④ ₩98,000   ⑤ ₩103,000

22 ㈜다빈은 ㈜연세리스와 20×1년 12월 12일에 다음과 같은 조건의 리스계약을 체결하였다.

(1) 사용권자산 : 사용권자산은 기계장치이며, 기계장치의 경제적 내용연수는 7년이고, 리스기간 종료 후 잔존가치는 ₩3,000,000으로 추정되는데, 리스이용자가 추정잔존가치 중 ₩2,000,000은 보증한다.
(2) 리스료는 20×2년 1월 1일부터 20×6년 12월 31일까지 매년말 ₩4,000,000씩 지급한다.
(3) ㈜다빈과 ㈜연세리스 모두 유형자산을 정액법으로 상각한다.

한편, ㈜연세리스의 내재이자율은 10%이며, ㈜다빈은 ㈜연세리스의 내재이자율을 알고 있다. 현재가치계수는 다음과 같다.

기간	현재가치계수(10%)	정상연금현재가치계수(10%)
5년	0.6209	3.7908
7년	0.5132	4.8484

㈜다빈이 리스와 관련하여 20×2년에 계상할 총비용은 얼마인가?

① ₩3,698,357   ② ₩4,521,500   ③ ₩4,698,357
④ ₩4,921,500   ⑤ ₩5,000,000

23 ㈜다빈은 20×3년 3월에 발생할 예상매입에 대한 위험회피목적으로 20×1년 11월에 파생상품계약을 체결하였다. 20×1년과 20×2년의 파생상품과 예상매입에 대한 손익 등에 대한 자료는 다음과 같다.

	예상거래 현금흐름 변동액	파생상품평가손익
20×1년	손실 ₩50,000	이익 ₩80,000
20×2년	손실 ₩70,000	이익 ₩60,000

위의 자료를 이용하여 12월 31일로 종료되는 ㈜다빈의 20×2년도 당기손익에 반영될 파생상품평가
손익과 20×2년도 12월 31일의 기타포괄손익누계액에 표시될 파생상품평가손익은 각각 얼마인가?

	파생상품평가손익 (당기손익)	파생상품평가손익 (기타포괄손익)
①	손실 ₩10,000	이익 ₩70,000
②	─	이익 ₩60,000
③	손실 ₩10,000	손실 ₩60,000
④	이익 ₩60,000	─
⑤	이익 ₩10,000	이익 ₩50,000

24   A사는 20×1년 1월 1일 B사 주식 100주(10%)를 주당 ₩2,000에 취득하여 기타포괄손익-공정가
치측정금융자산으로 분류하였다. A사는 20×2년 1월 1일 B사 주식 100주(10%)를 주당 ₩2,500(공
정가치에 해당하는 금액이다)에 취득하여 A사는 20×2년 1월 1일 현재 B사에 대하여 유의적인 영향
력을 행사할 수 있게 되었다. 주요 시점별 B사 순자산의 공정가치는 다음과 같다.

20×1년 1월 1일	20×2년 1월 1일	20×2년 12월 31일
₩1,800,000	₩2,200,000	₩2,500,000

20×2년 B사의 순자산 증가액 ₩700,000은 당기순이익 ₩600,000과 기타포괄이익 ₩100,000으로
구성된다. 20×2년 12월 31일 현재 A사가 소유한 B사주식에 포함된 영업권의 평가액은 ₩50,000이
다. A사가 B사 주식과 관련하여 20×2년에 인식할 당기순이익 증가액은 얼마인가?(단, 법인세효과는
무시한다.)

① ₩110,000   ② ₩120,000   ③ ₩140,000
④ ₩160,000   ⑤ ₩170,000

25   ㈜다빈은 20×1년에 공장 신축공사를 ₩1,000,000에 수주하였다. 공사원가 자료는 다음과 같다.

	20×1년	20×2년	20×3년
발생공사원가	₩210,000	₩618,000	₩330,000
추가공사원가	630,000	322,000	─

㈜다빈은 누적발생원가기준으로 진행률을 산정한다. 20×2년에 수주금액이 ₩100,000인상되었다.
㈜다빈이 20×2년과 20×3년 각각 인식할 공사손익은 얼마인가?

	20×2년		20×3년	
①	손실	₩50,000	손실	₩8,000
②	손실	₩50,000	이익	₩8,000
③	손실	₩90,000	이익	₩36,000
④	손실	₩90,000	이익	₩8,000
⑤	손실	₩90,000	손실	₩8,000

26 20×1년 1월 1일에 A기업은 B기업의 보통주 각 1주와 교환하여 2주를 발행한다. B기업 주주 모두 자신들이 보유하고 있는 B기업 주식을 A기업 주식과 교환한다. 따라서 A기업은 B기업의 보통주 200주 모두에 대해 400주를 발행한다. 20×1년 1월 1일에 보통주 1주의 공정가치는 A기업은 ₩30이고, B기업은 ₩40이다. 사업결합전 A기업의 발행주식수는 300주이다. 20×1년 1월 1일에 A기업의 순자산의 공정가치는 ₩8,000이고, B기업의 순자산의 공정가치는 ₩9,000이다. 이러한 사업결합에서 인식할 영업권은 얼마인가?

① ₩1,000   ② ₩2,000   ③ ₩3,000
④ ₩4,000   ⑤ ₩5,000

27 다음 광물자산의 탐사와 평가에 대한 설명 중 한국채택국제회계기준과 일치하지 않은 것은?

① 탐사평가자산을 인식한 후에는 원가모형이나 공정가치모형을 적용한다.
② 광물자원의 개발과 관련된 지출은 탐사평가자산으로 인식하지 아니한다.
③ 탐사평가자산은 그 성격에 따라 유형자산이나 무형자산으로 분류하고 이 분류를 일관되게 적용한다.
④ 광물자원의 탐사와 평가에서 발생한 자산, 부채, 수익, 비용의 금액과 영업현금흐름 및 투자현금흐름을 공시한다.
⑤ 광물자원 추출의 기술적 실현가능성과 상업화가능성을 제시할 수 있게 된 후에 발생한 지출은 탐사평가자산으로 인식하지 아니한다.

28 ㈜다빈은 20×2년 법인세비용차감전순이익은 ₩50,000이며, 법인세율은 20×2년 25%, 20×3년부터 20%이다. 20×2년 접대비한도초과액은 ₩3,000이고, 감가상각비한도초과액은 ₩6,000이다. ㈜다빈은 20×2년 12월 31에 ㈜서정과 ㈜목동을 사업결합하여 ㈜서정의 사업결합에서 영업권 ₩4,000(세법상 손금으로 인정됨)과 ㈜목동의 사업결합에서 영업권 ₩5,000(세법상 손금으로 인정되지 않음)을 인식하였다. ㈜다빈은 20×1년 12월 31일 현재 일시적차이, 이연법인세자산 및 이연법인세부채는 없다. ㈜다빈이 20×2년 법인세비용과 20×2년 12월 31일 현재 재무상태표에 표시될 이연법인세자산 또는 이연법인세부채는 얼마인가?

	법인세비용	이연법인세자산·부채
①	₩14,800	이연법인세자산 ₩1,200
②	₩13,800	이연법인세자산 ₩2,200
③	₩13,550	이연법인세자산 ₩1,200
④	₩13,800	이연법인세부채 ₩2,200
⑤	₩12,550	이연법인세부채 ₩2,200

29 다음 중간재무보고에 대한 설명 중 한국채택국제회계기준과 일치하지 않은 것은?

① 직전 연차재무보고서에 이미 보고된 정보에 대한 갱신사항이 상대적으로 중요하지 않다면 중간재무보고서의 주석으로 기재할 필요는 없다.

② 계절성이 높은 사업을 영위하는 기업의 경우, 중간보고기간말까지 12개월 기간의 재무정보와 직전 회계연도의 동일기간에 대한 비교 재무정보를 보고할 것을 권장한다.

③ 연차재무제표의 결과가 보고빈도(연차보고, 반기보고, 분기보고)에 따라 달라지지 않아야 한다. 이러한 목적을 달성하기 위하여 중간재무보고를 위한 측정은 당해 회계연도 중간기간을 기준으로 하여야 한다.

④ 계절적, 주기적 또는 일시적(seasonally, cyclically, or occasionally)으로 발생하는 수익은 연차보고기간말에 미리 예측하여 인식하거나 이연하는 것이 적절하지 않은 경우 중간보고기간말에도 미리 예측하여 인식하거나 이연하여서는 아니된다.

⑤ 중간기간에 보고하는 수익과 비용은 당해 회계연도의 이전 중간기간에 보고한 추정금액에 대한 변경을 반영하여야 한다. 직전중간기간에 보고한 금액은 소급하여 수정하지 않는다.

30 상품을 매입하면서 외상매출금이 있는 거래처를 지급인으로 하는 환어음을 교부한 경우 유동비율과 순운전자본에 미치는 영향으로 적절한 것은?

	유동비율	순운전자본
①	영향 없다	영향 없다
②	상황에 따라 다르다	영향 없다
③	상황에 따라 다르다	상황에 따라 다르다
④	감소한다.	감소한다.
⑤	감소한다.	영향 없다

31 ㈜다빈철강은 20×1년에 200단위를 생산하는데 ₩600,000이, 20×2년에는 300단위를 생산하는데 ₩800,000이 각각 총제조원가로 발생하였다. 20×3년에는 단위당 변동비가 20% 감소하는 반면에 고정비가 30% 증가할 것으로 예상하고 있다. 20×3년에 생산량이 400단위라고 한다면 예상되는 총 제조원가는 얼마인가?

① ₩800,000 ② ₩860,000 ③ ₩900,000
④ ₩940,000 ⑤ ₩1,000,000

32 다음 자료는 20×1년 ㈜다빈의 경영성과와 관련된 것이다.

> 매출액 : ₩5,000,000
> 매출원가 : 변동비율 30%　　고정비 ₩1,000,000
> 판매비와 관리비 : 변동비율 25%　　고정비 ₩500,000
> 이자비용 : ₩250,000

㈜다빈의 20×1년 영업레버리지도(Degree of Operating Leverage)는 얼마인가?

① 2　　② 2.5　　③ 3　　④ 4　　⑤ 4.5

33 ㈜다인은 개별원가계산제도를 채택하고 있다. 제조간접원가는 직접노무원가의 150%로 예정배부하는 정상원가계산을 하고 있다. 제조간접원가의 과소 또는 과대배부액은 월말의 매출원가에 가감하여 처리하고 있다. 다음은 7월의 원가자료이다.

(1) 7월 1일 현재 유일한 재공품인 A의 원가자료는 다음과 같다.
　직접재료원가 :　　₩5,000
　직접노무원가 :　　　4,000
　제조간접원가 :　　　6,000
　총원가　　　　₩15,000

(2) B, C, D가 7월중 생산에 착수되기 시작하였으며, 7월중에 실제 발생된 원가는 직접재료원가 ₩35,000, 직접노무원가 ₩42,000, 제조간접원가 ₩60,000이다.

(3) 7월 31일 현재 생산중인 D의 직접재료원가는 ₩3,000, 직접노무원가는 ₩6,000이다.

위의 자료를 이용하여 7월의 완성품제조원가를 계산하면 얼마인가?

① ₩134,000　② ₩137,000　③ ₩141,000　④ ₩143,000　⑤ ₩146,000

34 ㈜다빈은 캠코더와 디지털카메라를 생산하는 업체이다. 회사의 경영자는 활동기준원가계산(ABC : activity-based costing)의 우수성을 인지하고 활동기준원가계산시스템을 적용하여 회사의 원가를 계산하고자 한다. 회사는 당월에 캠코더 100개와 디지털카메라 200개를 생산하였다. 활동원가계산 관련 자료는 다음과 같다.

활동	원가동인	활동별 원가	제품별 원가동인수		
			캠코더	디지털카메라	합계
조립활동	부품수	₩45,000	200개	100개	300개
기계활동	기계시간	60,000	60시간	40시간	100시간
작업준비활동	작업준비횟수	12,000	8회	4회	12회
제품설계활동	제품설계횟수	30,000	4회	2회	6회
계		₩147,000			

캠코더와 디지털카메라의 단위당 직접재료원가는 각각 ₩500과 ₩400이다. 직접재료원가를 제외한 다른 원가는 가공비로 분류된다. 캠코더와 디지털카메라의 단위당 제조원가는 각각 얼마인가?

	캠코더	디지털카메라
①	₩1,440	₩665
②	₩1,340	₩715
③	₩1,310	₩730
④	₩1,260	₩755
⑤	₩1,130	₩820

35 ㈜목동은 철강을 사용하여 결합제품 A와 B를 생산하고 있다. 5월에 발생한 결합원가는 ₩630,000이다. 5월초와 5월말의 재공품은 없다. 5월의 생산과 판매와 관련된 자료는 다음과 같다.

결합제품	생산량	단위당 추가가공비	단위당 판매가격
A	40,000	₩25	₩60
B	20,000	50	80

회사가 결합원가를 순실현가치기준으로 배분하는 경우(Ⅰ)와 균등이익률법(매출총이익률법)으로 배분하는 경우(Ⅱ)를 고려하고 있다. 결합제품 A의 결합원가배분액 산정을 (Ⅰ)의 방법을 하였을 경우에 비하여 (Ⅱ)의 방법을 하였을 경우 결합원가배분액의 증가액은 얼마인가?

① ₩31,500 ② ₩42,000 ③ ₩78,400
④ ₩128,600 ⑤ ₩137,000

36 ㈜다빈은 표준원가계산시스템을 채택하고 있다. 이 회사는 기준조업도 20,000단위를 기초로 하여 다음과 같은 20×1년 제조간접원가예산을 수입하였다.

변동제조간접원가	₩100,000,000
고정제조간접원가	200,000,000
계	₩300,000,000

완성품 1단위당 2시간의 직접노동시간이 소요된다. 회사는 20×1년에 실제 투입된 직접노동시간은 45,000시간이다. 20×1년의 변동제조간접원가 능률차이는 ₩5,000,000(유리)로 분석되었다면 고정 제조간접원가 조업도차이는 얼마인가?

① ₩35,000,000 유리 ② ₩15,000,000 불리
③ ₩30,000,000 유리 ④ ₩30,000,000 불리
⑤ ₩7,500,000 유리

37 ㈜다인은 단일 제품을 생산·판매하고 있다. 다인㈜의 4월 한 달간 예산 손익계산서와 실제 손익계 산서는 다음과 같다.

	예산손익계산서		실제손익계산서
매 출 (5,000단위×₩30)	₩150,000	(5,500단위×₩26)	₩143,000
변동원가 (5,000단위×₩18)	90,000	(5,500단위×₩20)	110,000
공헌이익	₩60,000		₩33,000
고정원가	25,000		20,000
순 이 익	₩35,000		₩13,000

상기 자료를 이용하여 판매가격차이(sales price variance)와 매출조업도차이(sales volume variance) 를 계산하면 얼마인가?(단, F는 유리한 차이, U는 불리한 차이를 나타낸다.)

	판매가격차이	매출조업도차이
①	₩20,000(U)	₩3,000(F)
②	₩20,000(U)	₩4,000(F)
③	₩22,000(U)	₩3,000(F)
④	₩22,000(U)	₩4,000(F)
⑤	₩22,000(U)	₩6,000(F)

38 장난감을 제조판매하는 ㈜다인은 외국거래처로 부터 단위당 ₩800씩 1,000개의 제품을 구입하겠다는 제안을 받았다. 1,000개의 제품생산과 관련된 자료는 다음과 같다.

	총원가
직접재료원가	₩300,000
직접노무원가	200,000
제조간접원가(변동비 70%)	100,000
변동판매비	100,000
	₩700,000

위 주문을 수락한다 해도 시설용량이나 고정비에는 영향을 미치지 않으며 또한 상기 변동판매비의 40%를 감소시킬 수 있다면 위 제안을 수락했을 경우 영업손익에 미치는 영향은?

① ₩120,000 이익증가   ② ₩140,000 이익증가   ③ ₩150,000 이익증가

④ ₩170,000 이익증가   ⑤ ₩200,000 이익증가

39 다음은 ㈜다빈의 원가자료이다. 전부원가계산방법에 의한 당기순이익이 직접원가계산방법에 의한 당기순이익보다 ₩200이 많은 경우 당기의 재고증감량은 몇 개인가?

당기생산량 : 1,000개	기초재고수량 : ?
기말재고수량 : 100개	판매가 : 단위당 15
변동제조간접원가 : 단위당 ₩5	고정제조간접원가 : ₩2,000
변동판매비 : 단위당 ₩2	고정판매비 : ₩300

① 100개 증가   ② 50개 증가   ③ 10개 증가
④ 50개 감소   ⑤ 변동없음

40 목표원가계산(target costing)에 대한 설명으로 틀린 것은?

① 연구, 개발 및 엔지니어링단계 등 생산이전단계에서의 원가절감에 초점을 둔다.
② 목표원가는 목표판매가격과 목표판매이익의 차이로 계산된다.
③ 단순한 원가통제방법이 아니라 원가 및 이익관리의 종합적인 접근방법이다.
④ 부품을 공급하는 협력업체와의 관계가 개선된다.
⑤ 원가절감을 위한 반복적인 가치공학프로세스로 인해 신제품출시시기를 적절히 조절하지 못할 수 있는 단점이 있다.

국가전문자격시험 답안카드

( )년도 제( )회

성명

교시(차수) 기재란

문제지 형별 기재란

선택과목 1

선택과목 2

수험번호

감독위원 확인

필적감정용 기재란
한국어 기능

절 취 선

마킹주의

바르게 마킹 : ●
잘못 마킹 : ⊗, ⊙, ⊙, ◉, ⊕, ⊖

──────── (예 시) ────────

수험자 유의사항

1. 시험 중에는 통신기기(휴대전화·소형 무전기 등) 및 전자기기(초소형 카메라 등)를 소지하거나 사용할 수 없습니다.
2. 부정행위 예방을 위해 시험문제지에도 수험번호와 성명을 반드시 기재하시기 바랍니다.
3. 시험시간이 종료되면 즉시 답안작성을 멈춰야 하며, 종료시간 이후 계속 답안을 작성하거나 감독위원의 답안카드 제출지시에 불응할 때에는 당해 시험이 무효처리 됩니다.
4. 기타 감독위원의 정당한 지시에 불응하여 타 수험자의 시험에 방해가 될 경우 퇴실조치 될 수 있습니다.

답안카드 작성 시 유의사항

1. 답안카드 기재·마킹 시에는 반드시 검정색 사인펜을 사용해야 합니다.
2. 답안카드를 잘못 작성했을 시에는 카드를 교체하거나 수정테이프를 사용하여 수정할 수 있습니다.
   그러나 수정테이프 이외의 수정액, 스티커 등은 사용 불가
   - 수정테이프 이외의 수정액, 스티커 등을 사용하여 답란 등의 내용 발생하는 전산자동판독불가 등은 불이익은 수험자의 귀책사유입니다.
   - 답안카드 왼쪽(성명·수험번호 등)을 제외한 '답안란' 만 수정테이프로 수정 가능
3. 성명란은 수험자 본인의 성명을 정자체로 기재합니다.
4. 해당차수(교시)시험을 기재하고 해당 란에 마킹합니다.
5. 시험문제지 형별기재란은 시험문제지 형별을 기재하고, 우측 형별마킹란에 해당 형별을 마킹합니다.
6. 수험번호란은 숫자로 기재하고 아래 해당번호에 마킹합니다.
7. 필적감정용 기재란은 '합격의 기쁨' 을 정자체로 기재합니다.
8. 시험문제지 형별 및 수험번호 등 마킹착오로 인한 불이익은 전적으로 수험자의 귀책사유입니다.
9. 감독위원의 날인이 없는 답안카드는 무효처리 됩니다.
10. 상단과 우측의 검은색 띠(▌▌▌) 부분은 낙서를 금지합니다.

부정행위 처리규정

시험 중 다음과 같은 행위를 하는 자는 당해 시험을 무효처리하고 자격별 관련 규정에 따라 일정기간 동안 시험에 응시할 수 있는 자격을 정지합니다.

1. 시험과 관련된 대화, 답안카드 교환, 다른 수험자의 답안·문제지를 보고 답안 작성, 대리시험을 치르거나 치르게 하는 행위, 시험문제 내용과 관련된 물건을 휴대하거나 이를 주고받는 행위
2. 시험장 내외로부터 도움을 받아 답안을 작성하는 행위, 공인어학성적 및 응시자격서류를 위·변조하여 제출하는 행위
3. 통신기기(휴대전화·소형 무전기 등) 및 전자기기(초소형 카메라 등)를 휴대하거나 사용하는 행위
4. 다른 수험자와 성명 및 수험번호를 바꾸어 작성·제출하는 행위
5. 기타 부정 또는 불공정한 방법으로 시험을 치르는 행위

01 ㈜다인은 20×1년 4월 1일에 사채를 다음과 같은 조건으로 발행하였다.

(1) 액면금액 : ₩1,000,000
(2) 표시이자율 : 연 5%(연1회 12월 31일에 이자지급)
(3) 발행일 : 20×1년 1월 1일
(4) 만기일 : 20×5년 12월 31일

1월 1일의 시장이자율은 6%이고, 4월 1일의 시장이자율은 8%이다.
다음은 현가계산표이다.

구분	₩1의 현가(5기간)	₩1의 연금현가(5기간)
6%	0.7473	4.2124
8%	0.6806	3.9927

㈜다인은 20×3년 4월 1일에 액면금액이 ₩600,000인 사채를 ₩590,000에 상환하였다. 사채상환손실은 얼마인가?

① ₩2,751   ② ₩13,804   ③ ₩15,251
④ ₩19,742   ⑤ ₩25,304

02 ㈜다빈은 20×1년 7월 1일에 특허권을 ₩70,000에 취득하였다. ㈜다빈은 특허권을 10년간 정액법으로 상각한다. 매년 말 특허권의 잔존가치는 다음과 같이 추정된다.

20×1년	20×2년	20×3년	20×4년	20×5년
₩10,000	₩10,000	₩10,000	₩56,000	₩12,100

㈜다빈의 회계기간은 1월 1일부터 12월 31일까지이다. ㈜다빈이 20×5년에 인식할 특허권상각비는 얼마인가?

① ₩5,790   ② ₩6,600   ③ ₩6,750
④ ₩7,800   ⑤ ₩11,055

03 ㈜다빈은 20×1년 1월 1일에 종업원 200명에게 각각 주식선택권 100개를 부여하고, 3년의 용역제 공조건을 부과하였다. ㈜다빈은 주식선택권의 단위당 공정가치를 ₩60으로 추정하였다. 주식선택권 부여 이후 ㈜다빈의 주가가 지속적으로 상승함에 따라 20×1년 12월 31일 ㈜다빈은 주식선택권의 행사가격을 상향 조정하였다. 20×1년 12월 31일 현재, 가득기간 중 퇴사할 것으로 추정되는 종업원 수는 총 30명이다. 20×2년 12월 31일 현재 가득기간(3년)에 걸쳐 퇴사하는 종업원 수는 총 40명으로 추정되었다. 행사가격을 조정한 날(20×1년 12월 31일)에 ㈜다빈은 당초 주식선택권의 공정가치를 ₩70으로 추정하였고, 조정된 주식선택권의 공정가치를 ₩50으로 추정하였다. ㈜다빈이 20×2년에 인식할 보상원가는 얼마인가?

① ₩140,000   ② ₩300,000   ③ ₩350,000   ④ ₩380,000   ⑤ ₩460,000

04 다음 투자부동산에 대한 설명 중 한국채택국제회계기준과 일치하지 않은 것은?

① 공정가치로 평가한 투자부동산을 자가사용부동산으로 대체하는 경우, 유형자산기준서에 따른 후속적인 회계를 위한 간주원가는 사용목적 변경시점의 공정가치가 된다.

② 투자부동산을 원가모형으로 평가하는 경우에는 투자부동산, 자가사용부동산, 재고자산 사이에 대체가 발생할 때에 대체 전 자산의 장부금액을 승계하며 측정이나 주석공시 목적으로 자산의 원가를 변경하지 않는다.

③ 공정가치로 평가하게 될 자가건설 투자부동산의 건설이나 개발이 완료되면 해당일의 공정가치와 기존 장부금액의 차액은 기타포괄손익으로 인식한다.

④ 투자부동산을 재개발하여 미래에도 투자부동산으로 사용하고자 하는 경우에도 재개 발기간 동안 계속 투자부동산으로 분류하며 자가사용부동산으로 대체하지 않는다.

⑤ 공정가치로 평가한 투자부동산을 재고자산으로 대체하는 경우 재고자산기준서에 따른 후속적인 회계를 위한 간주원가는 사용목적 변경시점의 공정가치가 된다.

05 재무보고를 위한 개념체계에 의하면 유용한 재무정보의 질적 특성에는 근본적 질적 특성과 보강적 질적 특성으로 구분된다. 다음 중 근본적 질적 특성으로만 표시한 것은?

① 목적적합성, 충실한 표현   ② 목적적합성, 신뢰성
③ 이해가능성, 비교가능성   ④ 충실한 표현, 검증가능성
⑤ 목적적합성, 검증가능성

06 기업회계기준서 제1109호 '금융상품'에 관한 다음 설명 중 옳은 것은?

① 최초 인식 후에 신용위험이 유의적으로 증가하였는지를 판단할 때 합리적이고 뒷받침 될 수 있는 미래전망 정보를 과도한 원가나 노력 없이 이용할 수 있다면 연체 정보에 만 의존할 수 있다.

② 신용위험의 유의적인 증가를 평가하는 방식과는 상관없이, 계약상 지급의 연체일수가 30일을 초과하는 경우에는 최초 인식 후에 금융상품의 신용위험이 유의적으로 증가 했다는 반증 불가능한 간주규정을 적용할 수 있다.

③ 금융자산의 계약상 현금흐름이 재협상되거나 변경되지만 그 금융자산이 제거되지 않는다면 금융상품의 신용위험이 유의적으로 증가하였는지를 보고기간 말의 채무불이행 발생 위험(변경된 계약조건에 기초함)과 보고기간 말의 채무불이행 발생 위험(변경되기 전 최초 계약조건에 기초함)를 비교하여 평가한다.

④ 기대신용손실을 측정할 때 고려하는 가장 긴 기간은 신용위험에 노출되는 최장 계약기간(연장옵션 포함)이며, 이 보다 더 긴 기간이 사업관행과 일관된다면 최장 계약기간을 넘어설 수 있다.

⑤ 대여금의 상환을 요구할 수 있고 미사용 한도약정을 취소할 수 있는 계약상 능력을 기업이 가지고있는 금융상품에 대해서만은, 신용위험에 노출되어 있으면서 신용위험 관리 조치로 기대신용손실이 경감되지 않을 기간에 대해 기대신용손실을 측정한다. 이 기간이 최장 계약기간을 넘어서 연장되는 경우라도 그 연장된 기간에 대해 기대신용손실을 측정한다.

07 ㈜다빈은 해상구조물 공사로 ₩1,000,000을 지출하였다. 공사는 20×1년 1월 1일에 완성되었다. 동 해상구조물의 내용연수는 5년이며, 잔존가치는 없으며, 정액법으로 상각한다. 동 해상구조물은 사용이 종료되면 원상회복을 하여야 하는데, 동 복구공사는 도급을 줄 예정이다. 5년 후 복구공사를 하는 경우 ₩114,473이 지출될 것으로 예상된다. 회사의 무위험이자율에 회사신용위험을 고려한 할인율은 10%이다. 20×1년 해상구조물과 관련하여 인식할 총비용은 얼마인가?(단, $(1+0.1)^5 = 1.6105$)

① ₩207,108   ② ₩221,324   ③ ₩228,800   ④ ₩237,368   ⑤ ₩241,759

08 ㈜다인의 20×1년 당기순이익은 ₩7,000,000이고, 20×1년 초 보통주주식수는 10,000주이다. 회사는 20×1년 4월 1일에 주당 ₩3,750에 4,000주를 유상증자하였다. 유상증자직전일의 주식의 종가는 ₩6,000이었다. 20×1년 7월 1일에 20%의 무상증자를 하여 2,800주의 보통주식이 발행되었다. ㈜다인은 20×1년 11월 1일에 자기주식 2,040주를 취득하여 20×1년 12월 31일 현재 보유중이다. 20×1년 우선주배당금은 ₩752,000이다. ㈜다인의 20×1년 기본주당순이익은 얼마인가?

① ₩400   ② ₩600   ③ ₩615   ④ ₩630   ⑤ ₩650

09 회계기간이 1월 1일부터 12월 31일까지인 ㈜다빈은 20×1년 1월 1일 내용연수가 5년, 잔존가치가 ₩100,000인 기계장치를 ₩1,000,000에 취득하여 정액법으로 감가상각을 하고 있다. 20×1년 12월 31일 동 기계장치의 회수가능액이 감소하여 손상차손을 인식하였다. 20×3년 12월 31일에 회수가능액이 ₩420,000이어서 손상차손환입을 인식해야 하는 상황이다. ㈜다빈이 20×3년 12월 31일 손상차손환입 ₩100,000을 인식하였다면 20×1년 12월 31일에 인식한 손상차손은 얼마인가?

① ₩140,000　　② ₩180,000　　③ ₩200,000　　④ ₩250,000　　⑤ ₩280,000

10 ㈜다빈은 다음과 같이 토지와 건물을 취득하여 건물을 철거한 후 건물을 신축하였다.

(1) 토지와 건물의 취득금액		₩100,000
(2) 취득시 중개사 수수료		1,000
(3) 취득당시 토지의 공정가치		80,000
(4) 취득당시 건물의 공정가치		20,000
(5) 토지취득세		2,400
(6) 건물취득세		600
(7) 건물철거비		4,000
(8) 건물철거시 고철 매각이익		500
(9) 정지비		2,000
(10) 굴착비		3,000
(11) 설계비		7,000
(12) 건설비		200,000
(13) 신축건물 취득세 등		6,000

㈜다빈이 인식할 토지의 취득원가는 얼마인가?

① ₩108,700　　　　　② ₩108,900　　　　　③ ₩109,500
④ ₩109,700　　　　　⑤ ₩110,500

11 ㈜다빈의 20×1년 1월 1일 현재 사외적립자산의 공정가치는 ₩60,000이다. ㈜다빈은 20×1년 12월 31일에, 제도는 급여 ₩20,000을 지급했고 기여금 ₩30,000을 수령하였다. 20×1년 12월 31일 현재 사외적립자산의 공정가치는 ₩75,000이고 확정급여채무의 현재가치는 ₩62,000이다. 20×1년 1월 1일 현재 시장가격에 기초한 사외적립자산의 기대수익은 ₩9,000이다. ㈜다빈이 20×1년 기타포괄손익으로 인식할 사외적립자산의 재측정요소의 손익은 얼마인가?

① 이익 ₩4,000　　　② 이익 ₩9,000　　　③ 손실 ₩1,000
④ 손실 ₩4,000　　　⑤ 손실 ₩9,000

12 ㈜반석은 20×1년 1월 1일에 설립된 회사(12월 결산법인)로서 재고자산은 이동평균법을 적용하여 재고자산의 단가를 산정하여 오다가 20×3년 제3기 결산시점에 와서 총평균법으로 재고자산단위원가 산정방법을 변경하려고 한다. 이러한 회계변경은 한국체택국제회계기준의 회계변경요건을 충족한다. 다음은 설립일과 각 보고기간말 재고자산잔액과 관련된 자료이다.

	이동평균법	총평균법
20×1년 초 재고자산	₩0	₩0
20×1년 말 재고자산	₩60,000	₩55,000
20×2년 말 재고자산	₩70,000	₩62,000
20×3년 말 재고자산	₩80,000	₩73,000

㈜반석의 회계변경 전 20×3년 당기순이익이 ₩200,000이고, 20×3년 말 이익잉여금이 ₩500,000인 경우, 회계변경 후 20×3년 당기순이익과 20×3년 말 이익잉여금은 각각 얼마인가?

	20×3년 당기순이익	20×3년 말 이익잉여금
①	₩193,000	₩499,000
②	₩193,000	₩501,000
③	₩199,000	₩499,000
④	₩201,000	₩493,000
⑤	₩201,000	₩501,000

13 다음 충당부채에 대한 설명 중 한국채택국제회계기준과 일치하지 않은 것은?

① 재무제표는 미래 시점의 예상 재무상태가 아니라 보고기간말의 재무상태를 표시하는 것이므로, 미래영업을 위하여 발생하게 될 비용에 대하여는 충당부채를 인식하지 아니한다. 재무상태표에 인식되는 부채는 보고기간말에 존재하는 부채에 국한한다.

② 입법 예고된 법규의 세부사항이 아직 확정되지 않은 경우에는 당해 법규안대로 제정될 것이 거의 확실한 때에만 의무가 발생한 것으로 본다. 그러한 의무는 법적의무로 간주한다.

③ 제품보증 또는 이와 유사한 계약 등 다수의 유사한 의무가 있는 경우 의무이행에 필요한 자원의 유출가능성은 당해 유사한 의무 전체를 고려하여 결정한다.

④ 제3자와 연대하여 의무를 지는 경우에는 이행할 전체의무 중 제3자가 이행할 것으로 기대되는 부분을 우발부채로 처리한다.

⑤ 손실부담계약을 이행하기 위하여 사용하는 자산에서 발생한 손상차손을 인식하기 전에 당해 손실부담계약에 대한 충당부채를 먼저 인식한다.

14 다음 주당이익에 대한 설명 중 한국채택국제회계기준과 일치하지 않은 것은?

① 보통주가 발행되었지만 부분 납입된 경우 기본주당이익의 계산에 영향을 미치지 아니한다.

② 부분 납입으로 당해 기간의 배당에 참가할 자격이 없는 주식의 미납입부분은 희석주당이익의 계산에 있어서 주식매입권이나 옵션과 같이 취급한다.

③ 오류의 수정과 회계정책의 변경을 소급적용하는 경우에는 그 효과를 반영하여 비교표시하는 모든 기본주당이익과 희석주당이익을 수정한다.

④ 주당이익의 계산과정에 사용한 가정이 달라지거나 잠재적보통주가 보통주로 전환되더라도 표시되는 전기 이전 기간의 희석주당이익은 재작성하지 아니한다.

⑤ 별개의 손익계산서에 당기순손익의 구성요소를 표시하는 경우, 그 별개의 손익계산서에 기본 및 희석주당이익을 표시한다.

15 ㈜다인은 20×1년 1월 1일 액면금액 ₩1,000,000인 전환사채(표시이자율이 4%, 이자지급일은 매년 말, 만기가 3년 후)를 액면발행하였다. 동 전환사채의 만기보장수익률은 9%이고, 전환권이 없는 일반사채의 유효이자율은 12%인 경우에 사채상환할증금은 얼마인가?

① ₩163,905 ② ₩168,720 ③ ₩178,720 ④ ₩178,720 ⑤ ₩188,966

16 다음 자료는 ㈜다빈의 20×1년 매입과 관련된 것이다.

기초매입채무	₩4,000,000
기초선급금	500,000
현금매입액	500,000
매입할인	20,000
매입채무 지급액	5,000,000
매입채무와 매출채권의 상계액	800,000
기말매입채무	4,500,000
기말선급금	300,000

㈜다빈의 20×1년 순매입액은 얼마인가?

① ₩6,480,000　　② ₩6,500,000　　③ ₩6,600,000
④ ₩6,980,000　　⑤ ₩7,000,000

17 재분류조정(reclassification adjustments)은 당기나 과거 기간에 기타포괄손익으로 인식되었으나 당기손익으로 재분류된 금액을 말한다. 다음의 기타포괄손익 중 재분류조정이 필요한 항목이 아닌 것은?

① 현금흐름위험회피의 위험회피수단의 평가손익 중 효과적인 부분

② 해외사업장의 재무제표 환산으로 인한 손익

③ 확정급여제도의 재측정요소

④ 관계기업의 기타포괄손익(후속적으로 당기손익으로 재분류되지 않는 항목) 중 투자자의 지분

⑤ 채무상품인 기타포괄손익-공정가치측정금융자산의 재측정 손익

18 ㈜다빈은 20×1년 4월 1일에 상품판매대가로 ㈜서정으로부터 20×1년 9월 30일이 만기인 액면금액 ₩600,000, 액면이자율 연 8%의 이자부받을어음을 수취하였다. ㈜다빈은 20×1년 6월 1일에 상기 받을어음을 은행에서 연 12% 할인율로 할인하였다. 받을어음할인이 제거조건을 충족한다고 가정할 때 어음할인으로 인한 받을어음처분손실은 얼마인가?

① ₩960   ② ₩8,960   ③ ₩12,480

④ ₩13,440   ⑤ ₩21,440

19 ㈜다인의 20×1년 기계장치와 관련된 자료는 다음과 같다.

(1) 기초 기계장치의 장부금액	₩800,000
(2) 기말 기계장치의 장부금액	920,000
(3) 당기 취득한 기계장치	340,000
(4) 당기 처분한 기계장치의 처분이익	50,000
(5) 당기 기계장치의 감가상각비	100,000

㈜다인이 20×1년에 처분한 기계장치의 처분금액은 얼마인가?

① ₩70,000   ② ₩120,000   ③ ₩170,000

④ ₩270,000   ⑤ ₩510,000

20 다음 자료를 이용하여 ㈜다인이 계상할 재고자산평가손실은 얼마인가?

구분	원가	현행대체원가	순실현가능가치
원재료A	₩20,000	₩18,000	—
원재료B	22,000	19,000	—
상품	34,000	33,000	₩30,000
재공품	16,000	14,000	13,000
제품A	58,000	55,000	59,000
제품B	70,000	66,000	67,000

원재료A는 제품A 생산에, 원재료B는 제품B 생산에 각각 투입된다.

① ₩9,000   ② ₩10,000   ③ ₩11,000

④ ₩13,000   ⑤ ₩15,000

21 ㈜반석은 20×1년 초에 설립된 상품 매매업을 영위하는 회사이다. 다음은 재고자산(상품) 평가와 관련된 자료는 다음과 같다.

구 분	20×1년 말 상품	20×2년 말 상품	20×3년 말 상품
취득원가	₩50,000	₩60,000	₩55,000
순실현가능가치	48,000	57,000	54,000
현행대체원가	47,000	58,000	53,000

㈜반석은 재고자산평가손실이 발생하면 재고자산평가손실충당금 과목을 사용하여 재고자산에서 차감하는 형식으로 재무제표에 표시한다. ㈜반석의 20×2년과 20×3년 매입액은 각각 ₩200,000과 ₩250,000이다. 위의 자료를 반영한 ㈜반석의 20×2년과 20×3년 매출원가는 각각 얼마인가?

	20×2년 매출원가	20×3년 매출원가
①	₩189,000	₩255,000
②	₩191,000	₩250,000
③	₩191,000	₩253,000
④	₩193,000	₩250,000
⑤	₩193,000	₩253,000

22 ㈜깜닭은 20×2년 1월 1일 자본은 ₩200,000이다. ㈜다빈의 20×2년(당기) 포괄손익계산서의 당기순이익은 ₩60,000이고, 총포괄이익은 ₩50,000이다. 다음은 ㈜깜닭의 20×2년 거래내역과 관련된 것이다.

> (1) 보통주 100주를 주당 ₩400(주당액면금액 : ₩500)에 유상증자하면서 수수료 ₩2,000을 지급하였다.
> (2) 정기주주총회 결의에 따라 현금배당 ₩20,000을 지급하고 주식배당으로 20주(주당액면금액 : ₩500, 주당시가 : ₩600)를 교부하였다. 또한 이익준비금 ₩2,000을 설정하였다.
> (3) 자기주식 50주를 주당 ₩600에 취득하여 20주를 주당 ₩700에 처분하고 30주는 소각하였다.
> (4) 전환사채가 20×2년 1월 1일에 만기상환되었다. 20×1년 12월 31일현재 전환사채의 장부금액은 ₩40,000이고 전환권대가는 ₩8,000이다.

상기 자료를 이용하여 ㈜깜닭의 20×2년 12월 31일의 자본을 계산하면 얼마인가?(단, 법인세효과는 고려하지 않는다.)

① ₩244,000   ② ₩248,000   ③ ₩252,000
④ ₩255,000   ⑤ ₩261,000

23 (   )을 제외하고, 최초 인식 후에 금융상품의 신용위험이 유의적으로 증가하지 아니한 경우에는 보고기간 말에 12개월 기대신용손실에 해당하는 금액으로 손실충당금을 측정한다. (   )에 옳은 것으로만 구성된 것은?

① 취득시 신용이 손상되어 있는 금융자산, 매출채권, 계약자산, 대출약정
② 취득시 신용이 손상되어 있는 금융자산, 매출채권, 금융보증계약, 리스채권
③ 취득시 신용이 손상되어 있는 금융자산, 리스채권, 대출약정, 금융보증계약
④ 취득시 신용이 손상되어 있는 금융자산, 매출채권, 계약자산, 리스채권
⑤ 금융보증계약, 대출약정, 금융보증계약, 리스채권

24 ㈜다빈(판매자―리스이용자)은 20×1년 1월 1일 ㈜한국(구매자―리스이용자)에 기계장치를 ₩900,000에 판매하였다. 판매와 동시에 ㈜다빈은 ㈜한국과 5년간 연간 리스료 ₩100,000씩 지급하기로 하는 기계장치 사용권 계약을 체결하였다. 거래의 조건에 따르면, 판매자―리스이용자의 건물 이전은 기업회계기준서 제1115호 '고객과의 계약에서 생기는 수익'의 수행의무 이행시기 판단에 대한 요구사항을 충족한다. 따라서 판매자―리스이용자와 구매자―리스제공자는 거래를 판매후리스로 회계처리한다. 판매 직전 기계장치의 장부금액은 ₩500,000이고, 공정가치는 ₩800,000이다. 리스의 내재이자율은 10%이고, ㈜다빈은 이를 쉽게 산정할 수 있다. ㈜한국은 기계장치 리스를 운용리스로 분류한다. 10%의 ₩1의 현가요소는 5년간은 3.7908이고, 5년후는 0.6209이다. ㈜다빈이 20×1년 1월 1일에 인식할 당기이익은 얼마인가?

① ₩157,845   ② ₩174,425   ③ ₩195,345
④ ₩231,520   ⑤ ₩300,000

25 ㈜다빈은 20×1년 1월 1일에 ㈜서울의 주식 80%를 ₩80,000에 취득하여 지배권을 획득하였다. ㈜서울의 20×1년 1월 1일 현재 순자산의 공정가치는 ₩110,000이고 장부금액은 ₩100,000이다. ㈜다빈은 20×1년 말과 20×2년 말 ㈜서울에 대한 지분은 80%로 20×1년 초와 동일하다. ㈜다빈의 회계기간은 1월 1일부터 12월 31일까지이다. ㈜다빈은 연결재무제표를 작성함에 있어 비지배지분은 종속기업의 식별가능한 순자산 중 비지배지분의 비례적 지분으로 계산한다. ㈜서울의 20×2년 당기순손실과 포괄손실은 각각 ₩150,000, ₩170,000이며, 다른 자본변동은 없는 경우 ㈜다빈과 ㈜서울을 연결실체로 하는 20×2년 12월 31일 연결재무제표에 표시될 비지배지분은 얼마인가?

① (−)₩14,000   ② (−)₩12,000   ③ (−)₩10,000
④ (−)₩8,000   ⑤ ₩0

26 다음 농림어업에 대한 설명 중 한국채택국제회계기준과 일치하지 않은 것은?

① 생물자산은 최초 인식시점과 매 보고기간말에 순공정가치로 측정하여야 한다. 순공정 가치는 공정가치에서 추정 매각부대원가를 차감한 금액이다. 매각부대원가(costs to sell)는 중개인이나 판매상에게 지급하는 수수료, 규제 기관과 상품거래소에서 부과하 는 금액, 양도시 세금 및 자산을 시장으로 운반하는 데 필요한 운반 및 기타 원가을 포함한다.

② 계약이 존재(existence of contract)한다고 하여 생물자산이나 수확물의 공정가치를 조 정해야 하는 것은 아니다.

③ 생물자산의 순공정가치를 산정할 때에 추정 매각부대원가를 차감하기 때문에 생물자 산의 최초 인식시점에 손실이 발생할 수 있다. 송아지가 태어나는 경우와 같이 생물 자산의 최초 인식시점에 이익이 발생할 수도 있다.

④ 어떠한 경우에도 수확시점의 수확물은 순공정가치로 측정한다. 수확시점에는 수확물 의 공정가치를 항상 신뢰성 있게 측정할 수 있다고 본다.

⑤ 기업이 특정 농림어업활동에 종사하지 못하게 요구하는 경우를 포함하여 순공정가치 로 측정하는 생물자산과 관련된 정부보조금에 부수되는 조건이 있는 경우에는 그 조 건을 충족하는 시점에만 수익으로 인식한다.

27 다음 보고기간후사건에 대한 설명 중 한국채택국제회계기준과 일치하지 않은 것은?

① 보고기간 후의 매출처 파산은 일반적으로 보고기간말의 매출채권에 손실이 발생하였 음을 확인하는 추가적인 정보이므로 매출채권의 장부금액을 수정할 필요가 있다.

② 보고기간 후에 지분상품 보유자에 대해 배당을 선언한 경우, 그 배당금을 보고기간말 의 부채로 인식하지 아니한다.

③ 재무제표의 발행승인일과 승인자를 공시한다. 재무제표 발행 후에 기업의 소유주 등 이 재무제표를 수정할 권한이 있다면 그 사실을 공시한다.

④ 수정을 요하지 않는 보고기간후사건의 예로는 보고기간말과 재무제표 발행승인일 사 이에 투자자산의 시장가치 하락을 들 수 있다.

⑤ 경영진은 별도의 감독이사회(비집행이사로만 구성)의 승인을 얻기 위하여 재무제표를 발행하는 경우가 있다. 그러한 경우, 감독이사회가 재무제표를 승인한 날이 재무제표 발행승인일이다.

28 ㈜다인의 20×1년 법인세비용차감전순이익은 ₩50,000이며, 법인세율은 30%이다. 법인세법의 개정 으로 법인세율은 20×2년에는 25%이고, 20×3년 이후에는 20%이다. ㈜다인의 20×1년 당기법인세 를 계산하기 위한 세무조정사항 및 이연법인세계산 관련자료는 다음과 같다.

(1) ㈜다인은 보유재고자산 중 장부금액이 ₩20,000인 상품의 시장가치하락으로 순실현가능가액이 ₩12,000으로 평가됨에 따라 평가손실 ₩8,000을 계상하였다. 재고자산평가방법은 원가법으로

세무신고하였다.

(2) ㈜다인은 만기일이 20×3년 3월 31일인 정기예금에 대한 경과이자 ₩4,000을 미수이자로 계상하였다.

(3) ㈜다인은 20×1년 3월 27에 자기주식 100주를 주당 ₩1,000에 취득하여 11월 7일에 20주를 주당 ₩1,200에 처분하였다.

(4) 세법상 손금한도를 초과하여 지출한 접대비는 ₩3,000이다.

(5) 20×1년 초 누적일시적차이는 없다.

㈜다인의 20×1년 법인세비용은 얼마인가?

① ₩15,900　　　　　② ₩16,100　　　　　③ ₩16,500

④ ₩17,100　　　　　⑤ ₩17,300

29 ㈜다빈은 자산집단을 자산의 매각으로 처분하고자 한다. 처분자산집단에 속한 자산은 다음과 같이 측정한다.

(단위 : 원)

	매각예정으로 분류하기 전 보고기간말의 장부금액	매각예정으로 분류하기 직전에 재측정한 장부금액
영업권	1,500	1,500
유형자산(재평가액으로 표시)	4,600	4,000
유형자산(원가로 표시)	5,700	5,700
재고자산	2,400	2,200
기타포괄손익−공정가치측정금융자산	1,800	1,500
합계	16,000	14,900

처분자산집단의 순공정가치는 ₩13,000으로 추정된다. 손상차손 배분 후 유형자산(재평가액으로 표시)의 잔액은 얼마인가?

① ₩3,361　　② ₩3,490　　③ ₩3,835　　④ ₩3,881　　⑤ ₩4,000

30 다음 중간재무보고에 대한 설명 중 한국채택국제회계기준과 일치하지 않은 것은?

① 소매업의 계절적 수익 등과 같이 특정 중간기간마다 다른 중간기간에 비해 지속적으로 더 많이 발생하는 수익도 있다. 이러한 수익은 발생할 때 수익으로 인식한다.

② 연중 고르지 않게 발생하는 원가는 연차보고기간말에 미리 비용으로 예측하여 인식하거나 이연하는 것이 타당한 방법으로 인정되는 경우에 한하여 중간재무보고서에서도 동일하게 처리한다.

③ 당해 회계연도 누적기간의 측정은 당해 회계연도의 이전 중간기간에 보고된 추정금액

에 대한 변경을 수반할 수 있다. 그러나 중간기간에 자산, 부채, 수익 및 비용을 인식하는 원칙은 연차재무제표에서의 원칙과 동일하다.

④ 중간기간에 회계정책을 변경하는 경우 소급적용이 현실적으로 어려움이 있다면 중간보고기간말을 기준으로 회계정책을 변경하는 회계처리가 허용된다.

⑤ 중간재무보고서를 작성할 때 인식, 측정, 분류 및 공시와 관련된 중요성의 판단은 해당 중간기간의 재무자료에 근거하여 이루어져야 한다.

31 ㈜다빈은 내부보고목적으로는 직접원가를, 재무제표작성시에는 전부원가를 사용한다. 제품에 대한 정보는 다음과 같다.

	제품수량	재무상태표(전부원가)
기초재고	4,000	₩800,000
기중생산	20,000	
판 매	(18,000)	
기말재고	6,000	₩1,200,000

지난 기간의 실제고정비는 고정제조간접원가 ₩800,000과 고정판매비 ₩200,000이었다. ㈜다빈은 선입선출법을 사용하여 원가계산한다. 변동원가계산에 의한 기말재고액은 얼마인가?

① ₩960,000   ② ₩1,120,000   ③ ₩1,160,000
④ ₩1,200,000   ⑤ ₩1,300,000

32 ㈜다인과 ㈜강백의 20×1년 원가 및 영업레버리지는 다음과 같다.

구분	㈜다인	㈜강백
총변동원가	₩400,000	₩740,000
총고정원가	₩800,000	₩480,000
영업레버리지도	9	7

㈜다인과 ㈜강백 모두 20×2년에 20×1년보다 판매수량이 25% 증가될 것으로 예상된다. ㈜다인과 ㈜강백 모두 20×2년의 단위당 판매가격, 단위당 변동원가 및 총고정원가는 20×1년과 동일할 것으로 예상된다. ㈜다인의 20×2년 예상영업이익에서 ㈜강백의 20×2년 예상영업이익을 차감한 금액은 얼마인가?

① ₩80,000   ② ₩85,000   ③ ₩100,000
④ ₩105,000   ⑤ ₩115,000

33 다음은 공정별원가계산을 하는 ㈜다빈자동차의 원가 관련자료이다.

	1공정	2공정
기초재공품	1,000	1,000(40%)
당기착수량	8,000	
기말재공품	4,000	3,000(30%)

1공정에서는 공손이 발생하지 않았으나 2공정에서는 공손이 600개 발생하였다. 검사시점은 공정의 50%시점이며 당기검사수량의 10%가 정상공손인 경우에 정상공손수량은 몇 개인가?

① 240　　　　② 300　　　　③ 400　　　　④ 500　　　　⑤ 600

34 ㈜다빈은 결합원가 ₩50,000을 투입하여 다음과 같이 세 가지 제품을 생산한다. ㈜다빈이 달성할 수 있는 최대이익은 얼마인가?

	갑제품	을제품	병제품
분리점에서의 판매가격	₩40,000	₩30,000	₩70,000
분리원가	20,000	20,000	20,000
최종판매가격	50,000	60,000	100,000

① ₩90,000　　　　② ₩100,000　　　　③ ₩110,000
④ ₩140,000　　　　⑤ ₩150,000

35 ㈜다인은 표준원가계산을 하고 있다. 다음은 표준원가, 실제원가 및 차이분석과 관련된 자료이다.

시간당제조간접원가배부액	₩45
변동제조간접원가 소비차이	₩900 유리
고정제조간접원가 예산차이	₩1,600 유리
조업도차이	₩2,700 유리
기준조업도(시간)	800 시간
실제발생 변동제조간접원가	₩13,500
실제발생 고정제조간접원가	₩20,000

실제시간과 변동제조간접원가 능률차이는 각각 얼마인가?

	실제시간	능률차이
①	800시간	₩1,800(유리)
②	800시간	₩2,700(불리)
③	900시간	₩1,800(유리)
④	900시간	₩2,700(불리)
⑤	1,000시간	₩2,700(유리)

36 ㈜다빈은 디지털카메라를 생산하고 있는 업체인데, 디지털카메라 대신 캠코더로 생산제품을 변경하려고 한다. 캠코더를 생산하기 위해서는 ₩2,000,000 상당의 설비를 구입하여야 하며, 동 설비는 5년간 잔존가치없이 정액법으로 상각된다. 캠코더 생산시 현재 원재료보관 창고를 사용하여 생산을 하는데 창고의 연간감가상각비는 ₩200,000이고, 별도 원재료 창고는 연간 ₩300,000에 임차하여야 한다. 캠코더는 연간 ₩20,000단위가 판매될 것으로 예상되며, 단위당 변동제조원가는 ₩80, 단위당 변동판매관리비는 ₩20이다. 회사는 연간 평균투자액기준 회계적이익률 12%이상을 달성하는 투자안을 선택한다. 회사의 법인세율은 40%이다. 회사의 요구수익률을 달성하려면 캠코더의 판매가격은 최소 얼마가 되어야 하는가?

① ₩165   ② ₩170   ③ ₩175   ④ ₩180   ⑤ ₩185

37 ㈜다빈전자는 캠코더와 디지털카메라를 생산·판매하고 있다. 두 제품에 대한 3월의 자료는 다음과 같다.

구 분	예산			실제		
	캠코더	디지털 카메라	합계	캠코더	디지털 카메라	합계
판 매 량	30,000개	20,000개	50,000개	22,000개	25,000개	47,000개
매 출 액	₩2,400,000	₩800,000	₩3,200,000	₩1,540,000	₩1,050,000	₩2,590,000
변동원가	1,200,000	500,000	1,700,000	770,000	750,000	1,520,000
고정원가			600,000			630,000

캠코더와 디지털카메라의 예산시장규모는 200,000개이며 예산시장점유율은 25%이다. 한편, 캠코더와 디지털카메라의 실제시장규모는 235,000개이며 실제시장점유율은 20%이었다. 상기 자료를 이용하여 시장점유율차이(market-share variance)와 시장규모차이(market-size variance)를 각각 계산하면 얼마인가? (단, F는 유리한 차이, U는 불리한 차이를 나타낸다.)

	시장점유율차이	시장규모차이
①	₩352,500(U)	₩262,500(F)
②	₩327,500(U)	₩262,500(F)
③	₩352,500(U)	₩210,000(F)
④	₩327,500(U)	₩210,000(F)
⑤	₩386,250(U)	₩210,000(F)

38 ㈜다빈전자는 TV, VCR, 에어컨 및 세탁기 등 네 가지 사업부문을 가지고 있다. 현재 사업부문별 손익계산서는 다음과 같다.

	TV	VCR	에어컨	세탁기	전체
매 출	₩82,000	₩28,000	₩54,000	₩70,000	₩234,000
제조원가	45,000	19,000	23,000	28,000	115,000
판매관리비	30,000	24,000	20,000	26,000	100,000
영업이익	₩7,000	(−)₩15,000	₩11,000	₩16,000	₩34,000

전체 고정제조간접원가는 ₩46,800이며, 매출액 대비로 각 사업부문에 배부되었고, 전체 고정판매관리비는 ₩28,000으로 각 사업부문에 균등하게 배분되었다. 회사의 경영진은 영업적자를 발생하는 VCR 사업부를 폐쇄할 것을 검토하고 있다. 만일, VCR 사업부를 폐쇄하는 경우 TV의 매출액이 15% 감소할 것으로 판단되고, VCR 사업부의 유휴설비를 임대하여 ₩1,000의 추가수익을 얻을 수 있으며, 전제 고정비는 폐쇄전과 동일한 금액으로 발생한다. VCR 사업부를 폐쇄하는 경우 회사전체이익에 미치는 영향은?

① ₩2,100 이익증가   ② ₩3,480 이익증가   ③ ₩4,760 이익증가

④ ₩1,160 이익감소   ⑤ ₩8,900 이익감소

39 대기업에 근무하다 정년 퇴직한 깜닭부장은 퇴직금으로 사업을 시작하려고 한다. 고려중인 사업은 영화관으로 상영관수는 관람객수에 따라 결정되어진다. 다음은 예상관람객수에 따른 상영관수의 성과표(기대이익)이다.

대안	예상관람객수	
	3,000명 (0.6)	5,000명 (0.4)
상영관 3개	₩200,000	₩300,000
상영관 6개	(−)500,000	1,000,000

만일, 깜닭부장이 예상관람객수를 정확히 예측할 수 있도록 하는 완전정보를 얻을 수 있다면, 이 정보의 대가로 지급할 수 있는 최대한의 금액은 얼마가 되겠는가?

① ₩100,000   ② ₩140,000   ③ ₩240,000   ④ ₩280,000   ⑤ ₩552,000

40 ㈜다빈전자의 20×1년 판매 및 생산관련 자료는 다음과 같다.

(1) 생산량 : 2,000단위	(2) 판매량 : 1,700단위
(3) 판매단가 : ₩500	(4) 단위당 직접재료원가 : ₩160
(5) 단위당 직접노무원가 : ₩80	(6) 단위당 변동제조간접원가 : ₩70
(7) 고정제조간접원가 : ₩100,000	(8) 단위당 변동판매관리비 : ₩50
(9) 고정판매관리비 : ₩80,000	

㈜다빈전자는 관리목적으로 변동원가계산으로 순이익을 산정하여 오다가 20×1년부터 초변동원가계산(super-variable costing)으로 불리어지는 스루풋원가계산(throughput costing)으로 순이익을 산정하고자 한다. ㈜다빈전자의 20×1년 변동원가계산순이익을 A라하고, 20×1년 스루풋원가계산순이익을 B라고 한다면 "A−B"는 얼마인가?

① (−)₩24,000   ② ₩24,000   ③ (−)₩45,000

④ ₩45,000   ⑤ ₩72,000

국가전문자격시험 답안카드

( )년도 제( )회 ( )

성명

교시(차수) 기재란
( )교시·차

문제지 형별 기재란
( )형

선택과목 1

선택과목 2

수험번호

감독위원 확인

필적감정용 기재란
합격의 기쁨

──── (예 시) ────

마킹주의

바르게 마킹 : ●
잘못 마킹 : ⊗, ⊙, ⊘, ◑, ①, ⊕

수험자 유의사항

1. 시험 중에는 통신기기(휴대전화·소형 무전기 등) 및 전자기기(초소형 카메라 등)를 소지하거나 사용할 수 없습니다.
2. 부정행위 예방을 위해 시험문제지에도 수험번호와 성명을 반드시 기재하시기 바랍니다.
3. 시험시간이 종료되면 즉시 답안작성을 멈춰야 하며, 종료시간 이후 계속 답안을 작성하거나 감독위원의 답안카드 제출지시에 불응할 때에는 당해 시험이 무효처리 됩니다.
4. 기타 감독위원의 정당한 지시에 불응하여 타 수험자의 시험에 방해가 될 경우 퇴실조치 될 수 있습니다.

답안카드 작성 시 유의사항

1. 답안카드 기재·마킹 시에는 반드시 검정색 사인펜을 사용해야 합니다.
2. 답안카드를 잘못 작성했을 시에는 카드를 교체하거나 수정테이프를 사용하여 수정할 수 있습니다.
   그러나 불완전한 수정처리로 인해 발생하는 전산자동판독불가는 불이익은 수험자의 귀책사유입니다.
   - 수정테이프 이외의 수정액, 스티커 등은 사용 불가
3. 성명란은 수험자 본인의 성명을 정자체로 기재합니다.
4. 해당교시(교시)시험을 기재하고 해당 란에 마킹합니다.
5. 시험문제지 형별기재란은 시험문제지 형별을 기재하고, 우측 형별마킹란은 해당 형별을 마킹합니다.
6. 수험번호란은 숫자로 기재하고 아래 해당번호에 마킹합니다.
7. 필적감정용 기재란은 '합격의 기쁨'을 정자체로 기재합니다.
8. 시험문제지 형별 및 수험번호 등 마킹착오로 인한 불이익은 전적으로 수험자의 귀책사유입니다.
9. 감독위원의 날인이 없는 답안카드는 무효처리 됩니다.
10. 상단과 우측의 검은색 띠(▮▮▮) 부분은 낙서를 금지합니다.

부정행위 처리규정

시험과 관련하여 다음과 같은 행위를 하는 자는 당해 시험을 무효처리하고 자격별 관련 규정에 따라 일정기간 동안 시험에 응시할 수 있는 자격을 정지합니다.

1. 시험과 관련된 대화, 답안카드 교환, 다른 수험자의 답안·문제지를 보고 답안 작성, 문제내용을 공유하는 행위, 대리시험을 치르거나 치르게 하는 행위, 시험문제 내용과 관련된 물건을 휴대하거나 이를 주고받는 행위
2. 시험장 내외로부터 도움을 받아 답안을 작성하는 행위, 공인어학성적 및 응시자격서류를 허위기재하여 제출하는 행위
3. 통신기기(휴대전화·소형 무전기 등) 및 전자기기(초소형 카메라 등)를 휴대하거나 사용하는 행위
4. 다른 수험자와 성명 및 수험번호를 바꾸어 작성·제출하는 행위
5. 기타 부정 또는 불공정한 방법으로 시험을 치르는 행위

01 ㈜다인은 액면금액 ₩1,000,000, 액면이자율 6%, 만기 20×3년 12월 31일, 이자지급일 매년 말인 사채를 20×1년 5월 1일에 발행하였다. 이 사채의 권면발행일은 20×1년 1월 1일이다. 20×3년 1월 1일에 액면금액 ₩400,000을 상환하였다면 사채상환이익은 얼마인가?(단, 시장이자율은 다음과 같다.)

일자	시장이자율	일자	시장이자율
20×1년 1월 1일	10%	20×1년 12월 31일	8%
20×1년 5월 1일	9%	20×3년 1월 1일	11%

다음은 현가계산표이다.

	₩1의 현가			₩1의 연금현가		
	1년	2년	3년	1년	2년	3년
8%	0.9259	0.8573	0.7938	0.9259	1.7833	2.5771
9%	0.9174	0.8417	0.7722	0.9174	1.7591	2.5313
10%	0.9091	0.8264	0.7513	0.9091	1.7355	2.4868
11%	0.9009	0.8116	0.7312	0.9009	1.7125	2.4437

① ₩6,996 ② ₩10,600 ③ ₩12,492
④ ₩15,026 ⑤ ₩26,500

02 ㈜다빈은 20×1년 1월 1일에 종업원 300명에게 각각 현금결제형 주가차액보상권 100개를 부여하고, 3년의 용역제공조건을 부과하였다. 20×1년 중에 20명이 퇴사하였으며, ㈜다빈은 20×2년과 20×9년에도 추가로 50명이 퇴사할 것으로 추정하였다. 20×2년에는 실제로 30명이 퇴사하였고, ㈜다빈은 20×3년에 추가로 200명이 퇴사할 것으로 추정하였다. 20×3년에 실제로 30명이 퇴사하였다. 20×3년 12월 31일에 50명이 주가차액보상권을 행사하였다. 20×3년 12월 31일에 계속근무자는 부여받았던 주가차액보상권을 모두 가득하였다. ㈜다빈은 매 회계연도 말에 추정한 주가차액보상권의 공정가치와 내재가치는 다음과 같다.

회계연도	공정가치	내재가치
20×1	₩162	₩220
20×2	177	210
20×3	190	200

㈜다빈이 20×3년에 인식할 보상원가는 얼마인가?

① ₩516,000   ② ₩1,466,000   ③ ₩1,516,000
④ ₩1,926,000   ⑤ ₩2,466,000

03 재무보고를 위한 개념체계에 대한 다음의 설명 중 틀리게 서술된 것은?

① 원가는 재무보고로 제공될 수 있는 정보에 대한 포괄적 제약요인이다.
② 원가와 효익의 평가가 동일한 보고 요구사항을 모든 기업에 대해 언제나 정당화한다는 것을 의미하는 것은 아니다.
③ 정보이용자 각자가 목적적합하다고 보는 모든 정보를 일반목적재무보고서에서 제공하는 것은 가능하지 않다.
④ 원가 제약요인을 적용함에 있어서, 회계기준위원회는 특정 정보를 보고하는 효익이 그 정보를 제공하고 사용하는 데 발생한 원가를 정당화할 수 있을 것인지 평가한다. 대부분의 상황에서 평가는 질적 정보에 근거한다.
⑤ 본질적인 주관성 때문에, 재무정보의 특정 항목 보고의 원가 및 효익에 대한 평가는 개인마다 달라진다. 따라서 회계기준위원회는 단지 개별 보고기업과 관련된 것이 아닌, 재무보고 전반적으로 원가와 효익을 고려하려고 노력하고 있다.

04 다음 무형자산에 대한 설명 중 한국채택국제회계기준과 일치하지 않은 것은?

① 다른 방법으로도 미래 경제적 효익을 통제할 수 있기 때문에 권리의 법적 집행가능성이 통제의 필요조건은 아니다.
② 고객과의 관계나 고객의 충성도를 지속할 수 있는 법적 권리나 그것을 통제할 기타 방법이 없다면 일반적으로 고객과의 관계나 고객의 충성도에서 창출될 미래 경제적 효익에 대해서는 그러한 항목이 무형자산의 정의를 충족하기에 기업이 충분한 통제를 가지고 있지 않다.
③ 시장에 대한 지식과 기술적 지식에서도 미래 경제적 효익이 발생할 수 있다. 이러한 지식이 저작권, 계약상의 제약이나 법에 의한 종업원의 기밀유지의무 등과 같은 법적 권리에 의하여 보호된다면, 기업은 그러한 지식에서 얻을 수 있는 미래 경제적 효익을 통제하고 있는 것이다.
④ 동일하거나 유사한, 계약에 의하지 않은 고객과의 관계를 교환하는 거래(사업결합 과정에서 발생한 것이 아닌)는 고객관계가 법적 권리에 의하여 보호되지 않는다면 무형자산의 정의를 충족할 수 없다.
⑤ 경영능력이나 기술적 재능은 그것을 사용하여 미래 경제적 효익을 확보하는 것이 법적 권리에 의하여 보호되지 않거나 무형자산 정의의 기타 요건을 충족하지 않는다면 일반적으로 무형자산의 정의를 충족할 수 없다.

05 12월 결산법인 ㈜다빈은 20×1년 1월 1일 내용연수가 10년, 잔존가치가 0인 기계장치를 ₩50,000에 취득하여 정액법으로 감가상각을 하고 있다. 20×2년 12월 31일 동 기계장치의 순공정가치는 ₩24,000이고 사용가치는 ₩28,000이다. 20×4년 12월 31일동 기계장치의 회수가능액은 ₩40,000이다. 20×2년 말은 손상차손을 인식하여야 하는 상황이고, 20×4년 말은 손상차손환입을 인식할 상황이다. ㈜다빈이 20×2년 말에 인식할 손상차손과 20×4년 말에 인식할 손상차손환입은 각각 얼마인가?

	손상차손	손상차손환입		손상차손	손상차손환입
①	₩12,000	₩9,000	④	₩16,000	₩16,000
②	₩12,000	₩10,000	⑤	₩26,000	₩16,000
③	₩16,000	₩12,000			

06 다음 유형자산에 대한 설명 중 한국채택국제회계기준과 일치하지 않은 것은?

① 유형자산을 사용하거나 이전하는 과정에서 발생하는 원가는 당해 유형자산의 장부금액에 포함하여 인식하지 아니한다.

② 어떤 기업이 유사한 자산을 정상적인 영업활동과정에서 판매를 위해 만든다면, 일반적으로 자가건설한 유형자산의 원가는 판매목적으로 건설하는 자산의 시가와 동일하다

③ 새로운 시설을 개설(opening)하는 데 소요되는 원가는 유형자산의 원가를 구성하지 않는다.

④ 자산을 해체, 제거하거나 부지를 복구하는 데 소요될 것으로 최초에 추정되는 원가는 유형자산의 원가를 구성한다.

⑤ 유형자산과 관련된 산출물에 대한 수요가 형성되는 과정에서 발생하는 가동손실과 같은 초기 가동손실은 유형자산의 원가를 구성하지 않는다.

07 ㈜다빈은 퇴직급여제도로 확정급여제도(defined benefit plan)를 채택하고 있다. 다음은 확정급여제도와 관련된 ㈜다빈의 20×1년도 자료이다.

	20×1년	
당기근무원가	₩60,000	
제도계정에 따른 확정급여채무 증가액	₩50,000	20×1년 가득분 20,000 20×2년 가득분 30,000
퇴직금지급액	60,000	
사외적립자산에 대한 기여금 납부액	60,000	
확정급여채무의 현재가치	700,000	20×1년 초
사외적립자산의 공정가치	500,000	20×1년 초
확정급여채무의 현재가치	780,000	20×1년 말
사외적립자산의 공정가치	520,000	20×1년 말

㈜다빈의 확정급여채무를 할인하기 위해 사용할 할인율은 20×1년 초와 20×1년 말 각각 연 6%와 연 5%이다. 퇴직금 지급과 기여금 납부액은 모두 기말에 발생하고, 퇴직금은 사외적립자산에서 지급하였다. ㈜다빈의 20×1년 보험수리적손익은 얼마인가?

① 손실 ₩38,000　　　　② 손실 ₩18,000　　　　③ 이익 ₩5,000
④ 이익 ₩12,000　　　　⑤ 이익 ₩20,000

08 다음 충당부채에 대한 설명 중 한국채택국제회계기준과 일치하지 않은 것은?

① 손실을 부담하지 아니하는 미이행계약은 충당부채를 인식하지 아니한다.
② 구조조정을 완료하는 날까지 발생할 것으로 예상되는 영업손실은 충당부채로 인식하지 아니한다. 단, 손실부담계약과 관련된 예상영업손실은 충당부채로 인식한다.
③ 기업이 매각의 이행을 약정하기 전까지, 즉 구속력 있는 매각계약을 체결하기 전에는 사업매각과 관련된 의무가 발생하지 아니한다.
④ 사업매각이 구조조정의 한 부분인 경우에는 사업매각과 관련된 구속력 있는 계약을 체결하기 전이라도 구조조정의 다른 부분에서 의제의무가 발생할 수 있다.
⑤ 요구되는 모든 사항 또는 일부 사항을 공시하는 것이 당해 충당부채, 우발부채 및 우발자산과 관련하여 진행 중인 상대방과의 분쟁에 현저하게 불리한 영향을 미칠 것으로 예상되는 경우라도 그에 관한 공시를 생략할 수 없다.

09 다음은 ㈜다빈의 20×2년 거래내역과 관련된 것이다.

---

(1) 3월 27일 : 보통주 100주를 주당 ₩1,000(주당액면금액 : ₩500)에 유상증자하면서 수수료 ₩2,000을 지급하였다.
(2) 6월 10일 : 보통주에 대한 유상증자를 실시하기 위하여 수수료 ₩2,000을 지급하였으나, 중도에 유상증자를 포기하였다.
(3) 9월 5일 : 취득원가가 ₩50,000인 자기주식을 ₩70,000에 처분하면서 수수료 3,000을 지급하였다.
(4) 10월 12일 : 20×1년 초 취득한 투자부동산(공정가치모형 적용)의 취득원가는 ₩30,000이고, 전기말 공정가치는 ₩35,000이다. 이 투자부동산을 ₩40,000에 처분하면서 수수료 ₩1,000을 지급하였다.
(5) 11월 15일 : 회사의 대주주가 액면금액이 ₩10,000인 자기주식을 회사에 기부하였다. 기부일 현재 자기주식의 공정가치는 ₩20,000이다.

㈜다빈의 20×1년 영업이익은 ₩100,000이다. 상기 자료를 이용하여 ㈜다빈의 20×1년 당기순이익은 얼마인가?(단, 법인세효과는 고려하지 않는다.)

① ₩104,000　　　　② ₩106,000　　　　③ ₩109,000
④ ₩124,000　　　　⑤ ₩126,000

10 12월 결산법인인 ㈜다인은 20×1년 1월 1일 다음과 같은 조건으로 전환사채를 발행하였다.

(a) 액면금액 : ₩1,000,000

(b) 표시이자율 : 6%

(c) 일반사채 시장이자율 : 15%

(d) 보장수익률 : 10%

(e) 발행금액 : ₩1,000,000

(f) 이자지급방법 : 매연도말 후급

(g) 만기일 : 20×3년 12월 31일

(h) 만기상환금액 : 액면금액의 113.24%

㈜다인이 20×1년 1월 1일 전환권대가로 ₩118,455을 계상하였다. 20×1년 12월 31일 현재 재무상태표에 표시되는 전환권조정잔액은 얼마인가?

① ₩140,995   ② ₩164,983   ③ ₩178,623   ④ ₩187,512   ⑤ ₩198,483

11 ㈜다빈의 20×1년 현금주의에 의한 순이익은 ₩1,000,000이다. 다음은 20×1년도의 자산·부채의 증감 및 20×1년도에 발생한 비용이다.

매출채권	₩120,000 증가	매입채무	₩110,000 감소
재고자산	100,000 감소	미지급비용	50,000 증가
선급비용	20,000 감소	감가상각비	60,000 발생

위의 자료를 이용하면 ㈜다빈의 20×1년 발생주의에 의한 순이익은 얼마인가?

① ₩960,000   ② ₩1,000,000   ③ ₩1,040,000

④ ₩1,060,000   ⑤ ₩1,800,000

12 재무제표 표시에 관한 한국채택국제회계기준에 대한 다음의 설명 중 틀리게 서술된 것은?

① 기업은 비용의 성격별 또는 기능별 분류방법 중에서 신뢰성 있고 더욱 목적적합한 정보를 제공할 수 있는 방법을 적용하여 당기손익으로 인식한 비용의 분석내용을 표시한다.

② 기능별 분류는 적어도 매출원가를 다른 비용과 분리하여 공시한다. 그래서 매출원가법이라고도 한다.

③ 기능별 분류는 성격별 분류보다 재무제표이용자에게 더욱 목적적합한 정보를 제공할 수 있지만 비용을 기능별로 배분하는데 자의적인 배분과 상당한 정도의 판단이 개입될 수 있다.

④ 기능별 분류는 비용을 매출원가, 그리고 물류원가와 관리활동원가 등과 분류하므로 미래현금흐름을 예측하는 데 더 유용하다.

⑤ 비용을 기능별로 분류하는 기업은 감가상각비, 기타 상각비와 종업원급여비용을 포함하여 비용의 성격에 대한 추가 정보를 공시한다.

13 ㈜다빈은 현금수입 전액을 은행에 입금시키고, 현금지급시에는 전액 수표를 발행한다. 11월 30일의 은행계정조정표는 다음과 같다.

은행측 예금잔액	₩150,000
미기입예금(은행)	+5,000
기발행미인출수표	−12,000
회사측 예금잔액	₩143,000

12월의 예금관련 자료는 다음과 같다.

	은행	회사
11월 30일 잔액	₩150,000	₩143,000
12월중 예입액	+400,000	+402,000
12월중 수표발행·결제	−360,000	−357,000
12월중 추심어음	+6,000	0
12월중 부도처리수표	−9,000	0
12월 31일 잔액	₩187,000	₩188,000

12월 31일 현재의 기발행미인출수표의 금액은 얼마인가?

① ₩6,000   ② ₩9,000   ③ ₩12,000

④ ₩15,000   ⑤ ₩18,000

14 12월 결산법인인 ㈜다빈은 20×1년 11월 7일 A주식 10주를 주당 ₩5,000에 취득하여 상각후원가−공정가치측정금융자산으로 분류하였다. 취득시 1주당 수수료 ₩200을 지출하였다. 20×1년 12월 31일의 A주식의 주당 공시되는 시장가격은 ₩6,000이고 처분된다면 1주당 수수료는 ₩100이다. ㈜다빈은 20×2년 3월 27일에 A주식 10주를 주당 ₩8,000에 처분하였다. 처분 시 1주당 수수료 ₩100을 지출하였다. A주식 관련하여 20×1년 12월 31일에 인식할 평가이익과 20×2년 당기순이익에 미치는 영향을 가각 계산하면? 단, 법인세 효과는 고려하지 않는다.

	20×1년 12월 31일 평가이익	20×2년 당기순이익 영향
①	₩7,000	₩0
②	7,000	27,000
③	8,000	0
④	8,000	27,000
⑤	8,000	19,000

15 ㈜다빈은 기말 현재 제품A를 5,000개를 보유하고 있다. 총평균법을 적용한 제품 A의 단위당 원가는 ₩400이다. 제품A 3,000개는 단위당 ₩390에 판매하기로 계약이 확정되어 있다. 반면, 제품 A의 일반 판매가격은 ₩360이다. 제품의 단위당 판매비용은 ₩20이다. 저가법 적용시 계상할 재고자산 평가손실은 얼마인가?

① ₩110,000 ② ₩150,000 ③ ₩210,000
④ ₩240,000 ⑤ ₩300,000

16 다음 내용 중 한국채택국제회계기준에 따라 금융부채로 분류되지 않은 것은?

① 잠재적으로 불리한 조건으로 거래상대방과 금융자산이나 금융부채를 교환하기로 한 계약상 의무
② 우선주의 발행자가 보유자에게 확정되거나 확정가능한 미래의 시점에 확정되거나 확정가능한 금액을 의무적으로 상환해야 하는 우선주
③ 우선주의 보유자가 발행자에게 특정일이나 그 이후에 확정되거나 확정가능한 금액의 상환을 청구할 수 있는 권리를 보유하고 있는 우선주
④ 현금 등 금융자산을 인도하기로 한 계약상 의무나 잠재적으로 불리한 조건으로 거래상대방과 금융자산이나 금융부채를 교환하기로 한 계약상 의무를 포함하지 아니하고, 변동가능한 수량의 자기지분상품을 인도할 계약상 의무가 없는 비파생상품
⑤ 발행자가 현금으로 차액결제하는 방법과 현금과 기업 자신의 주식을 교환하여 결제하는 방법 중에서 선택할 수 있는 주식옵션

17 ㈜다빈건설은 20×1년에 벤처빌딩 신축공사를 ₩850,000에 수주하였다. 공사기간은 3년이며, 공사기간별 공사원가발생액 및 추가공사원가는 다음과 같다.

	20×1년	20×2년	20×3년
발생원가	₩100,000	₩450,000	₩450,000
추가공사원가	700,000	450,000	—

㈜다빈건설이 20×2년에 인식할 공사손실은 얼마인가?

① ₩50,000 ② ₩56,250 ③ ₩61,429 ④ ₩106,250 ⑤ ₩156,250

18 기업회계기준서 제1109호 '금융상품'에 관한 다음 설명 중 옳지 않은 것은?

① 금융자산을 상각후원가 측정 범주에서 당기손익－공정가치 측정 범주로 재분류하는 경우에 재분류일의 공정가치로 측정한다. 금융자산의 재분류 전 상각후원가와 공정가치의 차이에 따른 손익은 당기손익으로 인식한다.

② 금융자산을 당기손익-공정가치 측정 범주에서 상각후원가 측정 범주로 재분류하는 경우에 재분류일의 공정가치가 새로운 상각후원가가 된다.

③ 금융자산을 기타포괄손익-공정가치 측정 범주에서 상각후원가 측정 범주로 재분류하는 경우에 최초 인식시점부터 상각후원가로 측정했었던 것처럼 재분류일에 금융자산을 측정한다.

④ 금융자산을 상각후원가 측정 범주에서 기타포괄손익-공정가치 측정 범주로 재분류하는 경우에 유효이자율과 기대신용손실 측정치는 재분류로 인해 조정되지 않는다.

⑤ 금융자산을 당기손익-공정가치 측정 범주에서 기타포괄손익-공정가치 측정 범주로 재분류하는 경우에 계속 공정가치로 측정한다.

19 ㈜다빈의 20×1년 12월 31일의 창고재고는 실사결과 ₩500,000이다. 다음 자료를 이용하여 20×1년 12월 31일의 재무상태표에 표시할 재고자산의 금액은 얼마인가?

---

(1) ㈜다빈이 해외 매입처에 주문한 상품 중 도착하지 아니한 재고
 ─FOB선적지기준 : ₩20,000(이중 30%은 운송중에 분실됨)
 ─FOB목적지기준 : ₩10,000

(2) 매출처인 ㈜다인이 구매하였으나 인도가 ㈜다인의 요청에 따라 지연되고 있는 미인도청구판매(Bill and hold sales)된 상품 : 원가는 ₩10,000, 시가는 ₩13,000

(3) ㈜다빈이 20×1년에 수탁자 ㈜서정에 적송한 재고원가는 ₩40,000이고 시가는 ₩50,000이다. 20×1년 12월 31일 현재 보관하고 있는 재고수량은 물량기준으로 적송량의 40%수준이다.

(4) ㈜다빈은 시용판매로 예상구매고객에게 50개의 상품을 인도하였고, 20×1년 12월 31일 현재 ㈜다빈에게 40개를 구매의사를 표시하였다. 개당 원가는 ₩200이고, 개당 시가는 ₩150이다.

(5) 창고재고 중 ㈜다빈이 ㈜목동으로부터 위탁판매하기 위하여 보관하고 있는 재고금액은 ₩15,000이다.

(6) ㈜다빈은 20×1년 12월 25일에 원가 ₩8,000인 상품을 ₩10,000에 판매하고, 6개월 후에 ₩11,000에 다시 구매하기로 하였다.

(7) 반품가능판매(원가 : ₩20,000, 시가 : ₩25,000) 중 반품가능액을 합리적으로 추정할 수 없는 재고원가는 ₩7,000이다.

---

① ₩514,000   ② ₩520,000   ③ ₩522,000

④ ₩528,000   ⑤ ₩532,000

20 ㈜다인은 20×1년 1월 1일에 액면금액이 ₩1,000,000인 전환사채를 액면발행하였다. 동 사채의 이자율은 연 10%이며 매년말에 지급되고 만기일은 20×3년 12월 31일이다. 전환청구는 만기까지 가능하며, 사채 액면 ₩2,000당 보통주 1주(주당액면금액: ₩1,000)로 전환할 수 있다. 발행 당시 전환권이 없는 일반사채의 시장이자율은 연 12%이다.

〈현가계수자료〉

기간	₩1의 현재가치		연금 ₩1의 현재가치	
	할인율 10%	할인율 12%	할인율 10%	할인율 12%
1	0.9091	0.8929	0.9091	0.8929
2	0.8264	0.7972	1.7355	1.6901
3	0.7513	0.7118	2.4868	2.4018

20×2년 1월 1일에 전환사채 액면금액 ₩600,000이 보통주식으로 전환되었다. 전환권대가는 전환권이 행사되어 주식을 발행할 때 행사된 부분만큼 주식발행초과금으로 대체하며, 전환간주일은 기초시점으로 가정한다. 위 전환으로 증가되는 주식발행초과금은 얼마인가?(단, 법인세효과는 고려하지 않는다.)

① ₩279,731　　　　② ₩298,939　　　　③ ₩308,543
④ ₩327,751　　　　⑤ ₩341,842

21 ㈜다빈은 20×1년의 당기순이익은 ₩1,000,000이고, 20×1년 초 보통주식수는 800주이다. 20×1년 이전에 발행한 보통주를 취득할 수 있는 A옵션이 1,000개가 있다. A옵션의 행사가격은 ₩8,000이다. 보통주 1주의 평균시장가격은 ₩10,000이다. 옵션과 관련하여 20×1년에 당기순이익에 반영된 손익은 없다. 20×1년 4월 1일에 A옵션 전부가 행사되었다. 보통주식의 가중평균은 월적수에 의한다. ㈜다빈의 20×1년 희석주당순이익은 얼마인가?

① ₩556　　　　② ₩571　　　　③ ₩588
④ ₩625　　　　⑤ ₩645

22 20×1년 1월 1일(리스약정일 겸 리스개시일)에 B사(리스이용자)는 A사(리스제공자)와 금융리스계약을 체결하였다. 이 리스계약과 관련된 자료는 다음과 같다.

(1) 기초자산의 취득원가(리스개시일의 공정가치와 일치) : ₩1,500,000
(2) 기초자산의 내용연수 : 4년
(3) 3년 후 추정잔존가치 : ₩500,000
(4) 리스기간 : 3년, 만기일은 20×3년 12월 31일
(5) 리스제공자의 리스개설직접원가 : ₩119,050
(6) 연간 리스료 : 매년 말에 ₩500,000씩 3차례 지급

(7) 보증잔존가치 : ₩400,000(소유권이전약정과 염가매수선택권은 없음)

(8) 내재이자율은 10%이다.

20×1년 12월 31일 시점에서 잔존가치(20×3년 12월 31일 현재)가 ₩250,000으로 당초 추정치가 변경되었다. 20×1년에 A사가 상기 리스와 관련하여 인식할 당기순이익은 얼마인가?(단, 법인세효과는 무시한다.)

① ₩18,888   ② ₩37,938   ③ ₩67,355

④ ₩79,260   ⑤ ₩244,550

23 다음 특수관계자공시에 대한 설명 중 한국채택국제회계기준과 일치하지 않은 것은?

① 특수관계 유무를 고려할 때에는 단지 법적 형식뿐만 아니라 실질 관계에도 주의를 기울여야 한다.

② 기업 활동의 자율성에 영향을 미치거나 기업의 의사결정과정에 참여할 수 있다 하더라도 당해 기업과 단지 통상적인 업무 관계를 맺고 있는 자금제공자, 노동조합, 공익기업 및 정부부처와 정부기관는 특수관계자를 의미하지 아니한다.

③ 연결실체 내 다른 기업들과의 특수관계자거래와 채권·채무 잔액은 기업의 재무제표에 공시한다. 하지만, 연결실체 내 기업 간 특수관계자거래와 채권·채무 잔액은 그 연결실체의 연결재무제표를 작성할 때 제거된다.

④ 연결실체에 속하는 기업 사이에 위험을 공유하는 확정급여제도에 지배기업이나 종속기업이 참여하는 것은 특수관계자거래에 해당하지 아니한다.

⑤ 특수관계자거래(related party transaction)란 대가의 부담 여부에 관계없이 특수관계자 사이의 자원, 용역 또는 의무의 이전을 말한다.

24 12월 결산법인인 ㈜다빈은 5개월 후에 회수할 외화채권 US$10,000의 환위험을 회피하기 위하여 다음과 같은 통화선도거래계약을 체결하였다.

• 통화선도거래계약 체결일 : 20×1. 11. 1
• 계약기간 : 5개월(20×1.11.1~20×2.3.31)
• 계약조건 : US$100를 약정통화선도환율 @₩1,200/US$1로 매도하기로 함
• 환율에 대한 자료는 다음과 같다.

일 자	현물환율(₩/$)	통화선도환율(₩/$)
20×1. 11. 1	1,210	1,200(만기5개월)
20×1. 12. 31	1,250	1,230(만기3개월)
20×2. 3. 31	1,220	

상기 파생상품회계처리에는 공정가치위험회피회계가 적용된다. 상기 통화선도거래와 관련하여 20×1년에 인식할 통화선도평가손익과 20×2년에 인식할 통화선도거래손익은 각각 얼마인가?(단, 파생상

품관련손익을 산정하기 위한 통화선도환율변동액에 대한 현재가치평가는 생략한다.)

	통화선도평가손익	통화선도거래손익
①	손실 ₩4,000	이익 ₩1,000
②	손실 ₩2,000	손실 ₩1,000
③	이익 ₩3,000	손실 ₩1,000
④	이익 ₩2,000	이익 ₩1,000
⑤	손실 ₩3,000	이익 ₩1,000

25 다음 사업결합에 대한 설명 중 한국채택국제회계기준과 일치하지 않은 것은?

① 피취득자의 이전 재무제표에 자산과 부채로 인식되지 않았던 자산과 부채가 일부 인식될 수 있다.

② 모든 사업결합에서 취득자는 피취득자에 대한 비지배지분을 공정가치 또는 피취득자의 식별가능한 순자산 중 비지배지분의 비례적 지분으로 측정한다.

③ 과거사건에서 발생한 현재의무이고 그 공정가치를 신뢰성 있게 측정할 수 있다면, 취득자는 취득일 현재 사업결합에서 인수한 우발부채를 인식한다. 다만, 당해 의무를 이행하기 위하여 경제적효익을 갖는 자원이 유출될 가능성이 높지 않다면 취득자는 취득일에 사업결합으로 인수한 우발부채를 인식하지 아니한다.

④ 취득일에 공정가치와 장부금액이 다른 취득자의 자산과 부채(예 : 취득자의 비화폐성 자산 또는 사업)가 이전대가에 포함될 수 있다. 이 경우, 취득자는 이전된 자산이나 부채를 취득일 현재 공정가치로 재측정하고, 그 결과 차손익이 있다면 당기손익으로 인식한다.

⑤ 취득자는 취득관련원가에 대하여 채무증권과 지분증권의 발행원가를 제외하고, 원가가 발생하고 용역을 제공받은 기간에 비용으로 회계처리한다.

26 다음 중간재무보고에 대한 설명 중 한국채택국제회계기준과 일치하지 않은 것은?

① 지배기업의 별도재무제표는 직전 연차연결재무제표와 일관되거나 비교가능한 재무제표가 아니다. 연차재무보고서에 연결재무제표 외에 추가적으로 지배기업의 별도재무제표가 포함되어 있더라도, 중간재무보고서에 지배기업의 별도재무제표를 포함하는 것을 요구하거나 금지하지 않는다.

② 중간기간에 보고하는 수익과 비용은 당해 회계연도의 이전 중간기간에 보고한 추정금액에 대한 변경을 반영하여야 한다. 직전중간기간에 보고한 금액은 소급하여 수정하지 않는다.

③ 한 회계연도 안에서 일어나는 회계정책변경은 소급 적용하거나, 소급 적용하는 것이 실무적으로 불가능하여 전진 적용하는 경우에는 늦어도 당해 회계연도의 개시일부터

는 변경된 회계정책을 적용하여야 한다.

④ 연차재무제표의 결과가 보고빈도(연차보고, 반기보고, 분기보고)에 따라 달라지지 않아야 한다. 이러한 목적을 달성하기 위하여 중간재무보고를 위한 측정은 당해 회계연도 누적기간을 기준으로(on a year-to-date basis) 하여야 한다.

⑤ 계절성이 높은 사업을 영위하는 기업의 경우, 중간보고기간말까지 12개월 기간의 재무정보와 직전 회계연도의 동일기간에 대한 비교 재무정보를 보고할 것을 권장한다.

27 다음 관계기업과 공동기업에 대한 투자에 대한 설명 중 한국채택국제회계기준과 일치하지 않은 것은?

① 기업이 유의적인 영향력을 보유하는지를 평가할 때에는, 다른 기업이 보유한 잠재적 의결권을 포함하여 현재 행사할 수 있거나 전환할 수 있는 잠재적 의결권의 존재와 영향을 고려한다.

② 관계기업이나 공동기업에 대한 연결실체의 몫은 연결실체 내 지배기업과 종속기업이 소유하고 있는 지분을 단순 합산한 것이다. 연결실체의 다른 관계기업이나 공동기업이 소유하고 있는 해당 관계기업의 지분은 합산하지 아니한다.

③ 관계기업이나 공동기업이 자본으로 분류되는 누적적 우선주를 발행하였고 이를 기업 이외의 다른 측이 소유하고 있는 경우, 기업은 배당결의 여부에 관계없이 이러한 주식의 배당금에 대하여 조정한 후 당기순손익에 대한 자신의 몫을 산정한다

④ 관계기업의 정의를 충족하지 못하고 기업회계기준서 제1039호에 따라 회계처리하는 투자자산의 경우, 관계기업의 정의를 충족하지 못하게 된 시점의 당해 투자자산의 공정가치를 기업회계기준서 제1039호에 따른 금융자산의 최초 인식시의 공정가치로 간주한다.

⑤ 관계기업이나 공동기업에 대한 투자자의 소유지분이 감소하지만 기업이 계속 지분법을 적용하는 경우, 기업은 이전에 기타포괄손익으로 인식했던 손익이 관련 자산이나 부채의 처분에 따라 당기손익으로 재분류되는 경우라도, 그 손익 중 소유지분의 감소와 관련된 비례적 부분을 당기손익으로 재분류하지 아니한다.

28 다음은 20×1년 ㈜다인의 비율분석과 관련된 자료이다.

매출액 : ₩300,000	가중평균유통보통주식수 : 200주
매출원가 : ₩200,000	주당시가 : ₩1,500
이자비용 : ₩20,000	주가수익비율(PER) : 10
세율 : 25%	보통주현금배당액 : ₩20,000

위 자료로부터 20×1년 ㈜다인의 이자보상비율을 계산하면 얼마인가?

① 2배   ② 2.5배   ③ 3배   ④ 3.5배   ⑤ 4배

29 다음은 ㈜다빈의 20×1년도 재무자료이다.

당기순이익	₩100,000
감가상각비	10,000
매출채권대손상각비	5,000
단기매매증권평가손실	5,000
사채상환이익	10,000
재고자산증가	20,000
매출채권(순액)감소	30,000
단기매매증권증가	10,000
매입채무증가	20,000
법인세비용	20,000
법인세납부액	15,000
이자비용	20,000
이자지급액	10,000

주어진 자료를 이용하여 ㈜다빈의 20×1년 영업활동에서 창출된 현금과 영업활동순현금흐름을 각각 계산하면 얼마인가?(단, 이자지급과 법인세납부는 영업활동으로 분류한다.)

	영업에서 창출된 현금	영업활동순현금흐름
①	₩150,000	₩125,000
②	₩155,000	₩125,000
③	₩160,000	₩135,000
④	₩165,000	₩135,000
⑤	₩170,000	₩145,000

30 수익에 관한 설명으로 옳지 않은 것은?

① 계약은 둘 이상의 당사자 사이에 집행 가능한 권리와 의무가 생기게 하는 합의이다. 계약상 권리와 의무의 집행 가능성은 법률적인 문제이다. 계약은 서면으로, 구두로, 기업의 사업 관행에 따라 암묵적으로 체결할 수 있다.

② 계약 당사자가 집행 가능한 권리와 의무를 새로 설정하거나 기존의 집행 가능한 권리와 의무를 변경하기로 승인할 때 계약변경이 존재한다. 계약변경은 서면으로, 구두 합의로, 기업의 사업 관행에서 암묵적으로 승인될 수 있다.

③ 계약의 각 당사자가 전혀 수행되지 않은 계약에 대해 상대방(들)에게 보상하지 않고 종료할 수 있는 일방적이고 집행 가능한 권리를 갖더라도, 그 계약은 존재한다고 본다.

④ 기업이 약속한 재화나 용역을 아직 고객에게 이전하지 않았고 기업이 약속한 재화나 용역에 대하여 어떤 대가도 아직 받지 않았고 아직 받을 권리도 없다면 계약은 전혀

수행되지 않은 것이다.

⑤ 한 계약에서 지급하는 대가(금액)는 다른 계약의 가격이나 수행에 따라 달라진다면, 같은 고객(또는 그 고객의 특수관계자)과 동시에 또는 가까운 시기에 체결한 둘 이상의 계약을 결합하여 단일 계약으로 회계처리한다.

31 다음은 ㈜다빈자동차의 원가자료이다.

(1) 당기 원재료구입액은 ₩95,000이고, 당기말 원재료재고는 전기대비 ₩15,000이 증가하였다.

(2) 노무비 지급액은 ₩120,000이며, 전기말 미지급노무비는 ₩20,000이었고 당기말 미지급노무비는 없다.

(3) 당기 제조경비 지급액은 ₩217,000이고, 당기말 선급제조경비는 ₩78,000, 미지급제조경비는 ₩52,000이며, 전기말 선급제조경비는 ₩64,000, 미지급제조경비는 ₩49,000이다.

(4) 당기말 재공품재고액은 전기말 대비 ₩20,000이 감소하였다.

상기 자료를 이용하여 당기제품제조원가를 계산하면 얼마인가?

① ₩366,000   ② ₩381,000   ③ ₩406,000   ④ ₩421,000   ⑤ ₩446,000

32 스포츠카만을 생산·판매하고 있는 ㈜다빈자동차의 판매가격 및 원가구조는 다음과 같다.

> 단위당 판매가격 : $P = ₩600 - 0.005Q$
> 단위당 변동원가 : $V = ₩200 + 0.015Q$
> 총고정원가 : $F = ₩1,000,000$

위의 자료를 이용하여 ㈜다빈자동차가 최대이익을 달성하는 판매수량을 계산하면 얼마인가?

① 10,000단위   ② 40,000단위   ③ 50,000단위
④ 80,000단위   ⑤ 100,000단위

33 다음은 ㈜다인의 원가자료이다. 전부원가계산방법에 의한 당기순이익이 변동원가계산방법에 의한 당기순이익보다 ₩24,000이 더 많은 경우 당기의 재고증감량은 몇 개인가?

당기 생산량	2,000단위	기초재고수량	?
직접재료원가발생액	₩120,000	직접노무원가발생액	₩150,000
고정제조간접원가	₩120,000	고정 판매비와관리비	₩80,000
변동제조간접원가	₩180,000	변동판매비와관리비	₩90,000

① 120개 증가   ② 120개 감소   ③ 400개 증가
④ 400개 감소   ⑤ 160개 증가

34 다음 자료는 표준원가계산을 채택하고 있는 ㈜다빈정공의 제조간접원가 내역이다.

고정제조간접원가예산	₩270,000
시간당 변동제조간접원가 배부액	₩50
실제작업시간	4,000 시간
소비차이	₩20,000 (불리)
능률차이	₩10,000 (유리)
조업도차이	₩45,000 (유리)

㈜다빈정공이 설정한 기준조업도는 얼마인가?

① 3,400시간   ② 3,600시간   ③ 3,800시간
④ 4,200시간   ⑤ 4,400시간

35 균형성과표(Balanced Scorecard)에서는 4가지 관점에서 성과를 측정하고 있다. 다음 중 4가지 측정지표와 세부적인 성과측정치의 연결이 옳지 않은 것은?

① 고객관점 : 고객불만 처리에 소요된 시간
② 학습과 성장관점 : 종업원 부가가치
③ 내부 비즈니스 프로세스 관점 : 셋업시간
④ 재무적 관점 : 성장률
⑤ 내부 비즈니스 프로세스 관점 : 불리한 표준원가 차이

36 다음 중 활동기준원가계산(ABC : Activity-Based Costing)에 대한 설명으로 적절하지 못한 것은?

① 활동기준원가계산은 원가구성 중 제조간접원가의 비중이 상대적으로 자동화설비를 갖춘 기업에 적합한 원가계산제도이다.
② 활동기준원가계산에서는 활동에 비례하여 원가가 발생한다고 가정하고 활동을 감소시키면 원가가 절감된다고 본다.
③ 활동기준원가계산에서는 전통적인 원가계산을 사용하면 소량생산제품의 원가가 과대계상될 가능성이 클 수 있다고 본다.
④ 활동기준원가계산은 전통적인 원가계산보다 운영비용이 더 많이 소요되는 단점이 있다.
⑤ 활동기준원가계산에서는 원가분류체계를 4단계의 계층구조, 즉 단위기준, 배치기준, 제품유기준 및 설비유지기준으로 구분하며, 이 중 설비유기기준이 계층구조상 최상위에 위치한다.

37 ㈜다빈캐피탈은 A투자안에 투자하려고 한다. A투자안에 투자하면 1년후에 ₩2,000,000, 2년후에 ₩1,000,000의 현금유입이 예상된다. A투자안의 내부수익률은 20%이고, ㈜다빈캐피탈의 자본비용은 10%이다. 다음은 단순현가계수에 관한 자료이다.

할인율 \ 기간	1년	2년
10%	0.91	0.83
20%	0.83	0.69

위의 자료를 이용하여 A투자안의 순현가치를 계산하면 얼마인가?

① ₩300,000 ② ₩350,000 ③ ₩450,000
④ ₩500,000 ⑤ ₩650,000

38 다음은 ㈜다빈헬기의 4월의 원가자료이다.

(1) 2월 말 현재 미완성 작업 #101이 있었으며, 집계된 원가는 다음과 같다.

직접재료원가	₩40,000
직접노무원가	30,000
제조간접원가	25,000
합계	₩95,000

(2) 3월에 작업 #102, #103, #104가 새로이 시작되었으며, 4월중 작업 #101, #102, #103가 완성되어 #101, #102는 판매되었고, #103은 4월말 재고로 남아있다. 4월 말 현재 작업 #104는 미완성 상태이다.

(3) 회사는 개별원가계산제도를 채택하고 있으며, 제조간접원가는 직접노무원가를 기준으로 예정배부하고 있다. 4월의 예정직접노무원가는 ₩200,000이고, 예정제조간접원가는 ₩160,000이다. 제조간접원가배부차이는 전액 매출원가에 조정된다.

(4) 4월 중 작업 #101, #102, #103, #104에 발생한 직접재료원가와 직접노무원가는 다음과 같다.

	#101	#102	#103	#104	합계
직접재료원가	—	₩80,000	₩50,000	₩40,000	₩170,000
직접노무원가	30,000	65,000	60,000	35,000	190,000

3월말 제품재고는 없다. 4월의 매출원가는 ₩380,000이다. 4월 중 발생한 제조간접원가는 얼마인가?

① ₩185,700 ② ₩186,000 ③ ₩187,000
④ ₩188,400 ⑤ ₩189,000

39 카이젠원가계산(kaizen costing)에 대한 설명으로 틀린 것은?

① 제품의 수명주기의 제조단계에서 원가절감하려는 전략적 원가관리방법이다.

② 카이젠(kaizen)이란 대규모 혁신이 아닌 프로세스에 대한 개선을 조금씩 이룬다는 일본용어이다.

③ 목표는 실제생산원가를 원가기준보다 낮게 발생시키는 것이다.

④ 기술적 전문성을 지닌 엔지니어나 경영자를 통한 프로세스개선에 중점을 두고 있다.

⑤ 차이분석은 목표원가절감액과 실제원가절감액과 비교하는 점에서 전통적인 표준원가 차이분석과는 다르다.

40 품질원가(cost of quality)는 예방원가, 평가원가, 내부실패원가 및 외부실패원가로 구성된다. 다음중 원가의 연결이 적절하지 않은 것은?

① 예방원가 : 교육훈련비용   ② 평가원가 : 서비스 측정비용

③ 내부실패원가 : 재작업원가   ④ 외부실패원가 : 클레임비용

⑤ 예방원가 : 기업이미지 손상에 따른 기회손실

국가전문자격시험 답안카드

──── (예 시) ────

마킹주의

바르게 마킹 : ●
잘못 마킹 : ⊗, ⊙, ◍, ◉, ⋓, ⊖

수험자 유의사항

1. 시험 중에는 통신기기(휴대전화·소형 무전기 등) 및 전자기기(초소형 카메라 등)를 소지하거나 사용할 수 없습니다.
2. 부정행위 예방을 위해 시험문제지에도 수험번호와 성명을 반드시 기재하시기 바랍니다.
3. 시험시간이 종료되면 즉시 답안작성을 멈춰야 하며, 종료시간 이후 계속 답안을 작성하거나 감독위원의 답안카드 제출지시에 불응할 때에는 당해 시험이 무효처리 됩니다.
4. 기타 감독위원의 정당한 지시에 불응하여 타 수험자의 시험에 방해가 될 경우 퇴실조치 될 수 있습니다.

답안카드 작성 시 유의사항

1. 답안카드 기재·마킹 시에는 반드시 검정색 사인펜을 사용해야 합니다.
2. 답안카드를 잘못 작성했을 시에는 카드를 교체하거나 수정테이프를 사용하여 수정할 수 있습니다.
   그러나 불완전한 수정처리로 인해 발생하는 전산자동판독불가능한 등은 풀이어은 수험자의 귀책사유입니다.
   - 수정테이프 이외의 수정액, 스티커 등은 사용 불가
   - 답안카드 왼쪽(성명·수험번호 등)을 제외한 '답안란' 만 수정테이프로 수정 가능
3. 성명란은 수험자 본인의 성명을 정자체로 기재합니다.
4. 해당차수(교시)시험을 기재하고 해당 란에 마킹합니다.
5. 시험문제지 형별기재란은 시험문제지 형별을 기재하고, 우측 형별마킹란에 해당 형별을 마킹합니다.
6. 수험번호란은 숫자로 기재하고 아래 해당번호에 마킹합니다.
7. 필적감정용 기재란은 '합격의 기원' 을 정자체로 기재합니다.
8. 시험문제지 형별 및 수험번호 등 마킹착오로 인한 풀이어은 전적으로 수험자의 귀책사유입니다.
9. 감독위원의 날인이 없는 답안카드는 무효처리 됩니다.
10. 상단과 우측의 검은색 띠(▌▌▌) 부분은 낙서를 금지합니다.

부정행위 처리규정

시험 중 다음과 같은 행위를 하는 자는 당해 시험을 무효처리하고 자격별 관련 규정에 따라 일정기간 동안 시험에 응시할 수 있는 자격을 정지합니다.

1. 시험과 관련된 대화, 답안카드 교환, 다른 수험자의 답안·문제지를 보고 답안 작성, 대리시험을 치르거나 치르게 하는 행위, 시험문제 내용과 관련된 물건을 휴대하거나 이를 주고받는 행위
2. 시험장 내외로부터 도움을 받아 답안을 작성하는 행위, 공인어학성적 및 응시자격서류를 허위기재하여 제출하는 행위
3. 통신기기(휴대전화·소형 무전기 등) 및 전자기기(초소형 카메라 등)를 휴대하거나 사용하는 행위
4. 다른 수험자와 성명 및 수험번호를 바꾸어 작성·제출하는 행위
5. 기타 부정 또는 불공정한 방법으로 시험을 치르는 행위

01 ㈜다인은 20×1년 1월 1일 액면금액 ₩4,000,000, 이자율 7%, 매년말 이자지급조건의 연속상환사채를 발행하였다. 20×1년부터 4년에 걸쳐 매년말에 ₩1,000,000씩 상환되며, 사채발행시의 유효이자율은 10%이다. ㈜다인의 회계기간은 1월 1일부터 12월 31일까지이다. 다음은 할인율 10%에 의한 ₩1의 현가계수이다.

기간	₩1의 현재가치	정상연금 ₩1의 현재가치
1	0.9091	0.9091
2	0.8264	1.7355
3	0.7513	2.4868
4	0.6830	3.1698

사채발행차금상각에 유효이자율법을 사용하는 경우에 20×2년의 이자비용은 얼마인가?

① ₩253,863　② ₩260,437　③ ₩275,264　④ ₩284,601　⑤ ₩290,457

02 ㈜다인은 20×1년 1월 1일에 토지A를 ₩20,000에 취득하였다. ㈜다인은 토지를 재평가모형으로 측정한다. ㈜다인의 회계기간은 1월 1일부터 12월 31일까지이다. 다음은 토지A의 재평가금액을 나타낸 것이다.

구분	재평가금액			
일자	20×1.12.31	20×2.12.31	20×3.12.31	20×4.12.31
금액	₩22,000	₩17,000	₩21,000	₩16,000

재평가와 관련하여 20×3년과 20×4년에 당기손익으로 인식할 금액을 각각 계산하면 얼마인가?

	20×3년	20×4년
①	이익 ₩3,000	손실 ₩5,000
②	이익 ₩3,000	손실 ₩4,000
③	이익 ₩4,000	손실 ₩1,000
④	이익 ₩4,000	손실 ₩4,000
⑤	이익 ₩1,000	손실 ₩1,000

03 다음 유형자산에 대한 설명 중 한국채택국제회계기준과 일치하지 않은 것은?

① 정기적인 종합검사과정에서 발생하는 원가가 인식기준을 충족하는 경우에는 해당 유형자산의 장부금액에 포함하여 인식한다. 이 경우 유형자산을 매입하거나 건설할 때 종합검사와 관련된 원가를 분리하여 인식하지 않았다면, 직전에 이루어진 종합검사에서의 원가와 관련되어 남아 있는 장부금액을 제거하지 않는다.

② 안전 또는 환경상의 이유로 취득하는 유형자산은 그 자체로는 직접적인 미래 경제적 효익을 얻을 수 없지만, 다른 자산에서 미래 경제적 효익을 얻기 위하여 필요하기 때문에 자산으로 인식할 수 있다.

③ 인식의 단위, 즉 유형자산 항목을 구성하는 범위에 대해서는 정하지 않는다. 따라서 인식기준을 적용할 때 기업의 특수한 상황을 고려하여야 한다. 금형, 공구 및 틀 등과 같이 개별적으로 중요하지 않은 항목은 통합하여 그 전체가치에 대하여 인식기준을 적용하는 것이 적절하다.

④ 자가건설한 유형자산의 원가는 외부에서 구입한 유형자산에 적용하는 것과 같은 기준을 적용하여 결정한다.

⑤ 자가건설에 따른 내부이익과 자가건설 과정에서 원재료, 인력 및 기타 자원의 낭비로 인한 비정상적인 원가는 자산의 원가에 포함하지 않는다.

04 다음 중 한국채택국제회계기준에 따를 때 투자부동산으로 분류되지 않은 것은?

① 소유자가 직접 경영하는 호텔
② 장래 사용목적을 결정하지 못한 채로 보유하고 있는 토지
③ 직접 소유(또는 금융리스를 통해 보유)하고 운용리스로 제공하고 있는 건물
④ 장기 시세차익을 얻기 위하여 보유하고 있는 토지
⑤ 운용리스로 제공하기 위하여 보유하고 있는 미사용 건물

05 다음 무형자산에 대한 설명 중 한국채택국제회계기준과 일치하지 않은 것은?

① 무형자산의 상각방법은 자산의 경제적 효익이 소비되는 형태를 반영한 방법이어야 한다. 다만, 소비되는 형태를 신뢰성 있게 결정할 수 없는 경우에는 정액법을 사용한다.

② 무형자산의 잔존가치는 해당 자산의 장부금액과 같거나 큰 금액으로 증가할 수도 있다. 이 경우에는 자산의 잔존가치가 이후에 장부금액보다 작은 금액으로 감소될 때까지는 무형자산의 상각액은 영(0)이 된다.

③ 내용연수가 유한한 무형자산의 상각기간과 상각방법은 적어도 매 회계연도 말에 검토한다.

④ 상각은 자산이 사용가능한 때부터 시작하고, 그 자산을 더 이상 사용하지 않을 때는 상각을 중지한다.

⑤ 자산에 내재된 미래 경제적 효익이 다른 자산의 생산에 소모되는 경우, 그 자산의 상각액은 다른 자산의 원가를 구성하여 장부금액에 포함한다. 예를 들면, 제조과정에서 사용된 무형자산의 상각은 재고자산의 장부금액에 포함한다.

06 재무보고를 위한 개념체계에 대한 다음의 설명 중 틀리게 서술된 것은?

① 재고자산을 구입하고자 하는 의도 그 자체는 자산의 정의를 충족하지 못하지만, 증여 받은 재화는 자산의 정의를 충족할 수 있다.

② 미래에 특정 자산을 취득하겠다는 경영진의 의사결정 그 자체만으로는 현재의무가 발생하지 아니한다.

③ 재무상태표에 표시되는 자본의 금액은 자산과 부채 금액의 측정에 따라 결정된다.

④ 개념체계에서는 차익과 차손을 별개의 요소로 보지 아니한다.

⑤ 인식기준을 충족하는 항목은 재무상태표나 포괄손익계산서에 인식되어야 한다. 때에 따라 관련된 회계정책의 공시, 주석 또는 설명 자료만으로 그러한 항목의 인식누락을 정당화할 수 있다.

07 다음 주식기준보상에 대한 설명 중 한국채택국제회계기준과 일치하지 않은 것은?

① 종업원에게 새 지분상품을 부여하고, 그 새 지분상품을 부여한 날에 새로 부여한 지분상품이 취소한 지분상품을 대체하는 것으로 기업이 식별하는 경우에는, 대체지분상품의 부여를 원래 지분상품 부여에 대한 조건변경으로 보아 회계처리한다.

② 현금결제형 주식기준보상거래의 경우, 제공받는 재화나 용역과 그 대가로 부담하는 부채를 부채의 내재가치로 측정한다.

③ 주가차액보상권을 부여함에 따라 인식하는 부채는 부여일과 부채의 결제가 이루어질 때까지 매 보고기간말 및 결제일에 주가차액보상권의 공정가치로 측정한다.

④ 종업원 및 유사용역제공자가 아닌 자와의 주식기준보상거래에서는 기업이 거래상대방에게서 재화나 용역을 제공받는 날을 측정기준일로 한다.

⑤ 시장성과조건인 경우에는 기대가득기간의 추정치는 부여한 주식선택권의 공정가치를 추정할 때 사용되는 가정과 일관되어야 하며 후속적으로 수정하지 아니한다.

08 ㈜다빈은 퇴직급여제도로 확정급여제도(defined benefit plan)를 채택하고 있다. 다음은 확정급여제도와 관련된 ㈜다빈의 자료이다.

	20×1년 초	20×1년 말
확정급여채무의 현재가치	₩500,000	₩600,000
사외적립자산의 공정가치	300,000	360,000
20×1년 당기근무원가	120,000	
20×1년 퇴직금지급액	80,000	
20×1년 사외적립자산에 대한 기여금 납부액	100,000	

20×1년 1월 1일과 20×1년 1월 1일 확정급여채무를 할인하기 위해 사용되는 할인율은 각각 연 7%,

연 8%이다. 모든 거래는 기말에 발생하고, 퇴직금은 사외적립자산에서 지급한다. ㈜다빈의 회계기간은 1월 1일부터 12월 31일까지이다. ㈜다빈의 20×1년 순확정급여부채의 재측정요소는 얼마인가?

① 손실 ₩25,000   ② 손실 ₩19,000   ③ 손실 ₩6,000

④ 이익 ₩19,000   ⑤ 이익 ₩25,000

09 ㈜다빈의 20×1년 당기순이익은 ₩720,000이고, 20×2년 당기순이익은 ₩900,000이다. 20×1년 초 유통보통주식수는 1,000주이며, 20×2년 3월 31일까지 유통보통주식의 변동은 없었다. ㈜다빈은 20×2년 4월 1일에 보통주식 1주에 대하여 보통주식 1주를 교부하는 100% 무상증자를 실시하였다. ㈜다빈이 발행한 누적적비참가적우선주는 500주이다. 20×1년 당기순이익에 대한 배당은 없었고, 20×3년에 2월 1일에 우선주배당 ₩120,000(연체배당금 ₩60,000포함)과 보통주 배당 ₩60,000을 지급하였다. ㈜다빈이 20×2년과 20×1년을 비교식으로 포괄손익계산서를 작성하는 경우 포괄손익계산서에 표시될 20×2년과 20×1년의 주당순이익은 각각 얼마인가?

	20×2년(당기)	20×1년(전기)
①	₩420	₩330
②	₩450	₩330
③	₩390	₩360
④	₩420	₩360
⑤	₩450	₩660

10 ㈜다인은 20×1년 1월 1일 다음과 같은 조건으로 전환사채를 발행하였다.

(a) 액면금액 : ₩1,000,000   (b) 표시이자율 : 7%
(c) 일반사채 시장이자율 : 15%   (d) 보장수익률 : 12%
(e) 발행금액 : ₩1,000,000   (f) 이자지급방법 : 매연도말 후급
(g) 만기일 : 20×3년 12월 31일   (h) 만기상환금액 : 액면금액의 118.2%

현가계수는 다음과 같다.

기간	₩1의 현재가치		연금 ₩1의 현재가치	
	할인율 12%	할인율 15%	할인율 12%	할인율 15%
3	0.7118	0.6575	2.4018	2.2832

㈜다인이 20×1년 1월 1일 전환권대가로 계상할 금액은 얼마인가?

① ₩63,011   ② ₩74,978   ③ ₩92,737   ④ ₩115,808   ⑤ ₩120,074

11 재무제표 표시에 관한 한국채택국제회계기준에 대한 다음의 설명 중 틀리게 서술된 것은?

① 수익과 비용의 어느 항목도 당기손익과 기타포괄손익을 표시하는 보고서 또는 주석에 특별손익 항목으로 표시할 수 없다.
② 재분류조정은 해외사업장을 매각할 때, 채무상품인 기타포괄손익−공정가치 측정 금융자산을 제거할 때, 위험회피예상거래가 당기손익에 영향을 미칠 때 발생한다.
③ 재평가잉여금의 변동은 자산이 사용되는 후속 기간 또는 자산이 제거될 때 이익잉여금으로 대체될 수 있다.
④ 당기순손익 및 당기의 총포괄손익 중 비지배지분(non-controlling interests)과 지배기업의 소유주에 귀속되는 금액은 구분하여 포괄손익계산서에 공시한다.
⑤ 기업은 수익에서 매출원가 및 판매비와관리비(물류원가 등을 포함)를 차감한 영업이익(또는 영업손실)을 포괄손익계산서에 표시하거나, 포괄손익계산서에 표시하지 않은 경우 주석으로 공시한다.

12 ㈜다빈은 20×1년 1월 1일에 만기가 5년 후에 도래하는 회사채를 ₩927,880에 취득하였다. 이 회사채는 액면금액이 ₩1,000,000이고, 액면이자율은 10%이며, 매년말 1회 이자를 지급한다. 이 회사채의 취득 당시 유효이자율은 12%이다. ㈜다빈이 이 회사채를 취득시 신용이 손상되지 않았다. ㈜다빈은 이 회사채를 상각후원가측정금융자산으로 분류하였다. 20×1년 12월 31일에 신용위험이 유의적으로 증가하지 아니하였다가 20×2년 12월 31일에 신용위험이 유의적으로 증가하였지만, 신용이 손상된 것은 아니다. 이 회사채의 기대신용손실 측정금액은 다음과 같다.

구분	20×1년 12월 31일	20×2년 12월 31일
12개월 기대신용손실	₩15,000	₩25,000
전체기간 기대신용손실	₩20,000	₩60,000

이 회사채가 20×2년 ㈜다빈의 당기순이익에 미치는 영향은? 단, 법인세효과는 고려하지 않는다.

① ₩65,907 증가
② ₩67,707 증가
③ ₩70,907 증가
④ ₩72,707 증가
⑤ ₩102,707 증가

13 다음은 ㈜다빈의 20×2년도 현금흐름표 작성과 관련된 자료이다.

Ⅰ. 비교재무상태표

	20×2.12.31	20×1.12.31	증감
매출채권	50,000	40,000	10,000
대손충당금	(5,000)	(3,000)	(2,000)
재고자산	40,000	32,000	8,000

단기매매금융자산	20,000	27,000	(7,000)
기타포괄손익-공정가치 측정금융자산(채무상품)	40,000	25,000	(15,000)
매입채무	60,000	45,000	15,000
당기법인세부채	8,000	10,000	(2,000)
미지급이자	6,000	5,000	1,000

II. 포괄손익계산서

1. 대손상각비 : ₩3,000
2. 단기매매증권평가이익 : ₩4,000
3. 이자비용 : ₩3,000
4. 재고자산평가손실 : ₩2,000
5. 기타포괄손익-공정가치측정금융자산(채무상품)처분이익 : ₩5,000
6. 법인세비용 : ₩11,000
7. 법인세비용차감전순이익 : ₩70,000

위의 자료를 이용하여 ㈜다빈의 20×2년 영업활동순현금흐름을 계산하면 얼마인가?(단, 이자지급과 법인세납부는 영업활동으로 분류한다.)

① ₩59,000   ② ₩60,000   ③ ₩61,000
④ ₩66,000   ⑤ ₩70,000

14 A사는 20×1년 4월 24일에 창고에 화재가 발생하여 창고재고가 소실되었다. 소실된 후 재고의 처분 가치는 ₩20,000으로 추정된다. 회사의 20×1년 초 재고는 ₩50,000이고, 20×1년 초부터 4월 24일까지 매입한 재고는 ₩350,000이다. 회사의 매출총이익은 원가의 25% 수준으로 매년 안정적이다. 20×1년 초부터 4월 24일까지 매출채권 회수액과 매출할인은 각각 ₩400,000, ₩10,000이고, 20×1년 초의 매출채권잔액은 ₩120,000이며, 20×1년 4월 24일의 매출채권잔액은 ₩100,000이다. 4월 24일 현재 미착품은 ₩5,000이다. 회사가 인식할 재해손실은 얼마인가?

① ₩63,000   ② ₩68,000   ③ ₩71,000
④ ₩79,000   ⑤ ₩90,000

15 다음 재고자산에 대한 설명 중 한국채택국제회계기준과 일치하지 않은 것은?

① 표준원가법이나 소매재고법 등의 원가측정방법은 그러한 방법으로 평가한 결과가 실제 원가와 유사한 경우에 편의상 사용할 수 있다.
② 소매재고법은 이익률이 유사하고 품종변화가 심한 다품종 상품을 취급하는 유통업에서 실무적으로 다른 원가측정법을 사용할 수 없는 경우에 흔히 사용한다.

③ 재고자산을 순실현가능가치로 감액하는 저가법은 항목별로 적용한다. 그러나 경우에 따라서는 서로 유사하거나 관련있는 항목들을 통합하여 적용하는 것이 적절할 수 있다.

④ 완제품 또는 특정 산업이나 특정 지역의 영업부문에 속하는 모든 재고자산과 같은 분류에 기초하여 저가법을 적용하는 것은 적절하다.

⑤ 매 후속기간에 순실현가능가치를 재평가(new assessment)한다. 재고자산의 감액을 초래했던 상황이 해소되거나 경제상황의 변동으로 순실현가능가치가 상승한 명백한 증거가 있는 경우에는 최초의 장부금액을 초과하지 않는 범위 내에서 평가손실을 환입한다.

16 ㈜다빈(판매자─리스이용자)은 20×1년 1월 1일 ㈜대한(구매자─리스이용자)에 기계장치를 ₩2,500,000에 판매하였다. 판매와 동시에 ㈜다빈은 ㈜대한과 5년간 연간 리스료 ₩400,000씩 지급하기로 하는 기계장치 사용권 계약을 체결하였다. 거래의 조건에 따르면, 판매자─리스이용자의 건물 이전은 기업회계기준서 제1115호 '고객과의 계약에서 생기는 수익'의 수행의무 이행시기 판단에 대한 요구사항을 충족한다. 따라서 판매자─리스이용자와 구매자─리스제공자는 거래를 판매후리스로 회계처리한다. 판매 직전 기계장치의 장부금액은 ₩2,000,000이고, 공정가치는 ₩2,400,000이다. 리스의 내재이자율은 8%이고, ㈜다빈은 이를 쉽게 산정할 수 있다. ㈜대한은 기계장치 리스를 운용리스로 분류한다. 8%의 ₩1의 현가요소는 5년간은 3.9927이고, 5년후는 0.6806이다. ㈜다빈과 ㈜대한의 리스개시일의 회계처리를 옳은 것은?

① ㈜다빈은 리스개시일에 사용권자산 ₩1,277,664을 인식한다.

② ㈜다빈은 리스개시일에 금융부채 ₩1,497,080을 인식한다.

③ ㈜다빈은 리스개시일에 이전된 권리에 대한 차익 ₩150,487을 인식한다.

④ ㈜대한은 리스개시일에 금융자산 ₩68,060을 인식한다.

⑤ ㈜대한은 리스개시일에 기계장치 ₩2,500,000을 인식한다.

17 기업회계기준서 제1109호 '금융상품' 중 상각후원가측정금융자산의 후속 측정에 관한 다음 설명 중 옳지 <u>않은</u> 것은?

① 최초 발생시점이나 매입할 때 신용이 손상되어 있는 금융자산의 경우에는 최초 인식시점부터 상각후원가에 신용조정 유효이자율을 적용하여 이자수익을 계산한다.

② 금융자산 전체나 일부의 회수를 합리적으로 예상할 수 없는 경우에는 해당 금융자산의 총 장부금액을 직접 줄인다. 제각은 금융자산을 제거하는 사건으로 본다.

③ 금융자산의 계약상 현금흐름이 재협상되거나 변경되었으나 그 금융자산이 제거되지 아니하는 경우에는 해당 금융자산의 총 장부금액을 재계산하고 변경손익을 당기손익으로 인식한다.

④ 금융자산의 계약상 현금흐름이 재협상되거나 변경되었으나 그 금융자산이 제거되지 아니하는 경우, 발생한 원가나 수수료는 변경된 금융자산의 장부금액에 반영하여 해당 금융자산의 남은 존속기간에 상각한다.

⑤ 취득시 신용이 손상되어 있는 금융자산은 아니지만 후속적으로 신용이 손상된 금융자산의 경우에는 후속 보고기간에 총 장부금액에 유효이자율을 적용하여 이자수익을 계산한다.

18 ㈜다빈은 20×1년 7월 1일에 동 일자로 발행된 ㈜대한의 사채(액면금액 ₩500,000, 3년 만기, 이자는 매년말에 지급)를 ₩475,122에 취득하여 기타포괄손익−공정가치측정금융자산으로 분류하였다. 동 사채의 액면이자율은 연 8%, 유효이자율은 연 10%이다. 동 사채의 20×1년 말과 20×2년 말 이자지급 후 공정가치는 각각 ₩482,000과 ₩491,000이다. ㈜다빈이 동 사채 취득 및 보유로 인해 20×2년까지 인식할 총 포괄이익은 얼마인가? (단, 사채이자는 월수를 기준으로 계산하고, 법인세효과는 고려하지 않는다. 또한 계산금액은 소수점 첫째자리에서 반올림하며, 이 경우 단수차이로 인해 약간의 오차가 있으면 가장 근사치를 선택한다.)

① ₩15,875 ② ₩45,875 ③ ₩66,875 ④ ₩75,875 ⑤ ₩105,875

19 다음 중 기업회계기준서 제1108호 '영업부문'의 내용과 일치하지 않은 것은?

① 경영진이 재무제표이용자에게 유용한 부문정보라고 판단한다면 양적기준을 충족하지 못하는 영업부문도 별도의 보고부문으로 공시할 수 있다.
② 보고되는 영업부문들의 외부수익 합계가 기업 전체 수익의 75% 미만인 경우, 보고부문들의 외부수익 합계가 기업 전체 수익의 최소한 75%가 되도록 양적기준을 충족하지 못하는 영업부문이라도 추가로 보고부문으로 식별한다.
③ 영업부문이 양적기준에 따라 당기에 보고부문으로 새로 식별된 경우에, 비교목적으로 표시되는 전기의 부문정보는 그 부문이 전기에 보고기준을 충족하지 못하였더라도 당기의 보고부문을 반영하여 별도의 부문으로 재작성한다.
④ 보고부문별로 당기손익과 자산총액을 보고한다. 보고부문의 부채금액이 최고영업의사결정자에게 정기적으로 제공된다면 보고부문별 부채도 보고한다.
⑤ 단일 외부고객으로부터의 수익이 기업전체 수익의 10% 이상인 경우에는, 그 사실, 해당 고객별 수익금액 및 그러한 수익금액이 보고되는 부문의 명칭을 공시한다.

20 수익에 관한 설명으로 옳지 않은 것은?

① 구별되는 약속한 재화나 용역이 추가되어 계약의 범위가 확장되고, 계약가격이 추가로 약속한 재화나 용역의 개별 판매가격에 특정 계약 상황을 반영하여 적절히 조정한 대가(금액)만큼 상승한다면, 계약변경은 별도 계약으로 회계처리한다
② 고객의 지급불이행에 대비한 안전장치로서만 기업이 법적 소유권을 보유한다면, 그러한 기업의 권리가 고객이 자산을 통제하게 되는 것을 금지하게 작동한다.
③ 통제에는 다른 기업이 자산의 사용을 지시하고 그 자산에서 효익을 획득하지 못하게

하는 능력이 포함된다.

④ 고객이 기업이 수행하는 대로 기업의 수행에서 제공하는 효익을 동시에 얻고 소비한다면, 기업은 재화나 용역에 대한 통제를 기간에 걸쳐 이전하므로, 기간에 걸쳐 수행의무를 이행하는 것이고 기간에 걸쳐 수익을 인식한다.

⑤ 기업이 보통 재화나 용역을 별도로 판매한다는 사실은 '고객이 재화나 용역 그 자체에서 효익을 얻거나 쉽게 구할 수 있는 다른 자원과 함께하여 효익을 얻을 수 있다'는 증거이다.

21 다음 중단영업 및 매각예정비유동자산에 대한 설명 중 한국채택국제회계기준과 일치하는 것은?

① 매각예정으로 분류하기 위해서는 당해 자산(또는 처분자산집단)은 현재의 상태에서 통상적이고 관습적인 거래조건만으로 즉시 매각 가능하여야 하며, 매각될 가능성이 높아야 한다.

② 폐기될 비유동자산(또는 처분자산집단)도 매각예정으로 분류할 수 있다.

③ 매각예정으로 분류된 비유동자산(또는 처분자산집단)은 공정가치와 장부금액 중 작은 금액으로 측정한다.

④ 비유동자산이 매각예정으로 분류되거나 매각예정으로 분류된 처분자산집단의 일부이면 그 자산은 감가상각(또는 상각)하지 아니한다. 반면, 매각예정으로 분류된 처분자산집단의 부채와 관련된 이자와 기타 비용은 계속해서 인식한다.

⑤ 1년 이후에 매각될 것으로 예상되어도 매각부대원가는 명목가치로 측정한다.

22 다음 특수관계자공시에 대한 설명 중 한국채택국제회계기준과 일치하지 않은 것은?

① 지배기업과 최상위 지배자가 일반이용자가 이용할 수 있는 연결재무제표를 작성하지 않는 경우에는 일반이용자가 이용할 수 있는 연결재무제표를 작성하는 가장 가까운 상위의 지배기업의 명칭도 공시한다.

② 주요 경영진은 직·간접적으로 당해 기업 활동의 계획·지휘·통제에 대한 권한과 책임을 가진 자로서 모든 이사(업무집행이사 여부를 불문함)를 포함한다.

③ 연결실체 내 다른 기업들과의 특수관계자거래와 채권·채무 잔액은 기업의 재무제표에 공시한다. 하지만, 연결실체 내 기업 간 특수관계자거래와 채권·채무 잔액은 그 연결실체의 연결재무제표를 작성할 때 제거된다.

④ 유의적인 규모의 거래를 통해 단지 경제적 의존 관계만 있는 고객, 공급자 등은 특수관계자에 해당된다.

⑤ 연결실체에 속하는 기업 사이에 위험을 공유하는 확정급여제도에 지배기업이나 종속기업이 참여하는 것은 특수관계자거래에 해당한다.

23 ㈜다인은 20×1년 초 상장주식인 ㈜양천의 주식 30%(300주)를 ₩60,000에 취득하여 ㈜양천에 유의적인 영향력을 행사할 수 있게 되었다. 취득 당시 ㈜양천의 순자산의 장부금액과 공정가치는 ₩190,000으로 동일하다. ㈜양천의 20×1년에 자본이 ₩40,000만큼 증가하였다. 이러한 자본증가는 순이익 ₩30,000과 기타포괄손익－공정가치측정금융자산(채무상품)평가이익 ₩10,000에 기인한다. ㈜양천의 주식에 포함된 영업권에 대하여는 손상이 발생하지 않았다고 가정한다. ㈜다인은 20×2년 초에 ㈜양천의 주식 10%(100주)를 ₩30,000에 처분하여 지분율이 20%로 감소하였으나 ㈜양천에 대한 유의적인 영향력은 상실하지 않았다. ㈜다인이 주식처분으로 인식할 처분이익은 얼마인가?

① ₩3,000 　　　　② ₩5,000 　　　　③ ₩6,000
④ ₩7,000 　　　　⑤ ₩9,000

24 다음 연결재무제표에 대한 설명 중 한국채택국제회계기준과 일치하지 <u>않은</u> 것은?

① 피투자자에 대한 연결은 투자자가 피투자자에 대한 지배력을 획득하는 날부터 시작하며 투자자가 피투자자에 대한 지배력을 상실할 때에 중지한다.
② 투자기업의 지배기업은 자신이 투자기업이 아니라면, 종속기업인 투자기업을 통해 지배하는 기업을 포함하여 지배하는 모든 기업을 연결한다.
③ 지배기업이 종속기업에 대한 지배력을 상실한다면, 지배기업은 종전의 종속기업에 대한 잔존 투자는 지배력을 상실한 때의 공정가치로 인식하고, 그러한 투자 및 종전의 종속기업과 주고 받을 금액에 대해서는 관련 한국채택국제회계기준에 따라 후속적으로 회계처리한다.
④ 관련활동이 정부, 법원, 관재인, 채권자, 청산인 또는 감독당국의 지시 대상이 된다하더라도, 피투자자에 대한 의결권 과반수를 보유하는 투자자는 힘을 가질 수 있다.
⑤ 지배력을 평가할 때, 투자자는 자신이 힘을 갖는지 결정하기 위하여 다른 당사자가 보유한 잠재적 의결권뿐만 아니라 자신이 보유한 잠재적 의결권도 고려한다. 잠재적 의결권은 권리가 실질적일 경우에만 고려한다.

25 ㈜다빈은 20×1년 4월 1일에 에너지절약 설비취득자금에 대한 정부보조금 ₩1,000,000을 수취하였고 20×1년 10월 1일에 설비자산을 ₩3,000,000에 취득하였다. 동 설비자산의 잔존가치는 ₩300,000이고, 내용연수는 5년이다. ㈜다빈은 설비자산에 대하여 정액법으로 감가상각한다. ㈜다빈의 회계기간은 1월 1일부터 12월 31일이다. ㈜다빈은 동 설비자산을 20×4년 1월 2일에 ₩2,000,000에 처분하였다. ㈜다빈은 정부보조금을 이연수익으로 표시하였다. ㈜다빈이 20×4년 1월 2일에 계상할 유형자산처분이익은 얼마인가?

① ₩215,000 　　　　② ₩382,500 　　　　③ ₩485,000
④ ₩765,000 　　　　⑤ ₩785,000

26 다음 광물자산의 탐사와 평가에 대한 설명 중 한국채택국제회계기준과 일치하지 않은 것은?

① 탐사평가자산을 인식한 후에는 원가모형이나 공정가치모형을 적용한다.

② 광물자원의 개발과 관련된 지출은 탐사평가자산으로 인식하지 아니한다.

③ 탐사평가자산은 그 성격에 따라 유형자산이나 무형자산으로 분류하고 이 분류를 일관되게 적용한다. 즉, 탐사평가자산은 무형자산(예 : 시추권)이나 유형자산(예 : 차량운반구, 시추장비)으로 처리된다.

④ 탐사평가자산의 손상을 검사하기 위한 식별 수준은 하나 이상의 현금창출단위로 구성될 수 있다.

⑤ 탐사평가자산이 배분된 각 현금창출단위나 현금창출단위집단은 기업회계기준서 제1108호 '영업부문'에 따라 결정된 영업부문보다 클 수 없다.

27 ㈜다빈은 해외에서 상품을 수입하여 다시 수출하는 기업이다. ㈜다빈은 A상품을 기중에 $2,000에 취득(당시 환율은 ₩1,150/$)하여 12월 31일 현재 보유하고 있다. A상품의 12월 31일 현재 판매가격은 $1,900로 하락된 상태이다. ㈜다빈은 원화를 기능통화로 사용하고 있고, 회계기간은 1월 1일부터 12월 31일까지이다. 12월 31일의 환율이 ₩1,220/$이고, A상품 보유기간동안 평균환율은 ₩1,200인 경우에 재고자산 손상차손으로 인식할 금액은 얼마인가?

① ₩0　　　　　　　② ₩70,000　　　　　　③ ₩115,000

④ ₩120,000　　　　⑤ ₩122,000

28 20×2년 ㈜다인의 법인세차감전순이익은 ₩500,000이다. 다음은 20×2년 세무조정과 관련된 사항이다.

(1) 공정가치─기타포괄손익금융자산평가이익은 ₩30,000이다.

(2) 감가상각비한도초과액은 ₩50,000이다.

(3) 접대비한도초과액은 ₩10,000이다.

(4) 자기주식처분이익은 ₩40,000이다.

20×1년말 누적일시적차이는 기술개발준비금 ₩100,000뿐이다. 기술개발준비금은 20×4년부터 3년간 환입된다고 가정한다. 20×1년까지의 세율은 30%이었으나, 20×2년에 세법이 개정되어 20×2년에는 25%, 20×3년부터는 20%의 세율이 적용된다. ㈜다인가 20×2년 손익계산서에 표시할 법인세비용은 얼마인가?

① ₩100,000　　　　② ₩108,000　　　　③ ₩112,000

④ ₩120,000　　　　⑤ ₩125,000

29 ㈜다인리스는 20×1년 7월 1일에 ㈜서울과 프레스기계에 대한 운용리스계약을 체결하였다. 리스기간은 20×1년 7월 1일부터 20×6년 6월 30일까지이다. 리스료는 첫 달은 없고, 매월말 ₩12,000씩 59개월 지급된다. ㈜다인리스는 20×1년 7월 1일에 프레스기계를 ₩1,000,000에 취득하였다. 동 프레스기계는 잔존가치 ₩100,000, 내용연수 10년, 정액법으로 상각된다. ㈜다인리스는 운용리스계약단계에서 ₩6,000이 발생하였다. ㈜다인리스의 회계기간은 1월 1일부터 12월 31일까지이다. ㈜다인리스가 상기 리스와 관련하여 20×1년에 인식할 당기순이익 증가는 얼마인가?(단, 법인세효과는 고려하지 않는다.)

① ₩9,000　　② ₩14,400　　③ ₩19,800　　④ ₩25,200　　⑤ ₩25,500

30 ㈜다빈은 ㈜국제에 IFRS시스템 구축용역을 약정하였다. 용역기간은 20×1년부터 20×3년까지 3년간이다. 총용역대가는 ₩30,000이며, 추정총용역원가는 ₩24,000으로 추정된다. 용역기간의 원가는 매년 일정하게 발생한다. 용역대가는 매년 균등액을 회수하는 조건이다. 20×1년에는 동 용역제공거래의 성과를 신뢰성있게 추정있다고 판단된다. 20×2년에 ㈜국제의 재무상태가 악화되어 용역제공거래의 성과를 신뢰성있게 추정할 수 없게 되었다. ㈜다빈은 20×1년에 약정보수 ₩10,000을 회수하였고, 20×3년까지 추가로 ₩15,000을 회수할 수 있을 것으로 추정하였다. ㈜다빈이 20×2년에 인식할 용역수익과 용역손익은 각각 얼마인가?

	용역수익	용역손익
①	₩6,000	손실 ₩3,000
②	₩6,000	손실 ₩2,000
③	₩8,000	손실 ₩3,000
④	₩15,000	손익 ₩0
⑤	₩15,000	이익 ₩2,000

31 ㈜다빈테크는 디지털카메라를 생산하여 판매하는 회사이다. 다음은 디지털카메라의 판매가격 및 원가 등과 관련된 자료이다.

판매가격	₩500,000	직접재료원가	90,000
직접노무원가	80,000	변동제조간접원가	60,000
고정제조간접원가	40,000	변동판매관리비	30,000
고정판매관리비	50,000	기준조업도	2,000대
비현금지출고정비	총 고정비의 40%	법인세율	25%

손익분기점(Break Even Point)을 A라고 하고, 법인세후 현금손익분기점(Cash Break Even Point)을 B라고 할 경우 "A−B"의 값은 얼마인가?

① 200대　　② 250대　　③ 300대　　④ 350대　　⑤ 400대

32 ㈜다인은 제조부문A, B와 보조부문X, Y를 보유하고 있다. 각 보조부문의 서비스용역수수관계는 다음과 같다.

용역제공 부문	용역사용부문				
	X	Y	A	B	합계
X		50시간	20시간	30시간	100시간
Y	200kw		200kw	100kw	500kw

X, Y부문의 변동원가는 각각 ₩220,000, ₩350,000이며, 고정원가는 고려하지 않는다. 보조부문 Y에서 제공하던 용역을 외부에서 400kw를 kw당 ₩1,000에 구입하였다면 이러한 의사결정결과 증분손익은 얼마인가?

① 증분이익   ₩20,000　② 증분이익   ₩40,000　③ 증분이익   ₩60,000
④ 증분손실   ₩30,000　⑤ 증분손실   ₩50,000

33 ㈜다인정공은 잠수함을 제작하여 정부에 납품하려고 한다. 이 회사가 시제품으로 1척의 잠수함을 제작하여 정부에 기증하였는데, 잠수함 1척의 원가구성은 다음과 같다.

직접재료원가	₩80,000,000
직접노무원가	50,000,000
변동제조간접원가	30,000,000
고정제조간접원가(배부액)	20,000,000
합계	₩180,000,000

변동제조간접원가는 직접노무원가의 60%로 배부된다. 잠수함제작에 따른 직접노무원가는 90%의 학습률(learning rate)이 적용된다고 한다. 정부에 납품할 잠수함은 7척으로 예상된다. 납품할 7척의 최소납품가격은 얼마인가?(단, 직접노무시간이 학습곡선상의 누적평균시간모형을 따른다고 가정한다.)

① ₩869,760,000　②　₩946,560,000　③　₩986,760,000
④　₩994,460,000　⑤　₩1,086,960,000

34 ㈜다인의 4월의 단위당 표준원가는 다음과 같다.

변동제조간접원가(5시간×₩10)	₩50
고정제조간접원가(5시간×₩6)	₩30

표준은 10,000시간의 조업도를 기준으로 설정되었다. 4월의 목표생산량은 2,400단위였으나 실제생산량은 2,200단위였다. 실제원가와 실제작업시간은 다음과 같다.

변동제조간접원가	₩115,000
고정제조간접원가	₩70,000
실제작업시간	9,500 시간

4월의 변동제조간접원가 소비차이와 변동제조간접원가 능률차이 및 고정제조간접원가 조업도차이는 각각 얼마인가?

	소비차이	능률차이	조업도차이
①	₩20,000(불리)	₩15,000(유리)	₩6,000(유리)
②	₩20,000(불리)	₩15,000(유리)	₩9,000(유리)
③	₩20,000(유리)	₩15,000(불리)	₩9,000(유리)
④	₩15,000(유리)	₩10,000(불리)	₩6,000(유리)
⑤	₩20,000(불리)	₩20,000(유리)	₩9,000(유리)

35 ㈜다빈자동차는 중형차와 소형차를 생산 및 판매하고 있다. 회사의 5월 한달간 예산과 실제 자료는 다음과 같다.

	예산		실제	
	중형차	소형차	중형차	소형차
판매량	4,000단위	6,000단위	5,000단위	3,000단위
단위당 판매가격	₩300	₩200	₩350	₩250
단위당 변동비	100	100	100	100

매출배합차이(sales mix variance)와 매출수량차이(sales quantity variance)는 각각 얼마인가?

	매출배합차이	매출수량차이
①	₩200,000(유리)	₩320,000(불리)
②	₩200,000(불리)	₩320,000(유리)
③	₩180,000(유리)	₩280,000(불리)
④	₩500,000(불리)	₩440,000(유리)
⑤	₩100,000(유리)	₩400,000(불리)

36 다음 자료에서 이상공손원가(abnormal spoilage)를 계산하면 얼마인가?

> (1) 공정의 검사는 공정이 50% 진척되었을 때 실시된다.
> (2) 공손수량 총 800개(정상공손 500개, 이상공손 300개)발생하다.
> (3) 재료는 공정의 최종시점에 투입되고, 가공비는 공정에 비례하여 투입된다.
> (4) 완성품환산량 단위원가 : 전공정원가 ₩30, 직접재료원가 ₩50, 가공원가 ₩40

① ₩6,000   ② ₩10,500   ③ ₩15,000
④ ₩24,000   ⑤ ₩30,000

37 다음 중 활동유형과 원가의 연결이 적절하지 않은 것은?

① 단위수준활동 : 직접재료원가
② 단위수준활동 : 기계동력원가
③ 벳치수준활동 : 기계작업준비원가
④ 벳치수준활동 : 제품설계원가
⑤ 제품유지활동 : 제품개발원가

38 ㈜다빈은 X, Y의 두 제품을 생산하여 판매한다. X의 단위당 판매가격은 ₩400이고, 단위당변동비는 ₩200이다. Y의 단위당 판매가격은 ₩500이고, 단위당변동비는 ₩200이다. 이 회사가 사용가능한 재료는 380㎏ 인데, X는 단위당 2㎏, Y는 단위당 5㎏ 이 각각 소요된다. 또한, 사용가능한 기계시간은 360시간 인데, X는 단위당 3시간, Y는 단위당 4시간이 각각 소요된다. 이 회사의 최대공헌이익은 얼마인가?

① ₩26,000   ② ₩28,000   ③ ₩30,000
④ ₩32,000   ⑤ ₩36,000

39 ㈜다빈은 유휴생산능력을 이용하여 신제품을 생산하려한다. 신제품생산에는 ₩180,000의 추가적인 고정비가 발생하리라 추정되며 추정판매가격은 ₩150, 추정변동원가는 ₩60이다. ㈜다빈의 기획부에서는 신제품에 대한 수요량이 다음과 같이 확률적으로 나타나리라 예측하고 있다.

수요(수량)	확률
0~1,000	10%
1,001~2,000	20%
2,001~3,000	30%
3,001~4,000	30%
4,001 이상	10%

신제품생산과 관련하여 ㈜다빈이 이익을 실현하게될 확률은 얼마인가?

① 20%   ② 30%   ③ 40%

④ 50%   ⑤ 70%

40 스루풋원가계산(throughput costing)에 관한 다음의 설명 중 타당하지 않는 것은?

① 스루풋원가계산에서는 직접재료원가만을 변동원가로 보고 재고가능원가(inventory cost)로 간주한다.

② 스루풋원가계산에서 비용화되는 변동제조간접원가는 단위당 변동제조간접원가에 생산량을 곱한 금액이다.

③ 재고수량이 증가하면 "전부원가계산순이익 〉 변동원가계산순이익 〉 스루풋원가계산순이익"이 된다.

④ 스루풋원가계산(throughput costing)을 초변동원가계산(super-variable costing)이라고도 불리어 진다.

⑤ 변동원가계산과 스루풋원가계산간의 순이익의 차이는 "(생산량－판매량)×단위당 직접노무원가"의 식으로 계산되어진다.

国家전문자격시험 답안카드

( )년도 제( )회 ( )

성명	

교시(차수) 기재란	① ② ③
( )교시·차	

문제지 형별 기재란	④ B
( )형	

선택과목 1

선택과목 2

수험번호									
	⓪	①	②	③	④	⑤	⑥	⑦	⑧	⑨
	⓪	①	②	③	④	⑤	⑥	⑦	⑧	⑨
	⓪	①	②	③	④	⑤	⑥	⑦	⑧	⑨
	⓪	①	②	③	④	⑤	⑥	⑦	⑧	⑨
	⓪	①	②	③	④	⑤	⑥	⑦	⑧	⑨
	⓪	①	②	③	④	⑤	⑥	⑦	⑧	⑨
	⓪	①	②	③	④	⑤	⑥	⑦	⑧	⑨
	⓪	①	②	③	④	⑤	⑥	⑦	⑧	⑨

감독위원 확인	
	㊞

번호	답란	번호	답란	번호	답란	번호	답란	번호	답란	번호	답란
1	①②③④⑤	21	①②③④⑤	41	①②③④⑤	61	①②③④⑤	81	①②③④⑤	101	①②③④⑤
2	①②③④⑤	22	①②③④⑤	42	①②③④⑤	62	①②③④⑤	82	①②③④⑤	102	①②③④⑤
3	①②③④⑤	23	①②③④⑤	43	①②③④⑤	63	①②③④⑤	83	①②③④⑤	103	①②③④⑤
4	①②③④⑤	24	①②③④⑤	44	①②③④⑤	64	①②③④⑤	84	①②③④⑤	104	①②③④⑤
5	①②③④⑤	25	①②③④⑤	45	①②③④⑤	65	①②③④⑤	85	①②③④⑤	105	①②③④⑤
6	①②③④⑤	26	①②③④⑤	46	①②③④⑤	66	①②③④⑤	86	①②③④⑤	106	①②③④⑤
7	①②③④⑤	27	①②③④⑤	47	①②③④⑤	67	①②③④⑤	87	①②③④⑤	107	①②③④⑤
8	①②③④⑤	28	①②③④⑤	48	①②③④⑤	68	①②③④⑤	88	①②③④⑤	108	①②③④⑤
9	①②③④⑤	29	①②③④⑤	49	①②③④⑤	69	①②③④⑤	89	①②③④⑤	109	①②③④⑤
10	①②③④⑤	30	①②③④⑤	50	①②③④⑤	70	①②③④⑤	90	①②③④⑤	110	①②③④⑤
11	①②③④⑤	31	①②③④⑤	51	①②③④⑤	71	①②③④⑤	91	①②③④⑤	111	①②③④⑤
12	①②③④⑤	32	①②③④⑤	52	①②③④⑤	72	①②③④⑤	92	①②③④⑤	112	①②③④⑤
13	①②③④⑤	33	①②③④⑤	53	①②③④⑤	73	①②③④⑤	93	①②③④⑤	113	①②③④⑤
14	①②③④⑤	34	①②③④⑤	54	①②③④⑤	74	①②③④⑤	94	①②③④⑤	114	①②③④⑤
15	①②③④⑤	35	①②③④⑤	55	①②③④⑤	75	①②③④⑤	95	①②③④⑤	115	①②③④⑤
16	①②③④⑤	36	①②③④⑤	56	①②③④⑤	76	①②③④⑤	96	①②③④⑤	116	①②③④⑤
17	①②③④⑤	37	①②③④⑤	57	①②③④⑤	77	①②③④⑤	97	①②③④⑤	117	①②③④⑤
18	①②③④⑤	38	①②③④⑤	58	①②③④⑤	78	①②③④⑤	98	①②③④⑤	118	①②③④⑤
19	①②③④⑤	39	①②③④⑤	59	①②③④⑤	79	①②③④⑤	99	①②③④⑤	119	①②③④⑤
20	①②③④⑤	40	①②③④⑤	60	①②③④⑤	80	①②③④⑤	100	①②③④⑤	120	①②③④⑤

필적감정용 기재란	
합격의 기쁨	

번호	답란
121	①②③④⑤
122	①②③④⑤
123	①②③④⑤
124	①②③④⑤
125	①②③④⑤

절

취

선

수험자 유의사항

1. 시험 중에는 통신기기(휴대전화·소형 무전기 등) 및 전자기기(초소형 카메라 등)를 소지하거나 사용할 수 없습니다.
2. 부정행위 예방을 위해 시험문제지에도 수험번호와 성명을 반드시 기재하시기 바랍니다.
3. 시험시간이 종료되면 즉시 답안작성을 멈춰야 하며, 종료시간 이후 계속 답안을 작성하거나 감독위원의 답안카드 제출지시에 불응할 때에는 당해 시험이 무효처리 됩니다.
4. 기타 감독위원의 정당한 지시에 불응하여 타 수험자의 시험에 방해가 될 경우 퇴실조치 될 수 있습니다.

답안카드 작성 시 유의사항

1. 답안카드 기재·마킹 시에는 반드시 검정색 사인펜을 사용해야 합니다.
2. 답안카드를 잘못 작성했을 시에는 카드를 교체하거나 수정테이프를 사용하여 수정할 수 있습니다.
   그러나 수정테이프 이외의 수정액, 스티커 등은 사용 불가
   - 수정테이프 이외의 수정액, 수정스티커 등을 사용하여 발생하는 전산자동판독불가는 수험자의 귀책사유입니다.
   - 답안카드 왼쪽(성명·수험번호 등)을 제외한 '답안란' 만 수정테이프로 수정 가능
3. 성명란은 수험자 본인의 성명을 정자체로 기재합니다.
4. 해당교시수(교시)시험을 기재하고 해당 란에 마킹합니다.
5. 시험문제지 형별기재란은 시험문제지 형별을 기재하고, 우측 형별마킹란에 해당 형별을 마킹합니다.
6. 수험번호란은 숫자로 기재하고 아래 해당번호에 마킹합니다.
7. 필적감정용 기재란은 '합격의 기쁨'을 정자체로 마킹합니다.
8. 시험문제지 형별 및 수험번호 등 마킹착오로 인한 불이익은 전적으로 수험자의 귀책사유입니다.
9. 감독위원의 날인이 없는 답안카드는 무효처리 됩니다.
10. 상단과 우측의 검은색 띠(▌▌▌) 부분은 낙서를 금지합니다.

부정행위 처리규정

시험 중 다음과 같은 행위를 하는 자는 당해 시험을 무효처리하고 자격별 관련 규정에 따라 일정기간 동안 시험에 응시할 수 있는 자격을 정지합니다.

1. 시험과 관련된 대화, 답안카드 교환, 다른 수험자의 답안·문제지를 보고 답안 작성, 대리시험을 치르거나 치르게 하는 행위, 시험문제 내용과 관련된 물건을 휴대하거나 이를 주고받는 행위
2. 시험장 내외로부터 도움을 받아 답안을 작성하는 행위, 공인어학성적 및 응시자격서류를 허위기재하여 제출하는 행위
3. 통신기기(휴대전화·소형 무전기 등) 및 전자기기(초소형 카메라 등)를 휴대하거나 사용하는 행위
4. 다른 수험자와 성명 및 수험번호를 바꾸어 작성·제출하는 행위
5. 기타 부정 또는 불공정한 방법으로 시험을 치르는 행위

01 ㈜다빈은 20×1년 1월 1일 액면금액 ₩150,000, 이자율 연 6%, 3년만기의 연속상환사채를 발행하였다. 원금상환일과 금액은 다음과 같다.

20×1년 말	20×2년 말	20×3년 말
₩80,000	₩40,000	₩30,000

이자지급시기는 매년 12월 31일이다. 발행시 유효이자율은 10%이다. 할인율 10% 3기간의 현재가치표는 다음과 같다.

구분	₩1의 현가	₩1의 연금현가
1년	0.9091	0.9091
2년	0.8264	1.7355
3년	0.7513	2.4868

㈜다빈이 유효이자율법에 따라 사채를 회계처리를 하는 경우에 20×2년에 인식할 이자비용을 계산하면 얼마인가?

① ₩6,133   ② ₩6,647   ③ ₩11,246   ④ ₩13,233   ⑤ ₩14,133

02 ㈜다빈은 20×1년 5월 1일에 사채를 다음과 같은 조건으로 발행하였다.

(1) 액면금액 : ₩1,000,000
(2) 표시이자율 : 연 6% (연1회 12월 31일에 이자지급)
(3) 발행일 : 20×1년 1월 1일
(4) 만기일 : 20×3년 12월 31일

1월 1일의 시장이자율은 10%이고, 5월 1일의 시장이자율은 8%이다.
다음은 현가계산표이다.

구분	₩1의 현가(3기간)	₩1의 연금현가(3기간)
8%	0.7938	2.5771
10%	0.7513	2.4868

㈜다빈은 20×2년 7월 1일에 액면금액이 ₩400,000인 사채를 ₩410,000에 상환하였다. 사채상환손실은 얼마인가?

① ₩34,165 ② ₩23,851 ③ ₩19,165
④ ₩8,851 ⑤ ₩6,274

03 다음 유형자산에 대한 설명 중 한국채택국제회계기준과 일치하지 않은 것은?

① 교환거래에 상업적 실질(commercial substance)이 결여된 경우 교환으로 취득한 유형자산의 원가는 제공한 자산의 장부금액으로 측정한다.

② 취득한 자산이나 제공한 자산의 공정가치를 신뢰성 있게 결정할 수 있다면, 취득한 자산의 원가를 취득한 자산의 공정가치로 측정한다.

③ 유형자산의 일부를 대체할 때 발생하는 원가가 유형자산인식기준을 충족하는 경우에는 이를 해당 유형자산의 장부금액에 포함하여 인식한다. 대체되는 부분의 장부금액은 제거 규정에 따라 제거한다.

④ 정기적인 종합검사과정에서 발생하는 원가가 인식기준을 충족하는 경우에는 해당 유형자산의 장부금액에 포함하여 인식한다. 이 경우 해당 유형자산을 매입하거나 건설할 때 종합검사와 관련된 원가를 분리하여 인식하였는지 여부와 관계없이 직전에 이루어진 종합검사에서의 원가와 관련되어 남아 있는 장부금액을 제거한다.

⑤ 일상적인 수선·유지와 관련하여 발생하는 원가는 해당 유형자산의 장부금액에 포함하여 인식하지 아니한다.

04 다음 주식기준보상에 대한 설명 중 한국채택국제회계기준과 일치하지 않은 것은?

① 기업이 지분상품을 부여한 당시의 조건을 변경하는지, 부여한 지분상품을 취소하거나 중도청산하는지 여부와 관계없이 제공받는 근무용역은 최소한 지분상품의 부여일 당시의 공정가치에 따라 인식한다.

② 주식기준보상약정의 총공정가치를 증가시키거나 종업원에게 유리하게 조건변경을 하는 경우에는 추가로 조건변경의 효과를 인식한다.

③ 가득기간에 조건변경이 있는 경우, 당초 지분상품에 대해 부여일에 측정한 공정가치는 증분공정가치를 즉시 인식한다.

④ 부여한 지분상품에 대한 조건변경이 주식기준보상약정의 총공정가치를 감소시키거나 종업원에게 불리하게 이루어지는 경우에는 조건변경이 없는 것으로 보고 부여한 지분상품의 대가로 제공받는 근무용역을 계속해서 인식한다.

⑤ 조건변경으로 인해 부여한 지분상품의 수량이 감소하는 경우에는 부여한 지분상품의 일부가 취소된 것으로 보아 회계처리한다.

05 다음 무형자산에 대한 설명 중 한국채택국제회계기준과 일치하지 않은 것은?

① 자산의 내용연수를 추정하는 시점에 평가된 표준적인 성능수준을 유지하기 위하여 필요한 지출을 초과하는 계획된 미래지출에 근거하여 무형자산의 내용연수가 비한정이라는 결론을 내려서는 안 된다.

② 사건과 상황이 그러한 평가를 정당화하지 않는 경우에 비한정 내용연수를 유한 내용연수로 변경하는 것은 회계추정의 변경으로 회계처리한다.

③ 비한정 내용연수를 유한 내용연수로 재평가하는 것은 그 자산의 손상을 시사하는 하나의 징후가 된다.

④ 관련된 모든 요소(예 : 법적, 규정적, 계약적, 경쟁적, 경제적 또는 기타 요소)의 분석에 근거하여, 그 자산이 순현금유입을 창출할 것으로 기대되는 기간에 대하여 예측가능한 제한(foreseeable limit)이 없을 경우, 무형자산의 내용연수가 비한정인 것으로 본다.

⑤ 추정내용연수가 20년을 초과하는 무형자산의 회수가능액을 최소한 매 회계연도 말에 추정하여야 한다.

06 ㈜다빈은 퇴직급여제도로 확정급여제도(defined benefit plan)를 채택하고 있다. ㈜다빈의 20×1년 1월 1일 현재 사외적립자산의 공정가치는 ₩700,000이다. 20×1년 12월 31일에, 제도는 급여 ₩50,000을 지급했고 기여금 ₩80,000을 수령하였다. 20×1년 12월 31일 현재 사외적립자산의 공정가치는 ₩760,000이다. 퇴직급여채무를 할인하기 위해 사용되는 할인율은 다음과 같다.

20×1년 1월 1일 현재	20×1년 연평균	20×1년 12월 31일 현재
연 6%	연 7%	연 8%

20×1년 순확정급여부채의 재측정요소로 인식하여야 할 사외적립자산의 수익은 얼마인가?

① 이익 ₩8,000 　　② 이익 ₩12,000 　　③ 이익 ₩19,000
④ 손실 ₩12,000 　　⑤ 손실 ₩19,000

07 다음 유형자산에 대한 설명 중 한국채택국제회계기준과 일치하는 것은?

① 기업은 원가모형이나 재평가모형 중 하나를 회계정책으로 선택하여 개별 유형자산별로 동일하게 적용한다.

② 동일 분류내의 유형자산은 자산별로 선택적 재평가를 하거나 서로 다른 기준일의 평가금액으로 재평가할 수 있다.

③ 재평가는 보고기간말에 자산의 장부금액이 공정가치와 중요하게 차이가 나지 않도록 매년 수행한다.

④ 자산의 장부금액이 재평가로 인하여 감소된 경우에 그 감소액은 당기손익으로 인식한

다. 그러나 그 자산에 대한 재평가잉여금의 잔액이 있다면 그 금액을 한도로 재평가
감소액을 기타포괄손익으로 인식한다.

⑤ 자산이 폐기되거나 처분될 때에 재평가잉여금 전부를 당기손익으로 대체할 수 있다.

08 재무보고를 위한 개념체계에 대한 다음의 설명 중 틀리게 서술된 것은?

① 적립금으로 전입되는 금액은 비용이 아니라 이익잉여금의 처분에 해당한다.

② 특정 시점에서는 인식기준을 충족하지 못하는 항목이더라도 그 후에 후속 상황이나
사건의 결과에 따라 인식기준을 충족할 수도 있다.

③ 어떤 항목이 재무제표 요소에 부합하는 본질적 성격을 가지고 있으나 인식기준을 충
족하지 못하는 경우에도 해당 항목은 주석, 설명 자료 또는 부속명세서에 공시될 수
있다.

④ 자산은 미래경제적효익이 기업에 유입될 가능성이 매우 높고 해당 항목의 원가 또는
가치를 신뢰성 있게 측정할 수 있을 때 재무상태표에 인식한다.

⑤ 소송으로부터 예상되는 배상금이 자산과 수익의 정의에 부합하고 인식을 위한 확률기
준을 충족한다 하더라도 그 금액을 신뢰성 있게 측정할 수 없는 경우에는 이를 자산
이나 수익으로 인식할 수 없다. 그러나 이와 같은 배상금의 존재는 주석, 설명 자료
또는 부속명세서에 공시될 수 있다.

09 ㈜다빈은 20×1년 7월 1일에 만기 3년의 전환사채를 액면 ₩1,000,000에 발행하였다. 이자는 연
8%로 매년 12월 31일에 지급하고, 전환사채는 만기전에 언제든지 전환사채 액면 ₩2,000당 보통주
1주로 전환할 수 있다. 20×1년 12월 31일까지 전환된 전환사채는 없다. 전환사채 발행 시 전환권이
없는 유사한 일반사채에 대한 시장이자율은 10%이다. ㈜다빈의 20×1년 당기순이익은 ₩2,000,
000이고, 유통보통주식수는 4,000주이며, 법인세율은 20%이다. 20×1년 당기순이익에 대한 우선주
배당금은 ₩100,000이고, 보통주배당금은 ₩200,000이다. 아래 현가표를 이용하시오.

기간 \ 할인율	단일금액 ₩1의 현재가치		정상연금 ₩1의 현재가치	
	8%	10%	8%	10%
1	0.9259	0.9091	0.9259	0.9091
2	0.8573	0.8264	1.7833	1.7355
3	0.7938	0.7513	2.5771	2.4868

㈜다빈의 20×1년 희석주당순이익은 얼마인가?(단, 주당이익은 소수첫째자리에서 반올림한다.)

① ₩439   ② ₩443   ③ ₩456   ④ ₩458   ⑤ ₩475

10 다음 충당부채에 대한 설명 중 한국채택국제회계기준과 일치하지 않은 것은?

① 경제적효익의 유입가능성이 높은 우발자산은 보고기간말에 당해 성격에 대한 간결한 설명을 공시하고 실무적으로 적용할 수 있는 경우에는 재무적 영향의 추정금액을 공시한다.

② 우발자산을 공시할 때에는 그로부터 수익이 발생할 가능성이 있다는 오해를 주지 않도록 주의한다.

③ 다양한 제품의 보증과 관련된 충당부채는 하나의 유형으로 통합하여 표시할 수 있으나 그러한 제품 보증과 관련된 것이더라도 법적 소송 중에 있는 것은 별도의 유형으로 분리하여 표시하는 것이 적정할 것이다.

④ 우발자산은 관련 상황변화가 적절하게 재무제표에 반영될 수 있도록 지속적으로 검토한다. 상황변화로 인하여 경제적효익이 유입될 것이 거의 확실시 되는 경우라도 그러한 상황변화가 발생한 기간의 재무제표에 그 자산과 관련 이익을 인식하지 아니한다.

⑤ 우발부채는 부채로 인식하지 아니한다. 마찬가지로 우발자산은 자산으로 인식하지 아니한다.

11 ㈜다빈은 20×1년 1월 1일에 다음과 같은 자본으로 영업을 시작하였으며, 20×3년 12월 31일 현재까지 자본금변동은 없다.

구분	주당액면금액	발행주식수	비고
보통주자본금	5,000원	600주	
우선주자본금	5,000원	200주	8%우선주, 비누적적, 비참가적
우선주자본금	5,000원	400주	4%우선주, 누적적, 10%까지 부분참가적

㈜다빈은 20×4년 초에 ₩700,000의 배당을 선언하였다. ㈜다빈은 이전에 배당을 실시한 적은 없다. 보통주에 배당할 금액은 얼마인가?

① ₩246,000   ② ₩260,000   ③ ₩276,000

④ ₩304,000   ⑤ ₩332,000

12 다음은 ㈜다빈의 20×2년 자본변동 등의 내용을 요약한 것이다.

- 20×1년말 자산은 ₩600,000이고, 부채는 ₩400,000이다.
- 20×2년말 자산은 ₩800,000이고, 부채는 ₩500,000이다.
- 주당액면금액이 ₩500인 보통주 40주를 주당 ₩1,000에 발행하였다.
- 전환사채의 전환으로 자본금 ₩10,000이 증가하였다.
- 현금배당은 ₩30,000이고 주식배당은 ₩20,000이다.
- ₩10,000에 취득한 자기주식(취득연도 20×1년도)를 ₩15,000에 처분하였다.
- 장부금액이 ₩10,000인 전환우선주가 보통주식으로 전환되었다.

상기 자료를 이용하여 ㈜다빈의 20×2년 당기순이익은 얼마인가?(단, 법인세효과는 고려하지 않는다.)

① ₩55,000   ② ₩60,000   ③ ₩65,000

④ ₩80,000   ⑤ ₩85,000

13 재무제표 표시에 관한 한국채택국제회계기준에 대한 다음의 설명 중 틀리게 서술된 것은?

① 매입채무 그리고 종업원 및 그 밖의 영업원가에 대한 미지급비용은 보고기간 후 12개월 후에 결제일이 도래한다면 비유동부채로 분류한다.

② 전체 재무제표(비교정보를 포함)는 적어도 1년마다 작성한다. 실무적 이유로 어떤 기업이 52주의 보고기간(a 52-week period)을 선호한다면, 이 기준서는 이러한 보고관행을 금지하지 않는다.

③ 기업이 기존의 대출계약조건에 따라 보고기간 후 적어도 12개월 이상 부채를 차환하거나 연장할 것으로 기대하고 있고, 그런 재량권이 있다면, 보고기간 후 12개월 이내에 만기가 도래한다 하더라도 비유동부채로 분류한다.

④ 현금이나 현금성자산으로서, 교환이나 부채 상환 목적으로의 사용에 대한 제한 기간이 보고기간 후 12개월 이상이 아니면 유동자산으로 분류한다.

⑤ 보고기간 후 12개월 이상 부채의 결제를 연기할 수 있는 무조건의 권리를 가지고 있지 않다면 유동부채로 분류한다.

14 ㈜다빈은 20×1년 1월 1일 사채(표시이자율 6%)를 취득하였다. 취득당시 사채의 시장이자율은 10%이었는데, 20×1년 12월 31일의 사채의 시장이자율은 12%로 상승하였다. 회사는 위 사채를 A. 당기손익－공정가치측정금융자산, B. 기타포괄손익－공정가치측정금융자산 및 C. 상각후원가측정금융자산으로 분류하려고 한다. 다음 중 분류에 따른 재무상태표에 표시되는 금융자산의 크기가 적절한 것은?

① C ＝ B ＞ A   ② C ＞ B ＝ A   ③ A ＝ B ＞ C

④ B ＞ C ＝ A   ⑤ C ＞ B ＞ A

15 ㈜다인은 20×1년 1월 1일에 만기가 4년 후에 도래하는 회사채를 ₩873,194에 취득하였다. 이 회사채는 액면금액이 ₩1,000,000이고, 액면이자율은 6%이며, 매년말 1회 이자를 지급한다. 이 회사채의 취득 당시 유효이자율은 10%이며 ㈜다인은 이 회사채를 상각후원가측정금융자산으로 분류하였다. ㈜다인은 20×2년 12월 31일에 이 회사채를 관리하는 사업모형을 변경하여 이 회사채를 상각후원가측정금융자산에서 기타포괄손익－공정가치측정금융자산으로 재분류하였다. 20×2년 12월 31일과 20×3년 12월 31일의 시장이자율은 각각 9%와 11%이다. 20×2년 12월 31일과 20×3년 12월 31일의 이 회사채의 공정가치는 ₩947,227과 ₩954,955이다. ㈜다인이 20×2년과 20×3년에 인식할 당기손익은 각각 얼마인가?

	20×2년	20×3년
①	₩90,051	₩94,723
②	88,230	94,723
③	75,088	94,723
④	75,088	93,056
⑤	90,051	93,056

16 다음은 ㈜다빈의 20×2년도 현금흐름표 작성과 관련된 자료이다.

Ⅰ. 비교재무상태표

	20×2.12.31	20×1.12.31	증감
매출채권	50,000	40,000	10,000
대손충당금	(5,000)	(3,000)	(2,000)
재고자산	40,000	32,000	8,000
당기손익-공정가치측정금융자산	20,000	27,000	(7,000)
기타포괄손익-공정가치측정금융자산(채무상품)	40,000	25,000	(15,000)
매입채무	60,000	45,000	15,000
당기법인세부채	8,000	10,000	(2,000)
미지급이자	6,000	5,000	1,000

Ⅱ. 포괄손익계산서

1. 대손상각비 : ₩3,000
2. 당기손익-공정가치측정증권평가이익 : ₩4,000
3. 이자비용 : ₩3,000
4. 재고자산평가손실 : ₩2,000
5. 기타포괄손익-공정가치측정금융자산(채무상품)처분이익 : ₩5,000
6. 법인세비용 : ₩11,000
7. 법인세비용차감전순이익 : ₩70,000

위의 자료를 이용하여 ㈜다빈의 20×2년 영업창출 현금흐름(영업활동순현금흐름이 아님)을 계산하면 얼마인가?(단, 이자지급과 법인세납부는 영업활동으로 분류한다.)

① ₩64,000   ② ₩68,000   ③ ₩69,000
④ ₩71,000   ⑤ ₩74,000

17 다음 자료를 이용하여 ㈜다인이 손익계산서에 표시할 매출원가를 계산하면 얼마인가? 단, 재고자산 평가손실과 정상감모손실은 매출원가에 가산하고 비정상감모손실은 영업외비용으로 처리된다.

기초 재고자산	30,000
당기 매입액	200,000
수정전 시산표상 장부상 기말재고원가(500개×₩70)	35,000
기말재고의 단위당 순실현가능가치	60
기말재고 실사수량(감모수량 중 20개는 원가성 있다)	470

① ₩190,300   ② ₩195,000   ③ ₩200,400
④ ₩201,100   ⑤ ₩201,790

18 다음 재고자산에 대한 설명 중 한국채택국제회계기준과 일치하지 않은 것은?

① 통상적으로 상호교환 가능한 대량의 재고자산 항목에 개별법을 적용하는 것은 적절하지 아니하다.
② 개별법이 적용되지 않는 재고자산의 단위원가는 선입선출법이나 가중평균법을 사용하여 결정한다.
③ 성격과 용도 면에서 유사한 재고자산에는 동일한 단위원가 결정방법을 적용하여야 하며, 성격이나 용도 면에서 차이가 있는 재고자산에는 서로 다른 단위원가 결정방법을 적용할 수 있다.
④ 선입선출법은 먼저 매입 또는 생산된 재고자산이 먼저 판매되고 결과적으로 기말에 재고로 남아 있는 항목은 가장 최근에 매입 또는 생산된 항목이라고 가정하는 방법이다.
⑤ 재고자산의 지역별 위치나 과세방식이 다르다는 이유만으로 동일한 재고자산에 다른 단위원가 결정방법을 적용하는 것이 정당화될 수 있다.

19 ㈜다인의 20×1년 재고자산 매입 및 매출 내역은 다음과 같다.

연도	일자	적요	수량	단가
20×1년	1/1	기초	400개	₩50
	3/1	매입	600개	₩60
	5/1	매출	500개	₩100
	7/1	매입	500개	₩70
	10/1	매출	700개	₩120

㈜다인이 이동평균법에 의하여 단가를 산정하는 경우에 20×1년 매출총이익은 얼마인가?

① ₩61,900   ② ₩62,100   ③ ₩62,400   ④ ₩62,700   ⑤ ₩63,200

20 ㈜다인은 20×1년 1월 1일에 액면금액이 ₩1,000,000인 전환사채를 액면발행하였다. 동 사채의 이자율은 6%이며 매년말에 지급되고 만기일은 20×3년 12월 31일이다. 전환청구는 만기까지 가능하며, 사채 액면 ₩1,000당 보통주 1주(주당액면금액 : ₩500)로 전환할 수 있다. 발행 당시 전환권이 없는 일반사채의 시장이자율은 10%이다.

〈현가계수자료〉

기간	₩1의 현재가치		연금 ₩1의 현재가치	
	할인율 10%	할인율 12%	할인율 10%	할인율 12%
1	0.9091	0.8929	0.9091	0.8929
2	0.8264	0.7972	1.7355	1.6901
3	0.7513	0.7118	2.4868	2.4018

20×2년 1월 1일에 ㈜다인은 전환사채 액면금액 ₩500,000을 공정가치인 ₩550,000로 재매입하였다. ㈜다인이 20×2년 1월 1일에 2년 만기 전환권이 없는 사채를 발행한다면 12%로 유효이자율이 결정된다. 한국채택국제회계기준에 따라 처리하는 경우에 전환권매입손실은 얼마인가?

① ₩40,154 ② ₩50,951 ③ ₩52,296

④ ₩62,879 ⑤ ₩77,526

21 12월말 결산법인인 ㈜다빈은 20×1년 7월 1일 본사 건물 신축을 시작하여 20×2년 9월 30일에 공사가 완료되었으며, 다음과 같은 공사비 지출이 있었다.

20×1년	7월 1일	₩1,000,000
20×2년	4월 1일	₩1,000,000

본사 건물 신축을 위해서 직접 차입한 자금은 없었으며, 20×1년도와 20×2년도 차입금 현황은 다음과 같다.

구분	20×1년	20×2년
연평균차입금	₩2,000,000	₩3,000,000
이자비용	₩120,000	₩210,000

㈜다빈이 20×2년에 자본화하여할 차입원가는 얼마인가? (단, 단, 20×1년도에 자본화한 차입원가는 20×2년도 지출액 계산에 포함하고, 기간은 월할로 계산한다.)

① ₩61,250 ② ₩71,575 ③ ₩87,500

④ ₩98,075 ⑤ ₩120,925

22 ㈜다인축산은 20×1년 12월 31일에 2년생 한우 30마리를 키우고 있다. 20×1년 1월 1일에 송아지 10마리가 태어났고, ㈜다인축산은 20×1년 1월 1일에 송아지 10마리를 마리당 순공정가치인 ₩300,000에 샀다. 20×1년 12월 31일에 송아지 10마리가 태어났다. 20×1년에 ㈜다인축산이 처분한 소는 없다. 다음은 소 한 마리당 순공정가치를 나타낸 것이다.

	20×1년 12월 31일	20×2년 12월 31일
갓 태어난 송아지	₩300,000	₩340,000
1년생 한우	600,000	650,000
2년생 한우	800,000	870,000
3년생 한우	1,100,000	1,200,000

㈜다인축산이 20×2년에 인식할 당기순이익은 얼마인가?(단, 법인세효과는 고려하지 않는다.)

① ₩13,400,000   ② ₩16,400,000   ③ ₩19,400,000
④ ₩25,400,000   ⑤ ₩28,400,000

23 ㈜다빈의 20×1년 발생한 거래는 다음과 같다.

- ㈜다빈은 2월 1일에 ㈜한성에 제품을 판매하고 그 대가로 차량운반구와 현금 ₩5,000을 수취하였다. 판매한 제품의 공정가치는 ₩85,000이며, 대가로 받은 건물의 공정가치는 ₩82,000이다. 판매한 재품의 원가는 ₩60,000이다.
- ㈜다빈은 4월 1일에 ㈜종로에 제품을 판매하고 ₩30,000을 수취하였다. 이 판매는 ㈜다빈이 1년 후에 ㈜종로로부터 ₩32,000에 재매입하는 조건이다.
- ㈜다빈은 12월 1일에 수탁업자 ㈜광화문에게 원가가 ₩50,000인 제품을 적송하였다. ㈜광화문은 12월에 수탁받은 제품의 40%을 ₩30,000에 판매하였다. 위탁판매수수료는 판매금액의 20%이다.

위 거래가 ㈜다빈의 20×1년 당기순이익에 미치는 영향은 얼마인가? (단, 법인세효과는 고려하지 않는다.)

① ₩24,500   ② ₩27,500   ③ ₩29,500
④ ₩31,000   ⑤ ₩33,000

24 ㈜다빈건설은 20×1년 초 도급금액이 ₩700,000인 건설계약을 수주하였다. 20×1부터 20×2년까지 건설계약의 결과를 신뢰성 있게 추정할 수 없었다. 20×1년과 20×2년에 발생한 계약원가는 각각 ₩100,000과 ₩140,000이고, 20×1년과 20×2년에 발생원가의 누적회수가능액은 각각 ₩80,000과 ₩230,000이다. 20×3년에 와서 건설계약의 결과를 신뢰성 있데 추정할 수 있게 되었다. 20×3년 발생한 원가는 ₩200,000이고, 20×3년 후에 발생할 추정계약원가는 ₩110,000이다. 한국채택국제회계기준에 의할 때 20×3년 계약이익은 얼마인가?

① ₩100,000   ② ₩110,000   ③ ₩120,000   ④ ₩130,000   ⑤ ₩140,000

25 다음 보고기간후사건에 대한 설명 중 한국채택국제회계기준과 일치하지 않은 것은?

① 재무제표 발행승인일 후에 발생한 사건의 영향은 재무제표에 반영하지 않는다.

② 보고기간 후에 영업성과와 재무상태가 악화된다는 사실은 계속기업가정이 여전히 적절한가를 고려할 필요가 있다는 것을 나타낼 수 있다. 만약 계속기업의 가정이 더 이상 적절하지 않다면 그 효과가 광범위하게 미치므로, 원래의 회계처리방법 내에서 이미 인식한 금액을 조정해야 한다.

③ 수정을 요하지 않는 보고기간후사건으로서, 보고기간후에 발생한 무상증자, 주식분할, 주식병합 관련 거래는 일반적으로 공시대상이 아니다.

④ 보고기간 후에 지분상품 보유자에 대해 배당을 선언한 경우, 그 배당금을 보고기간말의 부채로 인식하지 아니한다.

⑤ 수정을 요하지 않는 보고기간후사건의 예로는 보고기간말과 재무제표 발행승인일 사이에 투자자산의 시장가치 하락을 들 수 있다.

26 ㈜갑을은 20×3년 당기순이익 ₩1,000,000을 담당공인회계사에게 보고하였다. 담당공인회계사는 ㈜갑을이 제시한 재무제표를 감사한 결과 다음과 같은 오류를 발견하고 오류수정을 권고하였고 회사는 이러한 권고를 받아들여 재무제표를 수정하였다. 다음은 담당공인회계사가 발견한 오류사항(모두 중요한 오류에 해당한다)이다.

> (1) 20×1년 기말재고는 ₩20,000과대계상되었고, 20×2년 기말재고는 ₩30,000과대계상되었다.
> (2) 20×2년 1월 1일에 납부한 2년치 보험료 ₩40,000을 20×2년에 전액 비용처리하였다.
> (3) 20×2년 토지에 대한 취득세 ₩20,000을 수선비로 처리하였다.
> (4) 20×2년에 비품에 대한 감가상각비를 ₩10,000을 과소계상하였는데, 이 비품을 20×3년 1월 1일에 처분하였다.
> (5) 20×2년에 대손충당금을 ₩20,000과소계상하였고, 20×3년에 ₩10,000과소계상하였다.

㈜갑을의 20×3년의 오류수정후 당기순이익은 얼마인가?(단, 법인세효과는 고려하지 않는다.)

① ₩970,000 ② ₩990,000 ③ ₩1,010,000 ④ ₩1,030,000 ⑤ ₩1,050,000

27 ㈜다빈은 20×1년 1월 1일에 만기가 3년 후에 도래하는 회사채를 ₩951,980에 취득하였다. 이 회사채는 액면금액이 ₩1,000,000이고, 액면이자율은 10%이며, 매년말 1회 이자를 지급한다. 이 회사채의 취득 당시 유효이자율은 12%이다. ㈜다빈이 이 회사채를 취득시 신용이 손상되지 않았다. ㈜다빈은 이 회사채를 상각후원가측정금융자산으로 분류하였다. 20×1년 12월 31일에 현재 최초 인식 후 신용이 손상되었다. 20×1년 12월 31일에 현재 이 회사채의 기대신용손실 측정금액은 다음과 같다.

(가) 12개월 기대신용손실 : ₩20,000

(나) 전체기간 기대신용손실 : ₩30,000

㈜다빈이 20×1년 12월 31일에 인식할 손실충당금과 20×2년에 인식할 이자수익은 각각 얼마인가?

	손실충당금	이자수익
①	₩20,000	₩113,546
②	₩20,000	₩115,946
③	₩30,000	₩112,346
④	₩30,000	₩113,546
⑤	₩30,000	₩115,946

28 12월 결산법인인 ㈜다빈의 20×1년과 20×2년 세무조정사항은 다음과 같다.

〈20×1년〉

(1) 감가상각비한도초과액 : ₩4,000   (2) 접대비한도초과액 : ₩1,000

〈20×2년〉

(1) 감가상각비한도초과액 : ₩3,000   (2) 접대비한도초과액 : ₩2,000

(3) 토지재평가차익 : ₩2,000

20×1년의 법인세율은 25%이고, 20×2년 말에 세법이 개정되어 20×3년부터의 법인세율은 20%이다. 모든 차감할 일시적차이는 이연법인세자산인식조건을 충족한다. ㈜다빈의 20×2년 법인세비용차감전순이익이 ₩20,000인 경우 20×2년의 법인세비용을 계산하면 얼마인가?

① ₩4,600   ② ₩4,750   ③ ₩4,850

④ ₩5,850   ⑤ ₩6,650

29 기업회계기준서 제1116호 '리스'에 관한 설명 중 옳지 않은 것은?

① 리스는 리스약정일에 분류하며 리스변경이 있는 경우에만 분류를 다시 판단한다. 추정의 변경이나 상황의 변화는 회계 목적상 리스를 새로 분류하는 원인이 되지 않는다.

② 리스제공자는 리스개시일에 금융리스에 따라 보유하는 자산을 재무상태표에 인식하고 그 자산을 리스순투자와 동일한 금액의 수취채권으로 표시한다.

③ 리스기간 종료시점에 기초자산의 소유권을 그 시점의 공정가치에 해당하는 변동 지급액으로 이전하는 경우 해당 리스를 리스제공자는 금융리스로 분류하지 않는다.

④ 전대리스 의 경우에 전대리스의 내재이자율을 쉽게 산정할 수 없다면, 중간리스제공자는 전대리스의 순투자를 측정하기 위하여 상위리스(head lease)에 사용된 할인율(전대리스에 관련되는 리스개설직접원가를 조정함)을 사용할 수 있다.

⑤ 리스제공자는 운용리스의 변경을 변경 유효일부터 새로운 리스로 회계처리한다. 이 경우에 변경 전 리스에 관련하여 선수하였거나 발생한(미수) 리스료를 새로운 리스의 리스료와 구분하여 별개의 금융자산 또는 금융부채로 처리한다.

30 ㈜다인은 20×1년 1월 1일에 ㈜강서를 사업결합하였다. 사업결합당시의 ㈜강서의 자산의 장부금액은 ₩900,000(인식기준을 충족하는 무형자산이 ₩10,000이 포함되어 있지 않다.)이고, 부채의 장부금액은 ₩500,000이다. 매수당시 ㈜강서의 자산의 공정가치는 ₩1,300,000이다. ㈜다인은 이전대가로 ㈜강서의 2주(액면금액 ₩5,000, 시가 ₩8,000)에 대하여 신주 1주(액면금액 ₩5,000, 시가 ₩20,000)를 발행하여 50주를 교부하고, ㈜강서의 1주에 대하여 현금 ₩1,000을 지급하였다. 사업결합과 관련하여 회계사자문료 ₩30,000을 지급하였고, 신주발행비 ₩10,000이 발생하였다. 사업결합으로 ㈜다인이 인식할 영업권은 얼마인가?

① ₩290,000   ② ₩300,000   ③ ₩310,000

④ ₩320,000   ⑤ ₩330,000

31 다빈자동차㈜는 스포츠카를 제조 및 판매하는 회사이다. 다음은 판매가격 및 원가관련 자료이다.

판매가격	₩2,000,000
단위당 변동원가	₩1,200,000
고정원가	₩500,000,000

다빈자동차㈜의 마케팅담당자에 따르면 스포츠카의 판매에 대한 확률분포는 500대에서 1,000사이에서 균등확률분포(uniform distribution)를 이룰 것이라고 한다. 다빈자동차㈜가 이익을 달성할 확률은 얼마인가?

① 35%   ② 37.5%   ③ 40%   ④ 62.5%   ⑤ 75%

32 ㈜다빈은 1,000단위 생산에 대한 직접제조비예산을 다음과 같이 수립하였다.

직접재료원가	₩5,000,000
직접노무원가	₩8,000,000

한편, 제조간접원가는 회귀분석 결과 "$Y = 1,000,000 + 2,000X$"과 같은 식을 얻었는데 Y는 제조간접원가를, X는 직접노동시간을 의미한다. 제품 1단위에 2시간의 직접노동시간이 투입된다. 판매단가가 ₩20,000이라면 제품 1단위의 예상공헌이익은 얼마인가?

① ₩1,000   ② ₩2,000   ③ ₩3,000   ④ ₩4,000   ⑤ ₩5,000

33 표준원가계산에 의하여 원가계산을 하였더니 제조간접원가 대변잔액이 ₩100,000이 발생하였다. 이러한 차이를 조정하는 방법 중 당기순이익을 가장 크게 하는 방법은?

① 매출원가조정법   ② 영업외손익법

③ 재고자산과 매출원가 배분법   ④ ①과 ②

⑤ 모두 동일함

34 ㈜다빈은 원재료A와 원재료B를 투입하여 제품K를 생산하고 있다. 제품K 10kg을 생산하는데 원재료 표준투입량과 표준단가는 다음과 같다.

원재료	표준투입량	표준kg당가격	표준원가
A	8kg	₩200	₩16,000
B	4kg	500	20,000
계	12kg		₩36,000

㈜다빈이 4월 한달 동안에 540kg의 제품K를 생산하였는데, 실제원재료투입량과 원재료구입단가는 다음과 같으며, 원재료의 4월초 재고와 4월말 재고는 없었다.

원재료	실제투입량	실제kg당가격	실제원가
A	460kg	₩210	₩96,600
B	200kg	480	96,000
계	660kg		₩192,600

재료수량차이를 재료배합차이(material mix variance)와 재료수율차이(material yield variance)로 구분할 때, 4월의 재료배합차이는 얼마인가?

① 불리한 차이 ₩6,000   ② 불리한 차이 ₩6,400

③ 유리한 차이 ₩6,000   ④ 유리한 차이 ₩6,400

⑤ 유리한 차이 ₩3,200

35 ㈜다빈정공는 ₩80,000인 에너지절약설비를 구입하면 매년 6년간 연간 ₩18,000의 현금운영비지출이 감소될 것으로 추정하고 있다. 동 설비는 언제든지 자유롭게 처분될 수 있다. 동 설비의 연도별 처분가액은 다음과 같다.

연도	1차	2차	3차	4차	5차	6차
처분가액	55,000	44,000	35,000	28,000	20,000	0

회사의 자본비용은 8%이다. 6기간에 대한 현가계수는 다음과 같다.

구분	단순현가계수	연금현가계수
6기간, 10%	0.5645	4.3553
6기간, 8%	0.6302	4.6229

회사는 설비를 6년간 잔존가치없이 정액법으로 감가상각한다. 법인세는 없는 것으로 가정하고 다음의 내용 중 틀린 것은?

① 평균투자액기준 회계적이익률(accounting rate of return)은 11.67%이다.

② 회수기간(payback period)은 4.44년이다.

③ 순현재가치(net present value)는 ₩3,212.2이다.

④ 긴급회수기간(bail-out payback period)은 3년이다.

⑤ 내부수익률(internal rate of return)은 8%와 10% 사이에 존재한다.

36 경제적 부가가치(Economic Value Added)에 대한 설명으로 적절하지 않은 것은?

① 투자수익률과 같은 전통적인 기업평가지표는 채권자 및 경영자의 입장을 반영한 반면에, 경제적 부가가치는 상대적으로 주주 입장에서의 기업평가지표이다.

② 수익성 위주의 전통적인 기업평가지표와 달리 경제적 부가가치는 손익계산서뿐만 아니라 대차대조표까지 연결시켜 기업을 포괄적으로 평가하는 지표이다.

③ 경제적 부가가치는 발생주의에 의한 회계상의 이익을 현금주의에 기초하여 재계산한다.

④ 경제적 부가가치가 지닌 장점중의 하나는 분석자의 주관적이 판단이 배제된다는 것이다.

⑤ 경제적 부가가치는 자본비용의 효율성을 측정하는 특징을 지닌다.

37 다음은 연산품 및 부산물의 회계처리에 관한 설명이다. 옳지 않은 것은 어느 것인가?

① 순실현가치법은 제품판매전에 이익을 인식하는 비난을 받기 쉽다.

② 결합원가의 배분기법은 제품을 판매할 것인가 또는 더 가공할 것인가에 관한 관리적 의사결정에 사용되어서는 안 된다.

③ 물량적기준에 의한 배분은 개별제품의 수익창출능력을 무시한다.

④ 결합원가의 배분은 제품배합의 결정에도 유용성을 갖는 경우가 있다.

⑤ 순실현가치법은 모든 이윤은 결합공정에 귀속될 수 있다는 암시적 가정을 내리고 있다.

38 ㈜다빈은 제품생산에 필요한 부품K를 생산한다. 1,000단위 생산과 관련된 원가자료는 다음과 같다.

	총원가
직접재료원가	₩320,000
직접노무원가	560,000
변동제조간접원가	380,000
고정제조간접원가	400,000
	₩1,660,000

㈜서정이 부품K를 단위당 ₩1,600에 1,000단위를 공급하겠다는 제안을 하였다. 만약 ㈜다빈이 외부에서 구입하는 경우에는 공장시설을 매년 ₩80,000에 임대할 수 있으며, 단위당 고정제조간접원가 ₩300은 회피가 가능해진다. 위 제안을 수락하는 경우에 손익에 미치는 영향은?

① ₩40,000 이익증가 ② ₩60,000 이익증가 ③ ₩140,000 이익증가
④ ₩20,000 이익감소 ⑤ ₩60,000 이익감소

39 김씨는 잠실운동장에서 김밥을 판매하고 있다. 다음은 지난 300일간의 김밥판매자료이다.

100개판매	200판매	300개판매	계
90일	150일	60일	300일

김밥의 단위당 구입가격은 ₩1,800이고, 단위당 판매가격은 ₩3,000이다. 만일 판매하지 못한 김밥은 고아원에 무료로 제공된다. 김밥판매수량에 대한 완전한 정보가 있다면 이러한 완전정보의 가치를 계산하면 얼마인가?

① ₩78,000 ② ₩86,000 ③ ₩92,000
④ ₩150,000 ⑤ ₩228,000

40 품질원가(cost of quality)는 예방원가, 평가원가, 내부실패원가 및 외부실패원가로 구성된다. 다음중 원가의 연결이 적절하지 않은 것은?

① 평가원가 : 서비스 측정비용 ② 외부실패원가 : 클레임비용
③ 내부실패원가 : 재작업원가 ④ 예방원가 : 교육훈련비용
⑤ 평가원가 : 원 · 부자재 공급사 평가비용

절 취 선

)국가전문자격시험 답안카드

( )년도 제( )회

성명	
교시(차수) 기재란	( )교시 차
문제지 형별 기재란	( )형

선택과목 1

선택과목 2

회

수험번호

감독위원 확인

(인)

수험자 유의사항

1. 시험 중에는 통신기기(휴대전화·소형 무전기 등) 및 전자기기(초소형 카메라 등)를 소지하거나 사용할 수 없습니다.
2. 부정행위 예방을 위해 시험문제지에도 수험번호와 성명을 반드시 기재하시기 바랍니다.
3. 시험시간이 종료되면 즉시 답안작성을 멈춰야 하며, 종료시간 이후 계속 답안을 작성하거나 감독위원의 답안카드 제출지시에 불응할 때에는 당해 시험이 무효처리 됩니다.
4. 기타 감독위원의 정당한 지시에 불응하여 타 수험자의 시험에 방해가 될 경우 퇴실조치 될 수 있습니다.

답안카드 작성 시 유의사항

1. 답안카드 기재·마킹 시에는 반드시 검정색 사인펜을 사용하여야 합니다.
2. 답안카드를 잘못 작성했을 시에는 카드를 교체하거나 수정테이프를 사용하여 수정할 수 있습니다.
   그러나 불완전한 수정처리로 인해 발생하는 전산자동판독불가 등 불이익은 수험자의 귀책사유입니다.
   - 수정테이프 이외의 수정액, 스티커 등은 사용 불가
   - 답안카드 왼쪽(성명·수험번호 등)을 제외한 '답안란'만 수정테이프로 수정 가능
3. 성명란은 수험자 본인의 성명을 정자체로 기재합니다.
4. 해당차수(교시)시험을 기재하고 해당 란에 마킹합니다.
5. 시험문제지 형별기재란은 시험문제지 형별을 기재하고, 우측 형별마킹란에 해당 형별을 마킹합니다.
6. 수험번호란은 숫자로 기재하고 아래 해당번호에 마킹합니다.
7. 필적감정용 기재란은 '합격의 기쁨' 문구를 정자체로 기재합니다.
8. 시험문제지 형별 및 수험번호 등 마킹착오로 인한 불이익은 전적으로 수험자의 귀책사유입니다.
9. 감독위원의 날인이 없는 답안카드는 무효처리 됩니다.
10. 상단과 우측의 검은색 띠(▮▮▮) 부분은 낙서를 금지합니다.

부정행위 처리규정

시험 중 다음과 같은 행위를 하는 자는 당해 시험을 무효처리하고 자격별 관련 규정에 따라 일정기간 동안 시험에 응시할 수 있는 자격을 정지합니다.

1. 시험과 관련된 대화, 답안카드 교환, 다른 수험자의 답안·문제지를 보고 답안 작성, 문제내용을 보고 답안작성 하는 행위, 시험문제 내용과 관련된 물건을 휴대하거나 이를 주고받는 행위
2. 시험장 내외로부터 도움을 받아 답안을 작성하는 행위, 공인어학성적 및 응시자격서류를 허위기재하여 제출하는 행위
3. 통신기기(휴대전화·소형 무전기 등) 및 전자기기(초소형 카메라 등)를 휴대하거나 사용하는 행위
4. 다른 수험자와 성명 및 수험번호를 바꾸어 작성·제출하는 행위
5. 기타 부정한 또는 불공정한 방법으로 시험을 치르는 행위

01 회계기간이 1월 1일부터 12월 31일까지인 ㈜다빈은 20×1년 1월 1일 내용연수가 10년, 잔존가치가 0인 기계장치를 취득하여 정액법으로 감가상각을 하고 있다. 20×2년 12월 31일 동 기계장치의 회수가능액이 감소하여 손상차손 ₩200,000을 인식하였다. 20×5년 12월 31일에 회수가능액이 상승하여 손상차손환입을 인식해야 하는 상황이다. 다만, 20×5년 12월 31일의 회수가능액은 처음부터 손상차손을 인식하지 않았을 경우의 장부금액을 초과한다. ㈜다빈이 20×5년 말에 인식할 손상차손환입은 얼마인가?

① ₩100,000 ② ₩125,000 ③ ₩150,000
④ ₩160,000 ⑤ ₩175,000

02 ㈜다인은 20×1년 1월 1일 액면금액 ₩3,000,000, 이자율 8%, 매년말 이자지급조건의 연속상환사채를 발행하였다. 20×1년부터 3년에 걸쳐 매년말에 ₩1,000,000씩 상환되며, 사채발행시의 유효이자율은 10%이다. ㈜다인의 회계기간은 1월 1일부터 12월 31일까지이다. 다음은 할인율 10%에 의한 ₩1의 현가계수이다.

기간	₩1의 현재가치	정상연금 ₩1의 현재가치
1	0.9091	0.9091
2	0.8264	1.7355
3	0.7513	2.4868

㈜다인이 사채발행차금상각에 유효이자율법을 사용하는 경우에 20×2년의 이자비용은 얼마인가?

① ₩183,581 ② ₩194,704 ③ ₩210,704
④ ₩289,541 ⑤ ₩296,522

03 다음 투자부동산에 대한 설명 중 한국채택국제회계기준과 일치하지 않은 것은?

① 펀드의 투자부동산 중 일부는 원가모형으로 일부는 공정가치모형으로 평가할 수 있다.
② 지배기업 또는 다른 종속기업에게 부동산을 리스하는 경우, 이러한 부동산은 연결재무제표에 투자부동산으로 분류할 수 없다.

③ 투자부동산은 최초 인식시점에 원가로 측정한다. 거래원가는 최초 측정에 포함한다.

④ 부동산 중 일부분은 임대수익이나 시세차익을 얻기 위하여 보유하고, 일부분은 재화의 생산이나 용역의 제공 또는 관리목적에 사용하기 위하여 보유하는 경우, 부분별로 분리하여 매각(또는 금융리스로 제공)할 수 있으면 각 부분을 분리하여 회계처리한다.

⑤ 리스계약으로 보유한 부동산에 대한 권리를 투자부동산으로 분류하는 경우 당해 투자부동산의 최초 원가는 부동산의 권리에 대한 공정가치와 최소리스료의 현재가치 중 작은 금액으로 인식한다.

04 다음 무형자산에 대한 설명 중 한국채택국제회계기준과 일치하지 않은 것은?

① 내부적으로 창출한 브랜드, 제호, 출판표제, 고객 목록과 이와 실질이 유사한 항목은 무형자산으로 인식하지 아니한다.

② 무형자산을 창출하기 위한 내부 프로젝트를 연구단계와 개발단계로 구분할 수 없는 경우에는 그 프로젝트에서 발생한 지출은 모두 연구단계에서 발생한 것으로 본다.

③ 프로젝트를 외부에서 취득하였는지 아니면 내부적으로 시작(다음 사항을 모두 충족하는 연구개발 지출)하였는지에 구분 없이 모든 연구개발 지출이 일관성 있게 회계처리 되어야 한다.

④ 내부에서 창출한 브랜드, 제호, 출판표제, 고객목록, 그리고 이와 실질이 유사한 항목에 대한 완성 후의 지출은 발생시점에 당기손익으로 인식하는 반면에, 외부에서 취득한 브랜드, 제호, 출판표제, 고객목록, 그리고 이와 실질이 유사한 항목에 대한 취득 후의 지출은 무형자산 또는 당기손익으로 인식한다.

⑤ 자산의 공정가치를 신뢰성 있게 측정할 수 있다면, 사업결합 전에 그 자산을 피취득자가 인식하였는지 여부에 관계없이, 취득자는 취득일에 피취득자의 무형자산을 영업권과 분리하여 인식한다.

05 재무보고를 위한 개념체계에 대한 다음의 설명 중 맞게 서술된 것은?

① 자본을 명목화폐단위로 정의한 재무자본유지개념 하에서 보유이익은 이익에 속한다. 따라서 보유이익은 자산이 교환거래에 따라 처분되기 전에도 이익으로 인식될 것이다..

② 실물자본유지개념에서는 현행원가기준에 따라 측정해야 하고 재무자본유지개념은 역사적원가기준에 따라 측정해야 한다.

③ 현재 한국회계기준위원회는 초인플레이션 하에 있는 통화로 보고해야 하는 기업의 경우와 같은 예외적 상황을 제외하고는, 명목화폐단위로 정의한 자본유지개념에 의한다.

④ 자본을 불변구매력 단위로 정의한 재무자본유개념 하에서 기업의 자산과 부채에 영향을 미치는 모든 가격변동은 해당 기업의 실물생산능력에 대한 측정치의 변동으로 간주되어 이익이 아니라 자본의 일부인 자본유지조정으로 처리된다.

⑤ 부채의 현행원가와 이행가치 모두 할인하지 아니한 금액이다.

06 다음 주식결제형 주식기준보상에 대한 설명 중 한국채택국제회계기준과 일치하지 않은 것은?

① 부여한 지분상품의 공정가치를 측정기준일 현재 신뢰성 있게 추정할 수 없는 경우에는 거래상대방에게서 재화나 용역을 제공받는 날을 기준으로 지분상품을 내재가치로 최초 측정한다. 이후 매 보고기간말과 최종결제일에 내재가치를 재측정하고 내재가치의 변동액은 당기손익으로 인식한다.

② 주식선택권이 재부여특성을 가지는 경우 부여된 주식선택권의 측정기준일 현재 공정가치를 추정할 때 재부여특성은 고려하지 아니한다. 대신에 사후적으로 재부여주식선택권이 부여될 때 당해 재부여주식선택권을 새로운 주식선택권으로 회계처리한다.

③ 제공받는 재화나 용역과 그에 상응하는 자본의 증가를 인식한 경우 가득일이 지난 뒤에는 자본을 수정하지 아니한다. 다만, 가득된 지분상품이 추후 상실되거나 주식선택권이 행사되지 않은 경우에는 종업원에게서 제공받은 근무용역에 대해 인식한 금액을 환입한다.

④ 시장조건이 있는 지분상품을 부여한 경우에는 그러한 시장조건이 달성되는지 여부와 관계없이 다른 모든 가득조건을 충족하는 거래상대방으로부터 제공받는 재화나 용역을 인식한다.

⑤ 시장성과조건인 경우에는 기대가득기간의 추정치는 부여한 주식선택권의 공정가치를 추정할 때 사용되는 가정과 일관되어야 하며 후속적으로 수정하지 아니한다.

07 다음 유형자산에 대한 설명 중 한국채택국제회계기준과 일치하지 않은 것은?

① 유형자산은 여러 방법(예를 들면, 매각, 금융리스의 체결 또는 기부)으로 처분할 수 있다. 자산의 처분시점을 결정할 때에는 수익기준서의 재화의 판매에 관한 수익인식기준을 적용한다. 판매후리스에 의한 처분에 대해서는 리스기준서를 적용한다.

② 유형자산의 제거로 인하여 발생하는 손익은 자산을 제거할 때 당기손익으로 인식한다. 제거이익은 수익으로 분류하지 아니한다.

③ 유형자산의 제거로 인하여 발생하는 손익은 순매각금액과 장부금액의 차이로 결정한다.

④ 유형자산의 처분대가는 최초에 공정가치로 인식한다. 유형자산에 대한 지급이 지연되면, 처분대가는 최초에 현금가격상당액으로 인식한다. 처분대가의 명목금액과 현금가격상당액의 차이는 처분으로 인하여 받을 금액에 유효이자율을 반영하여 이자수익으로 인식한다.

⑤ 유형자산 항목의 일부에 대한 대체원가를 자산의 장부금액으로 인식하는 경우, 대체되는 부분이 별도로 분리되어 상각된 경우에 한하여 대체된 부분의 장부금액은 제거한다.

08 다음 중 충당부채를 인식해야 할 사건 및 거래는 몇 개인가?

> A. 유류설비 또는 원자력 발전소에 의하여 이미 발생한 피해에 대하여 기업의 복구의무
> B. 법에서 정하는 환경기준을 충족시키기 위해서 또는 상업적 압력 때문에 공장에 특정 정화장치를 설치하기 위한 비용
> C. 불법적인 환경오염으로 인한 범칙금이나 환경정화비용
> D. 미래영업을 위하여 발생하게 될 비용
> E. 발생가능성이 높은 미래의 예상 영업손실
> F. 손실을 부담하지 아니하는 미이행계약
> G. 손실을 부담하는 미이행계약
> H. 경영진이 결정한 구조조정계획

① 2개   ② 3개   ③ 4개   ④ 5개   ⑤ 6개

09 다음 공정가치에 대한 회계처리 내용으로 옳지 않은 것은?

① 공정가치는 측정일의 현행 시장 상황에서 주된 (또는 가장 유리한) 시장에서의 정상거래에서 자산을 매도하면서 수취하거나 부채를 이전하면서 지급하게 될 가격(즉 유출가격)이다.
② 자산이나 부채의 교환 거래에서 자산을 취득하거나 부채를 인수하는 경우, 거래가격은 자산을 취득하면서 지급하거나 부채를 인수하면서 수취하는 가격(유입가격)이다.
③ 거래원가는 운송원가를 포함되므로 거래원가는 자산이나 부채의 공정가치를 측정하기 위하여 사용되는 주된 (또는 가장 유리한) 시장의 가격에서 거래원가는 조정하지 않는다.
④ 비금융자산의 공정가치를 측정하는 경우에는 시장참여자가 경제적 효익을 창출하기 위하여 그 자산을 최고 최선으로 사용하거나 혹은 최고 최선으로 사용할 다른 시장참여자에게 그 자산을 매도하는 시장참여자의 능력을 고려한다.
⑤ 공정가치서열체계에서, 수준 1 투입변수와 수준 2 투입변수는 관측가능한 투입변수인 반면에 수준 3 투입변수는 관측가능하지 않은 투입변수이다.

10 12월 결산법인인 ㈜다인은 20×1년 1월 1일 다음과 같은 조건으로 신주인수권부사채를 발행하였다.

(a) 발행금액 : ₩1,000,000(액면발행)   (b) 표시이자율 : 5%
(c) 일반사채 시장이자율 : 10%   (d) 보장수익률 : 8%
(e) 이자지급방법 : 매연도말 후급   (f) 만기 : 20×3년 12월 31일
(g) 만기상환금액 : 액면금액의 109.74%
(h) 신주인수권 행사가격 : ₩20,000(사채액면 ₩20,000당 보통주(액면금액 ₩5,000) 1주를 인수할 수 있음)

현가계수는 다음과 같다.

기간	₩1의 현재가치		연금 ₩1의 현재가치	
	할인율 8%	할인율 10%	할인율 8%	할인율 10%
3	0.7938	0.7513	2.5771	2.4868

㈜다인은 20×2년 1월 1일 신주인수권부사채 중 액면금액 ₩800,000에 해당하는 신주인수권을 행사하였다면, 주식발행으로 인한 주식발행초과금의 증가액은 얼마인가?(단, ㈜다인은 신주인수권이 행사되는 시점에 신주인수권대가를 주식발행초과금으로 대체하며, 법인세효과는 고려하지 않는다.)

① ₩600,805 ② ₩637,751 ③ ₩664,397 ④ ₩687,820 ⑤ ₩701,343

11 재무제표 표시에 관한 한국채택국제회계기준에 대한 다음의 설명 중 틀리게 서술된 것은?

① 자산과 부채의 각 개별 항목이 다음의 기간에 회수되거나 결제될 것으로 기대되는 금액이 합산하여 표시되는 경우, 12개월 후에 회수되거나 결제될 것으로 기대되는 금액을 공시한다.
② 신뢰성 있고 더욱 목적적합한 정보를 제공한다면 자산과 부채의 일부는 유동성/비유동성 구분법으로, 나머지는 유동성 순서에 따른 표시방법으로 표시하는 것이 허용된다.
③ 기업이 재무상태표에 유동자산과 비유동자산, 그리고 유동부채와 비유동부채로 구분하여 표시하는 경우, 이연법인세자산(부채)은 유동자산(부채)으로 분류하지 아니한다.
④ 중요하지 않은 정보일 경우 한국채택국제회계기준에서 요구하는 특정 공시를 제공할 필요는 없다.
⑤ 개별적으로 중요하지 않은 항목은 재무제표나 주석의 다른 항목과 통합한다. 이러한 중요성은 일관되게 적용되어야 한다. 따라서 재무제표에 중요하지 않아 구분하여 표시하지 않은 항목은 주석에도 구분하여 표시하지 않는다.

12 다음 자료는 20×1년 ㈜다인의 은행계정조정을 위해 필요한 자료이다.

(1) 20×1년 11월 30일 현재 ㈜다인의 예금잔액   ₩20,000,000
(2) 20×1년 11월 30일 현재 은행의 예금잔액   ₩18,500,000
(3) 은행장부에 의하면 12월에 입금된 ₩50,000,000중에 11월 30일에 미기입예금 ₩10,000,000이 기록이었다. 또한 12월에 출금된 ₩45,000,000중에 11월 30일에 기발행미인출수표 ₩8,000,000이 인출되었다.
(4) ㈜다인의 장부에 의하면 12월 31일 현재 기발행미인출수표는 ₩5,000,000이고, 은행측 미기입예금은 ₩3,000,000이다.

정확한 20×1년 12월 31일의 예금잔액은 얼마인가?

① ₩21,500,000   ② ₩23,500,000   ③ ₩24,500,000
④ ₩25,500,000   ⑤ ₩26,500,000

13 ㈜다빈은 20×1년 1월 1일에 만기가 3년 후에 도래하는 회사채를 ₩951,980에 취득하였다. 이 회사채는 액면금액이 ₩1,000,000이고, 액면이자율은 10%이며, 매년말 1회 이자를 지급한다. 이 회사채의 취득 당시 유효이자율은 12%이다. ㈜다빈이 이 회사채를 취득시 신용이 손상되지 않았다. ㈜다빈은 이 회사채를 상각후원가측정금융자산으로 분류하였다. 20×1년 12월 31일에 현재 최초 인식 후 신용위험이 유의적으로 증가하였지만, 신용이 손상된 것은 아니다. 20×1년 12월 31일에 현재 이 회사채의 기대신용손실 측정금액은 다음과 같다.

(가) 12개월 기대신용손실 : ₩20,000
(나) 전체기간 기대신용손실 : ₩30,000

㈜다빈이 20×1년 12월 31일에 인식할 손실충당금과 20×2년에 인식할 이자수익은 각각 얼마인가?

	손실충당금	이자수익
①	₩20,000	₩113,546
②	₩20,000	₩115,946
③	₩30,000	₩112,346
④	₩30,000	₩113,546
⑤	₩30,000	₩115,946

14 ㈜다인백화점은 가중평균법에 의한 저가기준 소매재고법에 따라 기말재고자산을 평가하고 있으며, 다음은 재고자산에 관한 자료이다.

	원 가	판매가
기초재고	₩15,000	₩20,000
순매입	62,600	86,000
순인상액		2,000
순인하액		1,000
순매출액		73,000
종업원할인		4,000
정상적 파손	1,600	2,000
비정상적 파손	2,000	3,000

기말재고자산의 원가는 얼마인가?

① ₩17,855 ② ₩18,000 ③ ₩18,175
④ ₩18,720 ⑤ ₩18,750

15 다음은 ㈜다인의 20×1년 상품재고와 관련된 자료이다.

(1) 기초상품재고액	₩4,000,000
(2) 당기상품매입액	₩32,000,000
(3) 기말상품재고액(장부상 : 1,000개 × ₩5,000)	₩5,000,000

㈜다인은 기말상품재고를 실사를 한 결과 실사수량은 960개로 확인되었다. 또한 기말상품재고의 추정판매가격은 ₩4,800이며, 추정판매부대비용은 ₩50인 것으로 조사되었다. 재고감모손실의 70%는 원가성이 있는 것으로 판단된다. ㈜다인의 20×1년의 매출원가는 얼마인가?(단, 재고자산평가손실과 정상감모손실은 매출원가에 가감하고 비정상감모손실은 영업외비용으로 처리된다.)

① ₩31,140,000   ② ₩31,175,000   ③ ₩31,380,000
④ ₩31,456,000   ⑤ ₩31,580,000

16 ㈜다인은 매년 12월 31일에 모든 자산에 대하여 손상검사를 실시한다. 회사는 20×1년 12월 31일에 개별자산의 장부금액이 회수가능액에 미달하는 금액은 다음과 같다.

- 영업권 : ₩10,000
- 토지 : ₩50,000
- 기계장치 : ₩40,000

손상차손 인식전에 토지에 대한 재평가잉여금은 ₩20,000이다. 기계장치는 20×1년 1월 1일에 취득하여 5년간 잔존가치없이 정액법으로 감가상각된다.
회사는 20×2년 12월 31일에 손상검사를 실시한 결과 20×1년에 인식한 손상차손이 모두 회복될 것으로 판단하였다. 20×2년 12월 31일에 당기손익으로 인식할 손상차손환입액은 얼마인가?

① ₩60,000   ② ₩70,000   ③ ₩80,000
④ ₩90,000   ⑤ ₩100,000

17 다음 중단영업 및 매각예정비유동자산에 대한 설명 중 한국채택국제회계기준과 일치하지 않은 것은?

① 중단영업의 단일 금액 분석공시는 주석이나 포괄손익계산서에 표시할 수 있다. 포괄손익계산서에 표시하는 경우에는 계속영업(continuing operations)과 구분되도록 별도의 중단영업항목으로 표시한다.
② 기업의 구분단위를 매각예정으로 더 이상 분류할 수 없는 경우, 중단영업으로 표시하였던 당해 구분단위의 영업성과를 비교 표시되는 모든 회계기간에 재분류하여 계속영업손익에 포함하고 과거기간에 해당하는 금액이 재분류되었음을 주석으로 기재한다.
③ 매각예정으로 분류하였으나 중단영업의 정의를 충족하지 않는 비유동자산(또는 처분자산집단)을 재측정하여 인식하는 평가손익은 계속영업손익에 포함한다.
④ 과거기간에 중단영업의 처분과 직접 관련하여 중단영업으로 표시했던 금액을 당기에

조정하는 경우 그 금액은 중단영업 내에서 별도로 분류하여 표시한다.

⑤ 중단영업의 영업활동, 투자활동 및 재무활동으로부터 발생한 순현금흐름은 주석에 표시한다.

18 ㈜다빈은 20×1년 7월 1일 기계장치를 ₩100,000에 취득하였다. 동 기계장치의 내용연수는 5년이며 잔존가치 ₩10,000이고 연수합계법으로 상각된다. ㈜다빈은 20×3년 1월 1일 동 기계장치에 대하여 상각방법을 정액법으로, 잔존가치는 ₩5,000으로, 잔존내용연수는 4년으로 각각 변경하였다. ㈜다빈의 회계기간은 1월 1일부터 12월 31일까지이다. 이러한 회계변경으로 인한 ㈜다빈의 20×4년 당기순이익에 미치는 영향은 얼마인가?(단, 법인세효과는 고려하지 않는다.)

① ₩4,250 증가 ② ₩4,750 증가 ③ ₩5,300 증가
④ ₩6,250 증가 ⑤ ₩7,750 증가

19 12월 결산법인인 ㈜다빈은 20×2년 3월 31일에 US$100에 상당하는 제품을 수출할 가능성이 매우 높다. ㈜다빈은 이러한 예상거래에 발생할 US$100의 환위험을 회피하기 위하여 다음과 같은 통화선도거래계약을 체결하였다.

- 통화선도거래계약 체결일 : 20×1. 11. 1
- 계약기간 : 5개월(20×1.11.1~20×2.3.31)
- 계약조건 : US$100를 약정통화선도환율 @₩1,160/US$1로 매도하기로 함

환율에 대한 자료는 다음과 같다.

일 자	현물환율(₩/$)	통화선도환율(₩/$)
20×1. 11. 1	1,150	1,160(만기5개월)
20×1. 12. 31	1,170	1,190(만기3개월)
20×2. 3. 31	1,180	

상기 파생상품회계처리에는 현금흐름위험회피회계가 적용된다. 상기 통화선도거래와 관련하여 20×1년에 당기손익으로 인식할 통화선도평가손익은 얼마인가?(단, 파생상품관련손익을 산정하기 위한 통화선도환율변동액에 대한 현재가치평가는 생략한다.)

① 손실 ₩3,000 ② 손실 ₩2,000 ③ 손실 ₩1,000
④ 이익 ₩1,000 ⑤ 이익 ₩2,000

20 다음 퇴직급여제도에 대한 설명 중 한국채택국제회계기준과 일치하지 않은 것은?

① 퇴직급여제도의 투자자산은 공정가치를 장부금액으로 한다. 제도의 투자자산 중 공정가치의 추정이 불가능한 것(예:기업에 대한 완전소유권)에 대해서는 공정가치를 사용하지 못한 이유를 공시한다.

② 일반적으로 퇴직급여제도는 특성에 따라 확정기여제도나 확정급여제도 중 하나로 분류된다. 제도에 따라 두 가지 특성을 모두 가진 경우도 있다. 이러한 혼합형 제도를 확정급여제도로 본다.

③ 확정기여제도에서 가입자의 미래급여금액은 사용자나 가입자가 출연하는 기여금과 기금의 운영효율성 및 투자수익에 따라 결정된다.

④ 퇴직급여제도에 따른 예상지급액의 현재가치는 가입자의 예상퇴직시점까지의 미래예측임금수준을 사용하여 계산하고 보고한다.

⑤ 재무제표일 현재 보험수리적 평가가 이루어지지 못한 경우에는 최근의 평가를 재무제표 작성근거로 사용하고 최근 평가일을 공시한다.

21 ㈜다빈은 20×1년 1월 1일에 ㈜서울의 주식 60%를 ₩80,000에 취득하여 지배권을 획득하였다. ㈜서울의 20×1년 1월 1일 현재 순자산의 공정가치와 장부금액은 ₩90,000으로 동일하다. ㈜다빈은 연결재무제표를 작성함에 있어 비지배지분은 종속기업의 식별가능한 순자산 중 비지배지분의 비례적 지분으로 계산한다. ㈜서울의 20×1년 당기순이익은 ₩30,000이고, 총포괄이익은 ₩40,000이다. ㈜서울은20×1년 초에 ㈜다빈에 원가 ₩5,000인 제품을 ₩7,000에 판매하였고, ㈜다빈은 이 제품 중 60%은 외부에 판매하고 40%은 20×1년 12월 31일 현재 창고에 보관하고있다. ㈜다빈은 20×1년 말 ㈜서울에 대한 지분은 60%로 20×1년 초와 동일하다. ㈜다빈의 회계기간은 1월 1일부터 12월 31일까지이다. ㈜다빈과 ㈜서울을 연결실체로 하는 20×1년 12월 31일 연결재무제표에 표시될 비지배지분은 얼마인가?(단, 20×1년에 영업권에 대한 손상은 발생하지 아니하였다.)

① ₩47,200   ② ₩47,520   ③ ₩47,680   ④ ₩51,200   ⑤ ₩51,680

22 다음 종업원급여에 대한 설명 중 한국채택국제회계기준과 일치하지 않은 것은?

① 지배기업과 종속기업처럼 동일지배하에 있는 복수의 기업이 위험을 공유하는 확정급여제도는 복수사용자제도에 해당하지 아니한다.

② 확정기여제도의 회계처리는 각 기간에 대한 보고기업이 부담하는 채무가 당해 기간의 기여금으로 결정되기 때문에 비교적 단순하다. 따라서 채무나 비용을 측정하기 위한 보험수리적 가정이 필요 없고 그 결과 보험수리적손익이 발생할 가능성도 없다.

③ 확정급여제도에서 퇴직급여채무 중 보고기간말부터 12개월 이전에 결제될 것으로 예상되는 퇴직급여채무를 제외한 나머지 전부를 할인한다.

④ 확정급여제도에서 퇴직급여채무(기금이 적립되는 경우와 적립되지 않는 경우 모두 포함)를 할인하기 위해 사용하는 할인율은 보고기간말 현재 우량회사채의 시장수익률을 참조하여 결정한다.

⑤ 과거근무원가는 제도개정이나 축소로 인해 발생하는 확정급여채무 현재가치의 변동이다. 이러한 과거근무원가는 정(+)의 금액이 될 수도 있고 부(−)의 금액이 될 수도 있다.

23 다음 정부보조금에 대한 설명 중 한국채택국제회계기준과 일치하지 않은 것은?

① 건물을 건설하는 조건으로 토지를 보조금으로 받은 경우 토지를 수취한 시점이 아니라 건물이 완성되는 시점에 정부보조금을 수익으로 인식한다.

② 정부보조금으로 보전하려 하는 관련원가와 대응시키기 위해 필요한 기간에 걸쳐 체계적인 기준에 따라 정부보조금을 수익으로 인식한다. 정부보조금은 주주지분에 직접 인식하지 아니한다.

③ 이미 발생한 비용이나 손실에 대한 보전 또는 향후의 관련원가 없이 기업에 제공되는 즉각적인 금융지원으로 수취하는 정부보조금은 정부보조금을 수취할 권리가 발생하는 기간에 수익으로 인식한다.

④ 비화폐성 정부보조금은 일반적으로 비화폐성자산의 공정가치를 평가하여 보조금과 자산 모두를 그 공정가치로 회계처리하거나 자산과 보조금을 명목금액(nominal amount)으로 회계처리할 수 있다.

⑤ 자산관련정부보조금(공정가치로 측정되는 비화폐성 보조금 포함)은 재무상태표에 이연수익(deferred income)으로 표시하거나 자산의 장부금액을 결정할 때 차감하여 표시한다.

24 ㈜다빈은 20×1년 1월 1일에 연구소 건설 공사를 ₩900,000에 수주하였다. 공사기간은 20×1년 1월 1일부터 20×3년 12월 31일이다. 다음은 20×1년도부터 20×3년도까지의 공사와 관련된 내용이다.

구분	20×1년	20×2년	20×3년
발생원가	₩207,200	₩232,800	₩350,000
추가원가	532,800	360,000	—
공사대금청구액	230,000	250,000	420,000
공사대금회수액	190,000	260,000	450,000

20×1년 발생원가에는 하도급계약에 따라 수행될 공사에 대해 하도급자에게 선급한 금액 ₩22,200이 포함되어 있으며, 동 금액은 20×2년에 공사가 수행되었다. ㈜다빈은 누적발생원가기준으로 진행률을 산정한다. ㈜다빈의 회계기간은 1월 1일부터 12월 31일까지이다. 한국채택국제회계기준서에 따라 회계처리하는 경우에 20×1년과 20×2년 재무상태표에 표시될 미청구공사잔액과 초과청구공사 잔액을 각각 계산하면 얼마인가?

	20×1년		20×2년	
①	미청구공사	₩22,000	미청구공사	₩15,000
②	미청구공사	₩22,000	초과청구공사	₩15,000
③	미청구공사	₩5,000	초과청구공사	₩20,000
④	초과청구공사	₩5,000	미청구공사	₩15,000
⑤	초과청구공사	₩5,000	초과청구공사	₩20,000

25 ㈜다인이 20×1년 12월 31일 보유하고 있는 일부 자산의 취득현황은 다음과 같다.

구분	외화금액(USD)	취득일
외화채권	4,000	4.10
수입상품	5,000	7.10
해외투자부동산	8,000	9.10

단, 해외투자부동산은 12월 31일의 공정가치 USD9,000로 평가하였다.
환율자료는 다음과 같다.

일자	환율(₩/USD)
4.10	1,000
7.10	1,030
9.10	1,050
12.31	1,100

㈜다인의 회계기간은 1월 1일부터 12월 31일까지이다. 20×1년 12월 31일 현재 상기 자산의 원화금액은 얼마인가?

① ₩18,350,000   ② ₩18,700,000   ③ ₩19,000,000
④ ₩19,450,000   ⑤ ₩19,800,000

26 다음은 ㈜다빈의 주당순이익계산과 관련된 자료이다. 단, 회사가 발행한 우선주는 없다.

- 20×1년 당기순이익 : ₩360,000
- 20×2년 당기순이익 : ₩540,000
- 20×1년 1월 1일 유통보통주식수 : 1,000주
- 20×1년 7월 1일 시가유상증자 : 1,000주
- 20×2년 10월 1일 무상증자 실시 : 20×2년 9월 30일 현재 유통보통주식 4주에 대하여 1주의 보통주를 무상으로 지급함

㈜다빈이 20×2년과 20×1년을 비교식으로 손익계산서를 작성하는 경우 손익계산서에 표시될 20×2년과 20×1년의 주당순이익을 각각 계산하면 얼마인가?

	20×2년(당기)	20×1년(전기)
①	₩216	₩192
②	₩254	₩192
③	₩288	₩192
④	₩216	₩240
⑤	₩288	₩240

27 ㈜다빈리스는 20×1년 12월 31일에 리스와 관련하여 프레스기계를 ₩2,862,450에 구입하였다. 20×0년 1월 1일에 ㈜서울철강과 다음과 같은 금융리스계약을 체결하였다.

(1) 매년 말에 ₩1,000,000의 리스료를 지급한다.
(2) 리스기간종료일은 20×3년 12월 31일이다.
(3) 리스기간종료일의 잔존가치 중 ₩300,000을 보증한다.
(4) 내재이자율은 10%이다.

기타자료는 다음과 같다.

(1) 20×1년 1월 1일의 리스자산의 공정가치는 ₩2,862,450이다.
(2) 20×3년 12월 31일의 리스자산의 추정잔존가치는 ₩500,000이고 경제적내용연수는 5년이다.
(3) 10%의 ₩1의 현가요소는 3년간은 2.4868이고, 3년후는 0.7513이다.
(4) 감가상각은 정액법을 적용한다.
(5) ㈜서울철강은 ㈜다빈리스의 내재이자율을 알고 있다.
(6) ㈜서울철강은 리스계약과 관련하여 ₩20,000의 원가가 발생하였다.

㈜서울철강이 리스와 관련하여 20×1년에 인식할 총비용은 얼마인가?

① ₩1,075,282   ② ₩1,077,282   ③ ₩1,081,949
④ ₩1,083,282   ⑤ ₩1,095,282

28 ㈜다인은 20×1년 1월 1일 원가 ₩200,000의 상품을 판매하고 계약금으로 현금 ₩50,000을 받고 매 6개월마다 ₩50,000씩 6번 (3년간 매 6월 30일과 12월 31일)을 받기로 하였다. 20×1년 1월 1일의 시장이자율은 연 8%이다. 현가계수는 다음과 같다.

할인율 기간	기간 말 ₩1의 현재가치		정상연금 ₩1의 현재가치	
	4%	8%	4%	8%
1	0.9615	0.9259	0.9615	0.9259
2	0.9246	0.8573	1.8861	1.7833
3	0.8890	0.7938	2.7751	2.5771
6	0.7903	0.6302	5.0757	4.6229

이 거래를 통하여 증가되는 ㈜다인의 20×1년 당기순이익은 얼마인가?(단, 법인세효과는 고려하지 않는다.)

① ₩73,325   ② ₩122,493   ③ ₩124,088
④ ₩128,328   ⑤ ₩132,088

29 20×2년 ㈜다인의 법인세차감전순이익은 ₩500,000이다. 다음은 20×2년 세무조정과 관련된 사항이다.

> (1) 기타포괄손익－공정가치측정금융자산(채무상품)평가이익은 ₩30,000이다.
> (2) 감가상각비한도초과액은 ₩50,000이다.
> (3) 접대비한도초과액은 ₩10,000이다.
> (4) 자기주식처분이익은 ₩40,000이다.

20×1년말 누적일시적차이는 기술개발준비금 ₩100,000뿐이다. 기술개발준비금은 20×4년부터 3년 간 환입된다고 가정한다. 20×1년까지의 세율은 30%이었으나, 20×2년에 세법이 개정되어 20×2년에 는 25%, 20×3년부터는 20%의 세율이 적용된다. ㈜다인가 20×2년 12월 31일 현재 재무상태표에 표시될 이연법인세자산 또는 이연법인세부채는 얼마인가?

① 이연법인세자산 ₩4,000　　　　　　② 이연법인세자산 ₩10,000
③ 이연법인세부채 ₩10,000　　　　　　④ 이연법인세부채 ₩14,000
⑤ 이연법인세부채 ₩16,000

30 다음은 ㈜다빈의 20×1년도 재무자료이다.

법인세비용차감전순이익	₩500,000
법인세비용	70,000
매출채권대손상각비	10,000
당기손익－공정가치측정평가손실	20,000
당기손익－공정가치측정처분손실	10,000
기타포괄손익－공정가치측정금융자산(채무상품)평가이익	20,000
기타포괄손익－공정가치측정금융자산(채무상품)처분이익	30,000
당기손익－공정가치측정증가	40,000
기타포괄손익－공정가치측정금융자산(채무상품)증가	50,000
이연법인세부채증가	40,000
법인세납부액	40,000
매출채권(순액)감소	80,000
매입채무감소	50,000

주어진 자료를 이용하여 ㈜다빈의 20×1년 영업활동순현금흐름은 얼마인가?(단, 이자지급과 법인세 납부는 영업활동으로 분류한다.)

① ₩420,000　　　　　　② ₩460,000　　　　　　③ ₩490,000
④ ₩500,000　　　　　　⑤ ₩530,000

31 ㈜다빈자동차는 20×1년에는 내수위주의 종전 판매형태에서 과감히 탈피하여 해외시장에 진출하려고 전략을 수립중이다. 대당판매가격은 20백만원이고, 대당변동비는 14백만원이다. 고정비는 생산량에 따라 다음과 같이 발생한다.

4,000단위 미만	2,000백만원
4,000단위 이상	3,000백만원

이 회사의 20×1년 순이익목표는 매출액의 10%의 이익을 달성하는 것이다. 목표를 달성하기 위해 판매할 수량은 몇 단위인가?

① 3,750단위 ② 5,000단위 ③ 6,250단위
④ 6,750단위 ⑤ 7,500단위

32 동력부는 제품1에 30%, 제품2에 30% 및 전력부에 40%를 지원하며, 전력부는 제품1에 20% 제품2에 30% 및 동력부에 50%를 지원하고 있다. 발생원가는 동력부는 ₩20,000이고 전력부는 ₩40,000이다. 상호배부법에 의할 경우 제품1에 배분될 동력부와 전력부의 원가합계는 얼마인가?

① ₩27,000 ② ₩28,000 ③ ₩30,000
④ ₩35,000 ⑤ ₩40,000

33 다음 중 원가행태에 대한 설명으로 틀린 것은?

① 회귀분석은 결정계수를 통하여 오차의 정도를 측정할 수 있어 우월한 방법이다.
② a% 학습률이란 누적생산량이 두 배가 될 때 평균생산시간이 (1-a%)만큼 감소하는 것을 의미한다.
③ 학습곡선은 실습은 효율을 증진시킨다는 말에 적합한 개념이다.
④ 준변동비의 예로는 전력비와 수선비가 있으며 일반적인 원가함수는 Y = aX(Y는 총원가, X는 조업도, a는 단위당변동비)이다.
⑤ 학습곡선이 주로 적용되는 원가는 직접노무원가이다.

34 ㈜다빈의 생산 및 판매와 관련 자료는 다음과 같다.

	전 기	당 기
생 산 량	2,000개	2,400개
판 매 량	1,600개	2,600개
변동제조간접원가	₩580,000	₩720,000
고정제조간접원가	₩360,000	₩360,000

변동원가계산에 의한 순이익은 ₩700,000이었다. 단, 원가차이는 매출원가에서 조정하며, 전기 기초 재고자산의 수량은 없다. 전부원가계산하에서의 순이익은 얼마인가?

① ₩614,000　　② ₩656,000　　③ ₩658,000　　④ ₩670,000　　⑤ ₩730,000

35 다음은 8월과 9월의 고정제조간접원가와 관련된 자료이다.

구　분	8월	9월
생　산　량	6,000단위	9,000단위
조업도차이	₩800,000(불리)	₩400,000(유리)

9월의 고정제조간접원가예산차이가 ₩200,000(불리)인 경우에 9월의 고정제조간접원가발생액은 얼마인가?

① ₩3,000,000　② ₩3,400,000　③ ₩3,600,000　④ ₩3,800,000　⑤ ₩4,000,000

36 ㈜다빈은 새기계를 ₩24,000에 매입하였다. 새기계의 추정내용연수는 6년, 잔존가치는 없고 감가상각은 정액법에 의한다. 회계적이익률은 평균투자액기준으로 20%로 기대된다. 매년 균등한 현금유입을 가정할 때 이 투자는 매년 얼마의 현금유입을 기대할 수 있는가?

① ₩5,000　　② ₩5,400　　③ ₩6,400　　④ ₩7,000　　⑤ ₩7,400

37 책임중심점에 대한 설명 중 틀린 것은?

① 투자중심점은 가장 포괄적인 책임중심점이다.
② 원가중심점은 원가발생액을 최소화시키는데 그 목적이 있다.
③ 투자중심점은 이익을 극대화하는데 그 목표가 있다.
④ 책임중심점은 집권화된 조직이 아니라 분권화된 조직에 적합한 개념이다.
⑤ 이익중심점과 투자중심점은 수익함수와 관련이 있다.

38 ㈜다인전자는 냉장고와 세탁기 두 가지 제품을 생산판매하고 있다. 생산된 냉장고와 세탁기는 전량 판매가 가능하다. 각 제품의 단위당 판매가격과 단위당 원가 관련 자료는 다음과 같다.

구분	냉장고	세탁기
판매가격	₩920	₩700
직접재료원가	100	70
직접노무원가	150	120
변동제조간접원가	80	90
변동판매비와관리비	120	100

㈜다인전자의 고정제조간접원가는 ₩120,000이며, 고정판매비와관리비는 ₩100,000이다. ㈜다인전자의 사용가능한 직접노동시간은 3,600시간이고, 기계작업시간은 3,800시간이다. 제품단위당 직접노동시간과 기계작업시간은 다음과 같다.

구분	냉장고	세탁기
직접노동시간	3시간	4시간
기계작업시간	5시간	3시간

위와 같은 제약조건아래서 달성가능한 최대공헌이익은 얼마인가?

① ₩380,000　　　　② ₩412,000　　　　③ ₩436,000
④ ₩482,000　　　　⑤ ₩514,000

39 ㈜다빈의 자동화된 신발생산공정은 가끔 불량품을 생산하는 비정상적인 상태를 나타내기 도 하는데 이러한 불량제품 생산되는 경우 그 손실은 ₩2,000,000 상당액이다. ㈜다빈의 공정관리자는 공정을 조사하여 공정이 비정상적인 상태인 경우 교정하는 비용은 ₩500,000이라고하며 과거 경험에 의하면 공정이 정상적인 확률은 60%라고 한다. 그런데 공정관리자는 공정을 조사하든 안하든 관련비용이 동일하다고 한다. 조사비용은 얼마이겠는가?

① ₩400,000　　　　② ₩450,000　　　　③ ₩500,000
④ ₩550,000　　　　⑤ ₩600,000

40 목표원가계산(target costing)에 대한 설명으로 틀린 것은?

① 연구, 개발 및 엔지니어링단계 등 생산이전단계에서의 원가절감에 초점을 둔다.
② 목표원가는 목표판매가격과 목표판매이익의 차이로 계산된다.
③ 단순한 원가통제방법이 아니라 원가 및 이익관리의 종합적인 접근방법이다.
④ 부품을 공급하는 협력업체에게 부품원가를 절감하라는 압력을 줌으로써 협력업체를 상실할 수도 있다.
⑤ 가치공학프로세스에 의존하며, 신제품출시시기를 적절히 조정하는 신속성이 장점이다.

국가전문자격시험 답안카드

( )년도 제( )회 ( )

OMR answer sheet (omitted: bubble grids for questions 1–125, 성명, 수험번호, 교시, 문제지 형별, 선택과목, 감독위원 확인 fields)

절 취 선

성 명	
홍 길 동	

교시(차수) 기재란

(1) 교시·차 ① ② ③

문제지 형별 기재란

(경) ④ ⑧

선 택 과 목 1

선 택 과 목 2

수험번호

0	1	3	2	9	8	0	1
⓪		⓪	⓪			●	⓪
①	●	①	①	①	①	①	●
②	②	②	●	②	②	②	②
③	③	●	③	③	③	③	③
④	④	④	④	④	④	④	④
⑤	⑤	⑤	⑤	⑤	⑤	⑤	⑤
⑥	⑥	⑥	⑥	⑥	⑥	⑥	⑥
⑦	⑦	⑦	⑦	⑦	⑦	⑦	⑦
⑧	⑧	⑧	⑧	⑧	●	⑧	⑧
⑨	⑨	⑨	⑨	●	⑨	⑨	⑨

감독위원 확인

(홍 길 동)

마킹주의

바르게 마킹 : ●
잘못 마킹 : ⊗, ⊙, ⊘, ◑, ⊖

──── (예 시) ────

수험자 유의사항

1. 시험 중에는 통신기기(휴대폰·소형 무전기 등) 및 전자기기(초소형 카메라 등)를 소지하거나 사용할 수 없습니다.
2. 부정행위 예방을 위해 시험문제지에도 수험번호와 성명을 반드시 기재하시기 바랍니다.
3. 시험시간이 종료되면 즉시 답안작성을 멈춰야 하며, 종료시간 이후 계속 답안을 작성하거나 감독위원의 답안카드 제출지시에 불응할 때에는 당해 시험이 무효처리 됩니다.
4. 기타 감독위원의 정당한 지시에 불응하여 타 수험자의 시험에 방해가 될 경우 퇴실조치 될 수 있습니다.

답안카드 작성 시 유의사항

1. 답안카드 기재·마킹 시에는 반드시 검정색 사인펜을 사용해야 합니다.
2. 답안카드를 잘못 작성했을 시에는 카드를 교체하거나 수정테이프를 사용하여 수정할 수 있습니다.
   그러나 불완전한 수정처리로 인해 발생하는 전산자동판독결과가 등 불이익은 수험자의 귀책사유입니다.
   - 수정테이프 이외의 수정액, 스티커 등은 사용 불가
   - 답안카드 왼쪽(성명·수험번호 등)을 제외한 '답안란'만 수정테이프로 수정 가능
3. 성명란은 수험자 본인의 성명을 정자체로 기재합니다.
4. 해당차수(교시)시험을 기재하고 해당 란에 마킹합니다.
5. 시험문제지 형별기재란은 시험문제지 형별을 기재하고, 우측 형별마킹란은 해당 형별을 마킹합니다.
6. 수험번호란은 숫자로 기재하고 아래 해당번호에 마킹합니다.
7. 필적감정용 기재란은 '컴퓨터 기쁨'을 정자체로 기재합니다.
8. 시험문제지 형별 및 수험번호 등 마킹착오로 인한 불이익은 전적으로 수험자의 귀책사유입니다.
9. 감독위원의 날인이 없는 답안카드는 무효처리 됩니다.
10. 상단과 우측의 검은색 띠(❚❚❚❚) 부분은 낙서를 금지합니다.

부정행위 처리규정

시험 중 다음과 같은 행위를 하는 자는 당해 시험을 무효처리하고 자격별 관련 규정에 따라 일정기간 동안 시험에 응시할 수 있는 자격을 정지합니다.

1. 시험과 관련된 대화, 답안카드 교환, 다른 수험자의 답안·문제지를 보고 답안 작성, 문제지를 돌려보거나 돌려주는 행위
2. 시험장 내외로부터 도움을 받아 답안을 작성하는 행위, 공인어학성적 및 응시자격서류를 허위기재하여 제출하는 행위
3. 통신기기(휴대폰·소형 무전기 등) 및 전자기기(초소형 카메라 등)를 휴대하거나 사용하는 행위
4. 다른 수험자와 성명 및 수험번호를 바꾸어 작성·제출하는 행위
5. 기타 부정 또는 불공정한 방법으로 시험을 치르는 행위

01 ㈜다빈은 20×1년 1월 1일에 종업원 200명에게 각각 주식선택권 60개를 부여하고 3년의 용역제공 조건을 부과하였다. 주식선택권의 만기는 5년이다. 주식선택권의 행사가격은 ₩500이고 부여일 현재 ㈜다빈의 주가도 ₩500이다. 부여일 현재 ㈜다빈은 주식선택권의 공정가치를 신뢰성있게 측정할 수 없다고 판단하였다. 20×1년 12월 31일 현재 이미 20명이 퇴사하였고, ㈜다빈은 20×2년과 20×3년 에도 추가로 40명이 퇴사할 것으로 추정하였다. 20×2년에 실제로 30명이 퇴사하였고, ㈜다빈은 20×3년에도 추가로 20명이 퇴사할 것으로 추정하였다. 20×1년과 20×2년의 12월 31일 주가는 각 각 ₩600, ₩750이었다. ㈜다빈이 20×2년에 인식할 보상원가는 얼마인가?

① ₩500,000   ② ₩540,000   ③ ₩570,000
④ ₩620,000   ⑤ ₩650,000

02 ㈜목동은 20×1년 7월 4일 보유하고 있는 건물A를 ㈜양천의 건물B와 교환하였다. 교환당시 ㈜목동 이 보유한 건물의 장부금액은 ₩60,000이며, 공정가치는 ₩90,000이다. 교환 당시 ㈜양천이 보유한 건물B의 공정가치는 ₩70,000이었다. 건물B의 공정가치가 건물A의 공정가치보다 더 명확하지 않 다. 건물을 교환하면서 ㈜목동은 현금 ₩10,000을 ㈜양천으로부터 수취하였다. 이러한 거래가 상업 적 실질이 없는 경우에 ㈜목동이 취득한 건물B의 취득원가는 얼마인가?

① ₩40,000   ② ₩50,000   ③ ₩60,000
④ ₩70,000   ⑤ ₩80,000

03 다음 무형자산에 대한 설명 중 한국채택국제회계기준과 일치하지 않은 것은?

① 우편 주문 카탈로그에 대한 지출은 발생시점에서 비용으로 인식한다.
② 기업이 내부 또는 외부 접근을 위해 개발한 자체의 웹 사이트는 무형자산으로 인식한다.
③ 자산이 분리가능하지 않더라도 계약상 권리 또는 기타 법적 권리로부터 발생하면 식 별가능하다.
④ 개별 취득하는 무형자산은 미래 경제적 효익의 유입가능성조건을 항상 충족하는 것으 로 본다.
⑤ 내부적으로 창출한 영업권(internally generated goodwill)은 자산으로 인식하지 아니한다.

04 재무보고를 위한 개념체계에 대한 다음의 설명 중 틀리게 서술된 것은?

① 실현가능가치는 청산으로 수취할 것으로 예상되는 현금이나 현금성자산의 금액을 말한다.
② 수익은 자산의 유입이나 증가 또는 부채의 감소에 따라 자본의 증가를 초래하는 특정 회계기간 동안에 발생한 경제적효익의 증가로서, 지분참여자에 의한 출연과 관련된 것은 제외한다.
③ 기업이 개발활동에서 습득한 핵심지식은 이를 독점적으로 보유함으로써 그로부터 유입될 것으로 기대되는 효익을 통제한다면 자산의 정의를 충족할 수 있다.
④ 재무제표요소의 정의는 인식기준을 충족하지 못하여 재무상태표에 자산 또는 부채로 인식되지 못한 항목을 포괄한다.
⑤ 개념체계에서는 재무상태변동표의 고유한 요소에 대해 별도로 식별하지 아니한다.

05 ㈜다빈은 20×1년 1월 1일에 토지A를 ₩5,000에 취득하였다. ㈜다빈은 토지를 재평가모형으로 측정한다. ㈜다빈의 회계기간은 1월 1일부터 12월 31일까지이다. 다음은 토지A의 재평가금액을 나타낸 것이다.

구분	재평가금액			
일자	20×1.12.31	20×2.12.31	20×3.12.31	20×4.12.31
금액	₩7,000	₩4,000	₩3,000	₩6,000

20×5년 4월 29일에 토지A를 ₩7,000에 처분하였다면 당기손익으로 인식할 처분이익은 얼마인가? (단, ㈜다빈은 처분시 재평가잉여금을 소멸시키는 회계처리를 한다고 가정한다.)

① ₩1,000   ② ₩2,000   ③ ₩3,000   ④ ₩4,000   ⑤ ₩6,000

06 ㈜다빈은 20×1년 5월 1일에 사채를 다음과 같은 조건으로 발행하였다.

(1) 액면금액 : ₩1,000,000
(2) 표시이자율 : 연 5% (연1회 12월 31일에 이자지급)
(3) 발행일 : 20×1년 1월 1일
(4) 만기일 : 20×5년 12월 31일

1월 1일의 시장이자율은 6%이고, 5월 1일의 시장이자율은 8%이다.
다음은 현가계산표이다.

구분	₩1의 현가(5기간)	₩1의 연금현가(5기간)
6%	0.7473	4.2124
8%	0.6806	3.9927

㈜다빈은 20×3년 1월 1일에 동 사채를 상환하였다. 사채상환당시 시장이자율이 5%인 경우 사채상환손실은 얼마인가?

① ₩26,681 ② ₩33,749 ③ ₩52,086
④ ₩61,803 ⑤ ₩77,294

07 ㈜다빈은 20×1년 5월 1일에 사채를 다음과 같은 조건으로 발행하였다.

  (1) 액면금액 : ₩1,000,000
  (2) 표시이자율 : 연 5% (연 1회 12월 31일에 이자지급)
  (3) 발행일 : 20×1년 1월 1일
  (4) 만기일 : 20×5년 12월 31일

1월 1일의 시장이자율은 6%이고, 5월 1일의 시장이자율은 8%이다.
다음은 현가계산표이다.

구분	₩1의 현가(5기간)	₩1의 연금현가(5기간)
6%	0.7473	4.2124
8%	0.6806	3.9927

㈜다빈은 20×2년 7월 1일에 동 사채를 발생이자를 포함하여 ₩940,000에 상환하였다. 위 사채가 ㈜다빈의 20×2년 당기순이익에 미치는 영향은? 단, 법인세효과는 고려하지 않는다.

① ₩9,346 감소 ② ₩9,346 증가 ③ ₩15,654 감소
④ ₩15,654 증가 ⑤ ₩34,346 감소

08 ㈜다인은 20×1년 1월 1일에 다음과 같은 조건의 전환사채를 발행하였다.

(1) 액면금액 : ₩1,000,000	(2) 표시이자율 : 6%
(3) 발행금액 : ₩1,000,000	(4) 일반사채 시장수익률 : 12%
(5) 이자지급방법 : 매연도말 후급	(6) 만기 : 20×3년 12월 31일
(7) 만기상환할증금 : ₩132,426	(8) 만기보장수익률 : 10%
(9) 전환가격·전환청구기간 : 생략	

〈현가계수자료〉

할인율	₩1의 3기간 단일현가	₩1의 3기간 연금현가
10%	0.7513	2.4868
12%	0.7118	2.4018

위의 자료를 이용하여 전환사채 발행시 전환권대가와 전환권조정과목으로 인식될 금액을 기업회계기준서에 따라 각각 계산하면 얼마인가?

	전환권대가	전환권조정
①	₩49,831	₩49,831
②	49,831	182,257
③	143,720	143,720
④	143,720	276,146
⑤	99,492	231,918

09 재무제표 표시에 관한 한국채택국제회계기준에 대한 다음의 설명 중 틀리게 서술된 것은?

① 경영진의 재무검토보고서, 환경보고서나 부가가치보고서는 재무제표의 범위에서 제외된다.
② 외환손익 또는 단기매매 금융상품에서 발생하는 손익과 같이 유사한 거래의 집합에서 발생하는 차익과 차손은 순액으로 표시한다. 그러나 그러한 차익과 차손이 중요한 경우에는 구분하여 표시한다
③ 부적절한 회계정책은 이에 대하여 공시나 주석 또는 보충 자료를 통해 설명하더라도 정당화될 수 없다.
④ 한국채택국제회계기준을 준수하여 작성된 재무제표는 국제회계기준을 준수하여 작성된 재무제표임을 주석으로 공시할 수 있다.
⑤ 재고자산에 대한 재고자산평가충당금과 매출채권에 대한 대손충당금과 같은 평가충당금을 차감하여 관련 자산을 순액으로 측정하는 것은 상계에 해당된다. 한국채택국제회계기준에서 요구하거나 허용하지 않는 한 자산과 부채 그리고 수익과 비용은 상계하지 아니한다.

10 ㈜다빈의 재무상태표일(12월 31일) 현재 현금및현금성자산 등 내역은 다음과 같다.

소액현금	₩10,000	전도금	₩20,000
선일자수표	30,000	배당지급통지표	10,000
당좌개설보증금	20,000	만기가 90일인 정기예금	20,000
당좌예금	10,000	수입인지	10,000
당좌차월(거래은행이 즉시 상환을 요구할 수 없다.)			10,000
재무상태표일부터 만기가 2개월 후(취득일 11월 1일)인 양도성예금증서			20,000

㈜다빈이 재무상태표일(12월 31일)에 현금및현금성자산으로 계상할 금액은 얼마인가?

① ₩70,000 ② ₩80,000 ③ ₩90,000
④ ₩100,000 ⑤ ₩110,000

11 ㈜다빈의 20×1년 현금수입액은 ₩8,000,000이고 현금지출액은 ₩5,600,000이다. ㈜다빈의 20×1년 발생주의에 의한 순이익을 계산하여 본 결과 순이익은 ₩2,700,000으로 산정되었다. 다음은 20×1년 현금주의순이익에서 발생주의순이익으로 전환시 고려된 자산·부채의 현황이다.

과 목	20×1.1.1	20×1.12.31
매출채권	₩1,000,000	₩1,090,000
재고자산	800,000	740,000
미수수익	120,000	250,000
미지급비용	150,000	240,000
매입채무	900,000	?
선수수익	80,000	100,000

20×1년 12월 31일 현재의 매입채무잔액은 얼마인가?

① ₩650,000 ② ₩720,000 ③ ₩770,000 ④ ₩830,000 ⑤ ₩860,000

12 기업회계기준서 제1109호 '금융상품'에 관한 다음 설명 중 옳지 않은 것은?

① 보고기간 말에 금융상품의 신용위험이 낮다고 판단된다면 최초 인식 후에 해당 금융상품의 신용위험이 유의적으로 증가하지 않았다고 볼 수 있다.

② 취득시 신용이 손상되어 있는 금융자산, 매출채권, 계약자산, 리스채권을 제외하고, 최초 인식 후에 금융상품의 신용위험이 유의적으로 증가한 경우에는 매 보고기간 말에 전체기간 기대신용손실에 해당하는 금액으로 손실충당금을 측정한다.

③ 금융상품의 기대신용손실을 측정하는 경우 화폐의 시간가치를 반영하지 아니한다.

④ 취득시 신용이 손상되어 있는 금융자산은 매 보고기간 말에 전체기간 기대신용손실의 변동액을 손상차손(환입)으로 당기손익에 인식한다. 전체기간 기대신용손실이 최초 인식시점의 추정현금흐름에 포함되었던 기대신용손실액보다 작다 하더라도 전체기간 기대신용손실의 유리한 변동을 손상환입으로 인식한다.

⑤ 기대신용손실을 측정할 때 가능한 시나리오를 모두 고려할 필요는 없다. 그러나 신용손실의 발생 가능성이 매우 낮더라도 신용손실이 발생할 가능성과 발생하지 아니할 가능성을 반영하여 신용손실이 발생할 위험이나 확률을 고려한다.

13 ㈜다빈은 20×1년 1월 1일 만기가 3년이고 표시이자율이 8%이며, 액면금액이 ₩100,000인 사채를 ₩95,024에 취득하였다. 이 사채는 매년말에 이자를 지급한다. 이 사채의 취득당시 유효이자율은 10%이다. 이 사채의 20×1년 말 공정가치는 ₩97,000이다. 회사는 20×2년 1월 1일 동 사채를 ₩98,000에 매각하였다. ㈜다빈이 동 사채를 기타포괄손익－공정가치측정금융자산 또는 상각후원가측정금융자산으로 분류하는 경우 각각의 처분손익은 얼마인가?

	기타포괄손익－공정 가치측정금융자산	상각후원가측정 금융자산		기타포괄손익－공정 가치측정금융자산	상각후원가측정 금융자산
①	이익 ₩1,474	이익 ₩1,474	④	이익 ₩1,000	이익 ₩1,000
②	이익 ₩1,000	이익 ₩1,474	⑤	이익 ₩2,976	이익 ₩2,976
③	이익 ₩1,000	이익 ₩2,976			

14 ㈜다빈의 20×1년 재고자산관련 거래 내역은 다음과 같다.

일자	거래	수량	단가
1.1	기초재고	500	₩32
3.1	매입	300	40
5.1	매출	400	
7.1	매입	600	45
9.1	매출	500	
11.1	매입	600	55
12.1	매출	700	

단위원가 결정방법을 이동평균법과 총평균법에 의할 때 각각 20×1년 매출원가는 얼마인가?(단, 단위원가는 소수첫째짜리에서 반올림하여 계산한다.)

	이동평균법	총평균법
①	₩68,800	₩70,400
②	₩68,800	₩71,800
③	₩68,300	₩70,400
④	₩68,300	₩71,800
⑤	₩68,700	₩70,600

15 ㈜다인백화점은 평균법에 의한 저가기준 소매재고법에 의하여 기말재고자산의 원가를 결정하고 있으며, 다음은 재고자산에 관한 자료이다.

	원 가	판매가
기초재고	₩15,000	₩20,000
순매입	62,600	86,000
순인상액		2,000
순인하액		1,000
순매출액		73,000
종업원할인		4,000
정상적 파손	1,600	2,000
비정상적 파손	2,000	3,000

㈜다인백화점의 기말재고자산 원가는 얼마인가?

① ₩17,855   ② ₩18,000   ③ ₩18,175
④ ₩18,720   ⑤ ₩18,750

16 다음 중단영업 및 매각예정비유동자산에 대한 회계처리 내용이다.

> • 더 이상 매각예정으로 분류할 수 없는 비유동자산의 장부금액에 반영하는 조정금액은 매각예정분류요건이 더 이상 충족되지 않는 기간의 (A)에 포함한다.
> • 기업의 구분단위를 매각예정으로 더 이상 분류할 수 없는 경우, 중단영업으로 표시하였던 당해 구분단위의 영업성과를 비교 표시되는 모든 회계기간에 재분류하여 (B)에 포함하고 과거기간에 해당하는 금액이 재분류되었음을 주석으로 기재한다.
> • 매각예정으로 분류하였으나 중단영업의 정의를 충족하지 않는 비유동자산(또는 처분자산집단)을 재측정하여 인식하는 평가손익은 (C)에 포함한다.

위의 빈칸 A, B, C에 들어갈 내용 중 중 한국채택국제회계기준과 일치한 것으로 연결된 것은?

	A	B	C
①	중단영업손익	계속영업손익	계속영업손익
②	계속영업손익	중단영업손익	계속영업손익
③	계속영업손익	계속영업손익	중단영업손익
④	계속영업손익	중단영업손익	중단영업손익
⑤	계속영업손익	계속영업손익	계속영업손익

17 12월 결산법인인 ㈜다빈건설은 본사사옥을 신축 중에 있다. 동 본사사옥신축공사는 20×2년 4월 1일부터 시작되었으며, 20×2년 4월 1일에 ₩600,000과 10월 1일에 ₩800,000이 동 공사에 지출되었다. 4월 1일에 지출된 금액에는 정부로부터 받은 보조금 ₩200,000이 포함되어 있다. 동 공사와 관련된 차입금 내역은 다음과 같다.

차입금	차입일	차입금액	상환일	이자율
A	20×2년 4월 1일	₩400,000	20×3년 12월 31일	6%
B	20×2년 1월 1일	₩600,000	20×2년 12월 31일	8%
C	20×1년 1월 1일	₩400,000	20×2년 6월 30일	10%

차입금A는 동 공사를 위하여 개별적으로 차입되었으며, 이 중 ₩100,000은 6개월간 연 4%로 금융기관에 예치후 사용되었다. ㈜다빈건설이 동 공사에 대하여 20×2년에 자본화할 차입원가는 얼마인가?

① ₩37,250   ② ₩45,250   ③ ₩46,000   ④ ₩47,750   ⑤ ₩48,800

18 다음 중 기업회계기준서 제1108호 '영업부문'의 내용과 일치하지 않은 것은?

① 영업부문은 아직까지 수익을 창출하지 않는 사업활동을 영위할 수 있다. 예를 들어, 신규 영업은 수익을 창출하기 전에도 영업부문이 될 수 있다.

② 퇴직급여제도는 영업부문에 해당하지 않는다.

③ 보고되는 영업부문들의 외부수익 합계가 기업 전체 수익의 75% 미만인 경우, 보고부문들의 외부수익 합계가 기업 전체 수익의 최소한 75%가 되도록 양적기준을 충족하지 못하는 영업부문이라도 추가로 보고부문으로 식별한다.

④ 보고부문별로 당기손익을 보고한다. 보고부문별 자산과 부채의 총액이 최고영업의사결정자에게 정기적으로 제공된다면 그러한 금액들도 보고한다.

⑤ 각 보고부문의 이자수익과 이자비용은 순액으로 보고한다. 다만, 이자수익이 부문수익의 대부분이고 최고영업의사결정자가 부문성과를 평가하고 자원을 배분하기 위하여 이자수익과 이자비용을 총액으로 사용하는 경우는 예외로 한다.

19 다음 보고기간후사건에 대한 설명 중 한국채택국제회계기준과 일치하지 않은 것은?

① 재무제표를 발행한 이후에 주주에게 승인을 받기 위하여 제출하는 경우가 있다. 이 경우 재무제표 발행승인일은 주주가 재무제표를 승인한 날이 아니라 재무제표를 발행한 날이다.

② 보고기간후사건이란 보고기간말과 재무제표 발행승인일사이에 발생한 유리하거나 불리한 사건을 말한다. 다만, 이익이나 선별된 재무정보를 공표한 후에 발생한 사건은 재무제표 발행승인일전이라도 보고기간후사건에서 제외된다.

③ 경영진은 별도의 감독이사회(비집행이사로만 구성)의 승인을 얻기 위하여 재무제표를 발행하는 경우가 있다. 그러한 경우, 경영진이 감독이사회에 재무제표를 제출하기 위하여 승인한 날이 재무제표 발행승인일이다.

④ 보고기간 후의 매출처 파산은 일반적으로 보고기간말의 매출채권에 손실이 발생하였음을 확인하는 추가적인 정보이므로 매출채권의 장부금액을 수정할 필요가 있다.

⑤ 경영진이 보고기간 후에, 기업을 청산하거나 경영활동을 중단할 의도를 가지고 있거나, 청산 또는 경영활동의 중단 외에 다른 현실적 대안이 없다고 판단하는 경우에는 계속기업의 기준에 따라 재무제표를 작성해서는 아니 된다.

20 다음 특수관계자공시에 대한 설명 중 한국채택국제회계기준과 일치하지 않은 것은?

① 단순히 이사나 그 밖의 주요 경영진의 일원이 동일한 두 기업은 특수관계자에 해당하지 아니한다.

② 하나의 조인트벤처를 단지 공동지배하는 두 참여자는 특수관계자에 해당하지 아니한다.

③ 지배기업과 종속기업 사이의 관계는 다면 공시한다. 다만, 지배기업과 종속기업 사이의 관계는 거래가 없다면 공시를 생략할 수 있다.

④ 종업원급여에는 당해 기업과 관련하여 당해 기업의 지배기업을 대신하여 지급하는 대가도 포함한다.

⑤ 단기종업원급여에는 사회보장분담금이나 현직종업원을 위한 비화폐성급여 등이 포함된다.

21 ㈜다빈은 20×1년 7월 1일 기계장치를 ₩100,000에 취득하였다. 동 기계장치의 내용연수는 5년이며 잔존가치 ₩10,000이고 정액법으로 상각된다. ㈜다빈은 20×4년 1월 1일 동 기계장치에 대하여 상각방법을 연수합계법으로, 잔존가치는 ₩5,000으로, 잔존내용연수는 4년으로 각각 변경하였다. ㈜다빈의 회계기간은 1월 1일부터 12월 31일까지이다. 이러한 회계변경으로 인한 ㈜다빈의 20×4년 당기순이익에 미치는 영향은 얼마인가?(단, 법인세효과는 고려하지 않는다.)

① ₩5,500 감소 ② ₩2,000 감소 ③ ₩1,000 증가
④ ₩2,450 증가 ⑤ ₩5,500 증가

22 12월 결산법인인 ㈜다빈은 20×2년 3월 31일에 US$100에 상당하는 제품을 수출할 가능성이 매우 높다. ㈜다빈은 이러한 예상거래에 발생할 US$100의 환위험을 회피하기 위하여 다음과 같은 통화선도거래계약을 체결하였다.

- 통화선도거래계약 체결일 : 20×1. 11. 1
- 계약기간 : 5개월(20×1.11.1~20×2.3.31)
- 계약조건 : US$100를 약정통화선도환율 @₩1,160/US$1로 매도하기로 함

환율에 대한 자료는 다음과 같다.

일 자	현물환율(₩/$)	통화선도환율(₩/$)
20×1. 11. 1	1,150	1,160(만기5개월)
20×1. 12. 31	1,170	1,190(만기3개월)
20×2. 3. 31	1,180	

상기 파생상품회계처리에는 현금흐름위험회피회계가 적용된다. 상기 통화선도거래와 관련하여 20×2년 3월 31일에 당기손익으로 인식할 통화선도관련 손익은 얼마인가?(단, 파생상품관련손익을 산정하기 위한 통화선도환율변동액에 대한 현재가치평가는 생략한다.)

① 손실 ₩2,000 ② 손실 ₩1,000 ③ 인식할 손익 없음
④ 이익 ₩1,000 ⑤ 이익 ₩2,000

23 다음 사업결합에 대한 설명 중 한국채택국제회계기준과 일치하는 것은?

① 모든 사업결합에서 취득자는 피취득자에 대한 비지배지분을 피취득자의 식별가능한 순자산 중 비지배지분의 비례적 지분으로 측정한다.

② 사업결합의 이전대가에 포함된, 피취득자의 종업원이 보유하고 있는 보상과 교환하여 취득자가 부여한 주식기준보상은 공정가치로 측정한다.

③ 피취득자에 대한 지분 모두가 비지배지분에 속하게 되더라도 취득자가 아닌 그 밖의 참여자들이 보유하고 있는 피취득자에 대한 지분은 사업결합 후 취득자의 재무제표 상 비지배지분이다.

④ 취득관련원가에는 중개수수료 즉 자문, 법률, 회계, 가치평가 및 그 밖의 전문가 또는 컨설팅 수수료, 내부 취득 부서의 유지 원가를 포함한 일반관리원가, 채무증권과 지분증권의 등록·발행 원가를 포함한다. 취득자는 취득관련원가에 대하여 원가가 발생하고 용역을 제공받은 기간에 비용으로 회계처리한다.

⑤ 사업결합에 대한 최초 회계처리가 사업결합이 발생한 보고기간 말까지 완료되지 못한다면, 취득자는 회계처리가 완료되지 못한 항목의 잠정금액을 재무제표에 보고한다. 취득자가 취득일 현재 존재하던 사실과 상황에 대하여 찾고자 하는 정보를 얻거나 더 이상의 정보를 얻을 수 없다는 것을 알게 된 시점에 측정기간은 종료한다. 그러나 측정기간은 취득일 이후 최초로 개시하는 회계연도말까지이다.

24 ㈜다빈은 퇴직급여제도로 확정급여제도(defined benefit plan)를 채택하고 있다. 다음은 확정급여제도와 관련된 ㈜다빈의 20×1년도 자료이다.

	20×1년
기초 확정급여채무의 현재가치	₩?
기초 사외적립자산의 공정가치	500,000
당기근무원가	120,000
과거근무원가	10,000
퇴직금지급액	70,000
사외적립자산에 대한 기여금 납부액	90,000
기말 확정급여채무의 현재가치	650,000
기말 사외적립자산의 공정가치	550,000
확정급여채무를 할인하기 위해 사용될 할인율 (기초)	연 4%
확정급여채무를 할인하기 위해 사용될 할인율 (기말)	연 5%

퇴직금 지급과 기여금 납부액은 모두 기말에 발생하고, 퇴직금은 사외적립자산에서 지급하였다. ㈜다빈의 20×1년 보험수리적손실이 ₩18,000이라고 가정하는 경우, ㈜다빈의 20×1년 초 확정급여채무의 현재가치는 얼마인가?

① ₩540,000   ② ₩550,000   ③ ₩560,000
④ ₩570,000   ⑤ ₩580,000

25 다음 광물자산의 탐사와 평가에 관한 한국채택국제회계기준에 의할 때 탐사평가자산으로 인식할 금액은 얼마인가?

> A. 탐사 권리의 취득 관련 지출 : ₩5,000
> B. 탐사를 위한 시추 관련 지출 : ₩6,000
> C. 표본추출 관련 지출 : ₩1,000
> D. 지형학적, 지질학적, 지구화학적 및 지구물리학적 연구 관련 지출 : ₩2,000
> E. 광물자원 추출의 기술적 실현가능성과 상업화가능성에 대한 평가와 관련된 활동된 지출 : ₩4,000
> F. 광물자원의 개발 관련 지출 : ₩3,000

① ₩17,000 ② ₩18,000 ③ ₩19,000 ④ ₩20,000 ⑤ ₩21,000

26 ㈜다빈은 20×1년에 공장 신축공사를 ₩450,000에 수주하였다. 공사원가 자료는 다음과 같다.

	20×1년	20×2년	20×3년
발생공사원가	₩136,000	₩224000	₩110,000
추가공사원가	264,000	120,000	―

㈜다빈은 누적발생원가기준으로 진행률을 산정한다. ㈜다빈이 20×2년과 20×3년 각각 인식할 공사손익은 얼마인가?

	20×2년	20×3년
①	손실 ₩10,000	손실 ₩20,000
②	손실 ₩30,000	이익 ₩10,000
③	손실 ₩47,000	손실 ₩10,000
④	손실 ₩30,000	손실 ₩10,000
⑤	손실 ₩47,000	이익 ₩10,000

27 ㈜다빈의 20×1년 1월 1일 현재 유통보통주식수는 2,000주이다. 회사는 20×1년 1월 1일에 주식선택권 1,000개를 부여하였다. 주식선택권의 내용은 다음과 같다.

- 가득기간(용역제공기간) : 20×1년 1월 1일부터 20×3년 12월 31일까지
- 행사가격 : ₩3,000
- 총보상원가 : ₩3,000,000

회사의 20×1년 당기순이익은 ₩7,400,000이다. 회사의 20×1년 연평균주가평균은 ₩6,667이고, 20×1년 12월 31일 현재 주가는 ₩5,000이다. 회사의 세율은 30%이다. 20×1년 희석주당순이익을 계산하면 얼마인가?

① ₩3,083 ② ₩3,363 ③ ₩3,435 ④ ₩3,700 ⑤ ₩3,857

28 ㈜다인은 20×1년 1월 1일에 ㈜서울의 주식 20%을 ₩52,000에 취득하였다. 이러한 주식취득으로 인하여 ㈜서울은 ㈜다인의 관계기업이 되었다. 취득당시 ㈜서울의 순자산의 장부금액은 ₩250,000이고 순자산의 공정가치는 ₩300,000이다. 공정가치와 장부금액의 차이는 기계장치의 과소계상에 기인한다. 기계장치는 5년간 정액법으로 잔존가치없이 상각한다. ㈜서울의 20×1년 순이익은 ₩100,000이고, 포괄이익은 ₩120,000이며, 중간배당액은 ₩20,000이다. ㈜다인이 20×1년 ㈜서울의 주식에 대하여 지분법을 적용하는 경우 20×1년 12월 31일의 관계기업투자주식은 얼마인가?

① ₩66,000   ② ₩70,000   ③ ₩74,000

④ ₩78,000   ⑤ ₩80,000

29 외상매출금과 외상매입금을 상계하는 회계처리가 비율분석 등에 미치는 영향으로 부적절한 것은?

① 순운전자본은 불변이다.   ② 부채비율은 감소한다.

③ 유동비율은 알 수 없다.   ④ 당좌비율은 감소한다.

⑤ 위 모두 다 옳다.

30 ㈜다빈의 20×2년 법인세비용차감전순이익은 ₩100,000이며, 법인세율은 20×2년 25%, 20×3년부터 20%이다. 다음은 ㈜다빈의 20×2년 세무조정과 관련된 사항이다.

(1) 접대비한도초과액 : ₩10,000

(2) 감가상각비한도초과액 : ₩30,000

(3) 건물에 대한 재평가차손(당기손익) : ₩30,000

(4) 토지에 대한 재평가차익(재평가잉여금) : ₩40,000

(5) 자기주식처분손실 : ₩20,000

(6) 기타포괄손익－공정가치측정금융자산평가이익 : ₩20,000

(7) 당기손익－공정가치측정금융자산평가이익 : ₩20,000

㈜다빈은 20×1년 12월 31일 현재 일시적차이, 이연법인세자산 및 이연법인세부채는 없다. ㈜다빈이 20×2년 법인세비용과 20×2년 12월 31일 현재 재무상태표에 표시될 이연법인세자산 또는 이연법인세부채는 얼마인가?

	법인세비용	이연법인세자산 · 부채	
①	₩29,500	이연법인세부채	₩4,000
②	₩29,500	이연법인세부채	₩10,000
③	₩36,500	이연법인세부채	₩4,000
④	₩36,500	이연법인세부채	₩10,000
⑤	₩28,500	이연법인세자산	₩4,000

31 다음 자료를 이용하여 당기총제조비용 중 기초원가를 계산하면 얼마인가?

> - 기초재공품액은 기말재공품액의 150%이다.
> - 매출원가 ₩18,000, 기초제품 ₩4,000, 기말제품 ₩2,000
> - 직접재료원가 발생액은 ₩5,000이다.
> - 제조간접원가는 직접노무원가발생액의 2/3만큼 발생하였다.
> - 기말재공품액은 ₩2,000이다.

① ₩9,000   ② ₩10,000   ③ ₩11,000
④ ₩12,000   ⑤ ₩13,000

32 ㈜다빈의 제조간접원가예산은 직접노동시간 10,000시간을 기준으로 ₩80,000이다. 직접노동시간당 변동비배부율은 ₩5이다. 6월의 생산량 2,000개에 허용된 표준직접노동시간은 10,100시간일 때 조업도차이는 얼마인가?

① ₩500불리   ② ₩300유리   ③ ₩100불리
④ ₩100유리   ⑤ ₩500유리

33 ㈜다빈은 3개의 사업부를 운영하고 있다. 각 사업부의 경제적 부가가치(EVA : Economic Value Added)지표로 평가하기 위한 자료는 다음과 같다.

	A사업부	B사업부	C사업부
총자산	₩5,000,000	₩4,000,000	₩1,000,000
유동부채	1,000,000	2,000,000	500,000
매출액	8,000,000	4,000,000	2,000,000
영업이익	1,200,000	1,000,000	800,000
당기순이익	600,000	400,000	300,000

㈜다빈의 타인자본은 ₩6,000,000이고 타인자본비용은 10%이며, 자기자본은 ₩4,000,000이고 자기자본비용은 12%이다. 법인세율은 20%로 가정시 각 사업부의 EVA의 크기를 맞게 표시한 것은?

① A사업부 〉 B사업부 〉 C사업부
② B사업부 〉 A사업부 〉 C사업부
③ A사업부 〉 C사업부 〉 B사업부
④ B사업부 〉 C사업부 〉 A사업부
⑤ A사업부 〉 C사업부 〉 B사업부

34 ㈜다빈에는 A와 B의 두 개의 사업부가 있는데 다음은 성과평가와 관련된 자료이다.

구 분	A부문	B부문
투자액	1,000억원	2,000억원
순이익	200억원	360억원

㈜다빈의 자본비용은 10%이다. ㈜다빈이 사업부의 평가를 투자수익률, 잔여이익으로 평가하는 경우 어떠한 평가가 이루어지겠는가?

① 투자수익률로 평가하는 경우에는 A부문, 잔여이익으로 평가하는 경우에는 B부문이 각각 더 우수한 결과가 나온다.
② 투자수익률로 평가하는 경우에는 B부문, 잔여이익으로 평가하는 경우에는 A부문이 각각 더 우수한 결과가 나온다.
③ A부문이 투자수익률이나, 잔여이익 모두 더 우수하다는 결과가 나온다.
④ B부문이 투자수익률이나, 잔여이익 모두 더 우수하다는 결과가 나온다.
⑤ A부문과 B부문 모두 성과가 기대에 미치지 못한다는 결과가 나온다.

35 다인전자㈜의 판매단가는 ₩5,000이고, 단위당 변동비는 ₩3,000이다. 고정비는 ₩6,000,000인데, 여기에는 감가상각비가 ₩1,000,000이 포함되어있다. 법인세율이 40%인 경우에 다인전자㈜의 현금기준손익분기매출액은 얼마인가?

① ₩10,1666,667   ② ₩10,333,333   ③ ₩10,833,333
④ ₩11,166,66   ⑤ ₩12,500,000

36 순실현가치로 결합원가를 갑제품과 을제품에 배분하는 경우에 갑제품의 분리원가가 증가하면 결합원가배분액은 어떻게 되겠는가?

① 갑제품과 을제품 모두 증가한다.   ② 갑제품과 을제품 모두 증가한다.
③ 갑제품은 감소하고 을제품은 증가한다.   ④ 갑제품은 증가하고 을제품은 감소한다.
⑤ 갑제품은 증가하고 을제품은 불변이다.

37 ㈜다빈은 재고와 관련된 비용을 다음과 같이 예측하여 경제적 주문량을 계산하였다.

단위당 구입가격	₩4,000
연간 구입수량	80,000 단위
1회 주문비용	₩10,000
단위당 유지비용	₩16

만일, 위의 예측치중 1회주문비용이 잘못 예측되어 실제는 ₩40,000인 경우에 정확한 1회주문비용을 알기 위하여 ㈜다빈이 지급할 수 있는 최대금액은 얼마인가?

① ₩20,000   ② ₩40,000   ③ ₩60,000

④ ₩80,000   ⑤ ₩100,000

38 ㈜다인은 2개의 제조공정 A, B를 거쳐 제품을 생사하고 있다. 재료는 공정A에서는 공정초에 전량투입되고, 공정B에서는 50%진척시점에서 전량투입된다. 다음은 당기의 원가자료이다.

(1) 공정A
- 당기중 공정투입수량은 3,400개이고, 전기말 재공품수량은 500개이며, 당기말 재공품수량은 700개이다.
- 당기에 완성되어 공정B에 대체된 원가는 ₩144,000이다.
- 공손과 감손은 발생하지 않는다.

(2) 공정B
- 재공품과 당기투입원가

	기초재공품	기말재공품	당기투입
수 량	800개	500개	?
완 성 도	(40%)	(20%)	
전공정원가	₩40,000		?
직접재료원가	—		₩217,000
가 공 원 가	32,000		262,400

- 공손과 감손은 발생하지 않는다.

㈜다인은 선입선출법에 의한 종합원가계산을 사용한다. 공정B의 완성품원가를 계산하면 얼마인가?

① ₩652,700   ② ₩664,900   ③ ₩668,300

④ ₩673,500   ⑤ ₩679,600

39 ㈜다빈은 다음과 같은 3가지 제품을 생산 판매하고 있다.

	A	B	C
단위당판매가격	₩500	₩350	₩700
단위당변동비	₩200	₩100	₩100
단위당고정비	₩100	₩50	₩150
단위당 기계소요시간	2시간	1시간	3시간
시장수요	250개	300개	100개

제품생산에 투입될 수 있는 기계시간은 450시간이다. 단위당 고정비는 시장수요량기준으로 산정되었다. 달성가능한 최대이익은 얼마인가?

① ₩45,000   ② ₩50,000   ③ ₩55,000

④ ₩60,000   ⑤ ₩70,000

40 제품수명주기원가계산, 목표원가계산 및 카이젠원가계산에 관한 다음의 설명 중 타당하지 않는 것은?

① 제품수명주기원가계산에서는 연구개발, 제품설계 등 생산이전단계 원가뿐만 아니라, 마케팅, 주문처리비 등 생산이후원가도 포함하여 원가계산을 한다.

② 목표원가계산은 제조이전단계의 원가절감을 강조하는 반면에 카이젠원가계산은 제조단계에서의 원가절감을 강조하고 있다.

③ 카이젠원가계산에서는 프로세스개선에 경영자나 엔지니어보다는 작업자들이 더 효과적이라고 보고 이들에게 동기부여할 것을 강조한다.

④ 카이젠원가계산에서는 프로세스의 대규모 혁신적인 개선을 통한 원가절감을 강조한다.

⑤ 제품수명주기원가계산과 목표원가계산은 수명주기가 짧은 제품을 생산하는 기업에 적합하다.

II 실전모의고사 정답 및 해설

01	02	03	04	05	06	07	08	09	10
①	②	①	②	④	①	②	③	③	⑤
11	12	13	14	15	16	17	18	19	20
②	②	⑤	③	③	⑤	②	②	⑤	④
21	22	23	24	25	26	27	28	29	30
⑤	①	⑤	③	④	①	①	②	④	②
31	32	33	34	35	36	37	38	39	40
①	②	⑤	④	③	①	②	⑤	②	②

01   ❶

1. 누적발생원가기준

⟨20×1년⟩

$$진행률 = \frac{21,250 - 4,250}{21,250 + 63,750} = 20\%$$

계약수익 = ₩150,000 × 20% = ₩30,000

계약이익 = ₩30,000 − (₩21,250 − ₩4,250) = ₩13,000

⟨20×2년⟩

$$진행률 = \frac{68,000}{68,000 + 38,250} = 64\%$$

계약수익 = ₩150,000 × (64% − 20%) = ₩66,000

계약원가 = ₩68,000 − (₩21,250 − ₩4,250) = ₩51,000

계약이익 = ₩66,000 − ₩51,000 = ₩15,000

[Powerful Method]

계약이익＝[₩150,000－(₩68,000＋₩38,250)]×64%－[₩150,000－(₩21,250＋₩63,750)]×20%

    ＝₩15,000

2. 물리적 완성비율기준

계약수익＝₩150,000×(62%－30%)＝₩48,000

계약원가＝(₩68,000＋₩38,250)×62%－(₩21,250＋₩63,750)×30%＝₩40,375

계약이익＝₩48,000－₩40,375＝₩7,625

[Powerful Method]

계약이익＝[₩150,000－(₩68,000＋₩38,250)]×62%－[₩150,000－(₩21,250＋₩63,750)]×30%

    ＝₩7,625

02 ❷

취득금액(20×1.1.1)		₩55,000
염가매수차익	300,000×20%－55,000	5,000
순이익에 대한 지분	100,000×20%	20,000
중간배당	20,000×20%	(－)4,000
시가미달자산상각*	(300,000－250,000)×20%	(－)10,000
투자주식(20×1.12.31)		₩66,000

* 처분하였으므로 전액 제거한다.

03 ❶

확정급여채무에 대한 이자원가 : 620,000×4%	24,800
사외적립자산에 대한 이자수익 : 430,000×4%	(－)17,200
순확정급여부채의 순이자	₩7,600

[Powerful Method]

순확정급여부채의 순이자＝(₩620,000－4₩30,000)×4%＝₩7,600

04 ❷

① 단기리스에 대한 선택은 사용권이 관련되어 있는 기초자산의 유형별로 한다. 소액 기초자산 리스에 대한 선택은 리스별로 할 수 있다(KIFRS1116-8).

② KIFRS1116-7

③ 리스이용자는 리스개시일에 사용권자산과 리스부채를 인식한다(KIFRS1116-22).

④ 리스이용자는 사용권자산을 다른 자산과 구분하여 표시하거나 공시한다(KIFRS1116-47).

⑤ 리스이용자가 투자부동산에 기업회계기준서 제1040호 '투자부동산'의 공정가치모형을 적용하는 경우에는, 기업회계기준서 제1040호의 투자부동산 정의를 충족하는 사용권자산에도 공정가치모형을 적용한다(KIFRS1116-34).

05 ❹

발행시 부채요소 = $₩40,000 × 2.4868 + ₩1,000,000 × 0.7513 = ₩850,772$

부채매입대가 = $₩500,000 × 4\% × 1.6901 + ₩500,000 × 0.7972 = ₩432,402$

사채상환이익 = 전환사채의 장부금액 − 부채매입대가

$$= (₩850,772 × 1.1 − ₩40,000) × 0.5 − 4₩32,402 = ₩15,523$$

[Powerful Method]

사채상환이익 = $₩20,000 × (1.7355 − 1.6901) + ₩500,000 × (0.8264 − 0.7972) = ₩15,508$

06 ❶

① 분석의 첫 번째 형태는 성격별(nature) 분류이다.

> - 당기손익에 포함된 비용은 그 성격(예 감가상각비, 원재료의 구입, 운송비, 종업원급여와 광고비)별로 통합하며, 기능별로 재배분하지 않는다(KIFRS1001-102).
> - 비용을 기능별 분류로 배분할 필요가 없기 때문에 **적용이 간단할 수 있다**(KIFRS1001-102).
> - **미래현금흐름을 예측하는데 더 유용하다**(KIFRS1001-105).

② 분석의 두 번째 형태는 기능별(function) 분류이다.

> - 비용을 매출원가, 그리고 물류원가와 관리활동원가 등과 같이 기능별로 분류한다(KIFRS1001-103).
> - 적어도 **매출원가를 다른 비용과 분리하여 공시한다**. 그래서 **매출원가법**이라고도 한다(KIFRS1001-103).
> - 성격별 분류보다 재무제표이용자에게 더욱 목적적합한 정보를 제공할 수 있지만 비용을 기능별로 배분하는데 자의적인 배분과 상당한 정도의 판단이 개입될 수 있다(KIFRS1001-103).
> - 비용을 기능별로 분류하는 기업은 감가상각비, 기타 상각비와 종업원급여비용을 포함하여 **비용의 성격에 대한 추가 정보를 공시한다**(KIFRS1001-104).

07 ❷

$$기본주당이익 = \frac{5,635,000}{850 + 400 \times \dfrac{9}{12}} = \frac{5,635,000}{1,150} = 4,960$$

$$희석주당이익 = \frac{5,635,000}{1,150 + 400 \times (1 - \dfrac{2,000}{2,500}) \times \dfrac{3}{12} + 200 \times (1 - \dfrac{2,000}{2,500})} = \frac{5,635,000}{1,210} = 4,657$$

08 ❸

20×1년 평가충당금 = [₩200 − (₩210 − ₩20)] × 1,000개 = ₩10,000

20×2년 평가충당금 = [₩200 − (₩215 − ₩20)] × 400개 = ₩2,000

20×2년 평가손실환입 = ₩10,000 − ₩2,000 = ₩8,000

09 ❸

일반목적재무보고서는 보고기업의 가치를 보여주기 위해 고안된 것이 아니다. 그러나 그것은 현재 및 잠재적 투자자, 대여자 및 기타 채권자가 보고기업의 가치를 추정하는 데 도움이 되는 정보를 제공한다(개념체계-OB7).

10 ❺

양도자산을 계속 인식하는 경우에 그 양도자산과 관련 부채는 상계하지 아니한다. 이와 마찬가지로 양도자산에서 생기는 모든 수익은 관련 부채에서 생기는 어떤 비용과도 상계하지 아니한다(KIFRS1109-3.2.22)

11 ②

① 고객과 계약을 체결하는 관행과 과정은 고객과의 합의로 집행 가능한 권리와 의무가 생기는지, 생긴다면 언제 생기는지를 판단할 때 고려한다(KIFRS1115-10).

② KIFRS1115-9

③ 계약 당사자들끼리 계약변경 범위나 가격(또는 둘 다)에 다툼이 있거나, 당사자들이 계약 범위의 변경을 승인하였지만 아직 이에 상응하는 가격 변경을 결정하지 않았더라도, 계약변경은 존재할 수 있다(KIFRS1115-19).

④ 계약을 이행하기 위해 해야 하지만 고객에게 재화나 용역을 이전하는 활동이 아니라면 그 활동은 수행의무에 포함되지 않는다(KIFRS1115-25)

⑤ 계약상대방이 기업의 통상적인 활동의 산출물을 취득하기 위해서가 아니라 어떤 활동이나 과정(예: 협업약정에 따른 자산 개발)에 참여하기 위해 기업과 계약하였고,

그 계약 당사자들이 그 활동이나 과정에서 생기는 위험과 효익을 공유한다면, 그 계약상대방은 고객이 아니다(KIFRS1115-6).

12 ❷

20×4년 1월 1일의 장부금액 = 100,000 − (100,000 − 10,000) × (5 + 4 + 3)/15 = 28,000

20×4년 감가상각비 = (28,000 − 5,000) ÷ 4 = ₩5,750

13 ❺

매출채권회전율 = 1,150,000/[(430,000 + 490,000)/2] = 2.5

매출채권회수기간 = 360일/2.5 = 144일

재고자산회전율 = (370,000 + 1,002,500 − 450,000)/[(370,000 + 450,000)/2] = 2.25

재고자산회전기간 = 360일/2.25 = 160일

영업주기 = 144일 + 160일 = 304일

14 ❸

기타포괄손익 → 당기손익(KIFRS1021-32)

15 ❸

20×2년 보상원가 = 300개 × ₩1,000 × 1/4 = ₩75,000

16 ❺

금융자산을 기타포괄손익−공정가치 측정 범주에서 당기손익−공정가치 측정 범주로 재분류하는 경우에 계속 공정가치로 측정한다. 재분류 전에 인식한 기타포괄손익누계액은 재분류일에 재분류조정으로 자본에서 당기손익으로 재분류한다(KIFRS1109-5.6.7).

17 ❷

⟨20×1. 12. 31⟩

(차) 통화선도	3,960[*]	(대) 통화선도평가이익(NI)	3,960

* US\$ 미수액 변동액 : US\$100 × (1,240 − 1,200) = ₩4,000(A)

통화선도평가이익 : ₩4,000(A) ÷ 1.01 = ₩3,960

18 ❷

법인세비용차감전순이익	₩300,000
감가상각비	10,000
재고자산감소	20,000
매출채권(순액)증가	(35,000)
법인세납부액	(50,000)
기타포괄손익－공정가치측정금융자산(채무상품)처분손실	10,000
영업활동에서 유입된 현금	₩255,000

[참고]
1. 순액기준 매출채권증가를 조정하므로 대손상각비는 조정하지 아니한다.
2. 법인세비용차감전당기순이익에 법인세지급액을 차감한다.
3. 법인세비용차감전순이익＝당기순이익＋법인세비용. 따라서 법인세비용은 가산하지 않는다.

19 ❺

(KIFRS1026-14)

20 ❹

① 측정기간은 취득일로부터 1년을 초과할 수 없다(KIFRS1103-45).
② 각 사업결합은 취득법을 적용하여 회계처리한다(KIFRS1103-4). 즉, 사업결합의 회계처리방법으로 취득법만을 인정하고 지분통합법은 불허한다.
③ 취득자는 피취득자에 대한 교환으로 이전한 대가의 일부로서 조건부 대가를 취득일의 공정가치로 인식한다(KIFRS1103-39). 발생가능성을 고려하지 아니하고, 공정가치로 인식한다.
④ (KIFRS1103-24)
⑤ 단계적으로 이루어지는 사업결합에서, 취득자는 이전에 보유하고 있던 피취득자에 대한 지분을 취득일의 공정가치로 재측정하고 그 결과 차손익이 있다면 당기손익으로 인식한다(KIFRS1103-42).

21 ❺

과 목	기초잔액	기말잔액
매 출 채 권	₩100,000	₩120,000
재 고 자 산	70,000	60,000
미 수 수 익	10,000	20,000
선 급 비 용	5,000	10,000
매 입 채 무	(30,000)	(40,000)
선 수 수 익	(14,000)	(15,000)
미 지 급 비 용	(16,000)	(10,000)
순 자 산	₩125,000	₩145,000

순자산증가＝₩145,000－₩125,000＝₩20,000

발생주의 순이익＝₩500,000＋₩20,000＝₩520,000

22 ❶

[Powerful Method]

	20×1초	20×1말	20×2말	NI	OCI
FV	800,000	600,000	550,000		
	×4/5				
20×1말	＝640,000 →	600,000		(40,000)	
		×3/4			
20×2말		＝450,000 →	550,000	40,000	60,000

23 ❺

(단위 : 천원)

20×4년 12월 31일 재평가전 장부금액＝800－700×4/20＝660

20×4년 12월 31일 재평가손익＝700－660＝40(재평가잉여금)

		20×4년	20×5년
감가상각비	700÷20	(35)	－
투자부동산평가손익	500－600	－	(100)
합계		(35)	(100)

[해설] 투자부동산평가손실은 재평가잉여금과 상계되지 않는다.

24 ❸

평균지출액	연평균차입금 사용액		이자율	자본화할 차입원가	한도
750,000[*1]	특정차입금 (일시예치)	₩400,000	8%	₩32,000	
		(50,000)	4%	(2,000)	
	일반차입금	400,000	11.25%[*2]	45,000	90,000
계				₩75,000	

[*1] 평균지출액 : $300,000 \times 12/12 + 900,000 \times 6/12 = 750,000$

[*2] 자본화이자율

$$자본화이자율 = \frac{600,000 \times 6/12 \times 10\% + 500,000 \times 12\%}{600,000 \times 6/12 + 500,000} = \frac{90,000}{800,000} = 11.25\%$$

25 ❹

손상, 소실 또는 포기된 유형자산에 대해 제3자로부터 보상금을 받는 경우가 있다. 이 경우 보상금은 수취할 권리가 발생하는 시점에 당기손익으로 반영한다(K-IFRS1016-65). 손상차손과 보험금수익을 별개의 사건으로 보아 총액으로 표시한다. 참고로 종전 KGAAP에 의하면 손상차손과 보험금수익은 상계하여 표시하였다.

26 ❶

② 연결재무제표에서, 관련 기업들이 순액으로 납부하거나 환급받을 법적으로 **집행가 능한 권리**를 가지고 있고 순액으로 결제하거나, 자산을 실현하는 동시에 부채를 결 제할 의도가 있는 경우에만, 연결실체내 한 기업의 당기법인세자산을 다른 기업의 당기법인세부채와 상계한다(KIFRS1012-73).

③ 예외적인 경우로서 당기손익 이외의 항목으로(기타포괄손익이나 자본에 직접) 인식 되는 항목과 관련된 당기법인세와 이연법인세 금액을 결정하기 어려울 수 있다. 이 러한 경우에는 당기손익 이외의 항목으로 인식된 항목과 관련된 당기법인세와 이 연법인세는 관련 국가 내 기업의 합리적인 당기법인세와 이연법인세 비율로 배분하거나 또는 상황에 따라 더 적절히 배분할 수 있는 방법에 따른다(KIFRS1012-63).

④ 세무상의 재평가가 과거에 이루어진 회계상의 재평가나 또는 미래에 이루어질 회계 상의 재평가와 관련이 없다면, 세무기준액의 조정으로 인한 세효과는 **당기손익**에 반영한다(KIFRS1012-65).

⑤ 세공제액(또는 미래 세공제의 추정액)이 관련 누적보상비용을 초과한다면 이는 세 법상 차감될 금액이 보상원가 뿐만 아니라 자본항목에도 관련되어 있음을 나타내 는 것이다. 이러한 경우에 관련 당기법인세 또는 이연법인세의 초과분은 **자본에 직 접** 인식한다(KIFRS1012-68C).

27 ❶

감가상각비 $= (500,000 - 200,000 - 50,000) \times 1/5 \times 3/12 = ₩12,500$

28 ❷

무형자산 취득원가에 포함하지 않는 지출의 예는 다음과 같다(KIFRS1038-29).

> (1) 새로운 제품이나 용역의 홍보원가(광고와 판매촉진활동 원가를 포함한다)
> (2) 새로운 지역에서 또는 새로운 계층의 고객을 대상으로 사업을 수행하는 데서 발생하는 원가(교육훈련비를 포함한다)
> (3) 관리원가와 기타 일반경비원가

29 ❹

매년, 그리고 손상을 시사하는 징후가 있을 때마다 → 손상을 시사하는 징후가 있을 때마다 (KIFRS1036-88)

[보충] 영업권을 포함하는 현금창출단위의 손상검사
• 영업권과 관련되어 있지만 영업권이 배분되지 않은 현금창출단위에 대해서는, 손상을 시사하는 징후가 있을 때마다 영업권을 제외한 현금창출단위의 장부금액과 회수가능액을 비교하여 손상검사를 한다(KIFRS1036-88).
• 영업권이 배분된 현금창출단위에 대해서는, 매년, 그리고 손상을 시사하는 징후가 있을 때마다 영업권을 포함한 현금창출단위의 장부금액과 회수가능액을 비교하여 손상검사를 한다(KIFRS1036-90).

30 ❷

구조조정비용	퇴직위로금		₩50,000
손실부담계약	Min[5,000, 4,000]	=	4,000
합 계			₩54,000

31 ❶

[한풀] (단위: 천원)

$46 \times 3 + (50 + 30) \times (0.9^2 \times 4 - 1) = 317.2$

[별해]

누적생산량	대당직접노무원가	총직접노무원가
1	₩50,000	₩50,000
2	45,000	
4	40,500	162,000

3대 생산시 총직접노무원가 = 162,000 − 50,000 = 112,000

3대 생산시 총변동원가 계산

직접재료원가	₩138,000	(= 46,000 × 3)
직접노무원가	112,000	
변동제조간접원가	67,200	(= 112,000 × 60%)
합계	₩317,200	

※ 최소납품가격은 추가생산량의 총변동원가이다.

32 ❷

(1) 고정비 = 손익분기점에서의 공헌이익

   = 3,000단위 × ₩400 + 2,000단위 × ₩500

   = ₩2,200,000

(2) 20×2년의 가중평균 공헌이익 = ₩500 × 0.3 + ₩400 × 0.4 + ₩300 × 0.3

   = ₩400

(3) 20×2년의 손익분기점 = ₩2,200,000 ÷ ₩400 = 5,500단위

(4) 20×2년 손익분기점에서의 상품B의 판매량 = 5,500단위 × 0.4 = 2,200단위

33 ❺

(1) 상호배부법 적용을 위한 보조부문간의 관계식

   S_1 : 동력부문이 배분할 원가, S_2 : 수선부문이 배분할 원가,

   S_3 : 총무부문이 배분할 원가로 가정하면 관계식은 다음과 같이 표시된다.

   $S_1 = 25,000 + 0.3S_2$

   $S_2 = 46,000 + 0.1S_1$

   $S_3 = 16,000 + 0.2S_1 + 0.1S_2$

(2) 보조부문배분액 계산

   위의 연립방정식을 풀면,

   $S_1 = 40,000$, $S_2 = 50,000$, $S_3 = 29,000$

(3) 절삭부문원가계산

자체발생원가		₩185,000
보조부문배분원가		
동력부문	40,000 × 0.5	20,000
수선부문	50,000 × 0.2	10,000
총무부문	29,000 × 0.4	11,600
합계		₩226,600

34 ❹

3월말재공품원가(#104)

직접재료원가		₩28,000
직접노무원가		35,000
제조간접원가	35,000 × 96,000/150,000	22,400
합계		₩85,400

월초재공품원가	₩56,000
당월제조원가	365,000
계	₩421,000
월말재공품원가	85,400
완성품원가	₩335,600
월초제품재고액	—
월말제품재고액	—
매출원가	₩335,600

[한풀] (단위 : 천원)

$$56 + 365 - (28 + 35 + 35 \times \frac{96}{150}) = 335.6$$

35 ❸

결합원가 = 42,000 ÷ 0.6 = 70,000

B에 배분될 결합원가 = 70,000 × (1 − 60% × 1.1/1.06) = 26,415

또는, B에 배분될 결합원가 = 70,000 × (40%/106%) = 26,415

결합제품	판매가치상승전	1 + 판매가치상승률	판매가치상승후	백분비로 환산
A	60%	1.1	66%	66%/106%
B	40%		40%	40%/106%
합계	100%		106%	100%

36 ❶

변동제조간접원가

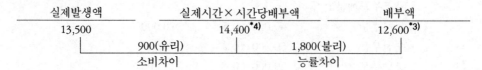

실제발생액	실제시간 × 시간당배부액	배부액
13,500	14,400[*4]	12,600[*3]

900(유리)   1,800(불리)

소비차이   능률차이

고정제조간접원가

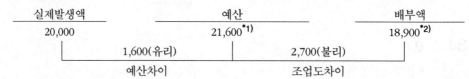

실제발생액	예산	배부액
20,000	21,600[*1]	18,900[*2]

1,600(유리)   2,700(불리)

예산차이   조업도차이

[*1] 시간당고정제조간접원가배부액 = ₩21,600 ÷ 800H = ₩27

[*2] 허용시간 = ₩18,900 ÷ ₩27 = 700H

[*3] 시간당변동제조간접원가배부액 = ₩45 − ₩27 = ₩18

배부액 = 허용시간 × 시간당변동제조간접원가배부액 = 700H × ₩18 = ₩12,600

[*4] 실제시간 = ₩14,400 ÷ ₩18 = 800H

37 ❷

최소대체원가 = 내부대체시 변동비 + 기회비용

= 내부대체시 변동비 + 단위당 외부판매 공헌이익 상실액

= ₩400,000 + [₩700,000 − (₩400,000 + ₩100,000)]

= ₩600,000

자동차사업부(공급받는부서)의 선택

최소[최소대체가격(₩600,000), 외부구입가격(₩550,000)] = 외부구입가격(₩550,000)

⇒ 대체하지 않는 것이 단위당 ₩50,000만큼 더 유리하다.

내부대체시 단위당이익 − 외부구입시 단위당이익 = 외부구입가격 − 최소대체가격

= ₩550,000 − ₩600,000

= −₩50,000(불리)

[참고]

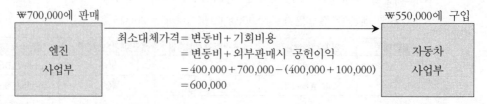

₩700,000에 판매   ₩550,000에 구입

엔진 사업부   최소대체가격 = 변동비 + 기회비용   자동차 사업부

= 변동비 + 외부판매시 공헌이익

= 400,000 + 700,000 − (400,000 + 100,000)

= 600,000

38 ❺

전부원가기준 마크업% = (판매관리비 + 목표이익) / 제조원가

$$= (700{,}000 + 500{,}000 + 420{,}000) / (2{,}600{,}000 + 1{,}000000)$$

$$= 45\%$$

전부원가마크업가격(A제품) = (1 + 크업%) × 단위당제조원가

$$= (1 + 0.45) × (400 + 220)$$

$$= ₩899$$

39 ❷

예측오차의 원가 = 수량오차 × 단위당손실

$$= 500개 × (₩500 - ₩200)$$

$$= ₩150{,}000$$

40 ❷

TOC에서는 총비용중 재료비만을 순순한 변동비로 간주하고 나머지비용은 전부 고정비로 간주한다. 단기간의 경우 직접노무원가는 조업도의 변화가 생겨도 쉽사리 변동하지 않는 고정비 성격을 가짐에 착안한 것이다.

ANSWER & EXPLANATION　　　　(계산형 : 28, 서술형 : 12)

01	02	03	04	05	06	07	08	09	10
⑤	④	①	③	③	①	②	③	②	③
11	12	13	14	15	16	17	18	19	20
③	③	⑤	⑤	①	②	①	②	⑤	⑤
21	22	23	24	25	26	27	28	29	30
①	①	⑤	①	⑤	②	④	③	③	⑤
31	32	33	34	35	36	37	38	39	40
④	④	①	④	④	①	③	①	⑤	③

01 ❺

부채요소 $= 1,000,000 \times 6\% \times 2.5771 + 1,000,000 \times 0.7938 = ₩948,426$

자본요소(전환권조정) $= 1,000,000 - 948,426 = ₩51,574$

액면이자합	$1,000,000 \times 6\% \times 3 =$	180,000
전환권조정		51,574
총이자비용		231,574

※ 총이자비용 = 액면이자합 + 전환권조정

02 ❹

예측가치 → 확인가치(개념체계－QC9)

03 ❶

상품			
기초	60,000	매출원가	240,000*1
매입	270,000	7.3	90,000
	330,000		330,000

*1 300,000÷(1 + 0.25)＝240,000

창고재고	90,000 − 5,000 ＝	₩85,000
재고자산의 가치		10,000
재해손실		₩75,000

[Powerful Method] (단위: 천원)

재해손실＝60＋270−300÷1.25−5−10＝75

04 ❸

손상차손환입＝Min[650,000, 1,000,000×6/10]−Max[520,000,480,000]×6/8＝210,000

[Powerful Method]

$$손상차손환입 ＝ (\frac{1,000,000}{10} - \frac{520,000}{8}) \times 6 = 210,000$$

05 ❸

20×2년 누적보상원가	(200명−15명)×100개×[₩60×2/3＋(₩30−₩20)×1/2]＝	₩832,500
20×1년 누적보상원가	(200명−10명)×100개×₩60×1/3 ＝	380,000
20×2년 보상원가		₩452,500

06 ❶

② 금융자산을 관리하는 사업모형을 변경하는 경우에만, 영향 받는 모든 금융자산을 재분류한다(KIFRS1109-4.4.1).

③ 금융자산을 상각후원가 측정 범주에서 기타포괄손익−공정가치 측정 범주로 재분류하는 경우에 재분류일의 공정가치로 측정한다. 금융자산의 재분류 전 상각후원가

와 공정가치의 차이에 따른 손익은 기타포괄손익으로 인식한다. 유효이자율과 기대신용손실 측정치는 재분류로 인해 조정되지 않는다(KIFRS1109-5.6.4)

④ 금융자산을 기타포괄손익−공정가치 측정 범주에서 상각후원가 측정 범주로 재분류하는 경우에 재분류일의 공정가치로 측정한다. 그러나 재분류 전에 인식한 기타포괄손익누계액은 <u>자본에서 제거하고 재분류일의 금융자산의 공정가치에서 조정한다</u>(KIFRS1109-5.6.5)

⑤ 금융자산을 기타포괄손익−공정가치 측정 범주에서 당기손익-공정가치 측정 범주로 재분류하는 경우에 계속 공정가치로 측정한다. 재분류 전에 인식한 기타포괄손익누계액은 <u>재분류일에 재분류조정으로 자본에서 당기손익으로 재분류한다</u>(KIFRS1109-5.6.7).

07 ❷

1. 유통되는 보통주식수나 잠재적보통주식수가 자본금전입, 무상증자, 주식분할로 증가하였거나 주식병합으로 감소가 보고기간후와 재무제표의 발행이 승인된 날 사이에 발생하였다면 당기와 표시되는 이전 기간의 주당이익을 새로운 유통보통주식수에 근거하여 재계산한다(KIFRS1033-64).

2. 다음의 거래가 보고기간 후에 발생한 경우에도 당기의 주당이익의 계산에 영향을 미치지 아니한다(KIFRS1033-71).
   (1) 현금납입에 의한 유상증자
   (2) 납입액으로 보고기간말의 부채나 우선주를 상환하기 위한 주식발행
   (3) 유통중인 보통주의 매입소각
   (4) 보고기간말의 잠재적보통주의 보통주로의 전환이나 행사
   (5) 옵션, 주식매입권 또는 전환금융상품의 발행
   (6) 조건부발행보통주의 발행조건 충족

08 ❸

수익금액＝￦50,000−￦50,000×￦20,000/￦400,000＝￦47,500

기업에 이전되는 구별되는 재화나 용역의 대가로 그 지급액을 고객에게 지급한 것이 아니다. 이는 기업이 고객의 선반에 대한 어떠한 권리도 통제하지 못하기 때문이다. 기업은 ￦20,000의 지급액을 거래가격의 감액한다.

그 미지급대가를 기업이 재화를 이전하여 수익을 인식할 때 거래가격에서 차감한다. 따라서 기업이 고객에게 재화를 이전하는 대로, 기업은 각 제품의 거래가격을 5%(￦20,000÷￦400,000)씩 줄인다. 그러므로 고객에게 재화를 이전하는 1월에 기업은 ￦47,500(송장금액 ￦50,000에서 고객에게 지급할 대가 ￦2,500 차감)을 수익으로 인식한다.

09 ❷

법인세비용차감전당기순이익	₩200,000
감가상각비	10,000
이자비용	25,000
재고자산감소	50,000
매출채권(순액)증가	(35,000)
매입채무감소	(10,000)
토지처분이익	(45,000)
영업에서 창출된 현금	195,000
법인세납부액	(30,000)
이자지급액	(15,000)
영업활동순현금흐름	**₩150,000**

[참고]
1. 순액기준 매출채권증가를 조정하므로 대손상각비는 조정하지 아니한다.
2. 영업활동순현금흐름＝영업으로부터 창출된 현금－이자지급－법인세의 납부

10 ❸

평균지출액	연평균차입금 사용액		이자율	자본화할 차입원가	(한도)
700,000[*1]	특정차입금 (일시예치)	₩400,000	4%	₩16,000	
		(－)		(－)	
	일반차입금	300,000	6.6%[*2]	19,800	(66,000)
합 계				₩35,800	

[*1] 평균지출액 : $400,000 \times 12/12 + 600,000 \times 6/12 = 700,000$

[*2] 자본화이자율

$$\frac{24,000 + 42,000}{400,000 + 600,000} = \frac{66,000}{1,000,000} = 6.6\%$$

11 ❸

① 단기리스 : 리스개시일에, 리스기간이 12개월 이하인 리스. 매수선택권이 있는 리스는 단기리스에 해당하지 않는다.

② 리스인센티브 : 리스와 관련하여 리스제공자가 리스이용자에게 지급하는 금액이나 리스의 원가를 리스제공자가 보상하거나 부담하는 금액

④ 리스총투자 : 금융리스에서 리스제공자가 받게 될 리스료와 무보증잔존가치의 합계액
⑤ 잔존가치보증 : 리스제공자와 특수 관계에 있지 않은 당사자가 리스제공자에게 제공한, 리스종료일의 기초자산 가치(또는 가치의 일부)가 적어도 특정 금액이 될 것이라는 보증

12 ❸

구분	A사채	B사채
이자수익	$1,000,000 \times 6\% = 60,000$	$(955,391 + 3,000) \times 9\% = 86,255$
수수료비용	3,000	
평가손익	$924,000 - 903,508 = 20,492$	
당기순이익 증가	$60,000 - 3,000 + 20,492$ $= 77,492$	86,255

당기순이익 증가 $= 77,492 + 86,255 = ₩163,747$

13 ❺

기업에게 부채의 차환이나 연장의 재량권이 없다면(예를 들어, 차환약정이 없는 경우), 차환가능성을 고려하지 않고 유동부채로 분류한다(KIFRS1001-73).

14 ❺

순이익크기, 기말재고크기, 법인세크기 비교
선입선출법 〉 이동평균법 〉 총평균법 〉 후입선출법

15 ❶

	확정급여채무		
지급액	40,000	기초	400,000
보험수리적이익	?	이자원가	20,000
		당기근무원가	80,000
기말	470,000	보험수리적손실	?
	510,000		510,000

이자원가 $= ₩400,000 \times 5\% = ₩20,000$
보험수리적손실 $= ₩10,000$

16 ❷

$30\% = 10\% \times 1.2 \times (1 + 부채비율)$

부채비율 $= 150\%$

[참고]

자기자본이익률 $=$ 순이익/자기자본

$\qquad =$ 순이익/매출액 $\times$ 매출액/총자산 $\times$ 총자산/자기자본

$\qquad =$ 매출액순이익률 $\times$ 총자산회전율 $\times (1 + 부채/자기자본)$

$\qquad =$ 매출액순이익률 $\times$ 총자산회전율 $\times (1 + 부채비율)$

$\qquad = 10\% \times 1.2 \times (1 + 150\%)$

$\qquad = 30\%$

17 ❶

	20×1년	20×2년	20×3년 이후
세전이익		10,000	
감가상각비한도초과액	6,000	5,000	(11,000)
접대비한도초과액		3,000	
과세표준	6,000	18,000	(11,000)
세율	0.3	0.2	0.2
당기법인세	1,800	3,600	(2,200)
기초이연법인세자산		1,800	
기말이연법인세자산		(2,200)	
법인세비용		₩3,200	

18 ❷

20×4년 1월 1일의 장부금액 $= 100,000 - (100,000 - 10,000) \times 3/5 = 46,000$

20×4년 감가상각비 $= (46,000 - 5,000) \times 4/10 = ₩16,400$

19 ❺

당기손익 − 공정가치측정금융자산평가이익 $= (₩6,000 - ₩5,000) \times 10주 = 10,000$

공정가치는 매도 등에서 발생할 수 있는 거래원가를 차감하지 않은 금액이다(KIFRS 1039-46).

20 ❺

예상거래는 거래발생이전에는 손익을 인식하지 않는다.

파생상품평가손익 중 위험회피에 효과적이지 못한 부분만 당기손익에 반영한다.

여기서, 위험회피에 효과적이지 못한 부분이란 파생상품평가손익(이익 ₩120,000)과 위험회피대상거래의 현금흐름 변동액현가(손실 ₩80,000)와의 차액을 말한다.

당기손실＝₩120,000 − ₩80,000 ＝ ₩40,000

21 ❶

낮은 이익 → 높은 이익

22 ❶

예상손실＝총손실×(1 − 진행률)

＝(₩105,000 − ₩100,000)×(1 − ₩84,000/₩105,000)＝₩1,000

공사원가＝실제발생원가 + 예상손실

＝₩64,000 + ₩1,000 ＝ ₩65,000

23 ❺

어떠한 경우에도 수확시점의 수확물은 순공정가치로 측정한다. 수확시점에는 수확물의 공정가치를 항상 신뢰성 있게 측정할 수 있다고 본다(KIFRS1041-32).

24 ❶

높아(probable) → 매우 높아(highly probable) (KIFRS1105-7)

25 ❺

(차) 비　　용	100,000	(대) 부　　채	100,000
자　산	60,000	수　　익	60,000

(차) 자　산	60,000	(대) 부　　채	100,000
비　용	40,000		

대부분의 경우 기업은 전체 의무 금액에 대하여 책임이 있으므로 제3자가 변제할 수 없게 될 경우 당해 전체 금액을 이행해야 할 책임을 진다. 이 경우 전체 의무금액을 충당부채로 인식하고 기업이 의무를 이행한다면 변제를 받을 것이 거의 확실시 되는

때에 한하여 당해 예상변제금액을 별도의 자산으로 인식한다(KIFRS1037-56).
충당부채와 관련하여 포괄손익계산서에 인식된 비용은 제3자의 변제와 관련하여 인식
한 금액과 상계하여 표시할 수 있다(KIFRS1037-54).

26 ❷

구분	금액	보유목적 등
건물(이중목적)	150,000	임대 및 자가사용. 단, 자가사용부분이 경미함
건설중인 건물	80,000	투자부동산으로 사용하기 위하여 건설중
재개발 중인 건물	70,000	투자부동산으로 사용한 건물로 미래 투자부동산으로 사용하기 위하여 재개발 중
임대중인 건물	90,000	20×2년 초에 처분예정인 투자부동산
합계	₩390,000	

27 ❹

매년 손상검토가 의무가 되는 자산
- 사업결합에서 취득한 영업권
- 아직 사용가능하지 않은 무형자산
- 내용연수가 비한정인 무형자산

28 ❸

영업권＝₩480,000＋200주×₩500－₩450,000＝₩130,000

29 ❸

제거하여야 할 내부미실현이익＝(₩150,000－₩100,000)×70%×20%＝₩7,000

30 ❺

모든 사업결합에서 취득자는 피취득자에 대한 비지배지분을 (1)공정가치 또는 (2)피취
득자의 식별가능한 순자산 중 비지배지분의 비례적 지분으로 측정한다(KIFRS1103-19).
비지배지분을 공정가치로 측정하면 영업권을 인식하게 된다.

31 ❹

100Q x ：200Q y ＝2：3

$Q_x : Q_y = 4 : 3$

Q를 제품X가 4단위, 제품Y가 3단위로 구성된 꾸러미의 목표수량이라고 하면,

목표이익 $= (100 \times 4 + 200 \times 3) Q \times 10\% = 100Q$

$$Q = \frac{268,000 + 100Q/(1-0.2)}{40 \times 4 + 100 \times 3}$$

$Q = 800$

$Q_x = 800 \times 4 = 3,200$

$Q_y = 800 \times 3 = 2,400$

32 ❹

전부원가계산순이익 − 변동원가계산순이익

$=$ (−)기초재고수량 × 단위당고정제조간접원가 + 기말재고수량 × 단위당고정제조간접원가

$=$ (−)300개 × (₩120,000÷800개) + 500개 × (₩120,000÷1,000개)

$=$ (−)₩45,000 + ₩60,000

$=$ ₩15,000

* 20×2년 기초재고수량 = 20×1년 기초재고수량 + 20×1년 생산량 − 20×1년 판매량

$= 200개 + 800개 − 700개$

$= 300개$

33 ❶

공손수량 = 10,000개 − 7,000개 − 1,800개 = 1,200개

정상공손수량 = (7,000개 + 1,200개 + 1,800개) × 10% = 1,000개

이상공손수량 = 1,200개 − 1,000개 = 200개

이상공손원가

재료비	(200개 × ₩30)	₩6,000
가공비	(200개 × 50% × ₩40)	4,000
이상공손원가		₩10,000

(참고) 정상공손수량이 합격수량의 10%인 경우에는 정답은 ② ₩16,000

34 ❹

전문가용 400대에 배부되는 제조간접원가 계산

활 동	계산식	배부액
주문	₩20,000 × 20회/(20회 + 20회)	₩10,000
생산준비	₩30,000 × 9회/(6회 + 9회)	18,000
부품관리	₩40,000 × 60개/(40개 + 60개)	24,000
조립	₩80,000 × 70시간/(30시간 + 70시간)	56,000
제품검사	₩30,000 × 20회/(30회 + 20회)	12,000
합계		₩120,000

전문가용 단위당 제조원가 계산

구 분	계산식	원가
직접재료원가		₩150
직접노무원가		250
제조간접원가	₩120,000/400개	300
합계		₩700

35 ❹

제조간접원가예산방정식 : 예산액 ＝ ₩78,000 ＋ ₩5 × 조업도

예산액 ＝ 변동예산 ＋ 고정예산

＝ ₩5 × 24,000H ＋ ₩78,000

＝ ₩198,000

예산차이 ＝ 예산액 － 실제발생액

＝ ₩198,000 － ₩200,000

＝ (−)₩2,000(불리)

36 ❶

		재고자산		
4. 1	45,000[*1]	매출	150,000[*2]	
구매	168,000	6.30	63,000[*3]	
	213,000		213,000	

[*1] 250,000 × 0.6(＝ 원가율 ＝ 300/500) × 0.3

[*2] 250,000 × 0.6   [*3] 350,000 × 0.6 × 0.3

37 ❸

판매가격을 P하고 하면, 캠코더생산시 이익(π)은 다음과 같다.

$\pi = [(P - ₩80 - ₩20) \times 20,000 - ₩4,000,000/5 - ₩300,000] \times (1 - 0.4)$

$\quad = [(P - ₩100) \times 20,000 - ₩1,100,000] \times (1 - 0.4)$

☞ 현재 창고 감가상각비(₩200,000)는 캠코더 생산과 관련없이 발생하는 원가(비관련 원가)이므로 이익계산시 고려되지 않는다.

평균투자액기준 회계적이익률(ARR)은 다음과 같다.

ARR = π/(투자액/2)

$\quad = \{[(P - ₩100) \times 20,000 - ₩1,100,000] \times (1 - 0.4)\} / (₩4,000,000/2)$

최소판매가격(P*)을 구하면,

ARR $\geq$ 0.12

$\{[(P^* - ₩100) \times 20,000 - ₩1,100,000] \times (1 - 0.4)\} / (₩4,000,000/2) \geq 0.12$

P* $\geq$ ₩175

38 ❶

－사업부문별 회피가능원가 계산

	유아용	청바지	신사정장	숙녀정장	전체
매 출	₩29,000	₩35,000	₩42,000	₩94,000	₩200,000
총 원 가	23,000	41,000	66,000	69,000	199,000
순 이 익ⓐ	₩6,000	－₩6,000	－₩24,000	₩25,000	₩1,000
회피불능고정비ⓑ	9,280	11,200	13,440	30,080	64,000
가산후잔액(ⓐ + ⓑ)	₩15,280	₩5,200	－₩10,560	₩55,080	₩65,000
의사결정			폐쇄		

주) 고정비/매출액 : 80,000/200,000 = 40%

　　회피불능고정비 : 사업부매출액 × 0.4 × 0.8

　　• 유아용 : 29,000 × 0.4 × 0.8 = 9,280

　　• 청바지 : 35,000 × 0.4 × 0.8 = 11,200

　　• 신사정장 : 42,000 × 0.4 × 0.8 = 13,440

　　• 숙녀정장 : 94,000 × 0.4 × 0.8 = 30,080

따라서, 신사정장사업부문을 폐쇄하면 ₩10,560만큼 이익이 증가된다.

최대달성가능이익 : ₩1,000 + ₩10,560 = ₩11,560

39 ❺

$EOQ = \sqrt{(2 \times A \times P/S)}$ (여기서 A : 연간사용량, P : 1회주문비용, S : 단위당 유지비용이다.)

$\quad\quad = \sqrt{(2 \times 6,000 \times 3,000/100)}$

$\quad\quad = 600상자$

주문횟수 $= \dfrac{₩6,000}{600}$

$\quad\quad\quad = 10회$

40 ❸

카이젠원가계산은 생산단계에서 대규모 혁신적인 개선보다는 규모가 작으면서 지속적인 공정개선을 강조한다. 생산단계에서 원가절감을 위해 커다란 변화를 일으킨다는 것은 어렵고도 비용이 많이 드는 일이기 때문이다.

03 실전모의고사 정답 및 해설

ANSWER & EXPLANATION   (계산형 : 27, 서술형 : 13)

01	02	03	04	05	06	07	08	09	10
②	③	⑤	③	③	⑤	③	③	③	①
11	12	13	14	15	16	17	18	19	20
④	⑤	②	①	①	③	④	⑤	①	④
21	22	23	24	25	26	27	28	29	30
⑤	③	⑤	⑤	④	④	①	①	④	⑤
31	32	33	34	35	36	37	38	39	40
④	④	②	①	④	①	③	①	③	⑤

01 ❷

구분	과목	계산근거	금액
건물A	감가상각비	$450,000 \div 10 \times 6/12$	(22,500)
건물B	투자부동산평가이익	$530,000 - 500,000$	30,000
건물C	감가상각비	$(600,000 - 50,000) \div 10 \times 6/12$	(27,500)
합계			(20,000)

따라서 ₩20,000감소

[참고] 회계처리

〈건물A〉

(차) 감가상각비	22,500[*1]	(대) 감가상각누계액	22,500

[*1] $450,000 \div 10 \times 6/12 = 22,500$

※ 처음으로 취득한 투자부동산의 공정가치를 계속하여 신뢰성 있게 결정하기가 어려운 경우는 잔존가치는 영(0)으로 가정하여 감가상각한다(KIFRS1040-53).

〈건물B〉

(차) 투자부동산	30,000	(대) 투자부동산평가이익	30,000 [*1]

[*1]. 530,000 − 500,000 = 30,000

〈건물C〉

(차) 감가상각비	27,500[*1]	(대) 감가상각누계액	27,500

[*1]. (600,000 − 50,000) ÷ 10 × 6/12 = 27,500

02 ❸

당기주식보상원가 + 잔여주식보상원가 :	200명 × 300개 × ₩60 × 2/3 =	₩2,400,000
공정가치를 초과한 현금지급액 :	200명 × 300개 × (₩100 − ₩90) =	600,000
20×2년 주식보상원가		₩3,000,000

[별해]

200명 × 300개 × [₩60 × 2/3 + (₩100 − ₩90)] = ₩3,000,000

03 ❺

오류수정 정산표

수정항목		순이익	
		20×1년	20×2년
선급비용	20×1년 과소	2,000	(2,000)
	20×2년 과소		4,000
선수수익	20×1년 과소	(5,000)	5,000
	20×2년 과소		(7,000)
미수수익	20×1년 과소	4,000	(4,000)
	20×2년 과소		9,000
미지급비용	20×1년 과소	(3,000)	3,000
	20×2년 과소		(1,000)
수정전 순이익			100,000
수정후 순이익			107,000

[별해1]

20×1년 말 순자산 : − ₩2,000과소 → ₩2,000과대

20×2년 말 순자산 : ₩5,000과소

오류효과＝₩2,000과소(전기오류반대영향)＋₩3,000과소(당기오류영향)

수정후 순이익＝₩100,000(수정전 순이익)＋₩7,000(과소)＝₩107,000

[별해2] 〈오류수정분개〉

(차) 선급비용	4,000	(대) 전기오류수정이익	2,000
		비 용	2,000
(차) 전기오류수정손실	5,000	(대) 선수수익	7,000
수 익	2,000		
(차) 미수수익	9,000	(대) 전기오류수정이익	4,000
		수 익	5,000
(차) 전기오류수정손실	3,000	(대) 미지급비용	1,000
		비 용	2,000

수정후 순이익＝100,000＋2,000－2,000＋5,000＋2,000

$\qquad$ ＝₩107,000

04 ❸

기업은 시장참여자가 경제적으로 최선의 행동을 한다는 가정하에 시장참여자가 자산이나 부채의 가격을 결정할 때 사용하는 가정에 근거하여 자산이나 부채의 공정가치를 측정하여야 한다(KIFRS1113-22). 그러한 가정을 도출하기 위하여 특정 시장참여자를 식별할 필요는 없다(KIFRS1113-23).

05 ❸

3차년도 당기근무원가＝₩6,000,000×0.01×1.05^4÷ 1.1^2＝₩60,273

06 ❺

배당금 계산

	우선배당	참가배당	합계
우선주배당금	₩240,000[*1]	₩120,000[*3]	₩360,000
보통주배당금	160,000[*2]	480,000	640,000
합 계	₩4000,000	₩600,000	₩1,000,000

[*1] 6,000×40＝240,000　　　　[*2] 8,000×20＝160,000

[*3] (1,000,000－400,000)×6,000×1/3/(8,000＋6,000×1/3)＝120,000

보통주 기본주당이익＝640,000÷8,000＝₩80

07 ❸

후속적으로 상각후원가로 측정하는 자산에 결제일 회계처리방법을 적용하는 경우에 해당 자산은 최초 인식시점에 <u>매매일</u>의 공정가치로 인식한다(KIFRS1109-5.1.2).

08 ❸

중립적 정보는 목적이 없거나 행동에 대한 영향력이 없는 정보를 의미하지 않는다. (개념체계-QC14).

09 ❸

① 유의적인 금융요소를 포함하고 있지 없는 매출채권과 계약자산은 항상 전체기간 기대신용손실에 해당하는 금액으로 손실충당금을 측정한다(KIFRS1109-5.5.15).

② 리스채권으로서, 전체기간 기대신용손실에 해당하는 금액으로 손실충당금을 측정하는 것을 회계정책으로 선택한 경우. 해당 회계정책은 모든 리스채권에 적용해야 하지만 금융리스채권과 운용리스채권에 각각 구분하여 적용할 수 있다(KIFRS1109-5.5.15).

④ 최초 인식 후에 금융상품의 신용위험이 유의적으로 증가하였는지를 매 보고기간 말에 평가한다. 신용위험의 유의적인 증가를 평가할 때 기대신용손실액의 변동이 아니라 금융상품의 기대존속기간에 걸친 채무불이행 발생 위험의 변동을 사용한다(KIFRS1109-5.5.9).

⑤ 기타포괄손익－공정가치 측정 금융자산의 손실충당금을 인식하고 측정하는 데 손상 요구사항을 적용한다. 그러나 해당 손실충당금은 기타포괄손익에서 인식하고 재무상태표에서 금융자산의 장부금액을 줄이지 아니한다(KIFRS1109-5.5.2).

10 ❶

(T계정으로 풀이)

재고자산

	(원가)	(매가)		(원가)	(매가)
기초	200,000	300,000	판매[4]		1,600,000
순매입[1)2)]	1,530,000	2,170,000	종업원할인		100,000
(순인상－순인하)[3)]		70,000	정상파손		30,000
비정상파손	(30,000)	(40,000)	기말	523,600 ←	770,000
판매가능재고	1,700,000	2,500,000	판매가능재고	(a/A)	2,500,000
	(a)	(A)		0.68	

원가율＝a/A＝1,700,000/2,500,000＝0.68

1) 순매입원가＝1,500,000－40,000－20,000＋90,000＝1,530,000
2) 순매입매가＝2,250,000－80,000＝2,170,000
3) 순인상－순인하＝100,000－30,000＝70,000
4) 1,800,000－200,000＝1,600,000

11 ❹

재분류조정은 포괄손익계산서나 주석에 표시될 수 있다(KIFRS1001-94).

12 ❺

경우에 따라서는 토지의 내용연수가 한정될 수 있다. 이 경우에는 관련 경제적효익이 유입되는 형태를 반영하는 방법으로 토지를 감가상각한다(KIFRS1016-59).

13 ❷

〈20×4년〉

재평가이익(NI)＝₩5,000－₩4,000＝₩1,000

재평가잉여금(OCI)＝₩6,000－₩5,000＝₩1,000

〈20×5년〉

처분이익＝₩7,000－₩6,000＝₩1,000

14 ❶

	20×1년	20×2년	20×3년 이후
세전이익	50,000		
감가상각비한도초과액	7,000	(4,000)	(3,000)
접대비한도초과액	6,000		
대손충당금한도초과액	2,000	(2,000)	
미수이자	(1,000)	1,000	
재평가잉여금(토지관련)	4,000		
토지	(4,000)		4,000
재평가이익	(2,000)		2,000
과세표준	62,000	(5,000)	3,000
세율	0.3	0.25	0.2

당기법인세	18,600	(1,250)	600
이연법인세자산증가	(650)[*1]		
재평가잉여금직접반영법인세	(800)[*2]		
법인세비용	₩17,150		

[*1] 이연법인세자산 = 1,250 − 600 = 650

[*2] 4,000 × 0.2 = 800

15 ❶

현재의무를 이행하기 위하여 소요되는 지출 금액에 영향을 미치는 미래사건이 발생할 것이라는 충분하고 객관적인 증거가 있는 경우에는 그러한 미래사건을 감안하여 충당부채 금액을 추정한다(KIFRS1037-48).

16 ❸

지분상품의 공정가치 변동은 재무제표에 인식하지 아니한다(KIFRS1032-36).

17 ❹

액면이자합	$1,000,000 \times 5\% \times 3 =$	₩150,000
사채상환할증금	$1,000,000 \times (8\% - 5\%) \times (1 + 1.08 + 1.08^2) =$	97,392
전환권대가	$1,000,000 - 948,811^* =$	51,189
총이자비용		₩298,581

* $(1,000,000 + 97,392) \times 0.7513 + 1,000,000 \times 5\% \times 2.4868 = 948,811$

[해설] 총이자비용 = 액면이자합 + 전환권조정(= 사채상환할증금 + 전환권대가)

18 ❺

현금수취액 = ₩80,000 + ₩20,000 = ₩100,000

기초순자산 = ₩30,000 − ₩1,500 − ₩10,000 = ₩18,500

기말순자산 = ₩23,000 − ₩1,100 − ₩9,000 = ₩12,900

순자산증가 = ₩12,900 − ₩18,500 = (−)₩5,600

발생주의이익 = ₩100,000 − ₩5,600 = ₩94,400

매출액 − ₩3,000 = ₩94,400

매출액 = ₩97,400

[분개법]

(차) 대손충당금	400	(대) 매출채권	7,000
선 수 금	1,000		
대손상각비	3,000		
현 금	100,000*1	매 출 액	97,400
	104,400		104,400

*1 80,000 + 20,000 = 100,000

19 ❶

수정전 은행잔액	+	₩41,000
미기입예금	+	4,000
기발행미인출수표	−	7,000
정확한 예금잔액		₩38,000
수정전 회사잔액	+	X
어음추심액	+	27,000
부도수표	−	2,000
착오기재	−	900
정확한 예금잔액		₩38,000

$X = ₩13,900$

20 ❹

매출채권양도액		₩500,000
수수료	(500,000 × 12% × 4/12)	(20,000)
할인 · 에누리	(15,000 + 5,000)	(20,000)
현금수취액		₩460,000

21 ❺

① 생물자산에서 수확한 농림어업 수확물로 구성된 재고자산은 공정가치에서 예상되는 판매비용을 차감한 금액으로 측정하여 수확시점에 최초로 인식한다(KIFRS1002-20).

② 재고자산을 후불조건으로 취득할 수도 있다. 계약이 실질적으로 금융요소를 포함하고 있다면, 해당 금융요소(예 : 정상신용조건의 매입가격과 실제 지급액 간의 차이)는 금융이 이루어지는 기간 동안 이자비용으로 인식한다(KIFRS1002-18).

③ 순실현가능가치의 상승으로 인한 재고자산 평가손실의 환입은 환입이 발생한 기간의 비용으로 인식된 재고자산 금액의 차감액으로 인식한다(KIFRS1002-34).

④ 순실현가능가치를 추정할 때 재고자산의 보유 목적도 고려하여야 한다. 예를 들어 확정판매계약 또는 용역계약을 이행하기 위하여 보유하는 재고자산의 순실현가능가치는 계약가격에 기초한다(KIFRS1002-31).

22 ❸

① 유형자산 → 무형자산(KIFRS1036-10)

② 회수가능액을 측정할 때에 항상 순공정가치와 사용가치 모두를 추정할 필요는 없다(KIFRS1036-19).

④ 영업권이 배분된 현금창출단위에 속하는 자산에 대해서 당해 현금창출단위와 동일한 시점에 손상검사를 하는 경우에는, 영업권을 포함하는 당해 현금창출단위보다 그 자산에 대한 손상검사를 먼저 실시한다(KIFRS1036-97).

⑤ 회수가능액이 장부금액보다 커지는 경우라 할지라도 시간의 경과(때때로 할인액의 '상각'이라고 한다)에 따른 현재가치의 증가만으로는 손상차손을 환입하지 아니한다(KIFRS1036-116).

23 ❺

㈜국세는 가격 감액을 소급 적용(제품 10,000개를 운송한 후)하기 전까지, 개당 ₩500원의 대가를 받을 무조건적 권리(수취채권)가 있다.

(차) 수취채권	50,000 [*1]	(대) 수 익	40,000 [*2]
		환불부채(계약부채)	10,000

[*1] 개당 ₩500×제품 100개=₩50,000
[*2] 개당 거래가격 ₩400×제품 100개=₩40,000

24 ❺

계약상 의무를 결제하기 위한 현금 등 금융자산의 인도를 회피할 수 있는 무조건적인 권리(unconditional right)를 기업이 가지고 있지 않은 경우, 이러한 의무는 금융부채의 정의를 충족한다(지분상품으로 분류되는 금융상품은 제외)(KIFRS1032-19).

25 ❹

(단위 : 천원)

구분	20×1년	20×2년
진행률	100/400＝25%	(100＋170)/450＝60%
미성공사(누적수익)	500×25%＝125	500×60%＝300
공사대금청구액합	130	130＋150＝280
미청구공사		300－280＝20
초과청구공사	130－125＝5	

26 ❹

매출액＝적은금액[①, ②]＝₩6,544,700
① 기초자산의 공정가치＝₩7,000,000
② 리스료를 시장이자율로 할인한 금액
  ＝2,000,000×3.1699＋300,000×0.6830＝₩6,544,700

27 ❶

	지분법이익	관계기업 투자주식
취득원가		₩30,000
순이익에 대한 지분 25,000×0.2	₩5,000	5,000
기타포괄이익에 대한 지분 5,000×0.2		1,000
영업권손상차손 (30,000－100,000×0.2)－7,000	(3,000)	(3,000)
현금배당 5,000×0.2		(1,000)
합계	₩2,000	₩32,000

28 ❶

기능통화를 변경하는 경우에는 새로운 기능통화에 의한 환산절차를 변경한 날부터 전진적용한다(KIFRS1021-35).

29 ❹

처분이익(이연수익표시)＝처분이익(관련자산에서 차감표시)
장부금액＝50,000－(50,000－5,000)×45/120＝33,125
처분이익＝40,000－33,125＝₩6,875

30 ❺

지배기업이 종속기업에 대한 지배력을 상실한다면, 지배기업은 종전의 지배지분에 귀속되는 지배력 상실 관련 손익을 인식한다(KIFRS1110-25).

31 ❹

예산＝월고정비예산＋월변동비예산
　　＝₩600,000÷12＋300시간×₩200
　　＝₩50,000＋₩60,000
　　＝₩110,000

[참고] 변동예산

예산에는 변동예산과 고정예산으로 구분된다.

(1) 변동예산은 조업도에 따른 예산으로 조업도가 증가함에 변동예산도 증가한다. 일반적으로 예산이라고 하면 변동예산을 말한다. 변동예산은 변동비예산과는 다르다는 것에 유의하여야 한다.

(2) 고정예산은 조업도에 관계없이 일정한 예산이다.

32 ❹

Y에서 X로 배분되었다가 다시 Y로 배분되어 돌아오는 양만큼 구입할 필요가 없다.

Y생산량－Y생산량×Y의 X지원비율×X의 Y지원비율

800kw－800kw×(200kw/800kw)×(30시간/150시간)＝760kw

33 ❷

(1) 기말재공품예정원가계산

	#101	#102	합계
직접재료원가	₩34,500	₩29,300	₩63,800
직접노무원가	48,800	36,200	85,000
제조간접원가배부액			68,000[1]
합계			₩216,800

[1] 제조간접원가예정배부율 : 320,000/400,000＝0.8
　　배부액 : 85,000×0.8＝68,000

(2) 매출원가(차이배부전)계산

직접재료원가		₩295,000
직접노무원가		365,000
제조간접원가	365,000 × 0.8	292,000
당기총제조비용		₩952,000
기초재공품		−
기말재공품		216,800
당기완성품원가		₩735,200
기초제품		−
기말제품		164,000
매출원가		₩571,200

(3) 차이배부후 원가계산

배부차이 : 배부액 − 발생액 = 292,000 − 304,000 = (−)12,000(부족배부)

매출원가(차이배부후) : 571,200 + 12,000 × 571,200/952,000 = 578,400

34 ❶

〈완성품환산량계산〉

	재료비	가공비	
완성품	7,000	7,000	
공손	1,500	1,500	
기말재공품	1,500	900	(= 1,500 × 60%)
	10,000	9,400	

〈단위원가계산〉

$$재료비 = \frac{540,000 + 5,000,000}{10,000} = ₩554$$

$$가공비 = \frac{880,000 + 9,460,000}{9,400} = ₩1,100$$

비정상공손비 = ₩554 × 800 + ₩1,100 × 800

= ₩1,323,200

기말재공품원가 = 1,500 × ₩554 + 900 × ₩1,100

= ₩1,821,000

완성품원가 = 5,540,000 + 10,340,000 − 1,323,200(비정상공손) − 1,821,000(기말재공품)

= ₩12,735,800

35 ❹

(1) 제1차결합원가배분

구 분	순실현가치		배분 비율	결합원가 배분액
제품A	400단위 × ₩6,000	= ₩2,400,000	60%	₩1,800,000
제품B	200단위 × ₩6,000 + 300단위 × ₩8,000 − ₩2,000,000		40%	1,200,000
		= ₩1,600,000		
합 계		₩4,000,000	100%	₩3,000,000

(2) 제2차결합원가배분 및 제품원가

구 분	순실현가치		배분 비율	결합원가 배분액	생산량	kg당원가
제품C	200단위 × ₩6,000 = ₩1,200,000		1/3	₩1,066,667	200	₩5,333
제품D	300단위 × ₩8,000 = ₩2,400,000		2/3	2,133,333	300	7,111
합 계		₩3,600,000	1.0	₩3,200,000[*1]	500	

[*1] 1,200,000(제1차결합원가배분액) + 2,000,000(제2차결합원가)

36 ❶

(1) 현금수입(추정치)

현금매출액(2/4분기)	₩1,200,000
1/4분기 외상매출액회수 4,600,000 × (1 − 0.04) × 0.3	1,324,800
2/4분기 외상매출액회수 5,000,000 × (1 − 0.04) × 0.7	3,360,000
계	₩5,884,800

(2) 현금지급(추정치)

1/4분기 외상매입액지급 6,200,000 × 0.6 × 0.45	₩1,674,000
2/4분기 외상매출액지급 8,400,000 × 0.6 × 0.55	2,772,000
계	₩4,446,000

(3) 순현금수입(추정치) = ₩5,884,800 − ₩4,446,000 = ₩1,438,800

37 ❸

외부판매시 단위당 변동원가 = ₩60,000,000/250,000대 = ₩240

최소대체가격 = 단위당 변동원가 + 단위당 공헌이익 상실액

$\qquad$ = (₩240 − ₩15) + 30,000대 × (₩400 − ₩240)/80,000대 = ₩285

38 ❶

〈특별주문시 증분이익 계산〉

(1) 증분수익

매출증가 $80,000 \times ₩7,000 - 30,000 \times ₩9,000$ ₩290,000,000

(2) 증분비용

변동비증가 $50,000 \times ₩6,260^{주)}$ 313,000,000

(3) 증분이익 (−)₩23,000,000

주) 단위당 변동원가 : $1,500 + 2,000 + 2,500 \times (1 - 0.4) + 1,800 \times (1 - 0.3) = 6,260$

[별해]

(1) 특별주문의 공헌이익 $(₩7,000 - ₩6,260) \times 80,000$ ₩59,200,000

(2) 기존판매의 공헌이익상실액 $(₩9,000 - ₩6,260) \times 30,000$ 82,200,000

(3) 증분이익 (−)₩23,000,000

39 ❸

(1) 불완전정보하의 기대이익 계산

통행료수입	이익	확률	기대이익
₩6,000,000	−₩4,000,000	0.15	−₩600,000
9,000,000	−1,000,000	0.25	−250,000
10,000,000	0	0.10	0
12,000,000	2,000,000	0.30	600,000
15,000,000	5,000,000	0.20	1,000,000
합계			₩2,450,000

(2) 완전정보하의 기대이익 계산

통행료수입	이익	확률	기대이익
₩6,000,000	₩0	0.15	₩0
9,000,000	0	0.25	0
10,000,000	0	0.10	0
12,000,000	2,000,000	0.30	600,000
15,000,000	5,000,000	0.20	1,000,000
합계			₩1,600,000

(3) 완전정보의 가치 계산

완전정보의 가치 = 완전정보하의 기대이익 − 불완전정보하의 기대이익

$$= ₩1,600,000 - ₩750,000$$

$$= ₩850,000$$

[Powerful Method] 다음과 같이 계산하면 쉽고 빠르게 계산할 수 있다.

통행료수입	손실	확률	기대손실
₩6,000,000	₩4,000,000	0.15	₩600,000
9,000,000	1,000,000	0.25	250,000
완전정보의 가치			₩850,000

40 ❺

(1) 예방원가

공급업체평가 및 보증원가	₩30,000
설계엔진니어링원가	50,000
품질훈련원가	40,000
고객요구사항조사원가	10,000
예방원가계	₩130,000

(2) 평가원가

검사장비의 유지보수원가	20,000
제품품질검사원가	40,000
평가원가계	₩60,000

(3) 내부실패원가

재작업원가	20,000
기계가동중단원가	20,000
내부실패원가계	₩40,000

(4) 외부실패원가

보증이행원가	10,000
현장에서의 수리원가	30,000
외부실패원가계	₩40,000

ANSWER & EXPLANATION　　　　(계산형 : 28, 서술형 : 12)

01	02	03	04	05	06	07	08	09	10
③	④	①	②	④	⑤	②	④	④	②
11	12	13	14	15	16	17	18	19	20
①	④	①	③	①	②	⑤	⑤	②	①
21	22	23	24	25	26	27	28	29	30
④	②	①	①	⑤	②	①	③	③	①
31	32	33	34	35	36	37	38	39	40
③	③	②	①	⑤	①	⑤	④	①	④

01　❸

무형자산 취득원가 = ₩28,000 − ₩12,000 + ₩20,000 = ₩36,000

손상차손환입 = Min[①, ②] − ③ = ₩19,800 − ₩13,200 = ₩6,600

① 회수가능액 = ₩28,000

② 장부금액(If 손상×) = ₩36,000 × 33개월/60개월 = ₩19,800

③ 장부금액 = ₩18,000 × 33개월/45개월 = ₩13,200

[별해]

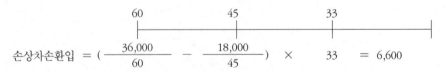

손상차손환입 = ($\dfrac{36,000}{60}$ − $\dfrac{18,000}{45}$) × 33 = 6,600

02　❹

①, ② : 20×1년 12월 31일 현재 재무상태표에 A회사채는 ₩850,000으로 표시된다.

③ : 20×1년 12월 31일 현재 재무상태표에 손실충당금은 표시되지 않는다.

〈20×1년 12월 31일 회계처리〉

(차) 현 금	60,000	(대) 이자수익	87,319 [*1]
FVOCI금융자산	27,319		

[*1] ₩873,194 × 10% = ₩87,319

(차) 손상차손	20,000 [*2]	(대) FVOCI금융자산	50,513 [*1]
FVOCI금융자산평가손실	30,513		

[*1] ₩873,194 + ₩27,319 − ₩850,000 = ₩50,513
[*2] 12개월 기대신용손실 ₩20,000

03 ❶

20×2년 보상원가 = 300개 × ₩1,000 × 2/5 − 300개 × ₩1,000 × 1/4 = ₩45,000

04 ❷

발행금액(20×1.1.1) = 1,000,000 × 0.7513 + 1,000,000 × 0.04 × 2.4868 = 850,772
발행금액(20×1.5.1) = 850,772 + 850,772 × 0.1 × 4/12 − 1,000,000 × 0.04 × 4/12 = 865,798
사채발행차금(20×1.5.1) = 1,000,000 − 865,798 = ₩134,202
이자비용(20×1.5.1 ~ 20×1.12.31) = 850,772 × 0.1 × 8/12 = ₩56,718

05 ❹

중단영업에 대해 보고하는 기업은 중단영업에 대한 기본주당이익과 희석주당이익을 포괄손익계산서에 표시하거나 주석으로 공시한다(KIFRS1033-68).

06 ❺

재무보고서는 사업활동과 경제활동에 대해 합리적인 지식이 있고, 부지런히 정보를 검토하고 분석하는 정보이용자를 위해 작성된다. 때로는 박식하고 부지런한 정보이용자도 복잡한 경제적 현상에 대한 정보를 이해하기 위해 자문가의 도움을 받는 것이 필요할 수 있다(개념체계-QC32).

07 ❷

시장이자율보다 낮은 이자율의 정부대여금의 효익은 정부보조금으로 처리한다(KIFRS1020-10A).

08   ❹

$$단위당\ 제조원가 = 400원 + 600원 + \frac{240,000원}{750개} + \frac{300,000원}{1000개}$$
$$= 400원 + 600원 + 320원 + 300원 = 1,620원$$

판매수량 × 단위원가	500개 × ₩1,620	₩810,000
미배부 고정제조간접원가	₩300,000 − 750개 × ₩300	75,000
매출원가		₩885,000

09   ❹

특정기간 동안 재고자산을 생산하기 위해 유형자산을 사용한 결과로 동 기간에 발생한 그 유형자산을 해체, 제거하거나 부지를 복구할 의무의 원가에 대해서는 재고자산기준서를 적용한다(KIFRS1016-18). 따라서 유형자산의 원가가 아닌 제조원가에 포함하여야 한다.

10   ❷

(1) 취득금액(송장금액)	₩80,000	
(2) 매입할인	(3,000)	
(3) 리베이트	(2,000)	
(4) 운반비	1,000	
(5) 설치비	5,000	
(6) 시운전비	4,000	
(7) 시제품의 순매각금액	(3,000)	
(8) 초기 가동손실	~~5,000~~	제외
(9) 재배치원가	~~3,000~~	제외
	₩82,000	

11   ❶

평균지출액	연평균차입금 사용액		이자율	자본화할 차입원가	(한도)
700,000[*1]	특정차입금	500,000	5%	₩25,000	
	(일시예치)	(50,000)	3%	(1,500)	
	일반차입금	250,000	6%	15,000	(30,000)
	합 계			₩38,500	

[*1] 평균지출액 : (500,000 − 100,000) × 12/12 + 600,000 × 6/12 = 700,000

12 ❹

당기근무원가	₩60,000
과거근무원가	10,000
확정급여채무에 대한 이자원가 : 450,000×6%	27,000
사외적립자산에 대한 이자수익 : 350,000×6%	(−)21,000
합계 : 확정급여원가	₩76,000

[Powerful Method]

확정급여원가＝60,000＋10,000＋(450,000−350,000)×6%＝₩76,000

13 ❶

〈이익수정 정산표〉

구 분	순이익				20×4년말 이익잉여금
	20×1년	20×2년	20×3년	20×4년	
〈수정사항〉					
20×1년	(−)20,000	20,000			
20×2년		30,000	(−)30,000		
20×3년			(−)40,000	40,000	
〈수정전〉				200,000	500,000
수정후				240,000	500,000

[해설] 자동조정오류의 경우

1. 전기와 당기의 자동조정오류만 당기순이익에 영향을 미친다.
2. 당기의 자동조정오류만 당기말 이익잉여금에 영향을 미친다.

[별해]

1. 당기순이익＝₩200,000＋₩40,000[주]＝₩240,000

   [주] 20×3년 기말재고과대 → 20×4년 기초재고과대 → 20×4년 매출원가과대
   → 20×4년 순이익과소

2. 이익잉여금＝₩500,000

14 ❸

지분상품으로 분류되는 풋가능 금융상품도 있다(KIFRS1032-11).

15 ❶

현금주의 순이익	₩70,000
매출채권 감소	(20,000)
미지급비용 증가	(5,000)
감가상각비	(5,000)
발생주의 순이익	₩40,000

16 ❷

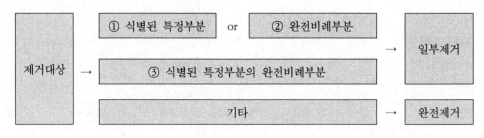

17 ❺

법인세비용차감전당기순이익	₩300,000
이자비용	20,000
감가상각비	30,000
재고자산증가	(50,000)
단기매매증권감소	30,000
매입채무증가	60,000
영업에서 창출된 현금	₩390,000
법인세납부액	(30,000)
이자지급액	(20,000)
영업활동순현금흐름	₩340,000

18 ❺

(단위 : 천원)

재고자산

	(원가)	(매가)		(원가)	(매가)
기초	12.6	15	판매		57
순매입	52.4	72	정상파손		4
(순인상 − 순인하)*1		1	종업원할인		3
비정상파손	(2)	(3)	기말	←	21
판매가능재고	63	85	판매가능재고		85

*1 순인상 − 순인하 = 6 − 5 = 1   선입선출법원가율 = (63 − 12.6)/(85 − 15) = 72%

저가기준원가율 = 63/(85 + 5) = 70%   A − B = 21 × (0.72 − 0.7) = 0.42

19 ❷

부동산에 대한 권리를 투자부동산으로 인식할 것인지는 각 부동산 별로 결정할 수 있다(KIFRS1040-6).

부동산에 대한 권리 중 어느 하나라도 투자부동산으로 인식한다면 투자부동산으로 분류된 모든 부동산에 대하여 공정가치모형을 적용하여야 한다(KIFRS1040-6).

20 ❶

- 금융상품의 구성요소를 분리하여 인식하는 최초인식시점에는 어떠한 손익도 발생하지 않는다(KIFRS1032-31).
- 전환사채를 조기상환하거나 재매입함에 따라 발생하는 손익은, 부채요소에 관련된 손익은 당기손익으로, 자본요소와 관련된 대가는 자본으로 인식한다(KIFRS1032-AG34).
- 만기시점에서 전환사채의 전환에 따라 인식할 손익은 없다(KIFRS1032-AG32).

21 ❹

구 분	자본금	우선배당	참가배당	배당합
우선주(6%, 완전참가적, 누적적)	200,000	36,000*1	22,000*2	58,000
우선주(8%, 비참가적, 비누적적)	500,000	40,000		40,000
보통주	600,000	36,000	66,000	102,000
합 계	1,300,000	112,000	88,000	200,000

*1 200,000 × 6% × 3년 = 36,000   *2 88,000 × (200,000/800,000) = 22,000

우선주배당금 합계 = 58,000 + 40,000 = ₩98,000

22 ❷

1. 사용권자산＝리스부채＝리스료의 현재가치

$$= 4,000,000 \times 3.7908 + 2,000,000 \times 0.6209$$
$$= 16,405,000$$

2. 총비용 계산

이자비용	$16,405,000 \times 10\% =$	₩1,640,500
감가상각비[*1]	$(16,405,000 - 2,000,000) \div 5 =$	2,881,000
총비용		₩4,521,500

[*1] 소유권을 획득할 것이 확실하다는 자료가 없으므로 상각기간은 경제적내용연수와
리스기간 중 짧은 기간으로 한다.

[회계처리]

⟨20×2년 1월 1일⟩

(차) 사용권자산　　16,405,000　　(대) 리스부채　　16,405,000

⟨20×2년 12월 31일⟩

(차) 이자비용　　1,640,500　　(대) 현　　금　　4,000,000
　　리스부채　　2,359,500

(차) 감가상각비　　2,881,000　　(대) 감가상각누계액　　2,881,000

23 ❶

구 분	위험회피대상 평가손익	파생상품 평가손익	파생상품평가손익	
			당기손익	기타포괄손익누계액
20×1년ⓐ	(50,000)	80,000	30,000	50,000
20×2년(ⓑ－ⓐ)	(70,000)	60,000	(10,000)[1]	70,000
20×2년누적ⓑ	(120,000)	140,000	20,000	120,000[2]

누적기준 적용으로 한다.

[1] 20×2년 파생상품평가손익(IS)
[2] 20×2년말 파생상품평가손익(BS)

24 ❶

영업권(20×2년 1월 1일) = 200주 × 2,500 − 2,200,000 × 20% = 60,000

순이익에 대한 지분	600,000 × 20%	120,000
영업권 손상차손	60,000 − 50,000	(10,000)
지분법이익		110,000
당기순이익 증가액		₩110,000

25 ❺

1. 20×3년 공사손익 계산

   $$20×3년 공사손익 = 322,000 − 330,000$$
   $$= (−)₩8,000(손실)$$

2. 20×2년 공사손익 계산

   20×2년 총원가 = 210,000 + 618,000 + 322,000 = 1,150,000

   총손실 = 1,150,000 − (1,000,000 + 100,000) = 50,000

   20×1년 공사이익 = (1,000,000 − 840,000) × (210,000/840,000) = 40,000

   20×2년 공사손실 = 총손실 + 전기까지 인식한 이익
   $$= 50,000 + 40,000 = ₩90,000$$

26 ❷

사업결합전 A기업주주 A주식수 500주 〈 사업결합후 B기업주주 A주식수 600주
따라서 역취득에 해당된다.

역취득시 투자차액 계산식

A기업 : 법적취득자 회계상피취득자

B기업 : 법적피취득자 회계상취득자

$$투자차액 = \frac{사업결합전 A기업주식수}{B기업주식 1주당 교부할 A기업주식수}$$
$$× B기업\ 주당공정가치 − A기업순자산공정가치$$

영업권 = 300주 ÷ 2 × ₩60 − ₩7,000 = ₩9,000 − ₩7,000 = ₩2,000

27 ❶

탐사평가자산을 인식한 후에는 원가모형이나 재평가모형을 적용한다(KIFRS1106-12).

28 ❸

	20×2년	20×3년 이후
세전이익	50,000	
접대비한도초과액	3,000	
감가상각비한도초과액	6,000	(6,000)
영업권	5,000	
영업권	(5,000)	
과세표준	59,000	(6,000)
세율	0.25	0.2
당기법인세	14,750	(1,200)
이연법인세자산증가	(1,200)	DTA
법인세비용	₩13,550	

29 ❸

중간기간 → 누적기간(KIFRS1034-28)

30 ❶

〈관련 분개〉

(차) 재고자산 ×××　　　　(대) 매출채권 ×××

유동자산과 유동부채 불변 → 유동비율과 순운전자본 모두 불변

31 ❸

$$단위당변동비 = \frac{800,000원 - 600,000원}{300단위 - 200단위} = \frac{200,000원}{100단위} = ₩2,000$$

고정비 = ₩600,000 − 200단위 × ₩2,000 = ₩200,000

20×3년 총제조원가 = 400단위 × ₩2,000 × (1 − 0.2) + ₩200,000 × 1.3

$$= ₩640,000 + ₩260,000$$

$$= ₩900,000$$

32 ❸

$$영업레버리지도 = \frac{공헌이익}{영업이익} = \frac{2,250,000^{*1)}}{750,000^{*2)}} = 3$$

*1) 공헌이익 = 5,000,000 × (1 − 0.3 − 0.25) = 2,250,000

*2) 영업이익 = 공헌이익 − 고정비
   = 2,250,000 − 1,000,000 − 500,000
   = 750,000

33 ❷

재공품

7월초	15,000	완성품원가	137,000
직접재료원가	35,000		
직접노무원가	42,000		
제조간접원가	63,000*1)	7월말	18,000*2)
	155,000		155,000

*1) 42,000 × 150%

*2)

	기말재공품
직접재료원가	3,000
직접노무원가	6,000
제조간접원가	9,000*
총제조원가	₩18,000

* 6,000 × 150%

34 ❶

1. 원가동인별 배부율

활동	가공비	원가동인수	배부율
조 립 활 동	₩45,000	300	₩150
기 계 활 동	60,000	100	₩600
작업준비활동	12,000	12	₩1,000
제품설계활동	30,000	6	₩5,000

2. 제품단위당 가공비

활동	캠코더		디지털카메라	
조립활동	200 × ₩150 =	₩30,000	100 × ₩150 =	₩15,000
기계활동	60 × ₩600 =	36,000	40 × ₩600 =	24,000
작업준비활동	8 × ₩1,000 =	8,000	4 × ₩1,000 =	4,000
제품설계활동	4 × ₩5,000 =	20,000	2 × ₩5,000 =	10,000
계		₩94,000		₩53,000
단위당 가공비		₩940		₩265

3. 제품단위당 원가

원가구분	캠코더	디지털카메라
직접재료원가	₩500	₩400
가 공 비	940	265
단위원가	₩1,440	₩665

35 ❺

(Ⅰ) 순실현가치기준 결합원가배분

결합제품		순실현가치	배분비율	결합원가배부액
A	40,000 × (60 − 25)	1,400,000	70%	441,000
B	20,000 × (80 − 50)	600,000	30%	189,000
계		2,000,000		630,000

(Ⅱ) 균등이익률법 결합원가배분

매출총이익률 = (순실현가치 − 결합원가배분)/(매출액)

$\qquad$ = (2,000,000 − 630,000)/(60 × 40,000 + 80 × 20,000)

$\qquad$ = 34.25%

결합제품	매출액ⓐ	추가가공원가ⓑ	매출총이익ⓒ ⓐ × 34.25%	결합원가배부액 ⓐ − ⓑ − ⓒ
A	2,400,000	1,000,000	822,000	578,000
B	1,600,000	1,000,000	548,000	52,000
계	4,000,000	2,000,000		630,000

따라서, 양 방법간 결합원가배분액의 차이는 다음과 같다.

578,000 − 441,000 = ₩137,000

36 ❶

변동제조간접원가능률차이＝(허용시간－실제시간)×시간당변동제조간접원가배부액

₩5,000,000＝(허용시간－45,000H)×₩100,000,000/(20,000개×2H)

허용시간＝47,000H

조업도차이＝배부액－고정제조간접원가예산

        ＝허용시간×시간당고정제조간접원가배부액－고정제조간접원가예산

        ＝47,000H×₩200,000,000/(20,000개×2H)－₩200,000,000

        ＝₩35,000,000(유리)

37 ❺

(1) 판매가격차이＝(실제판매가격－예산판매가격)×실제판매수량

        ＝(₩26－₩30)×5,500단위＝(－)₩22,000(U)

(2) 매출조업도차이＝(실제판매수량－예산판매수량)×예산상 단위당 공헌이익

        ＝(5,500단위－5,000단위)×(₩30－₩18)＝₩6,000(F)

[별해]

AQ×(AP－SC)	판매가격차이	AQ×(BP－SC)	매출조업도차이	BQ×(BP－SC)
5,500×(26－18)	22,000(U)	5,500×(30－18)	6,000(F)	5,000×(30－18)
＝44,000		＝66,000		＝60,000

where

AQ : 실제 판매량   BQ : 예산 판매량

AP : 실제 단위당 판매가격   SC : 단위당 표준 변동원가

38 ❹

증분수익	(₩800×1,000개)		₩800,000
증분비용			
직접재료원가		300,000	
직접노무원가		200,000	
변동제조간접원가	(100,000×70%)	70,000	
변동판매비	[100,000×(1－40%)]	60,000	630,000
증분이익			₩170,000

39 ❶

이익증가액 = 재고증가량 × 단위당고정제조간접원가배부액

₩200 = 재고증가량 × (₩2,000/₩1,000)

재고증가량 = 100개

40 ❹

부품을 공급하는 협력업체에게 부품원가를 절감하라는 압력을 줌으로써 협력업체를 상실할 수도 있다.

ANSWER & EXPLANATION   (계산형 : 40, 서술형 : 10)

01	02	03	04	05	06	07	08	09	10
⑤	②	②	③	①	⑤	②	②	⑤	③
11	12	13	14	15	16	17	18	19	20
④	④	⑤	①	①	⑤	③	②	③	④
21	22	23	24	25	26	27	28	29	30
③	③	④	③	②	①	⑤	①	③	④
31	32	33	34	35	36	37	38	39	40
①	④	②	③	①	①	①	④	④	④

01 ❺

발행금액(20×1.1.1) = $1,000,000 \times 0.6806 + 1,000,000 \times 0.05 \times 3.9927 = ₩880,235$

장부금액(20×3.4.1) = $[(880,235 \times 1.08 - 50,000) \times 1.08 - 50,000] \times (1 + 0.08 \times 3/12)$
$= ₩941,160$

사채상환손익 = $941,160 \times 0.6 - 590,000 = (-)₩25,304$

02 ❷

20×3년 말 장부금액 = $70,000 - (70,000 - 10,000) \times 2.5/10 = 55,000$

20×4년 말 잔존가치(56,000)이 상각전 장부금액(55,000)보다 크므로 20×4년 상각비는 없다.

20×5년 상각비 = $(55,000 - 12,100) \times 1/6.5 = ₩6,600$

03 ❷

20×2년 누적보상원가	(200명−40명)×100개×₩60×2/3 =	₩640,000
20×1년 누적보상원가	(200명−30명)×100개×₩60×1/3 =	340,000
20×2년 보상원가		₩300,000

04 ❸

기타포괄손익 → 당기손익(KIFRS1040-65)

05 ❶

근본적 질적 특성은 목적적합성과 충실한 표현이다(개념체계-QC5).

06 ❺

① 최초 인식 후에 신용위험이 유의적으로 증가하였는지를 판단할 때 합리적이고 뒷받침될 수 있는 미래전망 정보를 과도한 원가나 노력 없이 이용할 수 있다면 연체 정보에만 의존해서는 안 된다(KIFRS1109-5.5.11).

② 신용위험의 유의적인 증가를 평가하는 방식과는 상관없이, 계약상 지급의 연체일수가 30일을 초과하는 경우에는 최초 인식 후에 금융상품의 신용위험이 유의적으로 증가했다는 반증 가능한 간주규정을 적용할 수 있다(KIFRS1109-5.5.11).

③ 금융자산의 계약상 현금흐름이 재협상되거나 변경되지만 그 금융자산이 제거되지 않는다면금융상품의 신용위험이 유의적으로 증가하였는지를 보고기간 말의 채무불이행 발생 위험(변경된 계약조건에 기초함)과 최초 인식시점의 채무불이행 발생 위험(변경되기 전 최초 계약조건에 기초함)를 비교하여 평가한다(KIFRS1109-5.5.12).

④ 기대신용손실을 측정할 때 고려하는 가장 긴 기간은 신용위험에 노출되는 최장 계약기간(연장옵션 포함)이며, 이 보다 더 긴 기간이 사업관행과 일관된다고 하더라도 최장 계약기간을 넘어설 수 없다(KIFRS1109-5.5.19).

07 ❷

1. 복구충당부채의 계산
   복구충당부채=₩114,473/1.6105=₩71,079
2. 감가상각비=(₩1,000,000+₩71,079)/5=₩214,216
3. 이자비용=₩71,079×10%=₩7,108
4. 총비용=감가상각비+이자비용=₩214,216+₩7,108=₩221,324

08 ❷

(1) 가중평균유통보통주식수 계산

기간(월)	유통보통주식수	1+무상증자비율	가중치	적 수
1~3	10,000	$1.12^{*1} \times 1.2^{*2}$	3	40,320
4~6	14,000	1.2^{*2}	3	50,400
7~10	16,800	—	4	67,200
11~12	14,760	—	2	29,520
계			12	187,440

$$^{*1}\ 1+무상증자비율 = \frac{10,000주 + 4,000주}{10,000주 + 3,750주 \times 4,000원/6,000원} = 1.12$$

^{*2} 1+7월 1일의 무상증자비율

가중평균유통보통주식수 $= 187,440 \div 12 = 15,620$

(2) 기본주당순이익 계산

$$기본주당순이익 = \frac{7,000,000원 - 752,000원}{15,620주} = 400원$$

09 ❺

(단위 : 천원)

$$IL \times \frac{n_2}{n_1} = 손상차손환입 + \text{Max}\,[CA(손상\times) - RA_2,\ 0]$$

IL : 손상차손

n_1: 손상시 잔여내용연수

n_2: 손상회복시 잔여내용연수

CA(손상$\times$) : 손상이 없었다고 가정시 손상회복시 장부금액

RA_2 : 손상회복시 회수가능액

CA(손상$\times$) $= 1,000 - (1,000 - 100) \times 3/5 = 460$

$IL \times 2/4 = 100 + Max\,[460 - 420,\ 0]$

$IL = 280$

10 ❸

	토지원가	건물원가
(1) 토지와 건물의 취득금액	₩100,000	
(2) 취득시 중개사 수수료	1,000	
(3) 취득당시 토지의 공정가치		
(4) 취득당시 건물의 공정가치		
(5) 토지취득세	2,400	
(6) 건물취득세	600	
(7) 건물철거비	4,000	
(8) 건물철거시 고철 매각이익	(−)500	
(9) 정지비	2,000	
(10) 굴착비		₩3,000
(11) 설계비		7,000
(12) 건설비		200,000
(13) 신축건물 취득세 등		6,000
	₩109,500	₩216,000

11 ❹

사외적립자산			
기초	60,000	급여지급액	20,000
기여금수령액	30,000		
실제수익	?	기말	75,000
	95,000		95,000

실제수익＝₩5,000

사외적립자산의 재측정요소의 손익

＝사외적립자산의 실제수익－사외적립자산의 기대수익

＝₩5,000－₩9,000

＝(−)₩4,000(손실)

[별해]

사외적립자산

기초	60,000	급여지급액	20,000
기여금수령액	30,000		
기대수익	9,000	재측정요소(손실)	4,000
재측정요소(이익)	—	기말	75,000
	99,000		99,000

12 ❹

20×3년 당기순이익 $= ₩200,000 + [(₩73,000 - ₩62,000) - (₩80,000 - ₩70,000)]$

$\qquad\qquad\qquad = ₩200,000 + (₩11,000 - ₩10,000)$

$\qquad\qquad\qquad = ₩201,000$

20×3년 말 이익잉여금 $= ₩500,000 + (₩73,000 - ₩80,000)$

$\qquad\qquad\qquad = ₩500,000 - ₩7,000$

$\qquad\qquad\qquad = ₩493,000$

13 ❺

손실부담계약에 대한 충당부채를 인식하기 전에 당해 손실부담계약을 이행하기 위하여 사용하는 자산에서 발생한 손상차손을 먼저 인식한다(KIFRS1037-69).

14 ❶

보통주가 발행되었지만 부분 납입된 경우 완전 납입된 보통주와 비교하여, 당해기간의 배당에 참가할 수 있는 정도까지는 보통주의 일부로 취급하여 기본주당이익을 계산한다(KIFRS1033-A15).

15 ❶

사채상환할증금 $= 1,000,000 \times (9\% - 4\%) \times (1.09^2 + 1.09 + 1) = ₩163,905$

16 ❺

20 × 1년 매입과 관련된 분개(순액기준)

(차)	순 매 입	7,000,000	(대)	매입채무	500,000[*1]
				선 급 금	200,000[*2]
				현 금	5,500,000[*3]
				매출채권	800,000
		7,000,000			7,000,000

[*1] $4,500,000 - 4,000,000 = 500,000$

[*2] $500,000 - 300,000 = 200,000$

[*3] $500,000 + 5,000,000 = 5,500,000$

☞ 순매입을 계산하는 경우에는 매입할인을 고려하지 않고 계산하는 것이 간편하다.

17 ❸

기타포괄손익 항목	소멸시	
	당기손익 반영	재분류조정 발생
(1) 재평가잉여금의 변동	×*	×
(2) 확정급여제도의 재측정요소	×*	×
(3) 해외사업장의 재무제표 환산으로 인한 손익	○	○
(4) 채무상품인 기타포괄손익－공정가치측정금융자산의 재측정 손익	○	○
(5) 기타포괄손익－공정가치측정 지분상품 금융자산 공정가치변동손익	×	×
(6) 현금흐름위험회피의 위험회피수단의 평가손익 중 효과적인 부분	○	○
(7) 관계기업의 기타포괄손익(후속적으로 당기손익으로 재분류되지 않는 항목) 중 투자자의 지분	×	×
(8) 관계기업의 기타포괄손익(특정 조건을 충족하는 때에 후속적으로 당기손익으로 재분류되는 항목) 중 투자자의 지분	○	○

18   ❷

[한풀]

처분손익 = $600,000 \times (1+0.08 \times 6/12) \times (1-0.12 \times 4/12) - 600,000 \times (1+0.08 \times 2/12)$

　　　　 = $599,040 - 608,000 = (-)$₩8,960

[별해]

1. 만기금액 = $600,000 \times (1+0.08 \times 6/12) = 624,000$
2. 할인액 = $608,000 \times 12\% \times 4/12 = 24,960$
3. 현금수취액 = $624,000 - 24,960 = 599,040$
4. 액면금액 + 이자수익 = $600,000 + 600,000 \times 0.08 \times 2/12 = 608,000$
5. 처분손익 = $599,040 - 608,000 = (-)$₩8,960

19   ❸

장부금액			
기초	800,000	처분	?
		감가상각비	100,000
취득	340,000	기말	920,000
	1,140,000		1,140,000

처분자산의 장부금액 = 120,000

처분금액 = $120,000 + 50,000 =$ ₩170,000

20   ❹

구분	원가	현행대체원가	순실현가능가치	평가손실
원재료A	20,000	18,000		−
원재료B	22,000	19,000		3,000
상품	34,000	33,000	30,000	4,000
재공품	16,000	14,000	13,000	3,000
제품A	58,000	57,000	59,000	−
제품B	70,000	66,000	67,000	3,000
계				13,000

21   ❸

[한풀] (단위 : 천원)

20×2년 매출원가 = $48 + 200 - 57 = 191$

20×3년 매출원가＝57＋250－54＝253

[한풀계산식] 매출원가＝기초재고액(저가)＋당기매입액－기말재고액(저가)

22 ❸

기초자본		₩200,000
총포괄이익		50,000
유상증자	100×400－2,000	38,000
현금배당		(20,000)
자기주식취득	50×600	(30,000)
자기주식처분	20×700	14,000
기말자본		₩252,000

23 ❹

취득시 신용이 손상되어 있는 금융자산, 매출채권, 계약자산, 리스채권을 제외하고, 최초 인식 후에 금융상품의 신용위험이 유의적으로 증가하지 아니한 경우에는 보고기간 말에 12개월 기대신용손실에 해당하는 금액으로 손실충당금을 측정한다(KIFRS1109-5.5.5).

24 ❸

추가 금융＝판매금액 ₩900,000－공정가치 ₩800,000＝₩100,000

리스료의 현재가치＝₩100,000×3.7908－추가 금융 ₩100,000＝₩279,080

사용권자산＝장부금액 ₩500,000×리스료 현재가치 ₩279,080÷공정가치 ₩800,000
  ＝₩174,425

기계장치의 판매차익＝공정가치 ₩800,000－장부금액 ₩500,000＝₩300,000

이전된 권리에 대한 차익＝₩300,000×(₩800,000－₩279,080)÷₩800,000
  ＝₩195,345

25 ❷

비지배지분＝(₩110,000－₩170,000)×20%＝(－)₩12,000

26 ❶

매각부대원가(costs to sell)는 중개인이나 판매상에게 지급하는 수수료, 규제 기관과 상품거래소에서 부과하는 금액, 양도시 세금을 포함한다. 자산을 시장으로 운반하는데 필요한 운반 및 기타 원가는 매각부대원가에서 제외한다(KIFRS1041-14).

27 ❺

경영진은 별도의 감독이사회(비집행이사로만 구성)의 승인을 얻기 위하여 재무제표를 발행하는 경우가 있다. 그러한 경우, 경영진이 감독이사회에 재무제표를 제출하기 위하여 승인한 날이 재무제표 발행승인일이다(KIFRS1010-6).

28 ❶

[Powerful Method]

	20×1년	20×2년	20×3년 이후	합
세전이익	50,000			
재고자산평가손실	8,000	(8,000)		
미수이자	(4,000)		4,000	
접대비한도초과액	3,000			
과세표준	57,000	(8,000)	4,000	
세율	0.3	0.25	0.2	
당기법인세	17,100	(2,000)	800	(1,200)
이연법인세변동	(1,200)			
법인세비용	₩15,900			

[Point] 자기주식처분손익은 법인세비용에 영향을 미치지 않으므로 법인세비용과정에서 제외하였다.

29 ❸

(단위 : 원)

	매각예정으로 분류하기 직전에 재측정한 장부금액	손상차손의 배분	손상차손배분 후 장부금액
영업권	1,500	(1,500)	–
유형자산(재평가액으로 표시)	4,000	(165)	3,835
유형자산(원가로 표시)	5,700	(235)	5,465
재고자산	2,200	–	2,200
기타포괄손익 – 공정가치측정 금융자산	1,500	–	1,500
합계	14,900	(1,900)	13,000

매각예정으로 분류한 처분자산집단은 순공정가치와 장부금액 중 작은 금액으로 측정하기 때문에 자산집단을 매각예정으로 최초로 분류할 때 ₩1,900(₩14,900－₩13,000)의 손상차손을 인식한다. 손상차손은 손상차손기준서의 측정규정을 적용하는 비유동자산에 배분한다. 따라서 재고자산과 기타포괄손익－공정가치측정금융자산에는 손상차손이 배분되지 않는다. 손상차손은 우선 영업권 금액을 감소시키고 나머지 금액은 다른 자산에 장부금액 비율로 배분한다.

30 ❹

한 회계연도 안에서 일어나는 회계정책변경은 소급 적용하거나, 소급 적용하는 것이 실무적으로 불가능하여 전진 적용하는 경우에는 늦어도 당해 회계연도의 개시일부터는 변경된 회계정책을 적용하여야 한다(KIFRS1034-44).
한 회계연도내의 중간보고기간말을 기준으로 회계변경을 적용한다면 동일한 회계연도에 발생한 동일한 유형의 거래에 다른 회계정책이 적용될 수 있다. 이러한 경우 중간기간 간의 배분이 어려워지고, 경영성과가 왜곡되며, 중간기간에 대한 정보를 이해하고 분석하는 일이 복잡해질 것이다(KIFRS1034-45).

31 ❶

기말재고액 = ₩1,200,000 － ₩800,000 × 6,000개/20,000개 = ₩960,000

[별해]

기말재고액 = ₩1,200,000 － ₩800,000/20,000개 × 6,000개
 = ₩1,200,000 － ₩40 × 6,000개 = ₩960,000

32 ❹

$$영업이익 = \frac{총고정원가}{영업레버지도 - 1}$$

$$\frac{800,000}{9-1} \times (1 + 9 \times 0.25) - \frac{480,000}{7-1} \times (1 + 7 \times 0.25) = 105,000$$

33 ❷

2공정착수수량 = 1,000 + 8,000 － 4,000 = 5,000
2공정 완성수량 = 1,000 + 5,000 － 600 － 3,000 = 2,400
정상공손수량 = (2,400 + 600) × 10% = 300

34 ❸

최대이익 = 40,000 + 60,000 − 20,000 + 100,000 − 20,000 − 50,000 = ₩110,000

[해설]

갑제품은 분리점에서 판매하고, 을제품과 병제품은 추가가공하여 판매하면 최대이익을 달성한다.

35 ❶

변동제조간접원가

실제발생액	실제시간 × 시간당배부액	배부액
13,500	14,400[*4)]	16,200[*3)]

900(유리)   1,800(유리)

소비차이   능률차이

고정제조간접원가

실제발생액	예산	배부액
20,000	21,600[*1)]	24,300[*2)]

1,600(유리)   2,700(유리)

예산차이   조업도차이

[*1)] 시간당고정제조간접원가배부액 = ₩21,600 ÷ 800H = ₩27

[*2)] 허용시간 = ₩24,300 ÷ ₩27 = 900H

[*3)] 시간당고정제조간접원가배부액 = ₩45 − ₩27 = ₩18

    배부액 = 허용시간 × 시간당고정제조간접원가배부액 = 900H × ₩18 = ₩16,200

[*4)] 실제시간 = ₩14,400 ÷ ₩18 = 800H

36 ❶

판매가격을 P하고 하면, 캠코더생산시 이익(π)은 다음과 같다.

π = [(P − ₩80 − ₩20) × 20,000 − ₩4,000,000/5 − ₩300,000] × (1 − 0.4)

  = [(P − ₩100) × 20,000 − ₩1,100,000] × (1 − 0.4)

☞ 현재 창고 감가상각비(₩200,000)는 캠코더 생산과 관련없이 발생하는 원가(비관련 원가)이므로 이익계산시 고려되지 않는다.

평균투자액기준 회계적이익률(ARR)은 다음과 같다.

ARR = π/(투자액/2)

    = {[(P − ₩100) × 20,000 − ₩1,100,000] × (1 − 0.4)} / (₩2,000,000/2)

최소판매가격(P*)을 구하면,

$ARR \geq 0.12$

$\{[(P^* - ₩100) \times 20,000 - ₩1,100,000] \times (1 - 0.4)\} / (₩2,000,000/2) \geq 0.12$

$P^* \geq ₩165$

37 ❶

예산평균 공헌이익 $= \Sigma$ 제품별 공헌이익 $\times$ 제품별 판매비율

$= (2,400,000 - 1,200,000)/30,000 \times (30,000/50,000)$

$\quad + (800,000 - 500,000)/20,000 \times (20,000/50,000)$

$= ₩40 \times 0.6 + ₩15 \times 0.4$

$= ₩30$

(1) 시장점유율차이 $=$ (실제점유율 $-$ 예산점유율) $\times$ 실제시장규모 $\times$ 예산평균공헌이익

$= (20\% - 25\%) \times 235,000개 \times ₩30$

$= (-)₩352,500(U)$

(2) 시장규모차이 $=$ (실제시장규모 $-$ 예산시장규모) $\times$ 예산점유율 $\times$ 예산평균공헌이익

$= (235,000 - 200,000) \times 0.25 \times ₩30$

$= ₩262,500(F)$

[별해]

실제시장규모 $\times$ 실제점유율 $\times$ 예산평균 공헌이익	실제시장규모 $\times$ 예산점유율 $\times$ 예산평균 공헌이익	예산시장규모 $\times$ 예산점유율 $\times$ 예산평균 공헌이익
$₩235,000 \times 20\% \times ₩30$	$₩235,000 \times 25\% \times ₩30$	$₩200,000 \times 25\% \times ₩30$
$= ₩1,410,000$	$= ₩1,762,500$	$= ₩1,500,000$

시장점유율차이 ₩352,500(U) 시장규모차이 ₩176,250(F)

매출수량차이 ₩176,250(U)

38 ❹

− VCR 사업부를 폐쇄하는 경우 증분이익 계산

VCR 공헌이익손실 회피	₩2,400
TV의 매출액 15% 감소에 따른 공헌이익 감소 $(30,400 \times 0.15 =)$	(4,560)
임대수익발생	1,000
증분이익	(₩1,160)

- 공헌이익 계산

	TV	VCR
영업이익	₩7,000	(−)₩15,000
고정제조원가	16,400	5,600
고정판매관리비	7,000	7,000
공헌이익	30,400	27,600

주) TV 고정제조원가 : $46,800 \times (82,000/234,000) = 16,400$
　VCR 고정제조원가 : $46,800 \times (28,000/234,000) = 5,600$
주) 사업부별 고정판매비 : $28,000/4 = 7,000$
☞ 매출액 − 변동비 − 고정비 = 영업이익
　매출액 − 변동비 = 영업이익 + 고정비 = 공헌이익

39 ❹

(1) 기존정보(불완전정보)하의 기대이익
　① 상영관 3개의 기대이익 : ₩200,000 × 0.6 + ₩300,000 × 0.4 = ₩240,000
　② 상영관 5개의 기대이익 : −₩500,000 × 0.6 + ₩1,000,000 × 0.4 = ₩100,000
　기대이익은 ₩240,000이다.
(2) 완전정보하의 기대이익 = ₩200,000 × 0.6 + ₩1,000,000 × 0.4 = ₩520,000
(3) 완전정보의가치 = (2) − (1) = ₩280,000

[Powerful Method]
완전정보의가치 = (₩1,000,000 − ₩300,000) × 0.4 = ₩280,000

40 ❹

변동원가계산순이익 − 스루풋원가계산순이익
　　　　 = (생산량 − 판매량) × (단위당직접노무원가 + 단위당변동제조간접원가)
　　　　 = (2,000개 − 1,700개) × (₩80 + ₩70)
　　　　 = ₩45,000

[보충]
(1) 변동원가계산순이익 :
　(₩500 − ₩160 − ₩80 − ₩70 − ₩50) × 1,700개 − (₩100,000 + ₩80,000) = ₩58,000
(2) 스루풋원가계산순이익 :
　(₩500 − ₩160 − ₩50) × 1,700개 − (₩80 × 2,000개 + ₩70 × 2,000개 + ₩100,000 + ₩80,000) = ₩13,000
(3) (1) − (2) = ₩58,000 − ₩13,000 = ₩45,000

스루풋원가계산에서는 직접노무원가와 변동제조간접원가가 재고원가가 아닌 기간비용 (운영비용)으로 처리된다. 따라서, 변동원가계산에서는 직접노무원가와 변동제조간접원가 발생액의 합계액 ₩300,000[= (80 + 70) × 2,000]중 ₩255,000[= (80 + 70) × 1,700] 만이 비용처리되는 반면에 스루풋원가계산에서는 직접노무원가와 변동제조간접원가 발생액의 합계액 ₩300,000 전액이 비용처리된다. 즉, 비용화되는 직접노무원가와 변동제조간접원가의 차이가 순이익의 차이가 된다.

구 분	초변동원가계산	변동원가계산	전부원가계산
직 접 재 료 원 가	재고가능원가	재고가능원가	재고가능원가
직 접 노 무 원 가	기간비용	재고가능원가	재고가능원가
변 동 제 조 간 접 원 가	기간비용	재고가능원가	재고가능원가
고 정 제 조 간 접 원 가	기간비용	기간비용	재고가능원가
변 동 판 매 관 리 비	기간비용	기간비용	기간비용
고 정 판 매 관 리 비	기간비용	기간비용	기간비용

ANSWER & EXPLANATION

(계산형 : 24, 서술형 : 16)

01	02	03	04	05	06	07	08	09	10
①	③	④	④	①	②	④	⑤	①	③
11	12	13	14	15	16	17	18	19	20
②	④	②	①	③	③	⑤	④	④	③
21	22	23	24	25	26	27	28	29	30
④	④	④	⑤	③	⑤	⑤	③	③	③
31	32	33	34	35	36	37	38	39	40
③	①	③	②	①	③	①	②	④	⑤

01 ❶

사채상환이익 = 400,000 × 1.06 × (0.9174 − 0.9009) = ₩6,996

02 ❸

보상원가 = (300명 − 20명 − 30명 − 30명 − 50명) × 100개 × ₩190 − (300명 − 20명 − 30명 − 20명) × 100개 × ₩177 × 2/3 + 50 × 100개 × ₩200

= ₩3,230,000 − ₩2,714,000 + ₩1,000,000

= ₩1,516,000

03 ❹

대부분의 상황에서 평가는 양적 그리고 질적 정보의 조합에 근거한다(개념체계-QC38).

04 ❹

고객과의 관계를 보호할 법적 권리가 없는 경우에도, 동일하거나 유사한, 계약에 의하지 않은 고객과의 관계를 교환하는 거래(사업결합 과정에서 발생한 것이 아닌)는 고객

과의 관계로부터 기대되는 미래 경제적 효익을 통제할 수 있다는 증거를 제공한다. 그
러한 교환거래는 고객과의 관계가 분리가능하다는 증거를 제공하므로 그러한 고객과
의 관계는 무형자산의 정의를 충족한다(KIFRS1038-16).

05 ❶

1. 손상차손 계산

   손상차손=① 장부금액−② 회수가능액=₩40,000−₩28,000=₩12,000

   ① CA(20×2.12.31)=₩50,000×8년/10년=₩400,000
   ② 회수가능액=Max[₩24,000, ₩28,000]=₩28,000

2. 손상차손환입 계산

   손상차손환입=Min[①, ②]−③=₩9,000

   ① 회수가능액=₩40,000
   ② CA(IF 손상×)=₩50,000×6년/10년=₩30,000
   ③ CA=₩28,000×6년/8년=₩21,000

[별해]

1. 손상차손=50,000×8/10−Max[24,000, 28,000]=₩12,000
2. 손상차손환입=(50,000/10−28,000/8)×6=₩9,000

[Powerful Method]

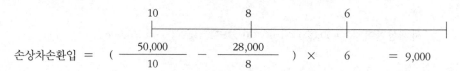

$$손상차손환입 = \left(\frac{50{,}000}{10} - \frac{28{,}000}{8} \right) \times 6 = 9{,}000$$

06 ❷

원가 → 시가(KIFRS1016-22)

07 ❹

확정급여채무			
지급액	60,000	기초	700,000
		이자원가	42,000
보험수리적이익	12,000	당기근무원가	60,000
기말	780,000	과거근무원가	50,000
	852,000		852,000

이자원가=700,000×6%=42,000   보험수리적이익=₩12,000

08 ❺

극히 드문 경우이지만 요구되는 모든 사항 또는 일부 사항을 공시하는 것이 당해 충당부
채, 우발부채 및 우발자산과 관련하여 진행 중인 상대방과의 분쟁에 현저하게 불리한
영향을 미칠 것으로 예상되는 경우에는 그에 관한 공시를 생략할 수 있다. 다만, 당해
분쟁의 전반적인 성격과 공시를 생략한 사실 및 사유는 공시하여야 한다(KIFRS1037-92).

09 ❶

영업이익		₩100,000
투자부동산자산처분이익	$40,000 - 35,000 - 1,000$	4,000
당기순이익		₩104,000

10 ❸

전환권조정$(20 \times 1.1.1) = 1,000,000 \times 13.24\% + 118,455 = 250,855$
장부금액$(20 \times 1.1.1) = 1,000,000 - 118,455 = 881,545$
전환권조정상각$= 881,545 \times 0.15 - 60,000 = 72,232$
전환권조정$(20 \times 1.12.31) = 250,855 - 72,232 = ₩178,623$

[별해]

장부금액$(20 \times 1.12.1) = \dfrac{60,000}{1.15} + \dfrac{1,000,000 \times 113.24\% + 60,000}{1.15^2} = 953,799$

전환권조정잔액$(20 \times 1.12.31) = 1,000,000 \times 113.24\% - 953,799 = 178,601$

[회계처리]

⟨20×1.1.1⟩

(차) 현　　금	1,000,000	(대) 전환사채	1,000,000
전환권조정	250,855	사채상환할증금	132,400
		전환권대가	118,455

⟨20×1.12.31⟩

(차) 이자비용	132,232	(대) 현　　금	60,000
		전환권조정	72,232

이자비용 : $(1,000,000 - 118,455) \times 15\% = 132,232$

11 ❷

현금주의 순이익	₩1,000,000
매출채권 증가	120,000
재고자산 감소	(-)100,000
선급비용 감소	(-)20,000
매입채무 감소	110,000
미지급비용 증가	(-)50,000
감가상각비 발생	(-)60,000
발생주의 순이익	₩1,000,000

12 ❹

성격별 분류는 미래현금흐름을 예측하는데 더 유용하다(KIFRS1001-105).

13 ❷

(단위:천원)

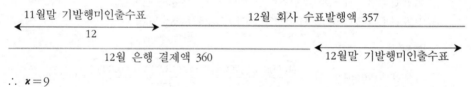

∴ $x = 9$

14 ❶

손상차손환입 = ₩0

처분이익 = ₩41,000 - ₩27,000 = ₩14,000

15 ❸

구분	수량	단위원가	단위당 금액			평가손실
			판매가격	판매부대비용	순실현가능가치	
계약분	3,000	400	390	20	370	90,000
기 타	2,000	400	360	20	340	120,000
계	5,000					210,000

[해설] 순실현가능가치를 추정할 때 재고자산의 보유 목적도 고려하여야 한다. 예를 들어 확정판매계약 또는 용역계약을 이행하기 위하여 보유하는 재고자산의 순실현

가능가치는 계약가격에 기초한다. 만일 보유하고 있는 재고자산의 수량이 확정판매계약의 이행에 필요한 수량을 초과하는 경우에는 그 초과 수량의 순실현가능가치는 일반 판매가격에 기초한다(KIFRS1002-31).

16 ❸

20×1년 12월 31일 상각후원가-공정가치측정금융자산평가이익
= (₩6,000 - ₩5,000 - ₩200) × 10주 = ₩8,000

[참고] 공정가치는 매도 등에서 발생할 수 있는 거래원가를 차감하지 않은 금액이다.
20×2년 3월 27일 상각후원가-공정가치측정금융자산평가이익
= (₩8,000 - ₩6,000 - ₩100) × 10주 = ₩19,000

[참고] 20×2년 3월 27일 지분상품인 상각후원가-공정가치측정금융자산 처분 시 당기손익인 처분손익을 인식하지 않고 평가손익(기타포괄손익)을 인식한다.

[회계처리]

〈20×1년 11월 7일〉

(차) 금융자산	52,000	(대) 현　　금	52,000

〈20×1년 12월 31일〉

(차) 금융자산	8,000	(대) 평가이익(OCI)	8,000 [*1]

[*1] (₩6,000 - ₩5,000 - ₩200) × 10주 = ₩8,000

〈20×2년 3월 27일(처분 시)〉

(차) 현　　금	79,000	(대) 금융자산	60,000
		평가이익(OCI)	19,000 [*1]

[*1] (₩8,000 - ₩6,000 - ₩100) × 10주 = ₩19,000

[참고] 지분상품에 대한 투자로서 **단기매매항목이 아니고 사업결합에서 취득자가 인식하는 조건부 대가가 아닌 지분상품에 대한 투자**의 후속적인 공정가치 변동을 **기타포괄손익(OCI)으로 표시할 수 있다**(KIFRS1109-5.7.5). 즉, 지분상품인 기타포괄손익-공정가치측정금융자산의 취득 후 후속적인 공정가치변동은 기타포괄손익으로 인식한다.

17 ❺

총손실	$1,000,000^* - 850,000 =$		₩150,000
20×1년 공사이익	$(850,000 - 800,000) \times 100,000/800,000 =$		6,250
20×2년 공사손실			₩156,250

* $100,000 + 450,000 + 450,000 = 1,000,000$

18 ❹

금융자산을 당기손익─공정가치 측정 범주에서 상각후원가 측정 범주로 재분류하는 경우에 재분류일의 공정가치가 새로운 <u>총장부금액</u>이 된다(KIFRS1109-5.6.3)

19 ❹

창고재고	₩500,000	
미착품	20,000	
미인도청구판매	(10,000)	
적송품	16,000	$40,000 \times 0.4$
사용품	2,000	10×200
타사재고	(15,000)	
재구매조건부판매	8,000	
반품가능판매(수익인식조건×)	7,000	
재고자산 합계	₩528,000	

20 ❸

발행시 부채요소 $= ₩1,000,000 \times 10\% \times 2.4018 + ₩1,000,000 \times 0.7118$
$\qquad\qquad = ₩951,980$

전환권대가 $= ₩1,000,000 - ₩951,980 = ₩48,020$

20×2년 1월 1일에 전환사채 장부금액 $= ₩951,980 \times 1.12 - ₩100,000 = ₩966,218$

전환으로 인한 주식발행초과금 증가액
$= ₩966,218 \times 60\% + ₩48,020 \times 60\% - ₩600,000 \times ₩1,000/₩2,000 = ₩308,543$

21 ❹

기본주당순이익 $= \dfrac{1,000,000}{800 + 1,000 \times \dfrac{9}{12}} = \dfrac{1,000,000}{1,550} = 645$

$$희석주당순이익 = \frac{1,000,000}{1,550 + 1,000 \times (1 - \frac{8,000}{10,000}) \times \frac{3}{12}} = \frac{1,000,000}{1,600} = 625$$

22 ❹

1. 금융리스채권 = ₩1,500,000(리스자산) + ₩119,050(현금 = 리스개설직집원가)
   = ₩1,619,050

2. 당기순이익 계산

이자수익	1,619,050 × 10% =	161,905
금융리스채권손상차손	100,000 ÷ 1.1² =	(82,645)
당기순이익		₩79,260

23 ❹

연결실체에 속하는 기업 사이에 위험을 공유하는 확정급여제도에 지배기업이나 종속기업이 참여하는 것은 특수관계자거래에 해당한다(기업회계기준서 제1019호 문단 34B 참조).

24 ❺

[Powerful Method]
통화선도평가손익 = (₩1,200 − ₩1,230) × US$100 = (−)₩3,000
통환선도거래손익 = (₩1,230 − ₩1,220) × US$100 = ₩1,000

25 ❸

기업회계기준서 제1037호의 이러한 물음은 취득일 현재 어떤 우발부채를 인식하느냐의 결정에 적용하지 않는다. 그 대신에 과거사건에서 발생한 현재의무이고 그 공정가치를 신뢰성 있게 측정할 수 있다면, 취득자는 취득일 현재 사업결합에서 인수한 우발부채를 인식한다. 그러므로 기업회계기준서 제1037호와는 달리 당해 의무를 이행하기 위하여 경제적효익을 갖는 자원이 유출될 가능성이 높지 않더라도 취득자는 취득일에 사업결합으로 인수한 우발부채를 인식한다(KIFRS1103-23).

26 ❺

6개월 → 12개월(KIFRS1034-21)

27 ❺

관계기업이나 공동기업에 대한 투자자의 소유지분이 감소하지만 기업이 계속 지분법을 적용하는 경우, 기업은 이전에 기타포괄손익으로 인식했던 손익이 관련 자산이나 부채의 처분에 따라 당기손익으로 재분류되는 경우라면, 그 손익 중 소유지분의 감소와 관련된 비례적 부분을 당기손익으로 재분류한다(KIFRS1028-25).

28 ❸

주당순이익 = ₩1,500/10 = ₩150
당기순이익 = ₩150 × 200WN = ₩30,000
세전이익 = ₩30,000/(1 − 0.25) = ₩40,000
이자보상비율 = (₩40,000 + ₩20,000)/₩20,000 = 3배

29 ❸

당기순이익	₩100,000
법인세비용	20,000
이자비용	20,000
감가상각비	10,000
사채상환이익	(10,000)
재고자산증가	(20,000)
매출채권(순액)감소	30,000
단기매매증권증가	(10,000)
매입채무증가	20,000
영업에서 창출된 현금	₩160,000
법인세납부액	(15,000)
이자지급액	(10,000)
영업활동순현금흐름	₩135,000

[참고]
1. 순액기준 매출채권증가를 조정하므로 대손상각비는 조정하지 아니한다.
2. 영업활동순현금흐름 = 영업으로부터 창출된 현금 − 이자지급 − 법인세의 납부

30 ③

계약의 각 당사자가 전혀 수행되지 않은 계약에 대해 상대방(들)에게 보상하지 않고

종료할 수 있는 일방적이고 집행 가능한 권리를 갖는다면, 이 기준서의 적용 목적상 그 계약은 존재하지 않는다고 본다(KIFRS1115-12).

31 ❸

재공품			
재료비	80,000[*1]	완성품원가	406,000
노무비	100,000[*2]		
제조경비	206,000[*3]	감소	(−)20,000
계	386,000	계	386,000

[*1] 재료비 : 95,000(구입) − 15,000(재고증가) = 80,000

[*2] 노무비 : 120,000(지급) − 20,000(전기미지급) = 100,000

[*3] 제조경비 : 217,000(지급) + 52,000(당기미지급) − 78,000(당기선급) − 49,000(전기미지급)
  + 64,000(전기선급) = 206,000

☞ 제조경비발생액 분개로 풀이

(차) 선급제조경비(당기)	78,000	(대) 현 금	217,000
미지급제조경비(전기)	49,000	미지급제조경비(당기)	52,000
제조경비	**206,000**	선급제조경비(전기)	64,000

※ 제조경비는 대변과 차변을 일치시키는 잔액으로 마지막에 표시된다.

32 ❶

(1) 이익(π)계산식

$\pi = PQ - VQ - F$

$= (₩600 - 0.005Q)Q - (₩200 + 0.015Q)Q - ₩1,000,000$

$= -0.02Q^2 + 400Q - ₩1,000,000$

(2) π를 Q로 미분하면 다음과 같다.

$d\pi / dQ = -0.04Q + 400 = 0$

Q = 10,000단위

33 ❸

이익증가액(= 전부원가이익 − 변동원가이익) = 재고증가량 × 단위당고정제조간접원가배부액

₩24,000 = 재고증가량 × (₩120,000/2,000)

재고증가량 = 400개

34 ❷

능률차이＝(허용시간－실제시간)×시간당 변동제조간접원가 배부액
₩10,000＝(허용시간－4,000H)×₩50
허용시간＝4,200H
조업도차이＝고정제조간접원가배부액－고정제조간접원가예산
₩45,000＝4,200H×시간당 고정제조간접원가 배부액－₩270,000
시간당 고정제조간접원가 배부액＝₩75
기준조업도＝고정제조간접원가예산÷시간당 고정제조간접원가 배부액
＝₩270,000÷₩75
＝3,600H

35 ❶

고객불만 처리에 소요된 시간은 내부 비즈니스 프로세스 관점에 속한다.

36 ❸

ABC에 의한 원가계산을 하면 소량생산제품은 셋업비용 등 제조간접원가가 전통적인
원가계산을 사용하였을 경우보다 더 많이 배분된다. 따라서, 전통적인 원가계산방식에
의한 소량생산제품원가는 원가를 과소계상할 가능성이 크다.

37 ❶

투자원금＝미래현금유입을 내부수익률로 할인한 금액
＝₩2,000,000×0.83＋₩1,000,000×0.69
＝₩2,350,000
순현재가치＝미래현금유입을 자본비용으로 할인한 금액－투자원금
＝₩2,000,000×0.91＋₩1,000,000×0.83－₩2,350,000
＝₩300,000

[별해]
순현재가치＝₩2,000,000×(0.91－0.83)＋₩1,000,000×(0.83－0.69)
＝₩300,000
※ 미래현금흐름을 내부수익률로 할인하면 투자원금이 된다.
$C_0 = \Sigma CF/(1+IRR)$

38 ❷

[한풀] (단위 : 천원)

$95 + 30 + 80 + 65 + 실제제조간접원가 - (60 + 35) \times \dfrac{160}{200} = 380$

실제제조간접원가 $= 186$

39 ❹

실제 제조과정에서 작업을 하는 작업자들이 프로세스개선에 대한 지식이 가장 많을 것이라는 가정하에, 작업자들에게 프로세스를 개선하고 원가절감하라는 책임을 부여한다. 이는 작업자들에게 원가절감해야 한다는 가중한 압력으로 작용하는 단점이 된다.

40 ❺

기업이미지 손상에 따른 기회손실은 외부실패원가에 해당된다.

07 실전모의고사 정답 및 해설

ANSWER & EXPLANATION   (계산형 : 24, 서술형 : 16)

01	02	03	04	05	06	07	08	09	10
④	②	①	①	④	⑤	②	③	①	①
11	12	13	14	15	16	17	18	19	20
⑤	②	①	③	④	③	⑤	④	④	②
21	22	23	24	25	26	27	28	29	30
④	④	④	④	④	①	①	④	④	②
31	32	33	34	35	36	37	38	39	40
⑤	③	②	①	③	③	④	①	⑤	⑤

01 ❹

1. 발행금액 계산

구 분	20×1.12.31	20×2.12.31	20×3.12.31	20×4.12.31	현재가치합
사채상환액	₩1,000,000	₩1,000,000	₩1,000,000	₩1,000,000	
이자지급액	280,000	210,000	140,000	70,000	
계	₩1,280,000	₩1,210,000	₩1,140,000	₩1,070,000	
현가계수	0.9091	0.8264	0.7513	0.6830	
현재가치	₩1,163,648	₩999,944	₩856,482	₩730,810	₩3,750,920

발행금액＝3,750,920

2. 20×2년의 이자비용＝(3,750,920×1.1－1,280,000)×0.1＝₩284,601

02 ❷

20×3년 재평가손익(당기손익)＝₩20,000－₩17,000＝₩3,000

20×4년 재평가손익(당기손익)＝₩16,000－₩20,000＝(₩4,000)

03 ❶

정기적인 종합검사과정에서 발생하는 원가가 인식기준을 충족하는 경우에는 유형자산의 일부가 대체되는 것으로 보아 해당 유형자산의 장부금액에 포함하여 인식한다. 이경우 직전에 이루어진 종합검사에서의 원가와 관련되어 남아 있는 장부금액(물리적 부분의 장부금액과는 구별됨)을 제거한다. 이러한 회계처리는 해당 유형자산을 매입하거나 건설할 때 종합검사와 관련된 원가를 분리하여 인식하였는지 여부와 관계가 없다(KIFRS1016-14).

04 ❶

소유자가 직접 경영하는 호텔은 투자부동산이 아니며 자가사용부동산이다(KIFRS1040-12).

05 ❹

내용연수가 유한한 무형자산은 그 자산을 더 이상 사용하지 않을 때도 상각을 중지하지 아니한다. 다만, 완전히 상각하거나 매각예정으로 분류하는(또는 매각예정으로 분류되는 처분자산집단에 포함하는) 경우에는 상각을 중지한다(KIFRS1038-117).

06 ❺

인식기준을 충족하는 항목은 재무상태표나 포괄손익계산서에 인식되어야 한다. 관련된 회계정책의 공시, 주석 또는 설명 자료만으로는 그러한 항목의 인식누락을 정당화할 수 없다(개념체계-82).

07 ❷

현금결제형 주식기준보상거래의 경우, 제공받는 재화나 용역과 그 대가로 부담하는 부채를 부채의 공정가치로 측정한다. 또한, 부채가 결제될 때까지 매 보고기간말과 결제일에 부채의 공정가치를 재측정하고, 공정가치의 변동액은 당기손익으로 인식한다(KIFRS1102-30).

08 ❸

확정급여채무			
지급액	80,000	기초	500,000
보험수리적이익	?	이자원가	35,000
		당기근무원가	120,000
기말	600,000	보험수리적손실	?
	680,000		680,000

이자원가＝500,000×7%＝35,000

보험수리적손실＝₩25,000

사외적립자산

기초	300,000	지급액	80,000
기여금수령액	100,000	재측정요소(손실)	？
이자수익	21,000		
재측정요소(이익)	？	기말	360,000
	440,000		440,000

이자수익＝300,000×7%＝21,000

사외적립자산의 수익 중 재측정요소(이익)＝₩19,000

보험수리적손익	(−)₩25,000
사외적립자산의 수익 중 재측정요소	19,000
합계 : 재측정요소	(−)₩6,000

09 ❶

유통보통주식수 : 1,000주×2＝2,000주

20×2년 주당순이익 : (₩900,000−₩60,000)÷2,000주＝₩420

20×1년 조정된 주당순이익 : (₩720,000−₩60,000)÷2,000주＝₩330

10 ❶

(1) 발행금액			1,000,000
(2) 일반사채의 가치			
(원금＋상환할증금)의 현재가치	1,000,000×118.2%×0.6575	777,165	
이자의 현재가치	1,000,000×7%×2.2832	159,824	936,989
(3) 전환권대가			₩63,011

11 ❺

기업은 수익에서 매출원가 및 판매비와관리비(물류원가 등을 포함)를 차감한 영업이익 (또는 영업손실)을 포괄손익계산서에 구분하여 표시한다(KIFRS1001-한138.2). 영업이익은 반드시 포괄손익계산서에 표시하여야 하며 주석 공시는 허용되지 않는다.

12 ❷

20×1.12.31. 총장부금액＝₩927,880×1.12－₩100,000＝₩939,226

20×1년 이자수익＝₩939,226×12%＝₩112,707

20×1.12.31. 기대신용손실＝12개월 기대신용손실＝₩15,000

20×2.12.31. 기대신용손실＝전체기간 기대신용손실＝₩60,000

20×2년 손상차손＝₩60,000－₩15,000＝₩45,000

당기순이익 증가＝₩112,707－₩45,000＝₩67,707

[참고]

신용위험 단계	기대신용손실 측정
최초 인식 후 신용위험이 유의적으로 증가하지 않음	12개월 기대신용손실
최초 인식 후 신용위험이 유의적으로 증가함	전체기간 기대신용손실
최초 인식 후 신용이 손상됨	전체기간 기대신용손실

13 ❶

법인세비용차감전순이익	₩70,000
법인세비용	(11,000)
기타포괄손익－공정가치측정금융자산(채무상품)처분이익	(5,000)
순매출채권증가	(8,000)
재고자산증가	(8,000)
단기매매금융자산감소	7,000
매입채무증가	15,000
당기법인세부채감소	(2,000)
미지급이자증가	1,000
영업활동순현금흐름	₩59,000

14 ❸

상품

기초	50,000	매출원가	304,000[*1]
매입	350,000	4.24	96,000
	400,000		400,000

*1 $(400,000+100,000-120,000)\div(1+0.25)=304,000$

창고재고	$96,000-5,000=$	₩91,000
재고자산의 가치		20,000
재해손실		₩71,000

[Powerful Method] (단위 : 천원)

재해손실$=50+350-(400+100-120)\div1.25-5-20=71$

15 ❹

완제품 또는 특정 산업이나 특정 지역의 영업부문에 속하는 모든 재고자산과 같은 분류에 기초하여 저가법을 적용하는 것은 적절하지 아니하다(KIFRS1002-29).

16 ❸

추가 금융＝판매금액 ₩2,500,000－공정가치 ₩2,400,000＝₩100,000

금융부채＝₩400,000×3.9927＝₩1,597,080

리스료의 현재가치＝₩400,000×3.9927－추가 금융 ₩100,000＝₩1,497,080

사용권자산＝장부금액 ₩2,000,000×리스료 현재가치 ₩1,497,080

　　　　　÷공정가치 ₩2,400,000

　　＝₩1,247,567

기계장치의 판매차익＝공정가치 ₩2,400,000－장부금액 ₩2,000,000＝₩400,000

이전된 권리에 대한 차익＝₩400,000×(₩2,400,000－₩1,497,080)÷₩2,400,000

　　　　　　　　＝₩150,487

① 사용권자산 ₩1,247,567

② 금융부채 ₩1,597,080

④ 금융자산＝추가 금융＝₩100,000

⑤ 기계장치＝기초자산의 공정가치＝₩2,400,000

〈리스개시일 ㈜다빈 회계처리〉

(차) 현　　금	2,500,000	(대) 기계장치	2,000,000
사용권자산	1,247,567	금융부채	1,597,080
		이전된 권리에 대한 차익	150,487

〈리스개시일 ㈜대한 회계처리〉

(차) 기계장치	2,400,000	(대) 현　금	2,500,000
현　금	100,000		

17　❺

취득시 신용이 손상되어 있는 금융자산은 아니지만 후속적으로 신용이 손상된 금융자산. 그러한 금융자산의 경우에는 후속 보고기간에 <u>상각후원가</u>에 유효이자율을 적용한다(KIFRS1109-5.4.1).

18　❹

표시이자합	500,000×0.08×1.5	₩60,000
공정가치－취득원가	491,000－475,122	15,875
총포괄이익 증가액		₩75,875

19　❹

보고부문별로 당기손익을 보고한다. 보고부문별 자산과 부채의 총액이 최고영업의사결정자에게 정기적으로 제공된다면 그러한 금액들도 보고한다(KIFRS1108-23).

20　❷

고객의 지급불이행에 대비한 안전장치로서만 기업이 법적 소유권을 보유한다면, 그러한 기업의 권리가 고객이 자산을 통제하게 되는 것을 막지는 못할 것이다.

21　❹

① 높아야 → 매우 높아야(KIFRS1105-7)
② 폐기될 비유동자산(또는 처분자산집단)은 매각예정으로 분류할 수 없다. 왜냐하면 해당 장부금액은 원칙적으로 계속사용함으로써 회수되기 때문이다(KIFRS1105-15).
③ 공정가치 → 순공정가치(KIFRS1105-15)
⑤ 명목가치 → 현재가치(KIFRS1105-17)

22　❹

다음의 경우가 반드시 특수관계자를 의미하는 것은 아니다(KIFRS1024-11).

> (1) 특수관계자의 정의에 해당하지만 단순히 이사나 그 밖의 주요 경영진의 일원이 동일한 두 기업
> (2) 하나의 조인트벤처를 단지 공동지배하는 두 참여자
> (3) 당해 기업과 단지 통상적인 업무 관계를 맺고 있는 자금제공자, 노동조합, 공익기업 및 정부부처와 정부기관(기업 활동의 자율성에 영향을 미치거나 기업의 의사결정과정에 참여할 수 있다 하더라도 상관없음)
> (4) 유의적인 규모의 거래를 통해 단지 경제적 의존 관계만 있는 고객, 공급자, 프랜차이저, 유통업자 또는 총대리인

23 ❹

20×1년 말 관계기업투자주식 = 60,000 + 40,000 × 0.3 = 72,000
처분이익 = 30,000 − 72,000 × 1/3 + 10,000 × 0.1(지분법기타포괄손익) = ₩7,000
관계기업에 대한 투자자의 소유지분이 감소하지만 투자가 관계기업의 정의를 충족할 경우, 투자자는 이전에 기타포괄손익으로 인식한 손익 중 비례적 금액만을 당기손익으로 재분류한다(KIFRS1028-19A).

24 ❹

관련활동이 정부, 법원, 관재인, 채권자, 청산인 또는 감독당국의 지시 대상이 된다면, 피투자자에 대한 의결권 과반수를 보유하는 투자자는 힘을 가질 수 없다(KIFRS1110-B37).

25 ❹

처분이익 = ₩2,000,000 − (₩2,000,000 − ₩1,700,000 × 27개월 ÷ 60개월) = ₩765,000

26 ❶

공정가치모형 → 재평가모형(KIFRS1106-12)

27 ❶

측정속성	외화금액	환율(측정일)	기능통화(원화)
취득원가	$2,000	1,150(취득일)	₩2,300,000
순실현가능가치	$1,900	1,220(보고기간말)	₩2,318,000
손상여부	손상됨		손상 안 됨

원화로 측정한 순실현가능가치가 원화로 측정한 취득금액보다 크므로 재고자산 손상차손을 인식하지 않는다.

28 ❹

	20×1년	20×2년	20×3년 이후
세전이익		500,000	
세무조정			
기술개발준비금	(100,000)	–	100,000
감가상각비한초과액		50,000	(50,000)
접대비한도초과액		10,000	
자기주식처분이익		40,000	
공정가치–기타포괄손익금융자산 평가이익		30,000	
공정가치–기타포괄손익금융자산		(30,000)	30,000
과세표준	(100,000)	600,000	80,000
세율	30%	25%	20%
당기법인세	(30,000)	150,000	16,000
기초이연법인세		(30,000)	
기말이연법인세		16,000	
자기주식처분이익에 대한 법인세		(10,000)[*1]	
기타포괄손익–공정가치측정금융자산평가이익		(6,000)[*2]	
법인세비용		₩120,000	

[*1] $40,000 \times 25\% = 10,000$
[*2] $30,000 \times 20\% = 6,000$

29 ❹

운용리스수익	$12,000 \times 59/60 \times 6$	₩70,800
리스개설직접원가상각	$6,000 \times 6/60$	(6,000)
감가상각비	$(1,000,000 - 100,000) \times 1/10 \times 6/12$	(45,000)
당기순이익 영향		₩25,200

30 ❷

용역수익＝Min[총회수가능액, 누적발생원가]－이미 인식한 수익

$$= Min[(₩10,000 + ₩15,000), ₩8,000 × 2] - ₩10,000 = ₩6,000$$

용역원가＝₩8,000

[참고] 용역기간별 용역수익과 용역원가

구 분	20×1년	20×2년	20×3년
용역수익	₩10,000	₩6,000	₩8,000
용역원가	8,000	8,000	8,000
용역손익	₩2,000	(₩2,000)	₩ －

31 ❺

(1) 손익분기점

단위당 공헌이익＝(₩500,000－₩90,000－₩80,000－₩60,000－₩30,000)＝₩240,000

총고정비＝(₩40,000＋₩50,000)×2,000대＝₩180,000,000

손익분기점＝₩180,000,000/₩240,000＝750대

(2) 현금분기점

비현금지출고정비＝₩180,000,000×0.4＝₩72,000,000

$$현금분기점 = \frac{고정비×(1-세율) - 비현금지출고정비}{단위당공헌이익×(1-세율)}$$

$$현금분기점 = \frac{180,000,000×(1-0.25) - 72,000,000}{240,000×(1-0.25)} = 350대$$

(3) 손익분기점－현금분기점＝750－350＝400대

32 ❸

증분수익 :			
Y부문원가절감		₩350,000	
X부문원가절감	(₩220,000×0.5)	₩110,000	₩460,000
증분비용	(400kw×₩1,000)		₩400,000
증분이익			₩60,000

33 ❷

[한풀] (단위 : 백만원)

$80 \times 7 + (50 + 30) \times (0.9^3 \times 8 - 1) = 946.56$

[별해]

누적생산량	대당직접노무원가	총직접노무원가
1	₩50,000,000	₩50,000,000
2	45,000,000	
4	40,500,000	
8	36,450,000	291,600,000

7척 생산시 총직접노무원가 = 291,600,000 - 50,000,000 = 241,600,000
7척 생산시 총변동원가 계산

직접재료원가	₩560,000,000 (= 80,000,000 × 7)
직접노무원가	241,600,000
변동제조간접원가	144,960,000 (= 241,600,000 × 60%)
합계	₩946,560,000

34 ❶

소비차이 = 실제시간 × 시간당변동제조간접원가배부액 - 실제변동제조간접원가
$\qquad$ = 9,500H × ₩10 - ₩115,000
$\qquad$ = -₩20,000(불리)

능률차이 = (허용시간 - 실제시간) × 시간당변동제조간접원가배부액
$\qquad$ = (2,200개 × 5H - 9,500H) × ₩10
$\qquad$ = ₩15,000(유리)

조업도차이 = 배부액 - 고정제조간접원가예산
$\qquad$ = 2,200개 × 5H × ₩6 - 10,000H × ₩6
$\qquad$ = ₩6,000(유리)

35 ❸

(BP-SC) : 중형차 = (300 - 100) = 200
$\qquad$ 소형차 = (200 - 100) = 100

제품	$(BP-SC) \times AQ$	배합차이	$(BP-SC) \times \Sigma AQ \times BM$	수량차이	$(BP-SC) \times BQ$
중형차	$\text{₩}200 \times 5,000$ $= \text{₩}1,000,000$		$\text{₩}200 \times 8,000 \times 0.4$ $= 640,000$		$\text{₩}200 \times 4,000$ $= \text{₩}800,000$
소형차	$\text{₩}100 \times 3,000$ $= \text{₩}300,000$		$\text{₩}100 \times 8,000 \times 0.6$ $= 480,000$		$\text{₩}100 \times 6,000$ $= \text{₩}600,000$
계	$\text{₩}1,300,000$	$\text{₩}180,000(F)$	$\text{₩}1,120,000$	$\text{₩}280,000(U)$	$\text{₩}1,400,000$

36 ❸

원가구분	완성품환산량	단위원가	원가
전공정원가	300	₩30	₩9,000
직접재료원가	0	50	0
가공원가	$300 \times 0.5 = 150$	40	6,000
합계			₩15,000

* 전공정원가의 완성도는 100%이다.
* 공손품의 진척도는 검사시점(50%)이다.

37 ❹

제품설계원가는 제품유지 활동에 해당된다.

38 ❶

1. 선형계획모형 도출

목적함수 : 최대화 $CM = 200X + 300Y$

제약조건 : $2X + 5Y \leq 380$

$3X + 4Y \leq 360$

2. 최적해 및 최적값 계산

$-3/4$(제약조건1의 기울기) $< -2/3 (= -200/300$: 목적함수의 기울기$) < -2/5$(제약조건2의 기울기)

⇒ 제약조건의 교점에서 최적해가 존재한다.

위의 선형계획문제를 풀면 $X = 40$, $Y = 60$,

최대공헌이익 $= 200 \times 40 + 300 \times 60 = 26,000$이다.

즉, $X = 40$(단위), $Y = 60$(단위)를 생산하면 공헌이익이 최대화되며, 최대공헌이익은 ₩26,000이다.

[해설]

일반적으로 최적해는 제약조건이 만나는 점이다. 따라서, 제약조건을 연립하여 풀어서 나오는 값이 대부분이 최적해가 되고, 이 최적해를 목적함수식에 대입하면 최대이익 또는 최소비용을 구할 수 있게 된다.

39 ❺

$$BEPq = \frac{FC}{cm}$$

$$= \frac{180,000}{150 - 60}$$

$$= 2,000$$

$P(Q > 2,000) = 30\% + 30\% + 10\% = 70\%$

40 ❺

변동원가계산순이익 − 스루풋원가계산순이익

= (생산량 − 판매량) × (단위당 직접노무원가 + 단위당 변동제조간접원가)

ANSWER & EXPLANATION

(계산형 : 25, 서술형 : 15)

01	02	03	04	05	06	07	08	09	10
②	④	②	③	⑤	④	④	④	③	④
11	12	13	14	15	16	17	18	19	20
③	③	①	②	⑤	⑤	④	⑤	①	②
21	22	23	24	25	26	27	28	29	30
④	④	③	④	②	④	③	④	⑤	①
31	32	33	34	35	36	37	38	39	40
⑤	③	④	③	④	④	④	①	①	⑤

01 ❷

발행금액 = $(80,000 + 150,000 \times 0.06) \times 0.9091 + (40,000 + 70,000 \times 0.06) \times 0.8264$
$\qquad + (30,000 + 30,000 \times 0.06) \times 0.7513 = 141,328$

20 × 2년 이자비용 = $(141,328 \times 1.1 - 89,000) \times 0.1$
$\qquad\qquad\qquad = ₩6,647$

02 ❹

발행금액(20 × 1.1.1) = $60,000 \times 2.5771 + 1,000,000 \times 0.7938 = 948,426$
장부금액(20 × 3.5.1) = $(948,426 \times 1.08 - 60,000) \times (1 + 0.08 \times 6/12) = 1,002,872$
사채상환손익 = $1,002,872 \times 0.4 - 410,000 = (-)₩8,851$(손실)

03 ❷

취득한 자산이나 제공한 자산의 공정가치를 신뢰성 있게 결정할 수 있다면, 취득한 자산의 공정가치가 더 명백한 경우를 제외하고는 취득한 자산의 원가를 제공한 자산의 공정가치로 측정한다(KIFRS1016-26).

04 ❸

가득기간에 조건변경이 있는 경우, 당초 지분상품에 대해 부여일에 측정한 공정가치는 당초 가득기간의 잔여기간에 걸쳐 인식하며, 이에 추가하여 조건변경일에 부여한 증분 공정가치를 조건변경일부터 변경된 지분상품이 가득되는 날까지 제공받는 근무용역에 대해 인식할 금액의 측정치에 포함한다. 가득일 후에 조건변경이 있는 경우에는 증분 공정가치를 즉시 인식한다(KIFRS1102-B43).

05 ❺

20년을 초과하는 기간동안 상각되는 내용연수가 유한한 무형자산의 회수가능액은 자산손상에 관한 기업회계기준에 따라 그 자산이 손상되었다는 징후가 있는 경우에만 평가해야 한다고 보았다.

06 ❹

사외적립자산

기초	700,000	지급액	50,000
기여금수령액	80,000	재측정요소(손실)	?
이자수익	42,000		
재측정요소(이익)	−	기말	760,000
	822,000		822,000

이자수익 = ₩700,000 × 6% = ₩42,000

재측정요소(손실) = ₩12,000

07 ❹

① 개별 유형자산별 → 유형자산 분류별로(KIFRS1016-29)

② 유형자산별로 선택적 재평가를 하거나 서로 다른 기준일의 평가금액이 혼재된 재무보고를 하는 것을 방지하기 위하여 동일한 분류 내의 유형자산은 동시에 재평가한다(KIFRS1016-38).

③ 매년 → 주기적(KIFRS1016-31)

⑤ 당기손익 → 이익잉여금(KIFRS1016-41)

08 ❹

매우 높고 → 높고(개념체계-89)

09 ❸

기본주당순이익 = (₩2,000,000 − ₩100,000) ÷ 4,000주 = ₩475

전환사채이자비용 = (₩80,000 × 2.4868 + ₩1,000,000 × 0.7513) × 0.1 × 6/12

$$= ₩47,512$$

$$희석주당이익 = \frac{2,000,000 - 1,000,000 + 47,512 \times (1 - 0.2)}{4,000 + 1,000,000 \div 2,000 \times 6/12} = 456$$

[유의점]

전환사채의 발행일 7월 1일이므로 전환사채이자비용과 전환으로 발행될 주식수를 계산하는 경우 월할계산하여야 한다.

10 ❹

우발자산은 관련 상황변화가 적절하게 재무제표에 반영될 수 있도록 지속적으로 검토한다. 상황변화로 인하여 경제적효익이 유입될 것이 거의 확실시 되는 경우에는 그러한 상황변화가 발생한 기간의 재무제표에 그 자산과 관련 이익을 인식한다. 경제적효익의 유입가능성이 높아진 경우에는 우발자산을 공시한다(KIFRS1037-35).

11 ❸

구 분	자본금	우선배당	참가배당	배당합
우선주(8%, 비누적적, 비참가적)	₩1,000,000	₩80,000	0	₩80,000
우선주(4%, 누적적, 10%까지 부분참가적)	2,000,000	240,000[*1]	104,000[*2]	344,000
보통주	3,000,000	120,000	138,000	276,000
합계	₩6,000,000	₩440,000	₩260,000	₩700,000

[*1] 2,000,000 × 4% × 3(년) = 240,000

[*2] 참가배당 = Min[①,②] = 92,000

① 2,000,000 × (10% − 4%) = 120,000

② 260,000 × 2,000,000/(2,000,000 + 3,000,000) = 104,000

12 ❸

(단위 : 천원)

(800 − 500) − (600 − 400) = 40 + 10 − 30 + 15 + 당기순이익

당기순이익 = 65

13 ❶

매입채무 그리고 종업원 및 그 밖의 영업원가에 대한 미지급비용과 같은 유동부채는
기업의 정상영업주기 내에 사용되는 운전자본의 일부이다. 이러한 항목은 보고기간 후
12개월 후에 결제일이 도래한다 하더라도 유동부채로 분류한다(KIFRS1001-70).

14 ❷

시장이자율이 상승하면 사채의 공정가치가 하락하여 공정가치가 상각후원가보다 하락
하게 된다.

[해설] 금융자산의 크기

시장이자율	채무상품의 크기
상승	당기손익-공정가치측정금융자산(FV) = 기타포괄손익-공정가치측정금융자산(FV) 〈 상각후원가측정금융자산(AC)
하락	당기손익-공정가치측정금융자산(FV) = 기타포괄손익-공정가치측정금융자산(FV) 〉 상각후원가측정금융자산(AC)

[해설]

1. 시장이자율 변화에 따른 채무증권의 당기순이익 크기 비교 (AC: 상각후원가)

시장이자율	평가손익	당기순이익 크기
상승	FV 〈 AC → 평가손실	당기손익-공정가치측정금융자산 〈 기타포괄손익-공정가치측정금융자산 = 상각후원가측정금융자산
하락	FV 〉 AC → 평가이익	당기손익-공정가치측정금융자산 〉 기타포괄손익-공정가치측정금융자산 = 상각후원가측정금융자산

2. 시장이자율 변화에 따른 채무증권의 재무상태표금액 크기 비교

시장이자율	FV와 AC 비교	채무상품의 재무상태표금액 크기
상승	FV 〈 AC	당기손익-공정가치측정금융자산(FV) = 기타포괄손익-공정가치측정금융자산(FV) 〈 상각후원가측정금융자산(AC)
하락	FV 〉 AC	당기손익-공정가치측정금융자산(FV) = 기타포괄손익-공정가치측정금융자산(FV) 〉 상각후원가측정금융자산(AC)

3. 시장이자율 변화에 따른 채무증권의 당기순이익과 재무상태표금액 크기 비교

시장이자율	당기순이익 크기	채무상품의 재무상태표금액 크기
상승	당기손익 – 공정가치측정금융자산 〈 기타포괄손익 – 공정가치측정금융자산 = 상각후원가측정금융자산	당기손익 – 공정가치측정금융자산 = 기타포괄손익 – 공정가치측정금융자산 〈 상각후원가측정금융자산
하락	당기손익 – 공정가치측정금융자산 〉 기타포괄손익 – 공정가치측정금융자산 = 상각후원가측정금융자산	당기손익 – 공정가치측정금융자산 = 기타포괄손익 – 공정가치측정금융자산 〉 상각후원가측정금융자산

당기손익 – 공정가치측정금융자산과 기타포괄손익 – 공정가치측정금융자산의 재무상태표금액은 공정가치로 일치하고, 기타포괄손익 – 공정가치측정금융자산과 상각후원가측정금융자산의 당기순이익은 인식할 금액이 없어 일치한다.

$$NI = FV변동액 \qquad NI = 0$$

당기손익 – 공정가치측정금융자산	기타포괄손익 – 공정가치측정금융자산	상각후원가측정금융자산
FPS금액 = FV		FPS금액 = AC

15 ❺

$AC(20 \times 1.12.31) = 873,194 \times 1.1 - 60,000 = ₩900,513$

$AC(20 \times 2.12.31) = (873,194 \times 1.1 - 60,000) \times 1.1 - 60,000 = ₩930,564$

$20 \times 2년$ 이자수익 $= 900,513 \times 10\% = ₩90,051$

$20 \times 3년$ 이자수익 $= 930,564 \times 10\% = ₩93,056$

※ 당기손익은 이자수익뿐이다.

16 ❺

법인세비용차감전순이익	₩70,000
이자비용	3,000
기타포괄손익 – 공정가치측정금융자산(채무상품)처분이익	(5,000)
순매출채권증가	(8,000)
재고자산증가	(8,000)
당기손익 – 공정가치측정금융자산감소	7,000
매입채무증가	15,000
영업창출 현금흐름	₩74,000

17 ❹

재고자산

기초	30,000	매출원가	?
		감모손(비정상)	700[*1]
매입	200,000	기말	28,200[*2]
	230,000		230,000

[*1] 비정상감손 = 10 × 70 = 700

[*2] 기말재고액 = Min[70,60] × 470 = 28,200

매출원가 = ₩201,100

18 ❺

재고자산의 지역별 위치나 과세방식이 다르다는 이유만으로 동일한 재고자산에 다른 단위원가 결정방법을 적용하는 것이 정당화될 수는 없다(KIFRS1002-26).

19 ❶

매출액 = 500개 × ₩100 + 700개 × ₩120 = ₩134,000

$$단위원가(3/1) = \frac{400개 \times 50원 + 600개 \times 60원}{400개 + 600개} = 56원$$

$$단위원가(7/1) = \frac{500개 \times 56원 + 500개 \times 70원}{500개 + 500개} = 63원$$

매출원가 = 500개 × ₩56 + 700개 × ₩63 = ₩72,100

매출총이익 = ₩134,000 - ₩72,100 = ₩61,900

[별해] 매출원가 계산

판매가능재고액 = 400개 × ₩50 + 600개 × ₩60 + 500개 × ₩70 = ₩91,000

$$단위원가(3/1) = \frac{400개 \times 50원 + 600개 \times 60원}{400개 + 600개} = 56원$$

$$단위원가(7/1) = \frac{500 \times 56 + 500 \times 70}{500 + 500} = 63$$

기말재고 = 300개 × ₩63 = ₩18,900

매출원가 = ₩91,000 - ₩18,900 = ₩72,100

20 ❷

전환권대가	49,746	= 500,000 - (30,000 × 2.4868 + 500,000 × 0.7513)
(-) 전환권매입대가	100,697	= 550,000 - (30,000 × 1.6901 + 500,000 × 0.7972)
전환권매입손익	(-)50,951	

21 ❹

(1) 20×1년

평균지출액 = ₩1,000,000 × 6/12 = ₩500,000

자본화이자율 = ₩120,000/₩2,000,000 = 6%

자본화 차입원가 = ₩500,000 × 6% = ₩30,000

(2) 20×2년

평균지출액 = (₩1,000,000 + ₩30,000) × 9/12 + ₩1,000,000 × 6/12 = ₩1,272,500

자본화이자율 = ₩210,000/₩3,000,000 = 7%

자본화 차입원가 = ₩1,272,500 × 7% = ₩98,075

22 ❹

20×2년 12월 31일 순공정가치

갓 태어난 송아지	10 × 340,000 =	₩3,400,000
1년생 한우	20 × 650,000 − 10 × 300,000 =	10,000,000
3년생 한우	30 × 1,200,000 =	36,000,000
합계		₩49,400,000

20×1년 12월 31일 순공정가치

2년생 한우	30 × 800,000 =	₩24,000,000
합계		₩24,000,000

20×2년 순공정가치 증가액 = ₩49,400,000 − ₩24,000,000 = ₩25,400,000

23 ❸

재화의 교환 매출총이익	82,000 + 5,000 − 60,000	27,000
재구매조건부판매 이자비용	(32,000 − 30,000) × 9/12	(1,500)
위탁판매이익	30,000 × (1 − 0.2) − 50,000 × 0.4	4,000
합계		₩29,500

성격이나 가치가 상이한 재화나 용역의 교환은 수익이 발생하는 거래로 본다. 이때 수익은 교환으로 수취한 재화(본 문제에서 차량운반구)나 용역의 공정가치로 측정하되 현금이나 현금성자산이 이전되면 이를 반영하여 조정한다. 만일 수취한 재화나 용역의 공정가치를 신뢰성 있게 측정할 수 없는 경우에는, 수익은 제공한 재화나 용역의 공정가치로 측정하되 현금이나 현금성자산이 이전되면 이를 반영하여 조정한다(KIFRS1018-12).

〈회계처리〉

– 2월 1일

(차) 현　금	5,000	(대) 매 출 액	87,000
차량운반구	82,000		

(차) 매출원가	60,000	(대) 제　품	60,000

– 4월 1일

(차) 현　금	30,000	(대) 단기차입금	30,000

– 12월 31일

(차) 미 수 금	24,000	(대) 매 출 액	30,000
위탁판매수수료	6,000		

(차) 매출원가	20,000	(대) 제　품	20,000

(차) 이자비용	1,500	(대) 미지급비용	1,500

24 ❹

20×3년 누적발생원가＝₩100,000＋₩140,000＋₩200,000＝₩440,000

20×3년 추정총계약원가＝₩440,000＋₩110,000＝₩550,000

20×3년 진행률＝₩440,000/₩550,000＝80%

20×3년 누적계약수익＝₩700,000×80%＝₩560,000

20×3년 계약이익＝₩560,000－₩440,000＋₩10,000＝₩130,000

25 ❷

보고기간 후에 영업성과와 재무상태가 악화된다는 사실은 계속기업가정이 여전히 적절한가를 고려할 필요가 있다는 것을 나타낼 수 있다. 만약 계속기업의 가정이 더 이상 적절하지 않다면 그 효과가 광범위하게 미치므로, 단순히 원래의 회계처리방법 내에서 이미 인식한 금액을 조정하는 정도가 아니라 회계처리방법을 근본적으로 변경해야 한다(KIFRS1010-15).

26 ❹

〈이익수정 정산표〉

수정항목	순이익		
	20×1년	20×2년	20×3년
수정전 순이익			1,000,000
기말재고	(20,000)	20,000	
		(30,000)	30,000
보험료		20,000	(20,000)
토지		20,000	
감가상각비		(10,000)	
처분이익			10,000
대손충당금		(20,000)	20,000
			(10,000)
수정후 순이익			1,030,000

〈오류수정분개〉

(1) (차) 전기오류수정손실   30,000   (대) 매출원가   30,000
(2) (차) 보 험 료   20,000   (대) 전기오류수정이익   20,000
(3) (차) 토   지   20,000   (대) 전기오류수정이익   20,000
(4) (차) 전기오류수정손실   10,000   (대) 비품처분이익   10,000
(5) (차) 전기오류수정손실   20,000   (대) 대손상각비   20,000
    대손상각비   10,000   대손충당금   10,000

〈수정후순이익계산〉

수정후순이익 = ₩1,000,000 + ₩30,000 − ₩20,000 + ₩10,000 + ₩10,000
     = ₩1,030,000

27 ❸

손실충당금 = 전체기간 기대신용손실 = ₩30,000

20×1.12.31. 총장부금액 = ₩951,980 × 1.12 − ₩100,000 = ₩966,218

20×1.12.31. 상각후원가 = ₩966,218 − ₩30,000 = ₩936,218

이자수익 = 총장부금액 ₩936,218 × 유효이자율 12% = ₩112,346

[참고]

신용위험 단계	기대신용손실 측정	신용손실이후 이자수익
최초 인식 후 신용위험이 유의적으로 증가하지 않음	12개월 기대신용손실	총장부금액×유효이자율
최초 인식 후 신용위험이 유의적으로 증가함	전체기간 기대신용손실	총장부금액×유효이자율
최초 인식 후 신용이 손상됨	전체기간 기대신용손실	상각후원가×유효이자율

28 ❹

	20×1년	20×2년	20×3년 이후
세전이익		20,000	
감가상각비한도초과액	4,000	3,000	(7,000)
접대비한도초과액		2,000	
과세표준	4,000	25,000	(7,000)
세율	0.25	0.25	0.2
당기법인세	1,000	6,250	(1,400)
기말이연법인세		(1,400)	
기초이연법인세		1,000	
법인세비용		₩5,850	

29 ❺

리스제공자는 운용리스의 변경을 변경 유효일부터 새로운 리스로 회계처리한다. 이 경우에 변경 전 리스에 관련하여 선수하였거나 발생한(미수) 리스료를 새로운 리스의 리스료의 일부로 본다(KIFRS1116-87).

30 ❶

교부주식의 공정가치	50주×₩20,000	₩1,000,000
합병교부금	50주×2×₩1,000	100,000
이전대가		₩1,100,000
피취득자의 순자산 공정가치	₩1,300,000－₩500,000	800,000
차감후 잔액		₩300,000
무형자산		10,000
영업권		₩290,000

31 ❺

$$BEP = \frac{500,000,000원}{2,000,000원 - 1,200,000원} = 625대$$

$$P(Q > 625) = \frac{1,000대 - 625대}{1,000대 - 500대} = 75\%$$

32 ❸

Y = 1,000,000 + 2,000X에서 1,000,000은 고정제조간접원가를, 2,000은 시간당변동제조간접원가를 나타낸다.

단위당공헌이익 = ₩20,000 - (₩5,000 + ₩8,000 + ₩2,000 × 2시간) = ₩3,000

33 ❹

표준원가계산시 제조간접원가 대변잔액은 제조간접원가발생액보다 배부액이 더 많은 경우에 발생한다. 과대배부차이는 원가를 차감하여야 한다. 이 경우 손익법이 이익을 가장 많이 계상하게 된다.

34 ❸

원재료	AQ×SP	배합차이	Σ실제투입량 ×표준비율×SP	수율차이	SQ×SP
A	460×₩200 =₩92,000		660×(2/3)×₩200 =₩88,000		540×(8/10)×₩200 =₩86,400
B	200×₩500 =₩100,000		660×(1/3)×₩500 =₩110,000		540×(4/10)×₩500 =₩108,000
계	₩192,000	₩6,000(F)	₩198,000	₩3,600(U)	₩194,400

35 ❹

① 평균투자액기준 회계적이익률 = (18,000 - 80,000÷6)/(80,000÷2)

                        = 11.67%

② 회수기간 = 80,000/18,000

        = 4.44년

③ NPV(8%) = 18,000 × 4.6229 - 80,000

         = 3,212.2

④ 긴급회수기간이란 누적현금유입(영업현금유입과 처분가액의 합계액)이 총투자액과 일치하는 기간을 말한다.

긴급회수기간 계산

연도	누적영업현금흐름ⓐ	처분가액ⓑ	누적현금흐름(ⓐ+ⓑ)
1	18,000	55,000	73,000
2	36,000	44,000	80,000 ☜ 긴급회수기간
3	54,000	35,000	89,000
4	72,000	28,000	100,000
5	90,000	17,000	107,000
6	108,000	0	108,000

긴급회수기간은 2년이다.

⑤ $NPV(10\%) = 18,000 \times 4.3553 - 80,000$

$\qquad\qquad = -1,604.6$

$NPV(10\%) = -1,604.6 \ \langle \ NPV(IRR) = 0 \ \langle \ NPV(8\%) = 3,212.2$

따라서 IRR은 8%와 10% 사이에 존재한다.

36 ❹

경제적 부가가치를 계산하는 데 분석자의 주관적인 판단이 개입될 가능성이 크다.
"경제적 부가가치 = 세후영업이익 - 투하자본 × 가중평균자본비용"에서 가중평균자본비
용 계산이 분석자마다 달라질 수 있다.

37 ❹

결합원가배분은 의사결정에 관련이 없는 비관련원가이다. 결합원가의 배분은 제품원
가계산을 위한 것이다.

38 ❶

1. 외부구입시 총원가 = 구입원가 + 회피불능고정비 - 임대수익

$\qquad\qquad = ₩1,600 \times 1,000단위 + ₩100,000 - ₩80,000 = ₩1,620,000$

2. 자가생산시 총원가 = ₩1,660,000

3. 외부구입시 원가절감 = ₩1,660,000 - ₩1,620,000 = ₩40,000

39 ❶

1. 성과표작성

대 안	상황		
	100개 (0.3)	200개 (0.5)	300개 (0.2)
100개 구입	₩120,000	₩120,000	₩120,000
200개 구입	(−)60,000	240,000	240,000
300개 구입	(−)240,000	60,000	360,000

2. 기대가치기준

대안		기대값
100개 구입	$120,000 \times (0.3 + 0.5 + 0.2)$	₩120,000
200개 구입	$(-)60,000 \times 0.3 + 240,000 \times (0.5 + 0.2)$	150,000
300개 구입	$(-)240,000 \times 0.3 + 60,000 \times 0.5 + 360,000 \times 0.2$	30,000

200개 구입이 최적대안이며, 이 때 ₩150,000의 이익이 기대된다.

3. 완전정보의 가치 계산
   ① 기존정보하의 기대값 : ₩150,000
   ② 완전정보하의 기대값 : $120,000 \times 0.3 + 240,000 \times 0.5 + 360,000 \times 0.2 = ₩228,000$
   ③ 완전정보의 가치 : $₩228,000 - ₩150,000 = ₩78,000$

40 ❺

원·부자재 공급사 평가비용은 예방원가에 해당된다.

ANSWER & EXPLANATION

(계산형 : 25, 서술형 : 15)

01	02	03	04	05	06	07	08	09	10
②	②	①	④	⑤	③	⑤	②	③	⑤
11	12	13	14	15	16	17	18	19	20
⑤	①	②	②	③	①	⑤	⑤	③	④
21	22	23	24	25	26	27	28	29	30
⑤	③	①	④	④	①	③	②	⑤	①
31	32	33	34	35	36	37	38	39	40
⑤	①	④	③	②	③	③	①	⑤	⑤

01 ❷

손상차손환입 = 손상차손 × 환입시점의 잔존내용연수/손상시점의 잔존내용연수
= ₩200,000 × 5/8 = ₩125,000

02 ❷

1. 발행금액 계산

구 분	20×1.12.31	20×2.12.31	20×3.12.31	현재가치합
사채상환액	₩1,000,000	₩1,000,000	₩1,000,000	
이자지급액	240,000	160,000	80,000	
계	₩1,240,000	₩1,160,000	₩1,080,000	
현가계수	0.9091	0.8264	0.7513	
현재가치	₩1,127,284	₩958,624	₩811,404	₩2,897,312

발행금액 = 2,897,312

2. 20×2년의 이자비용 = (₩2,897,312 × 1.1 − ₩1,240,000) × 0.1 = ₩194,704

03 ❶

펀드의 투자부동산 중 일부는 원가모형으로 일부는 공정가치모형으로 평가할 수 없다 (KIFRS1040-32B).

04 ❹

브랜드, 제호, 출판표제, 고객목록, 그리고 이와 실질이 유사한 항목(**외부에서 취득하였는지 또는 내부적으로 창출하였는지에 관계없이**)에 대한 취득이나 완성 후의 지출은 발생시점에 항상 당기손익으로 인식한다. 왜냐하면 그러한 지출은 사업을 전체적으로 개발하기 위한 지출과 구분할 수 없기 때문이다(KIFRS1038-20).

05 ❺

① 자본을 명목화폐단위로 정의한 재무자본유지개념 하에서 이익은 해당 기간 중 명목화폐자본의 증가액을 의미한다. 따라서 기간 중 보유한 자산가격의 증가 부분, 즉 보유이익은 개념적으로 이익에 속한다. 그러나 보유이익은 자산이 교환거래에 따라 처분되기 전에는 이익으로 인식되지 않을 것이다(개념체계-4.63).

② 실물자본유지개념을 사용하기 위해서는 현행원가기준에 따라 측정해야 한다. 그러나 재무자본유지개념은 특정한 측정기준의 적용을 요구하지 아니한다(개념체계-4.61).

③ 현재 한국회계기준위원회는 초인플레이션 하에 있는 통화로 보고해야 하는 기업의 경우와 같은 예외적 상황을 제외하고는, 특정한 모형의 사용을 규정하려는 의도를 가지고 있지는 않다(개념체계-4.65).

④ 불변구매력 단위로 정의한 재무자본유개념 → 실물생산능력으로 정의한 실물자본유지개념(개념체계-4.64)

06 ❸

제공받는 재화나 용역과 그에 상응하는 자본의 증가를 인식한 경우 가득일이 지난 뒤에는 자본을 수정하지 아니한다. 예를 들어 가득된 지분상품이 추후 상실되거나 주식선택권이 행사되지 않은 경우에도 종업원에게서 제공받은 근무용역에 대해 인식한 금액을 환입하지 아니한다(KIFRS1102-23).

07 ❺

유형자산 항목의 일부에 대한 대체원가를 자산의 장부금액으로 인식하는 경우, 대체되는 부분이 별도로 분리되어 상각되었는지 여부와 관계없이 대체된 부분의 장부금액은 제거한다(KIFRS1016-70).

08 ❷

충당부채인식 : A, C, G

B : 비용지출계획은 현재의무가 아니다(KIFRS1037-19).

D : 미래영업을 위하여 발생하게 될 비용에 대하여 충당부채를 인식하지 아니한다
    (KIFRS1037-18).

E : 미래의 예상 영업손실은 충당부채로 인식하지 아니한다(KIFRS1037-63).

F : 손실을 부담하지 아니하는 미이행계약은 충당부채기준서의 적용대상이 아니다
    (KIFRS1037-67).

H : 경영진의 결정만으로 현재의무가 발생하지 않는다(KIFRS1037-76).

09 ❸

거래원가는 운송원가를 포함하지 않는다. 위치가 자산(예를 들면, 상품의 경우)의 특성
이라면 현재의 위치에서 그 시장까지 자산을 운송하는 데 발생하게 될 원가가 있을 경
우 주된 (또는 가장 유리한) 시장의 가격에서 그 원가를 조정한다(KIFRS1113-26).

10 ❺

〈발행시〉

(차) 현 금	1,000,000	(대) 신주인수권부사채	1,000,000
신주인수권조정	143,583	사채상환할증금	97,400
		신주인수권대가	46,183[1]

[1] 신주인수권대가 = ① − ② = 46,183
  ① 발행금액 : 1,000,000
  ② 현재가치 : 50,000 × 2.5868 + 1,000,000 × 109.74% × 0.7513 = 953,817

〈20×1.12.31〉

| (차) 이자비용 | 95,382[*1] | (대) 현   금 | 50,000 |
| | | 신주인수권조정 | 45,382 |

[*1] 953,817 × 10% = 95,382

〈20×2.1.1〉

| (차) 신주인수권대가 | 36,946[*1] | (대) 주식발행초과금 | 36,946 |

[*1] 46,183 × 80% = 36,946

(차) 현 금	800,000	(대)신주인수권조정	13,523*2
사채상환할증금	77,920*1	자 본 금	200,000
		주식발행초과금	664,397

*1 97,400×80%=77,920   *2 77,920−77,920/1.1² =13,523

따라서 주식발행초과금 : 36,946+664,397=₩701,343

11 ❺

재무제표에는 중요하지 않아 구분하여 표시하지 않은 항목이라도 주석에서는 구분 표시해야 할 만큼 충분히 중요할 수 있다(KIFRS1001-30).

12 ❶

[Powerful Method]
(단위 : 천원)
정확한 예금잔액=18,500+50,000−45,000−5,000+3,000=21,500

[별해]

수정전 은행측 11월 31일 예금잔액	₩18,500,000
12월 입금	50,000,000
12월 출금	(45,000,000)
수정전 은행측 12월 31일 예금	₩23,500,000
기발행미인출수표	(5,000,000)
미기입예금	3,000,000
정확한 12월 31일 예금잔액	₩21,500,000

[point]
정확한 12월 31일잔액은 수정전 12월 31일 잔액에서 12월말 조정사항을 반영하면 된다.
수정전 12월 31일잔액=수정전 11월 30일 잔액+12월 입금액−12월 출금액
11월말 조정사항은 고려할 필요가 없다.

[해설]
위의 문제는 4위식은행계정표(또는 현금검증표)를 작성하는 것이 일반적인 풀이방법이나, 4위식은행계정표의 작성이 시간이 다소 소요되기 때문에 실전에서는 은행계정조정표로 푸는 것이 바람직하다. 은행계정조정표로 작성시 핵심은 11월의 은행조정사항이 12월에 입출금으로 해결되었느냐에 있다. 위 문제에서는 12월에 11월의 은행조정사항이

전부 해결되었기 때문에 수정전 은행잔액에 12월의 은행측조정사항을 조정(11월의 은행조정사항은 조정할 필요가 없다)하면 정확한 12월 31일의 예금잔액을 산출할 수 있게 된다.

13 ❷

손실충당금＝12개월 기대신용손실＝₩20,000

20×1.12.31. 총장부금액＝₩951,980×1.12－₩100,000＝₩966,218

이자수익＝총장부금액 ₩966,218×유효이자율 12%＝₩115,946

[참고]

신용위험 단계	기대신용손실 측정	신용손실이후 이자수익
최초 인식 후 신용위험이 유의적으로 증가하지 않음	12개월 기대신용손실	총장부금액×유효이자율
최초 인식 후 신용위험이 유의적으로 증가함	전제기간 기대신용손실	총장부금액×유효이자율
최초 인식 후 신용이 손상됨	전제기간 기대신용손실	상각후원가×유효이자율

14 ❷

재고자산					
	(원가)	(매가)		(원가)	(매가)
기초	15,000	20,000	판매		73,000
순매입	62,600	86,000	정상파손		2,000
(순인상－순인하)*1		1,000	종업원할인		4,000
비정상파손	(2,000)	(3,000)	기말	18,000 ←	25,000
판매가능재고	75,600	104,000	판매가능재고		104,000

원가율＝75,6000 ／ (104,000＋1,000)＝72%

*1 순인상－순인하＝2,000－1,000＝1,000

기말재고원가＝25,000×0.72＝₩18,000

15 ❸

재고자산

기초	4,000,000	매출원가	X
		감모손(비정상)	60,000[*1]
매입	32,000,000	기말	4,560,000[*2]
	36,000,000		36,000,000

[*1] $960 \times (4,800 - 50) = 4,560,000$

[*2] $(1,000 - 960) \times (1 - 0.7) \times 5,000 = 60,000$

$X = 31,380,000$

16 ❶

구 분	손상차손환입	
	기타포괄손익	당기손익
영 업 권	—	—
토 지	₩20,000	₩30,000
기계장치	—	30,000
합 계	₩20,000	₩60,000

기계장치손상차손환입 = $40,000 - 40,000 \times 1/4 (= 10,000 :$ 감가상각비감소$) = 30,000$

[Powerful Method]

손상차손환입 = $IL \times \dfrac{n_2}{n_1} = 40,000 \times \dfrac{3}{4} = 30,000$

IL : 손상차손, n_1 : 손상시 잔존내용연수, n_2 : 손상회복시 잔존내용연수

17 ❺

주석 → 주석이나 재무제표 본문(KIFRS1105-33)

중단영업의 영업활동, 투자활동 및 재무활동으로부터 발생한 순현금흐름은 주석공시에 서 주석 공시 또는 본문에 표시로 개정되었다.

18 ❺

20×3년 1월 1일의 장부금액 = $100,000 - 90,000 \times 5/15 - 90,000 \times 4/15 \times 6/12 = 58,000$

변경후 20×3년 감가상각비 = $(58,000 - 5,000) \div 4 = 13,250$

변경전 20×3년 감가상각비＝90,000×4/15×6/12＋90,000×3/15×6/12＝21,000

20×3년 당기순이익 증가＝21,000－13,250＝₩7,750

19 ❸

구 분	위험회피대상 평가손익	파생상품 평가손익	파생상품평가손익	
			당기손익	기타포괄손익
20×1년	2,000*2	(3,000)*1	(1,000)	(2,000)
20×2년	1,000*4	1,000*3	1,000	―
20×2년 누적	3,000	(2,000)	―	(2,000)

*1 (1,160－1,090)×100＝(－)3,000
*2 (1,170－1,150)×100＝2,000
*3 (1,190－1,180)×100＝1,000
*4 (1,180－1,170)×100＝1,000

20 ❹

퇴직급여제도에 따른 예상지급액의 현재가치는 가입자의 현재임금수준이나 예상퇴직시점까지의 미래예측임금수준을 사용하여 계산하고 보고한다(KIFRS1026-23).

21 ❺

20×1년 1월 1일 비지배지분	90,000×0.4	₩36,000
포괄이익에 대한 지분	40,000×0.4	16,000
미실현이익 제거	(7,000－5,000)×0.4×0.4	(320)
20×1년 12월 31일 비지배지분		₩51,680

22 ❸

확정급여제도에서 퇴직급여채무의 일부가 보고기간말 이후 12개월 이전에 결제될 것으로 예상되더라도 퇴직급여채무 전부를 할인한다(KIRKS1019-69).

23 ❶

비상각자산과 관련된 정부보조금이 일정한 의무의 이행도 요구한다면 그 의무를 충족시키기 위한 원가를 부담하는 기간에 그 정부보조금을 수익으로 인식한다. 예를 들어 건물을 건설하는 조건으로 토지를 보조금으로 받은 경우 건물의 내용연수동안 수익으로 인식하는 것이 적절할 수 있다(KIFRS1020-18).

24 ❹

구 분	20×1년
진행률	$(207,200 - 22,200)/(207,200 + 532,800) = 25\%$
미성공사(누적수익)	$900,000 \times 25\% = 225,000$
공사대금청구액합	230,000
초과청구공사	$230,000 - 225,000 = 5,000$

구 분	20×2년
진행률	$(207,200 + 232,800)/(207,200 + 232,800 + 360,000) = 55\%$
미성공사(누적수익)	$900,000 \times 55\% = 495,000$
공사대금청구액합	$230,000 + 250,000 = 480,000$
미청구공사	$495,000 - 480,000 = 15,000$

25 ❹

구 분	외화금액(USD)	환율	원화금액
외화채권	4,000	1,100	4,400,000
수입상품	5,000	1,030	5,150,000
해외투자부동산	9,000	1,100	9,900,000
합계			19,450,000

26 ❶

$$20 \times 1년주당이익 = \frac{360,000원}{(1,000주 + 1,000주 \times 6/12) \times 1.25} = 192원$$

$$20 \times 2년주당이익 = \frac{540,000원}{2,000주 \times 1.25} = 216주$$

27 ❸

최소리스료의 현가 = ₩1,000,000 × 2.4868 + ₩300,000 × 0.7513 = ₩2,712,190

금융리스부채= 적은금액 [최소리스료의 현가, 리스자산의 공정가치]

$\qquad$ = 적은금액 [₩2,712,190, ₩2,862,450]

$\qquad$ = ₩2,712,190

금융리스자산= ₩2,712,190 + ₩20,000 = ₩2,732,190

이자비용= ₩2,712,190 × 10% = ₩271,219

감가상각비= (₩2,732,190 − ₩300,000) ÷ 3 = ₩810,730

총비용= ₩271,219(이자비용) + ₩810,730(감가상각비) = ₩1,081,949

28 ❷

20 × 1년 당기순이익 증가액= (1) + (2) + (3) = ₩122,493

(1) 20 × 1년 매출총이익= 매출액(현재가치) − 매출원가

$\qquad$ = ₩50,000 × (1 + 5.0757) − ₩200,000

$\qquad$ = ₩103,785

(2) 20 × 1년 6월 30일 이자수익= ₩253,785(= ₩50,000 × 5.0757) × 0.04 = ₩10,151

(3) 20 × 1년 12월 31일 이자수익= (₩253,785 × 1.04 − ₩50,000) × 0.04 = ₩8,557

29 ❺

	20 × 1년	20 × 2년	20 × 3년 이후
세전이익		500,000	
세무조정			
기술개발준비금	(100,000)	—	100,000
감가상각비한초과액		50,000	(50,000)
접대비한도초과액		10,000	
자기주식처분이익		40,000	
기타포괄손익 − 공정가치측정금융 자산평가이익		30,000	
기타포괄손익 − 공정가치측정금융 자산		(30,000)	30,000
과세표준		600,000	80,000
세율		25%	20%
당기법인세		150,000	16,000
			DTL

30 ❶

법인세비용차감전순이익	₩500,000
법인세비용	~~70,000~~
매출채권대손상각비	~~10,000~~
당기손익−공정가치측정평가손실	~~20,000~~
당기손익−공정가치측정처분손실	~~10,000~~
기타포괄손익−공정가치측정금융자산(채무상품)평가이익	~~20,000~~
기타포괄손익−공정가치측정금융자산(채무상품)처분이익	(30,000)
당기손익−공정가치측정증가	(40,000)
기타포괄손익−공정가치측정금융자산증가	~~50,000~~
이연법인세부채증가	~~40,000~~
법인세납부액	(40,000)
매출채권(순액)감소	+80,000
매입채무감소	(50,000)
영업활동 순현금흐름	₩420,000

31 ❺

(금액단위 : 백만원)

(1) 생산량 〈 4,000

$$목표수량(Q) = \frac{20,000 + 20Q \times 0.1}{20 - 14}$$

Q = 5,000단위 ← 범위를 벗어남

(2) 생산량 〉 4,000

$$목표수량(Q) = \frac{30,000 + 20Q \times 0.1}{20 - 14}$$

Q = 7,500단위 ← 범위내에 있음

32 ❶

관계식 :

동력부 = 20,000 + 전력부 × 0.5

전력부 = 40,000 + 전력부 × 0.4

→ 배부할 금액은 동력부는 ₩50,000, 전력부는 ₩60,000이다.

$$제품1에 \ 배분될 \ 금액 = ₩50,000 × 0.3 + ₩60,000 × 0.2$$
$$= ₩27,000$$

33 ④

준변동비의 원가함수는 다음과 같이 변동비와 고정비로 구성되어 있다.
$$Y = aX + b$$

34 ③

전부원가계산순이익
= 변동원가계산순이익 − 기초재고수량 × 단위당고정제조간접원가
   + 기말재고수량 × 단위당고정제조간접원가
= ₩700,000 − 400개 × (₩360,000 ÷ 2,000개) + 200개 × (₩360,000 ÷ 2,400개)
= ₩658,000

35 ②

단위당고정제조간접원가배부액 = (₩400,000 + ₩800,000)/(9,000개 − 6,000개) = ₩400
9월의 실제발생액 = 9,000 × ₩400 − ₩400,000 + ₩200,000 = ₩3,400,000

36 ③

$$D = \frac{₩24,000}{6년} = ₩4,000$$

$$ARR = \frac{C - D}{1/2}$$
$$20\% = \frac{C - 4,000}{24,000/2}$$
$$C = ₩6,400$$

37 ③

이익극대화는 이익중심점의 목표이다. 투자중심점은 투자이익률의 극대화가 목표이다.

38 ①

냉장고수량을 X, 세탁기수량을 Y 라고 하면
목적함수식은 다음과 같다.

CM(공헌이익) = (920 - 100 - 150 - 80 - 120) X + (700 - 70 - 120 - 90 - 100) Y

$\qquad\qquad$ = 470 X + 320 Y

제약조건 관계식은 다음과 같다.

3 X + 4 Y ≤ 3,600 ····················· ①

5 X + 3 Y ≤ 3,800 ····················· ②

-5/3(제약조건②의 기울기) 〈 -470/320(목적함수식의 기울기) 〈 -3/4(제약조건①의 기울기)

⇒ 제약조건의 접점이 최적해이다.

위 두 제약조건식이 만나는 접점을 구하면 다음과 같다.

X = 400   Y = 600

최대공헌이익계산 :

냉장고	470 × 400	188,000
세탁기	320 × 600	192,000
공헌이익계		₩380,000

39 ❺

조사비용 = 비조사비용

C + M × (1 - P) = L × (1 - P)

C + ₩500,000 × (1 - 0.6) = ₩2,000,000 × (1 - 0.6)

C = ₩1,500,000 × 0.4 = ₩600,000

40 ❺

원가절감을 위한 반복적인 가치공학프로세스로 인해 신제품출시시기를 적절히 조절하지 못할 수 있는 단점이 있다.

ANSWER & EXPLANATION   (계산형 : 28, 서술형 : 12)

01	02	03	04	05	06	07	08	09	10
①	②	②	①	①	⑤	①	②	⑤	①
11	12	13	14	15	16	17	18	19	20
①	③	①	①	②	⑤	①	⑤	②	③
21	22	23	24	25	26	27	28	29	30
②	④	③	②	②	⑤	④	④	④	①
31	32	33	34	35	36	37	38	39	40
③	②	④	①	③	③	④	②	②	④

01 ❶

보상원가 = (200명 − 20명 − 30명 − 20명) × 60개 × (₩750 − ₩500) × 2/3 − (200명 − 20명
　　　　 − 40명) × 60개 × (₩600 − ₩500) × 1/3
　　　 = ₩780,000 − ₩280,000
　　　 = ₩500,000

02 ❷

교환으로 취득한 자산의 취득원가 = 제공한 자산의 장부금액 − 현금수취액
　　　　　　　　　　　　　　　 = ₩60,000 − ₩10,000
　　　　　　　　　　　　　　　 = ₩50,000

03 ❷

기업이 주로 자체의 재화와 용역의 판매촉진과 광고를 위해 웹 사이트를 개발한 경우
에는 그 웹 사이트가 어떻게 미래경제적효익을 창출할 지를 제시할 수 없다. 따라서
이러한 웹 사이트 개발에 대한 모든 지출은 발생시점에 비용으로 인식한다.

04 ❶

실현가능가치는 정상적으로 처분하는 경우 수취할 것으로 예상되는 현금이나 현금성
자산의 금액을 말한다(개념체계-4.55).

05 ❶

처분이익 = ₩7,000 − ₩6,000 = ₩1,000

06 ❺

발행금액(20×1.1.1) = 1,000,000 × 0.6806 + 1,000,000 × 0.05 × 3.9927 = ₩880,235
장부금액(20×3.1.1) = (880,235 × 1.08 − 50,000) × 1.08 − 50,000 = ₩922,706
상환손익 = 922,706 − 1,000,000 = (−)₩77,294

[해설]
- 권면발행일인 20×1.1.1의 발행금액을 계산시 적용할 시장이자율은 실제발행일
  (20×1.5.1)의 시장이자율이다.
- 상환당시 시장이자율이 표시이자율과 일치하므로 상환금액은 액면금액과 같다.

07 ❶

발행금액(20×1.1.1) = ₩1,000,000×0.05 × 3.9927 + ₩1,000,000 × 0.6806 = ₩880,235
장부금액(20×1.12.31) = ₩880,235 × 1.08 − ₩50,000 = ₩922,706
20×2년 당기순이익 영향 = 상환손익 + 이자비용 = 20×1.12.31 장부금액 − 상환액
　　　　　　　　　　 = ₩950,654 − ₩960,000 = (−)₩9,346(당기순이익 감소)

08 ❷

(1) 전환권대가의 계산

① 발행가			₩1,000,000
② 일반사채의 가치			
이자현가	(60,000 × 2.4018)	144,108	
원금·상환할증금현가	{(1,000,000 + 132,426) × 0.7118}	806,061	950,169
③ 전환권대가			₩49,831

(2) 전환권조정 = 사채상환할증금 + 전환권대가
　　　　　　 = ₩132,426 + ₩49,831 = ₩182,257

〈20×1. 1. 1(발행시)〉

(차) 현　　금	1,000,000	(대) 전환사채	1,000,000
전환권조정	182,257	사채상환할증금	132,426
		전환권대가	49,831

※ 만기상환할증금 = $1,000,000 \times (10\% - 6\%) \times (1 + 1.1 + 1.1^2) = 132,400$

09 ❺

재고자산에 대한 재고자산평가충당금과 매출채권에 대한 대손충당금과 같은 평가충당금을 차감하여 관련 자산을 순액으로 측정하는 것은 상계표시에 해당하지 아니한다 (KIFRS1001-33).

10 ❶

소액현금	10,000
전 도 금	20,000
배당지급통지표	10,000
만기가 90일인 정기예금	20,000
당좌예금	10,000
현금및현금성자산	₩70,000

- 선일자수표는 어음(금융자산)
- 당좌차월(거래은행이 즉시 상환을 요구할 수 없는 경우)은 단기차입금
- 당좌개설보증금은 금융자산
- 취득일로부터 만기일이 3개월 후인 양도성예금증서는 금융자산

11 ❶

1. 순자산가액 계산

과　목	20×1.1.1	20×1.12.31
매출채권	₩1,000,000	₩1,090,000
재고자산	800,000	740,000
미수수익	120,000	250,000
미지급비용	(−)150,000	(−)240,000
매입채무	(−)900,000	(−)?
선수수익	(−)80,000	(−)100,000
순자산	₩790,000	₩1,740,000 − 매입채무

2. 현금주의순이익 = ₩8,000,000 − ₩5,600,000 = ₩2,400,000

3. 발생주의순이익 = 현금주의순이익 + 순자산증가

   ₩2,700,000 = ₩2,400,000 + 순자산증가

   순자산증가 = ₩300,000

4. ₩1,740,000 − 기말매입채무 − ₩790,000 = ₩300,000

   기말매입채무 = ₩650,000

12   ❸

금융상품의 기대신용손실은 다음 사항을 반영하도록 측정한다(KIFRS1109-5.5.17).

(1) 일정 범위의 발생 가능한 결과를 평가하여 산정한 금액으로서 편의가 없고 확률로 가중한 금액

(2) 화폐의 시간가치

(3) 보고기간 말에 과거사건, 현재 상황과 미래 경제적 상황의 예측에 대한 정보로서 합리적이고 뒷받침될 수 있으며 과도한 원가나 노력 없이 이용할 수 있는 정보

13   ❶

기타포괄손익 − 공정가치측정금융자산처분손익

= 상각후원가측정금융자산처분손익

= SP − AC(20 × 1.12.31상각후원가)

= ₩98,000 − ₩96,526(= ₩95,024 × 1.1 − 8,000)

= ₩1,474

14   ❶

(1) 이동평균법

$$3.1단가 = \frac{500개 \times 32원 + 300개 \times 40원}{500개 + 300개} = 35원$$

$$7.1단가 = \frac{400개 \times 35원 + 600개 \times 45원}{400개 + 600개} = 41원$$

$$11.1단가 = \frac{500개 \times 41원 + 600개 \times 55원}{500개 + 600개} = 49원$$

매출원가 = 400개 × ₩35 + 500개 × ₩41 + 700개 × ₩49 = ₩68,800

(2) 총평균법

$$단가 = \frac{500개 \times 32원 + 300개 \times 40원 + 600개 \times 45원 + 600개 \times 55원}{500개 + 300개 + 600개 + 600개} = 44원$$

$$매출원가 = (400개 + 500개 + 700개) \times ₩44 = ₩70,400$$

15 ❷

재고자산

	(원가)	(매가)		(원가)	(매가)
기초	15,000	20,000	판매		73,000
순매입	62,600	86,000	정상파손		2,000
(순인상 − 순인하)*1		1,000	종업원할인		4,000
비정상파손	(2,000)	(3,000)	기말	18,000 ←	25,000
판매가능재고	75,600	104,000	판매가능재고		104,000

$$원가율 = 75,600 \ / \ (104,000 + 1,000) = 72\%$$

*1 순인상 − 순인하 = 2,000 − 1,000 = 1,000

기말재고원가 = 25,000 × 0.72 = ₩18,000

16 ❺

A : 계속영업손익 (KIFRS1105-28)

B : 계속영업손익 (KIFRS1105-36)

C : 계속영업손익 (KIFRS1105-37)

17 ❶

평균지출액	연평균차입금 사용액		이자율	자본화할 차입원가	한도
500,000*1	특정차입금 (일시예치)	₩300,000	6%	₩18,000	
		(50,000)	4%	(2,000)	
	일반차입금	250,000	8.5%*2	21,250	68,000
계				₩37,250	

*1 평균지출액 : (600,000−200,000) × 9/12 + 800,000 × 3/12 = 500,000

*2 자본화이자율

$$자본화이자율 = \frac{600,000 \times 8\% + 400,000 \times 6/12 \times 10\%}{600,000 + 400,000 \times 6/12} = \frac{68,000}{800,000} = 8.5\%$$

18 ❺

각 보고부문의 이자수익과 이자비용은 총액으로 보고한다. 다만, 이자수익이 부문수익의 대부분이고 최고영업의사결정자가 부문성과를 평가하고 자원을 배분하기 위하여 주로 순이자수익을 사용하는 경우는 예외로 한다(KIFRS1108-23).

19 ❷

보고기간후사건은 이익이나 선별된 재무정보를 공표한 후에 발생하였더라도, 재무제표 발행승인일까지 발생한 모든 사건을 포함한다(KIFRS1010-7).

20 ❸

지배기업과 종속기업 사이의 관계는 거래의 유무에 관계없이 공시한다(KIFRS1024-12).

21 ❷

20×3년 1월 1일의 장부금액＝￦100,000－￦90,000×2.5/5＝￦55,000
변경후 20×3년 감가상각비＝(￦55,000－￦5,000)×4/10＝￦20,000
변경전 20×3년 감가상각비＝￦90,000×1/5＝￦18,000
20×3년 당기순이익 증가＝￦18,000－￦20,000＝(－)￦2,000

22 ❹

구 분	위험회피대상 평가손익	파생상품 평가손익	파생상품평가손익	
			당기손익	기타포괄손익
20×1년	2,000*2	(3,000)*1	(1,000)	(2,000)
20×2년	1,000*4	1,000*3	1,000	—
20×2년 누적	3,000	(2,000)	—	(2,000)

*1 (1,160－1,090)×100＝(－)3,000   *2 (1,170－1,150)×100＝2,000
*3 (1,190－1,180)×100＝1,000   *4 (1,180－1,170)×100＝1,000

23 ❸

① 모든 사업결합에서 취득자는 피취득자에 대한 비지배지분을 공정가치 또는 피취득자의 식별가능한 순자산 중 비지배지분의 비례적 지분으로 측정한다(KIFRS1103-19).
② 사업결합의 이전대가에 포함된, 피취득자의 종업원이 보유하고 있는 보상과 교환하여 취득자가 부여한 주식기준보상은 공정가치로 측정하지 않고 기업회계기준서 제1102호 '주식기준보상'에 따라 측정한다(KIFRS1103-37).
④ 취득자는 취득관련원가에 대하여 채무증권과 지분증권의 발행원가를 제외하고, 원

가가 발생하고 용역을 제공받은 기간에 비용으로 회계처리한다(KIFRS1103-53).
⑤ 측정기간은 취득일로부터 1년을 초과할 수 없다(KIFRS1103-45).

24 ❷

확정급여채무

지급액	70,000	기초	X
보험수리적이익	−	이자원가	0.04X
		당기근무원가	120,000
		과거근무원가	10,000
기말	650,000	보험수리적손실	18,000
	720,000		720,000

$1.04X = 572,000$

$X = ₩550,000$

25 ❷

A. 탐사권리 취득 :	₩5,000
B. 탐사를 위한 시추	6,000
C. 표본추출	1,000
D. 지형학적, 지질학적 연구 :	2,000
E. 광물자산의 기술적 실현가능성과 상업화가능성에 대한 평가 :	4,000
합계(탐사평가자산의 원가)	₩18,000

26 ❺

1. 20×3년 공사손익 계산

   20×3년 공사손익 = ₩120,000 − ₩110,000

   　　　　　 = ₩10,000(이익)

2. 20×2년 공사손익 계산

   20×2년 공사손실 = 총손실 + 전기까지 인식한 이익

   　　　　　 = (₩136,000 + ₩224,000 + ₩120,000 − ₩450,000)

   　　　　　　 + (₩450,000 − ₩400,000 × (₩136,000/₩400,000) = ₩47,000

27 ❹

1. 희석주당이익을 계산하기 위한 이익 : ₩7,400,000 + ₩1,000,000 × (1−0.3) = ₩8,100,000

2. 희석주당이익을 계산하기 위한 보통주식수 계산

　　조정행사가격 : ₩3,000 + ₩3,000,000÷1,000 = ₩6,000

　　가산 주식수 : 1,000주 × (1 − ₩6,000/₩6,667) = 100주

　　희석주당이익을 계산하기 위한 보통주식수 : 2,000주 + 100주 = 2,100주

3. 희석주당이익 : ₩8,100,000÷2,100주 = ₩3,857

4. 기본주당이익 = 7,400,000÷2,000주 = ₩3,700

　　주식선택권이 희석효과가 없다. 희석주당이익 = 기본주당이익 = ₩3,700

[해설]

주식선택권이나 그 밖의 주식기준보상약정의 경우, 발행금액과 행사가격에는 주식선택권이나 그 밖의 주식기준보상약정에 따라 미래에 유입될 재화나 용역의 공정가치가 포함된다(KIFRS1033-47A). 즉, 자기주식법에 적용될 행사가격인 조정행사가격은 다음과 같이 계산된다.

　조정행사가격 = 행사가격 + 주식선택권 개당 잔여가득기간에 인식할 보상원가

$$= 행사가격 + \frac{잔여가득기간에\ 인식할\ 종업원\ 1인당\ 보상원가}{종업원\ 1인당\ 평균\ 주식선택권수량}$$

28 ❹

취득금액(20×1.1.1)		₩52,000
염가매수차익	300,000×20% − 52,000	8,000
포괄이익에 대한 지분	120,000×20%	24,000
중간배당	20,000×20%	(−)4,000
시가미달자산상각	(300,000 − 250,000)÷5×20%	(−)2,000
투자주식(20×1.12.31)		₩78,000

29 ❹

당좌비율은 알 수 없다. 즉, 상계전의 당좌비율의 상태에 따라 당좌비율은 달라진다.

상계전 당좌비율의 상태	외상매출금과 외상매입금 상계의 영향
(1) 당좌비율 〈 1	당좌비율 감소
(2) 당좌비율 = 1	당좌비율 불변
(3) 당좌비율 〉 1	당좌비율 증가

30 ❶

	20×2년	20×3년 이후
세전이익	₩100,000	
접대비한도초과액	10,000	
감가상각비한도초과액	30,000	(30,000)
재평가차손	30,000	(30,000)
재평가잉여금	40,000	
토지	(40,000)	40,000
자기주식처분손실	(20,000)	
기타포괄손익-공정가치측정금융자산평가이익	20,000	
기타포괄손익-공정가치측정금융자산	(20,000)	20,000
당기손익-공정가치측정금융자산평가이익	(20,000)	20,000
과세표준	₩130,000	₩20,000
세율	0.25	0.2
당기법인세	₩32,500	₩4,000
이연법인세부채증가	4,000	DTL
재평가잉여금 법인세효과	(8,000)	
자기주식처분손실 법인세효과	5,000	
기타포괄손익-공정가치측정금융자산평가이익		
법인세효과	(4,000)	
법인세비용	₩29,500	

31 ❸

재공품			
기초	3,000	완성품원가	16,000*1
직접재료원가	5,000		
직접노무원가	6,000*2		
제조간접원가	4,000	기말	2,000
계	18,000	계	18,000

*1 완성품원가 = 18,000(매출원가) + 2,000(기말제품) − 4,000(기초제품) = ₩16,000

*2 직접노무원가 + 직접노무원가×2/3 = 16,000 + 2,000 − 3,000 − 5,000 = ₩10,000

  직접노무원가 = ₩6,000

  기초원가 = 직접재료원가 + 직접노무원가

  = 5,000 + 6,000 = ₩11,000

32 ❷

고정비예산 = ₩80,000 − 10,000H × ₩5 = ₩30,000

고정비배부율 = ₩30,000/10,000H = ₩3/H

조업도차이 = 10,100H × ₩3 − ₩30,000 = ₩300(유리)

33 ❹

가중평균자본비용

$$= 타인자본비용 \times (1 - 법인세율) \times \frac{타인자본}{총자본} + 자기자본비용 \times \frac{자기자본}{총자본}$$

$$= 10\% \times (1 - 0.2) \times \frac{6,000,000}{10,000,000} + 12\% \times \frac{4,000,000}{10,000,000}$$

$$= 9.6\%$$

사업부별 EVA계산

사업부	세후영업이익	(총자산 − 유동부채) × 가중평균자본비용	EVA	순위
A	1,200,000 × (1 − 0.2) = 960,000	(5,000,000 − 1,000,000) × 0.096 = 384,000	576,000	3
B	1,000,000 × (1 − 0.2) = 800,000	(4,000,000 − 2,000,000) × 0.096 = 192,000	608,000	1
C	800,000 × (1 − 0.2) = 640,000	(1,000,000 − 500,000) × 0.096 = 48,000	592,000	2

[참고] 경제적 부가가치 계산공식

경제적 부가가치 = 세후영업이익 − (총자산 − 유동부채) × 가중평균자본비용

※ 가중평균자본비용 = 타인자본비용 × (1 − 법인세율) × (타인자본/총자본)

+ 자기자본비용 × (자기자본/총자본)

34 ❶

평가지표	A부문	B부문	평가
투자수익률	200억원/1,000억원 = 20%	360억원/2,000억원 = 18%	A부문 더 우수
잔여이익	200억원 − 1,000억원 × 10% = 100억원	360억원 − 2,000억원 × 10% = 160억원	B부문 더 우수

35 ❸

$$현금손익분기점 = \frac{6,000,000 \times (1 - 0.4) - 1,000,000}{\{(5,000 - 3,000) \div 5,000\} \times (1 - 0.4)} = ₩10,833,333$$

36 ❸

갑제품의 순실현가치는 감소한다. 순실현가치가 감소하면 해당제품의 결합원가배분액은 감소한다.

37 ❹

(1) 정확한 예측하의 재고총비용 $= \sqrt{(2 \times 연간사용량 \times 1회주문비용 \times 단위당유지비용)}$

$\qquad\qquad\qquad\qquad\qquad\quad = \sqrt{(2 \times 80,000 \times 40,000 \times 16)}$

$\qquad\qquad\qquad\qquad\qquad\quad = ₩320,000$

　　[별해] 재고관련비용

　　　　　 정확한 경제적주문량 $= \sqrt{(2 \times 80,000 \times 40,000 \div 16)} = 20,000$

　　　　　 재고관련비용 $= (80,000 \div 20,000) \times 40,000 + (20,000 \div 2) \times 16$

　　　　　　　　　　　 $= ₩320,000$

(2) 잘못 예측하의 재고총비용

　　① 경제적주문량 $= \sqrt{(2 \times 연간사용량 \times 1회주문비용 \div 단위당유지비용)}$

　　　　　　　　　 $= \sqrt{(2 \times 80,000개 \times 10,000원 \div 16원)}$

　　　　　　　　　 $= 10,000개$

　　② 재고관련비용

　　　 $= \dfrac{연간사용량}{1회\ 주문량} \times 1회주문비용 + \dfrac{1회주문량}{2} \times 단위당유지비용$

　　　 $= (80,000개 \div 10,000개) \times ₩40,000 + (10,000개 \div 2) \times ₩16$

　　　 $= ₩400,000$

(3) 예측오차의 원가 $= (2) - (1)$

　　　　　　　　　 $= ₩400,000 - ₩320,000$

　　　　　　　　　 $= ₩80,000$

[참고] 경제적주문량에서의 최소재고관련비용계산식

　　　 최소재고관련비용 $= \sqrt{(2 \times 연간사용량 \times 1회주문비용 \times 단위당유지비용)}$

38 ❷

(1) 공정B의 물량흐름

초	800	완성	3,500
투입	3,200[1)]		
		말	500

1) 투입수량＝공정A대체수량

$$= 500(전기말수량) + 3,400(투입수량) - 700(당기말수량) = 3,200$$

(2) 완성품환산량당 단위원가

	전공정원가	직접재료원가	가공원가
총원가	₩144,000	₩217,000	₩262,400
완성품환산량	3,200[1]	3,500[2]	3,280[3]
단위원가	₩45	₩62	₩80

[1] 공정A에서 대체수량

[2] 800 + 3,200 - 500 = 3,500

[3] 3,500 + 500 × 0.2 - 800 × 0.4

(3) 완성품원가계산

	완성품환산량	단위원가	원가
기초재공품원가			72,000
전공정원가	2,700	45	121,500
직접재료원가	3,500	62	217,000
가공원가	3,180	80	254,400
합계			664,900

[별해]

완성품원가＝총원가－기말재공품원가

$$= (72,000 + 144,000 + 217,000 + 262,400) - 30,500$$
$$= 664,900$$

기말재공원가계산

	완성품환산량	단위원가	원가
전공정원가	500	45	22,500
직접재료원가	—	62	—
가공원가	100	80	8,000
합계			30,500

39 ❷

(1) 생산우선순위결정

	A	B	C
단위당판매가격	₩500	₩350	₩700
단위당변동비	200	100	100
단위당 공헌이익	₩300	₩250	₩600
단위당 기계소요시간	2시간	1시간	3시간
시간당 공헌이익	₩150	₩250	₩200
생산우선순위	3	1	2

(2) 최대이익을 달성하는 제품구성

제품	생산량	기계시간
B	300개	300시간
C	50개	150시간
계		450시간

(3) 최대이익

공헌이익	$(250 \times 300 + 600 \times 50)$	₩105,000
고 정 비	$(100 \times 250 + 300 \times 50 + 100 \times 150)$	55,000
이 익		₩50,000

40 ❹

카이젠원가계산에서는 규모가 작으면서 지속적인 공정개선을 강조한다.

Ⅲ 핵심요약정리

개념체계

[2-1] 의의

① 개념체계는 외부이용자를 위한 재무제표의 작성과 표시에 있어 기초가 되는 개념을 정립한다.

② 개념체계는 한국채택국제회계기준이 아니므로 특정한 측정과 공시에 관한 기준을 정하지 아니한다.

③ 개념체계는 어떤 경우에도 특정 한국채택국제회계기준에 우선하지 아니한다.

[2-2] 일반목적재무보고의 목적

① 주요 이용자 : 현재 및 잠재적 투자자, 대여자 및 기타 채권자★

② 일반목적재무보고서는 주요이용자가 필요로 하는 모든 정보를 제공하지는 않으며 제공할 수도 없다.★

③ 일반목적재무보고서는 보고기업의 가치를 보여주기 위해 고안된 것이 아니다. 일반목적재무보고서는 주요이용자가 보고기업의 가치를 추정하는 데 도움이 되는 정보를 제공한다.

④ 감독당국 그리고 (투자자, 대여자 및 기타 채권자가 아닌) 일반대중 : 주요 대상이 아니다.

⑤ 재무보고서는 정확한 서술보다는 상당 부분 추정, 판단 및 모형에 근거한다.

⑥ 계속기업(기본가정) : 기업은 그 경영활동을 청산하거나 중요하게 축소할 의도나 필요성을 갖고 있지 않다는 가정을 적용한다. 만약 이러한 의도나 필요성이 있다면 재무제표는 계속기업을 가정한 기준과는 다른 기준을 적용하여 작성하는 것이 타당할 수 있으며 이때 적용한 기준은 별도로 공시하여야 한다.

(문제 1-9)

[2-3] 유용한 재무정보의 질적 특성

① 근본적 질적 특성 : 목적적합성(중요성⒡ 포함), 표현의 충실성

② 보강적 질적 특성 : 비교가능성, 검증가능성, 적시성, 이해가능성

⒡ 중요성 : 기업특유의 목적적합성★

(문제 5-5)

[2-4] 근본적 질적 특성

1. 목적적합성

① 목적적합한 재무정보는 정보이용자의 의사결정에 차이가 나도록 할 수 있다.

② 정보이용자들이 미래 결과를 예측하기 위해 사용하는 절차의 투입요소로 재무정보가 사용될 수 있다면, 그 재무정보는 예측가치를 갖는다. 재무정보가 예측가치를 갖기 위해서 그 자체가 예측치 또는 예상치일 필요는 없다.

③ 재무정보가 과거 평가에 대해 피드백을 제공한다면 (과거 평가를 확인하거나 변경시킨다면) 확인가치(예측가치×)를 갖는다.

2. 중요성

① 정보가 누락되거나 잘못 기재된 경우 특정 보고기업의 재무정보에 근거한 정보이용자의 의사결정에 영향을 줄 수 있다면 그 정보는 중요한 것이다.

② 해당 기업에 특유한 측면의 목적적합성을 의미한다.★

③ 회계기준위원회는 중요성에 대한 획일적인 계량 임계치를 정하거나 특정한 상황에서 무엇이 중요한 것인지를 미리 결정할 수 없다.

3. 충실한 표현

① 완전한 서술 : 필요한 기술과 설명을 포함하여 정보이용자가 서술되는 현상을 이해하는 데 필요한 모든 정보를 포함하는 것이다.

② 중립적 서술 : 재무정보의 선택이나 표시에 편의가 없는 것이다. 중립적 정보는 목적이 없거나 행동에 대한 영향력이 없는 정보를 의미하지 않는다.

③ 오류가 없는 서술 : 충실한 표현은 모든 면에서 정확한 것을 의미하지는 않는다. 오류가 없다는 것은 현상의 기술에 오류나 누락이 없고, 보고 정보를 생산하는 데 사용되는 절차의 선택과 적용 시 절차 상 오류가 없음을 의미한다. 오류가 없다는 것은 모든 면에서 완벽하게 정확하다는 것을 의미하지는 않는다.★

(문제 2-2)(문제 3-8)

[2-5] 보강적 질적 특성

1. 비교가능성

① 일관성은 비교가능성과 관련은 되어 있지만 동일하지는 않다. 일관성은 한 보고기업 내에서 기간 간 또는 같은 기간 동안에 기업 간, 동일한 항목에 대해 동일한 방법을 적용하는 것을 말한다. 비교가능성은 목표이고 일관성은 그 목표를 달성하는 데 도움을 준다.★

② 비교가능성은 통일성이 아니다. 정보가 비교가능하기 위해서는 비슷한 것은 비슷하게 보여야 하고 다른 것은 다르게 보여야 한다.

2. 검증가능성

① 검증가능성은 정보가 나타내고자 하는 경제적 현상을 충실히 표현하는지를 정보이용자가 확인하는 데 도움을 준다.

② 검증가능성은 합리적인 판단력이 있고 독립적인 서로 다른 관찰자가 어떤 서술이 충실한 표현이라는 데, 비록 반드시 완전히 일치하지는 못하더라도, 의견이 일치할 수 있다는 것을 의미한다.

③ 계량화된 정보가 검증가능하기 위해서 단일 점추정치이어야 할 필요는 없다. 가능한 금액의 범위 및 관련된 확률도 검증될 수 있다.

3. 적시성

적시성은 의사결정에 영향을 미칠 수 있도록 의사결정자가 정보를 제때에 이용가능하게 하는 것을 의미한다. 일반적으로 정보는 오래될수록 유용성이 낮아진다. 그러나 일부 정보는 보고기간 말 후에도 오랫동안 적시성이 있을 수 있다. 예를 들어, 일부 정보이용자는 추세를 식별하고 평가할 필요가 있을 수 있기 때문이다.

4. 이해가능성

① 정보를 명확하고 간결하게 분류하고, 특징지으며, 표시하면 이해가능하게 된다.

② 재무보고서는 사업활동과 경제활동에 대해 합리적인 지식이 있고, 부지런히 정보를 검토하고 분석하는 정보이용자를 위해 작성된다. 때로는 박식하고 부지런한 정보이용자도 복잡한 경제적 현상에 대한 정보를 이해하기 위해 자문가의 도움을 받는 것이 필요할 수 있다.

(문제 4-6)

[2-6] 유용한 재무보고에 대한 원가 제약

① 본질적인 주관성 때문에, 재무정보의 특정 항목 보고의 원가 및 효익에 대한 평가는 개인 마다 달라진다. 따라서 회계기준위원회는 단지 개별 보고기업과 관련된 것이 아닌, 재무 보고 전반적으로 원가와 효익을 고려하려고 노력하고 있다.

② 원가와 효익의 평가가 동일한 보고 요구사항을 모든 기업에 대해 언제나 정당화한다는 것 을 의미하는 것은 아니다. 기업 규모의 차이, 자본 조달 방법(공모 또는 사모)의 차이, 정 보이용자 요구의 차이, 그 밖의 다른 요인 때문에 달리하는 것이 적절할 수 있다.

③ 효익과 원가에 대한 평가는 양적 그리고 질적 정보의 조합에 근거한다.

(문제 3-3)

[2-7] 재무제표의 요소

① 5가지 : 자산, 부채, 자본, 수익, 비용

② 재무상태변동표의 고유한 요소에 대해 별도로 식별하지 아니한다.

1. 재무상태

> (1) 자산은 과거 사건의 결과로 기업이 통제하고 있고 미래경제적효익이 기업에 유입될 것으로 기대되는 자원이다.
> (2) 부채는 과거 사건에 의하여 발생하였으며 경제적효익이 내재된 자원이 기업으로부터 유출됨으로써 이행될 것으로 기대되는 현재의무이다.
> (3) 자본은 기업의 자산에서 모든 부채를 차감한 후의 잔여지분이다.

① 자산과 부채의 정의는 그 본질적 특성을 식별하기 위한 것이지, 재무상태표에 인식하기 위해 충족될 필요가 있는 기준을 정하는 것은 아니다.

② 법률적 통제가 없어도 자산의 정의를 충족시킬 수 있다. 예를 들면, 기업이 개발활동에서 습득한 핵심지식은 이를 독점적으로 보유함으로써 그로부터 유입될 것으로 기대되는 효 익을 통제한다면 자산의 정의를 충족할 수 있다. ★

③ 만일 어떤 기업이 보증기간이 명백히 경과한 후에 발생하는 제품하자에 대해서도 수리해 주기로 방침을 정한 경우에 이미 판매된 제품과 관련하여 지출될 것으로 예상되는 금액은 부채이다.

2. 성과

> (1) 수익＝자본증가－출연★ (2) 비용＝자본감소－분배★

3. 자본유지조정

자산과 부채에 대한 재평가 또는 재작성에 따른 자본의 증가 또는 감소는 수익과 비용의 정의에는 부합하지만, 이 항목들은 특정 자본유지개념에 따라 포괄손익계산서에는 포함하지 아니한다. 그 대신 자본유지조정 또는 재평가적립금으로 자본에 포함한다.

[2-8] 재무제표 요소의 인식

재무제표 요소의 정의에 부합하는 항목이 다음 기준을 모두 충족한다면 재무제표에 인식되어야 한다.

> (1) 확률기준 : 그 항목과 관련된 미래경제적효익이 기업에 유입되거나 기업으로부터 유출될 가능성이 높다(50%초과, 매우 높다가 아님).
> (2) 측정기준 : 그 항목의 원가 또는 가치를 신뢰성 있게 측정할 수 있다.

인식기준을 충족하는 항목은 재무상태표나 포괄손익계산서에 인식되어야 한다. 관련된 회계정책의 공시, 주석 또는 설명 자료만으로는 그러한 항목의 인식누락을 정당화할 수 없다
(문제 7-6)(문제 8-8)

[2-9] 측정기준

구 분	자산	부채
유입가치 (～원가)	역사적원가	역사적원가
(자산의 취득)	현행원가[2]	현행원가[1]
유출가치 (～가치)	실현가능가치[3]	이행가치[1]
(자산의 사용 또는 처분)	현재가치	현재가치

[1]. 할인하지 아니한 금액. **부채의 현행원가와 이행가치는 할인하지 아니한 금액이다.**★

[2]. 실물자본유지개념의 측정기준

[3]. 정상적인 처분(청산이 아님)시 현금유입액

(문제 10-4)

[2-10] 자본유지개념

1. 측정기준

구분	측정기준
실물자본유지개념	현행원가기준
재무자본유지개념	특정한 측정기준의 적용을 요구하지 아니한다. (역사적원가기준이 아님에 유의)★

2. 자본유지개념 선택

특정한 모형의 사용을 규정하려는 의도를 가지고 있지는 않다(명목화폐단위로 정의한 재무자본유지개념이 아님에 유의).★

3. 자산과 부채에 대한 가격변동 영향의 처리★

① 자본을 명목화폐단위로 정의한 재무자본유지개념
- 이익은 해당 기간 중 명목화폐자본의 증가액을 의미한다.
- 기간 중 보유한 자산가격의 증가 부분, 즉 보유이익은 개념적으로 이익에 속한다. 그러나 보유이익은 자산이 교환거래에 따라 처분되기 전에는 이익으로 인식되지 않을 것이다.

② 자본을 불변구매력 단위로 정의한 재무자본유개념
- 이익은 해당 기간 중 투자된 구매력의 증가를 의미한다.
- 일반물가수준에 따른 가격상승을 초과하는 자산가격의 증가 부분만이 이익으로 간주되며, 그 이외의 가격증가 부분은 자본의 일부인 자본유지조정으로 처리된다.

③ 자본을 실물생산능력으로 정의한 실물자본유지개념
- 이익은 해당 기간 중 실물생산능력의 증가를 의미한다.
- 기업의 자산과 부채에 영향을 미치는 모든 가격변동은 해당 기업의 실물생산능력에 대한 측정치의 변동으로 간주되어 이익이 아니라 자본의 일부인 자본유지조정으로 처리된다.

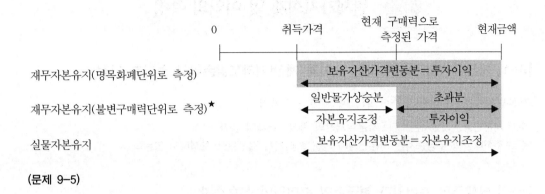

(문제 9-5)

제4장 현재가치회계 및 이익의 측정

[4-1] 자본유지접근법에 의한 순이익 계산(기타포괄손익이 없다고 가정)

자본변동[주1] = 유상증자[주2] − 현금배당[주2] + 순이익

(주1) 자본변동 = 기말자본 − 기초자본 = 자산의 증가 − 부채의 증가
(주2) 주식배당과 무상증자는 자본변동에 영향을 미치지 않으므로 조정하지 않는다.

[4-2] 발생주의 순이익과 현금주의 순이익의 상호전환

발생주의 순이익 = 현금주의 순이익 + 순자산증가

발생주의 순이익 = 현금주의 순이익 + 자산증가 − 자산감소 − 부채증가 + 부채감소

(문제 1-21) (문제 3-3) (문제 3-18) (문제 6-18) (문제 10-11)

재무제표 표시

[5-1] 기타포괄손익-재분류조정

기타포괄손익 항목	소멸시	
	당기손익 반영	재분류조정 발생
(1) 재평가잉여금의 변동	×*	×
(2) 확정급여제도의 재측정요소	×*	×
(3) 해외사업장의 재무제표 환산으로 인한 손익	○	○
(4) 채무상품인 기타포괄손익-공정가치측정금융자산의 재측정 손익	○	○
(5) 기타포괄손익-공정가치측정 지분상품 금융자산 공정가치변동손익	×	×
(6) 현금흐름위험회피의 위험회피수단의 평가손익 중 효과적인 부분	○	○
(7) 관계기업의 기타포괄손익(후속적으로 당기손익으로 재분류되지 않는 항목) 중 투자자의 지분	×	×
(8) 관계기업의 기타포괄손익(특정 조건을 충족하는 때에 후속적으로 당기손익으로 재분류되는 항목) 중 투자자의 지분	○	○

* 이익잉여금에 반영

(문제 5-17)

[5-2] 비용의 분석

1. 성격별 분류

① 비용을 기능별 분류로 배분할 필요가 없기 때문에 적용이 간단할 수 있다.

② 미래현금흐름을 예측하는데 더 유용하다.★

2. 기능별 분류

① 비용을 매출원가, 물류원가, 관리활동원가 등으로 분류한다.

② 적어도 매출원가를 다른 비용과 분리하여 공시한다. 그래서 매출원가법이라고도 한다.

③ 더욱 목적적합한 정보를 제공할 수 있지만 비용을 배분하는데 자의적인 배분과 상당한 정도의 판단이 개입될 수 있다.

④ 비용을 기능별로 분류하는 기업은 감가상각비, 기타 상각비와 종업원급여비용을 포함하여 비용의 성격에 대한 추가 정보를 공시한다. ★

(문제 1-6) (문제 6-12)

[5-3] 주요 항목의 공시★

공시 대상	개별 재무제표 본문 공시	주석 공시
재분류조정	포괄손익계산서	O
영업손익구성항목	포괄손익계산서	O
영업이익★	포괄손익계산서	×
배당금, 주당배당금액	자본변동표	O
이익잉여금처분계산서	×	O
조정영업이익	×	O

(문제 3-11)

제6장 현금및현금성자산

[6-1] 은행계정조정표 작성

불일치요인과 수정방법

수정방법		예	내용
회사	가산	미통지입금	거래처 등에서 회사에 통지하지 아니하고 온라인 또는 무통장입금 등의 방법으로 입금한 금액
		미기입 추심어음 입금액	만기된 받을어음 등을 은행이 추심대행하여 회사 통장에 입금처리하였으나 회사가 미기입한 경우
		기장오류	입금액 과소기입 or 인출액 과대 기입
	차감	부도수표	수취하여 입금된 수표가 부도처리된 것. 입금된 수표가 부도처리되면 출금처리된다.
		미기입 추심어음수수료	추심대행에 따른 수수료 미기입
		미기입 이자비용	당좌차월 사용에 따른 이자비용 미기입
		기장오류	입금액 과대 기입 or 인출액 과소 기입
은행	가산	미기입예금	타행환입금이나 영업시간 이후에 입금된 예금이 입금된 날 후에 입금처리된 경우
	차감	기발행미인출수표	회사가 발행한 수표가 아직 은행에 지급제시 되지 아니한 경우

(문제 9-12)

금융자산

제7장

[7-1] 분류

1. 분류기준

당기손익-공정가치 측정 항목으로 지정하는 경우가 아니라면, (1) 금융자산의 관리를 위한 사업모형과 (2) 금융자산의 계약상 현금흐름 특성에 근거하여 금융자산이 후속적으로 상각후원가, 기타포괄손익-공정가치, 당기손익-공정가치로 측정되도록 분류한다.

2. 상각후원가 측정 금융자산

① 금융자산 관리를 위한 사업모형 : 계약상 현금흐름을 수취하기 위해 보유
② 금융자산의 계약상 현금흐름특성 : 원리금 지급

3. 기타포괄손익-공정가치 측정 금융자산

① 금융자산 관리를 위한 사업모형 : 계약상 현금흐름을 수취와 금융자산의 매도를 위해 보유
② 금융자산의 계약상 현금흐름특성 : 원리금 지급

4. 당기손익-공정가치 측정 금융자산

① 상각후원가로 측정 금융자산 또는 기타포괄손익-공정가치로 측정 금융자산이 아닌 경우
② 당기손익-공정가치로 측정되는 '지분상품에 대한 특정 투자'에 대하여는 후속적인 공정가치 변동을 기타포괄손익으로 표시하도록 최초 인식시점에 선택할 수도 있다. 다만 한 번 선택하면 이를 취소할 수 없다.

5. 지분상품에 대한 투자

① 지분상품에 대한 투자로서 단기매매항목이 아니고 사업결합에서 취득자가 인식하는 조건부 대가가 아닌 지분상품에 대한 투자의 후속적인 공정가치 변동을 기타포괄손익으로 표시할 수 있다. 이러한 선택은 최초 인식시점에만 가능하며 이후에 취소할 수 없다.
② 지분상품에 대한 특정 투자의 공정가치 후속변동을 기타포괄손익으로 표시하는 취소 불가능한 선택을 할 수 있다. 그러한 투자는 화폐성 항목이 아니다. 따라서 후속적인 공정가치 변동을 기타포괄손익으로 표시한 손익에는 관련되는 외화요소를 포함한다.
③ 지분상품에 대한 투자의 배당은 당기손익으로 인식한다.

(문제 6-14)

6. 금융자산을 당기손익-공정가치 측정 항목으로 지정할 수 있는 선택권

회계불일치를 제거하거나 유의적으로 줄이는 경우에는 최초 인식시점에 해당 금융자산을 당기손익-공정가치 측정 항목으로 지정할 수 있다. 다만 한번 지정하면 이를 취소할 수 없다,

금융자산 분류	채무상품	지분상품
상각후원가 측정	계약상 CF수취＋원리금지급)	해당 없음
기타포괄손익-공정가치	계약상 CF수취와 매도 목적＋원리금지급	지정시만 분류가능
당기손익-공정가치	－위 분류 나머지 －지정(회계불일치 제거, 유의적 감소시)	원칙

[7-2] 최초 측정

① 매출채권을 제외하고는, 최초 인식시점에 금융자산을 공정가치로 측정하며, 당기손익-공정가치 측정 금융자산이 아닌 경우에 해당 금융자산의 취득과 직접 관련되는 거래원가는 공정가치에 가산한다.

② 후속적으로 상각후원가로 측정하는 자산에 결제일 회계처리방법을 적용하는 경우에 해당 자산은 최초 인식시점에 매매일(결제일×)의 공정가치로 인식한다.

③ 최초 인식시점에 매출채권이 유의적인 금융요소를 포함하지 않는 경우에는(또는 실무적 간편법을 적용하는 경우에는) 거래가격으로 측정한다.

(문제 3-7)

[7-3] 결제일 회계처리방법 적용

① 후속적으로 상각후원가로 측정하는 자산에 결제일 회계처리방법을 적용하는 경우에 해당 자산은 최초 인식시점에 매매일(결제일×)의 공정가치로 인식한다.

② 결제일 회계처리방법을 적용하여 금융자산을 인식한다면, 상각후원가로 측정하는 자산의 매매일과 결제일 사이의 기간 중의 공정가치 변동은 인식하지 아니한다.

③ 공정가치로 측정하는 자산의 해당 공정가치 변동은 적절하게 당기손익이나 기타포괄손익으로 인식한다.

④ 손상 요구사항을 적용할 때에는 매매일(결제일×)을 최초 인식일로 본다.

[Point] 매매일과 결제일 구분

[7-4] 상각후원가 측정 금융자산

1. 유효이자율법 적용

① 이자수익은 금융자산의 총 장부금액(상각후원가×)에 유효이자율을 적용하는 유효이자율법으로 계산한다. 다만 다음의 경우는 제외한다.
  (1) 취득시 신용이 손상되어 있는 금융자산은 최초 인식시점부터 상각후원가에 신용조정 유효이자율을 적용한다.
  (2) 취득시 신용이 손상되어 있는 금융자산은 아니지만 후속적으로 신용이 손상된 금융자산은 후속 보고기간에 상각후원가(총 장부금액×)에 유효이자율을 적용한다.
② 취득시 신용이 손상되어 있는 금융자산은 아니지만 후속적으로 신용이 손상된 금융자산은 후속 보고기간에 상각후원가(총 장부금액×)에 유효이자율을 적용하는 경우 해당 금융자산의 신용위험이 개선되어 더는 신용이 손상된 것으로 볼 수 없고, 그 개선이 신용손상 사건과 객관적으로 관련된다면 후속 보고기간에 총 장부금액에 유효이자율을 적용하여 이자수익을 계산한다.
④ 총 장부금액 : 손실충당금을 조정하기 전 금융자산의 상각후원가. 총 장부금액은 상각후원가 측정 금융자산에서만 사용되는 용어
⑤ 상각후원가 : 최초 인식시점에 측정한 금융자산이나 금융부채에서 상환된 원금을 차감하고, 최초 인식금액과 만기금액의 차액에 유효이자율법을 적용하여 계산한 상각누계액을 가감한 금액. 금융자산의 경우에 해당 금액에서 손실충당금을 조정한 금액
⑥ 총 장부금액 - 손실충당금 = 상각후원가
[Point] 총 장부금액과 상각후원가 구분

2. 계약상 현금흐름 변경

① 금융자산의 계약상 현금흐름이 재협상되거나 변경되었으나 그 금융자산이 제거되지 아니하는 경우에는 해당 금융자산의 총 장부금액을 재계산하고 변경손익을 당기손익으로 인식한다.
② 해당 금융자산의 총 장부금액은 재협상되거나 변경된 계약상 현금흐름을 해당 금융자산의 최초 유효이자율(또는 취득시 신용이 손상되어 있는 금융자산의 경우에는 신용조정 유효이자율) 또는 수정 유효이자율로 할인한 현재가치로 재계산한다.
③ 발생한 원가나 수수료는 변경된 금융자산의 장부금액에 반영하여 해당 금융자산의 남은 존속기간에 상각한다.

[7-5] 채무상품인 기타포괄손익—공정가치로 측정하는 자산

① 손상차손(환입)과 외환손익을 제외하고는, 채무상품인 기타포괄손익—공정가치 측정 금융자산의 손익은 해당 금융자산을 제거하거나 재분류할 때까지 기타포괄손익으로 인식한다.

② 금융자산을 제거할 때에는 인식한 기타포괄손익누계액을 재분류조정으로 자본에서 당기손익으로 재분류한다.

③ 금융자산을 기타포괄손익—공정가치 측정 범주에서 상각후원가 측정 범주로 재분류하는 경우에는 재분류 전에 인식한 기타포괄손익누계액은 자본에서 제거하고 재분류일의 금융자산의 공정가치에서 조정한다.

④ 금융자산을 기타포괄손익—공정가치 측정 범주에서 당기손익—공정가치 측정 범주로 재분류하는 경우에는 재분류 전에 인식한 기타포괄손익누계액은 재분류일의 재분류조정으로 자본에서 당기손익으로 재분류한다.

⑤ 유효이자율법을 사용하여 계산한 이자는 당기손익으로 인식한다.

⑥ 기타포괄손익—공정가치로 측정하는 경우에 당기손익으로 인식하는 금액은 해당 금융자산을 상각후원가로 측정하였더라면 당기손익으로 인식하였을 금액과 같다.

[유의] 금융자산을 기타포괄손익—공정가치 측정 범주에서 다른 측정 범주로 재분류하는 경우에는 재분류 전에 인식한 기타포괄손익누계액은 재분류일의 재분류조정으로 자본에서 당기손익으로 재분류한다(틀림).

[7-6] 손상

1. 일반

① 상각후원가로 측정하는 금융자산과 기타포괄손익—공정가치로 측정하는 금융자산에는 손상 요구사항을 적용한다.

② 상각후원가 측정 금융자산이나 기타포괄손익 측정 금융자산, 리스채권, 계약자산, 대출약정, 금융보증계약의 기대신용손실을 손실충당금으로 인식한다.

③ 당기손익—공정가치 측정 금융자산과 지분상품은 손상 규정 적용하지 않는다.

④ 기타포괄손익—공정가치 측정 금융자산의 손실충당금은 기타포괄손익에서 인식하고 재무상태표에서 금융자산의 장부금액을 줄이지 아니한다.

⑤ 취득시 신용이 손상되어 있는 금융자산, 매출채권, 계약자산, 리스채권을 제외하고, 최초 인식 후에 금융상품의 신용위험이 유의적으로 증가한 경우에는 매 보고기간 말에 전체기 간 기대신용손실에 해당하는 금액으로 손실충당금을 측정한다.

⑥ 최초 인식 후에 신용위험이 유의적으로 증가한 모든 금융상품에 대해 미래전망 정보를 포 함하는 합리적이고 뒷받침될 수 있는 모든 정보를 고려하여, 개별평가나 집합평가로 전체 기간 기대신용손실을 인식한다.

⑦ 취득시 신용이 손상되어 있는 금융자산, 매출채권, 계약자산, 리스채권을 제외하고, 최초 인식 후에 금융상품의 신용위험이 유의적으로 증가하지 아니한 경우에는 보고기간 말에 12개월 기대신용손실에 해당하는 금액으로 손실충당금을 측정한다.

⑧ 대출약정과 금융보증계약에 손상 요구사항을 적용할 때는, 취소 불가능한 약정의 당사자 가 된 날을 최초 인식일로 본다.

⑨ 전기에 전체기간 기대신용손실에 해당하는 금액으로 금융상품에 대한 손실충당금을 측정 하였으나 당기에 더는 신용위험이 유의적으로 증가하지 않는다고 판단하는 경우에는 당 기 말에 12개월 기대신용손실에 해당하는 금액으로 손실충당금을 측정한다.

⑩ 보고기간 말에 인식해야 하는 금액으로 손실충당금을 조정하기 위한 기대신용손실액(또는 환입액)은 손상차손(환입)으로 당기손익에 인식한다.

⑪ 금융자산의 계약상 현금흐름이 재협상되거나 변경되지만 그 금융자산이 제거되지 않는다 면 금융상품의 신용위험이 유의적으로 증가하였는지를 (1) 보고기간 말의 채무불이행 발 생 위험(변경된 계약조건에 기초함)과 (2) 최초 인식시점의 채무불이행 발생 위험(변경되 기 전 최초 계약조건에 기초함)를 비교하여 평가한다.

신용위험 단계	기대신용손실 측정	신용손실이후 이자수익
최초 인식 후 신용위험이 유의 적으로 증가하지 않음	12개월 기대신용손실	총장부금액×유효이자율
최초 인식 후 신용위험이 유의 적으로 증가함	전제기간 기대신용손실	총장부금액×유효이자율
최초 인식 후 신용이 손상됨	전제기간 기대신용손실	상각후원가×유효이자율

(문제 3-9)(문제 4-2)(문제 5-23)(문제 7-12)(문제 7-17)(문제 8-27)(문제 9-13)

2. 취득시 신용이 손상되어 있는 금융자산

① 취득시 신용이 손상되어 있는 금융자산은 보고기간 말에 최초 인식 이후 전체기간 기대신

용손실의 누적변동분만을 손실충당금으로 인식한다.

② 매 보고기간 말에 전체기간 기대신용손실의 변동액을 손상차손(환입)으로 당기손익에 인식한다.

③ 전체기간 기대신용손실이 최초 인식시점의 추정현금흐름에 포함되었던 기대신용손실액보다 작다 하더라도 전체기간 기대신용손실의 유리한 변동을 손상환입으로 인식한다.

3. 매출채권, 계약자산, 리스채권에 대한 간편법

① 다음 항목은 항상 전체기간 기대신용손실에 해당하는 금액으로 손실충당금을 측정한다.

(1) 다음 중 하나를 충족하는, 기업회계기준서 제1115호의 적용범위에 포함되는 거래에서 생기는 매출채권이나 계약자산

(가) 유의적인 금융요소를 포함하고 있지 않은 경우(또는실무적 간편법을 적용하는 경우)

(나) 유의적인 금융요소가 있으나, 전체기간 기대신용손실에 해당하는 금액으로 손실충당금을 측정하는 것을 회계정책으로 선택한 경우. 해당 회계정책은 모든 해당 매출채권이나 계약자산에 적용해야 하지만 매출채권과 계약자산에 각각 구분하여 적용할 수 있다.

(2) 리스채권으로서, 전체기간 기대신용손실에 해당하는 금액으로 손실충당금을 측정하는 것을 회계정책으로 선택한 경우. 해당 회계정책은 모든 리스채권에 적용해야 하지만 금융리스채권과 운용리스채권에 각각 구분하여 적용할 수 있다.

매출채권, 리스채권, 계약자산에 각각 독립적으로 회계정책을 선택할 수 있다.

4. 기대신용손실의 측정

① 금융상품의 기대신용손실은 다음 사항을 반영하도록 측정한다.

(1) 일정 범위의 발생 가능한 결과를 평가하여 산정한 금액으로서 편의가 없고 확률로 가중한 금액

(2) 화폐의 시간가치

(3) 보고기간 말에 과거사건, 현재 상황과 미래 경제적 상황의 예측에 대한 정보로서 합리적이고 뒷받침될 수 있으며 과도한 원가나 노력 없이 이용할 수 있는 정보

② 기대신용손실을 측정할 때 가능한 시나리오를 모두 고려할 필요는 없다. 그러나 신용손실의 발생 가능성이 매우 낮더라도 신용손실이 발생할 가능성과 발생하지 아니할 가능성을 반영하여 신용손실이 발생할 위험이나 확률을 고려한다.

③ 기대신용손실을 측정할 때 고려하는 가장 긴 기간은 신용위험에 노출되는 최장 계약기간 (연장옵션 포함)이며, 이 보다 더 긴 기간이 사업관행과 일관된다고 하더라도 **최장 계약기간을 넘어설 수 없다.**

④ 일부 금융상품은 대여금과 미사용 한도약정 요소를 모두 포함하며, 대여금의 상환을 요구할 수 있고 미사용 한도약정을 취소할 수 있는 계약상 능력을 기업이 가지고 있더라도 기업의 신용손실에 대한 익스포저가 계약상 예고기간으로 한정되지 아니한다. 그러한 금융상품에 대해서만은, 신용위험에 노출되어 있으면서 신용위험 관리 조치로 기대신용손실이 경감되지 않을 기간에 대해 기대신용손실을 측정한다. 이 기간이 최장 계약기간을 넘어서 연장되는 경우라도 그 연장된 기간에 대해 기대신용손실을 측정한다.

(문제 5-6)(문제 10-12)

[7-7] 재분류

❑ **일반**

① 금융자산을 관리하는 사업모형을 변경하는 경우에만, 영향 받는 모든 금융자산을 재분류한다.

② 금융자산을 재분류하는 경우에 그 재분류를 재분류일부터 전진적으로 적용한다. 재분류 전에 인식한 손익[손상차손(환입) 포함]이나 이자는 다시 작성하지 않는다.

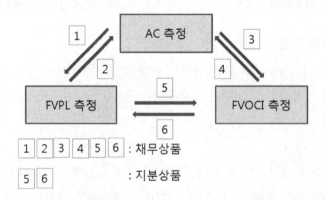

1. 상각후원가 측정 범주에서 당기손익-공정가치 측정 범주로 재분류
   ① 금융자산을 상각후원가 측정 범주에서 당기손익-공정가치 측정 범주로 재분류하는 경우에 재분류일의 공정가치로 측정한다.

② 금융자산의 재분류 전 상각후원가와 공정가치의 차이에 따른 손익은 당기손익으로 인식한다.

2. 당기손익-공정가치 측정 범주에서 상각후원가 측정 범주로 재분류

금융자산을 당기손익-공정가치 측정 범주에서 상각후원가 측정 범주로 재분류하는 경우에 재분류일의 공정가치가 새로운 총장부금액이 된다.

3. 상각후원가 측정 범주에서 기타포괄손익-공정가치 측정 범주로 재분류

① 금융자산을 상각후원가 측정 범주에서 기타포괄손익-공정가치 측정 범주로 재분류하는 경우에 재분류일의 공정가치로 측정한다.

② 금융자산의 재분류 전 상각후원가와 공정가치의 차이에 따른 손익은 기타포괄손익으로 인식한다.

③ 유효이자율과 기대신용손실 측정치는 재분류로 인해 조정되지 않는다.

4. 기타포괄손익-공정가치 측정 범주에서 상각후원가 측정 범주로 재분류

① 금융자산을 기타포괄손익-공정가치 측정 범주에서 상각후원가 측정 범주로 재분류하는 경우에 재분류일의 공정가치로 측정한다.

② 재분류 전에 인식한 기타포괄손익누계액은 자본에서 제거하고 재분류일의 금융자산의 공정가치에서 조정한다. 따라서 최초 인식시점부터 상각후원가로 측정했었던 것처럼 재분류일에 금융자산을 측정한다. 이러한 조정은 기타포괄손익에 영향을 미치지만 당기손익에는 영향을 미치지 아니하므로 재분류조정에 해당하지 아니한다.★

③ 재분류에 따라 유효이자율과 기대신용손실 측정치는 조정하지 않는다.★

5. 당기손익-공정가치 측정 범주에서 기타포괄손익-공정가치 측정 범주로 재분류

금융자산을 당기손익-공정가치 측정 범주에서 기타포괄손익-공정가치 측정 범주로 재분류하는 경우에 계속 공정가치로 측정한다.

6. 기타포괄손익-공정가치 측정 범주에서 당기손익-공정가치 측정 범주로 재분류

① 금융자산을 기타포괄손익-공정가치 측정 범주에서 당기손익-공정가치 측정 범주로 재분류하는 경우에 계속 공정가치로 측정한다.

② 재분류 전에 인식한 기타포괄손익누계액은 재분류일에 재분류조정으로 자본에서 당기손익으로 재분류한다.

7. 상각후원가 측정 범주와 기타포괄손익-공정가치 측정 범주 간에 금융자산을 재분류

① 상각후원가 측정 범주와 기타포괄손익-공정가치 측정 범주에서는 최초 인식시점에

유효이자율을 산정해야 한다.

② 이러한 측정 범주에 대해서는 같은 방식으로 손상 요구사항을 적용한다.

따라서 상각후원가 측정 범주와 기타포괄손익－공정가치 측정 범주 간에 금융자산을 재분류하는 경우에는 다음과 같이 회계처리 한다.

⑴ 이자수익의 인식은 변경하지 않으며 계속 같은 유효이자율을 사용한다.

⑵ 두 가지 측정 범주가 같은 손상 방식을 적용하므로 기대신용손실의 측정은 변경하지 아니한다.

③ 금융자산을 기타포괄손익－공정가치 측정 범주에서 상각후원가 측정 범주로 재분류하는 경우의 손실충당금은 재분류일부터 금융자산의 총장부금액에 대한 조정으로 인식한다.

④ 금융자산을 상각후원가 측정 범주에서 기타포괄손익－공정가치 측정 범주로 재분류하는 경우 손실충당금은 제거(즉, 총장부금액에 대한 조정으로 더 이상 인식하지 않는다)하는 대신에 (같은 금액의) 누적손상금액을 기타포괄손익으로 인식하고 재분류일부터 공시한다.

8. 금융자산을 당기손익－공정가치 측정 범주에서 다른 측정 범주로 재분류

① 당기손익－공정가치 측정 금융자산에 대하여 이자수익이나 손상차손(환입)을 구분하여 인식할 필요는 없다.

② 따라서 금융자산을 당기손익－공정가치 측정 범주에서 다른 측정 범주로 재분류하는 경우의 유효이자율은 재분류일의 금융자산 공정가치에 기초하여 산정한다.

③ 손상을 재분류일의 금융자산에 적용할 때 재분류일을 최초 인식일로 본다.

(문제 1-16)(문제 2-6)(문제 6-18)

[7-8] 상각후원가(AC) 계산식(손실충당금 없다고 가정)

구분	1차연도	2차연도
이자수익	$PV \times r$	$(PV \times (1+r) - I) \times r$
기말 상각후원가	$PV \times (1+r) - I$	$(PV \times (1+r) - I) \times (1+r) - I$

$PV = HC$: 취득원가, r : 유효이자율

I(표시이자) : 액면금액 $\times$ 표시이자율

[7-9] 받을어음의 할인

할인액과 현금수취액을 계산하는 과정을 그림으로 표시하면 다음과 같다.

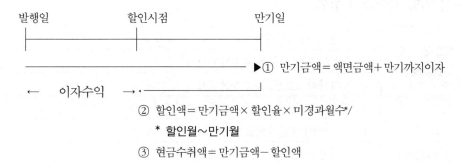

[한풀] 이자부 받을어음 할인(매각거래로 분류) 현금수취액과 처분손익 계산하는 식[★]

- 현금수취액 $=$ 액면금액 $\times \left(1 + 이자율 \times \dfrac{만기월수}{12}\right) \times \left(1 - 할인율 \times \dfrac{잔여월수}{12}\right)$
- 처분손익 $=$ 현금수취액 $-$ 액면금액 $\times \left(1 + 이자율 \times \dfrac{보유월수}{12}\right)$

(문제 5-18)

재고자산

[8-1] 기말 재고자산 범위

창고재고 중 회사재고액	+	창고재고 실사액
	−	미인도청구판매 재고자산원가★
	−	타사재고보관 재고자산원가
창고재고외 회사재고액	+	운송중인 재고(선적지 인도조건)★
	+	시용품(매입의사표시 아니한 재고자산원가)
	+	적송품(수탁자 보관 재고자산원가)
	+	반품률을 합리적으로 추정할 수 없는 반품가능판매 재고자산원가★
	+	재구매조건부판매 재고자산원가★
	+	담보제공 재고자산원가

(문제 2-26) (문제 6-19)

[8-2] 재고자산 원가측정구조

측정원가	(1) 실제원가		(2) 표준원가	(3) 추정원가
원가측정방법	개별법	선입선출법* 가중평균법	표준원가법	소매재고법
적용	상호교환 불가 재고	개별법 적용 불가	실제원가와 유사한 경우	유통업

* 후입선출법은 인정되지 않음

[8-3] 후입선출법 기초재고청산

① 수량 감소 : 낮은 원가로 표시된 재고자산이 판매

② 높은 이익 : 재고보유이익이 순이익에 포함

③ 왜곡 현상 : 이익과대 표시

(문제 2-21)

[8-4] 단위원가 결정방법 비교

〈조건1〉 원가가 상승할 것(인플레이션)

〈조건2〉 재고수량이 감소하지 않거나 기초재고금액이 동일할 것

구　분	단가방법간 크기 비교
순이익·기말재고액·법인세크기(ㄱㄴㄷ순)★	선입선출법 〉 이동평균법 〉 총평균법 〉 후입선출법
현금흐름(법인세가 존재하는 경우)· 매출원가크기	후입선출법 〉 총평균법 〉 이동평균법 〉 선입선출법
법인세가 존재하지 않은 경우에 현금흐름의 크기	선입선출법＝이동평균법＝총평균법＝후입선출법

❑ 현금흐름 크기(개선효과) : 법인세 이연효과

- 초기 : 법인세 덜 납부
- 후기 : 법인세 더 납부

(문제 2-14)

[8-5] 재고자산 T계정을 이용한 소매재고법 적용과정*

기말재고원가＝매가표시 기말재고액^{*1} × 원가율^{*2}

*1. 판매가능재고액 − 매출액 : 원가율 가정에 관계없이 일정하게 계산된다.

*2. 원가/판매가 : 다음과 같은 원가흐름에 대한 가정에 따라 다르게 계산된다.

$$① \ 원가기준 \quad @ \ 가중평균법$$
$$② \ 저가기준 \quad × \quad ⓑ \ 선입선출법$$
$$ⓒ \ 후입선출법$$

재고자산

	(원가)	(매가)		(원가)	(매가)
기초	×××	×××	판매	?	×××
순매입	×××	×××	정상파손		×××
순인상−순인하		×××	종업원할인		×××
비정상파손	(×××)	(×××)	기말	? ←	×××
판매가능재고	×××	×××	판매가능재고	(a/A)	×××
	(a)	(A)			(A)

평균원가의 원가율＝a/A

(문제 3-10) (문제 4-18) (문제 9-14) (문제 10-15)

[8-6] 재고자산감모손실과 재고자산평가손실

재고자산감모손실＝(장부수량－실제수량)×단위원가

재고자산평가손실＝(단위원가－단위시가)×실제수량

[8-7] 후속 측정

재고자산은 저가(원가와 시가 중 낮은 금액)법으로 평가한다.

1. 시가의 개념

① 재고자산의 저가법에 적용되는 시가는 순실현가능가치(단, 원재료는 현행대체원가)이다.

② 순실현가능가치＝예상판매가격－(예상 추가 완성원가＋판매비용)

③ 완성될 제품이 원가 이상으로 판매될 것으로 예상하는 경우에는 그 생산에 투입하기 위해 보유하는 원재료 및 기타 소모품을 감액하지 아니한다.

④ [정리] 순실현가능가치, 공정가치 및 순공정가치

> * 순실현가능가치는 정상적인 영업과정에서 재고자산의 판매를 통해 실현할 것으로 기대하는 순매각금액을 말한다.
> * 공정가치는 시장에서 동일한 재고자산이 합리적인 판단력과 거래의사가 있는 독립된 당사자 사이에 교환될 수 있는 금액을 반영한다.
> * 순공정가치는 공정가치에서 매각비용을 차감한 금액을 말한다.
> * 순실현가능가치는 기업특유가치이지만, 공정가치는 기업특유가치가 아니다.★
> * 재고자산의 순실현가능가치는 순공정가치와 일치하지 않을 수도 있다.

2. 항목별 적용원칙

① 재고자산을 순실현가능가치로 감액하는 저가법은 항목별로 적용한다.

② 서로 유사하거나 관련있는 항목들을 통합하여 적용하는 것이 적절할 수 있다.

③ 완제품 또는 특정 산업이나 특정 지역의 영업부문에 속하는 모든 재고자산과 같은 분류에 기초하여 저가법을 적용하는 것은 적절하지 아니하다.★ ※ 총계기준 적용 불가

3. 평가손실, 감모손실, 평가손실환입

① 매 후속기간에 순실현가능가치를 재평가한다.

② 재고자산평가손실과 모든 감모손실은 감액이나 감모가 발생한 기간에 비용으로 인식한다.

③ 재고자산평가손실환입은 환입이 발생한 기간의 비용으로 인식된 재고자산 금액의 차감액 (수익이 아니라)으로 인식한다. ★

(문제 5-20)

[8-8] 매출총이익법

창고에 화재가 발생하였으나 기업이 계속기록법을 사용하지 않아 특정 시점을 재고를 알 수 없는 경우 재해손실은 다음과 같이 추정한다.

창고재고 소실시 재해손실 계산

재고자산			
기초	(주어짐)	매출원가	〈계산〉
매입	(주어짐)	기말	?
	×××		×××

= 매출액×(1 − 매출총이익률)
= 매출액÷(1 + 원가이익률)
− 미착품 − 소실후 재고가치 = 재해손실

[한풀]★

재해손실 = 기초재고 + 매입액 − 매출액×(1 − 매출총이익률) − 미착품 − 소실후 재고가치

재해손실 = 기초재고 + 매입액 − 매출액÷(1 + 원가이익률) − 미착품 − 소실후 재고가치

(문제 2-3) (문제 7-14)

[8-9] 매출원가계산(평가손실과 감모손실이 있는 경우)

〈가정〉

① 정상감모손실 : 매출원가에 가산
② 비정상감모손실 : 영업외비용 처리

매출원가는 다음과 같은 T계정을 이용하면 쉽게 계산된다.

재고자산			
기초재고	×××	매출원가(IS)	×××
		비정상감모손실	×××
순매입	×××	기말재고	×××
	×××		×××

= (장부수량 − 실사수량) × 단위원가 × 비정상비율
= 실사수량 × Min[단위원가, 단위시개]

(문제 8-17) (문제 9-15)

제9장   유형자산

[9-1] 유형자산의 원가구성

1. 원가가산항목

> ① 관세 및 환급불가능한 취득 관련 세금
> ② 유형자산의 매입 또는 건설과 직접관련된 종업원급여
> ③ 전문가에게 지급하는 수수료
> ④ 설치장소 준비 원가　　　　　⑤ 최초의 운송 및 취급 관련 원가
> ⑥ 설치원가 및 조립원가　　　　⑦ 시운전원가★　　　　⑧ 복구원가

2. 원가차감항목

> ① 매입할인 ② 리베이트 ③ 시제품순매각금액(잡이익×)★

3. 유형자산의 장부금액에 포함되지 않는 원가의 예

> ① 조업미달원가 ② 초기가동손실 ③ 재배치원가★

4. 부수적 영업활동

건설이 시작되기 전에 건설용지를 주차장 용도로 사용함에 따라 수익이 획득될 수 있다. 부수적인 영업은 유형자산을 경영진이 의도하는 방식으로 가동하는 데 필요한 장소와 상태에 이르게 하기 위해 필요한 활동이 아니므로 그러한 수익과 관련 비용은 당기손익으로 인식하고 각각 수익과 비용항목으로 구분하여 표시(순액표시가 아니라 총액표시)한다.★
(문제 4-9) (문제 4-10)

[9-2] 토지원가와 건물원가

새 건물을 신축하기 위하여 기존건물이 있는 토지를 취득하여 건물을 신축하는 토지원가와 건물원가는 다음과 같이 구분된다.

항목	토지원가	건물원가
토지건물 취득금액	×××	
취득세 등	×××	
철거비	×××	
고철매각대(주1)	(×××)	
정지비(주2)	×××	
건설기간 주차장운영수익(주3)	포함 ×	포함 ×
굴착비		×××
설계비		×××
건설비		×××
건물취득세 등		×××
합계	×××	×××

(주1) 잡이익이 아니라 토지원가에서 차감
(주2) 정지 후 토지이용가능상태가 됨. 정지비까지 발생한 원가가 토지원가임
(주3) 취득에 필요한 활동이 아니므로 당기손익 처리함

(문제 5-10)

[9-3] 복구원가*

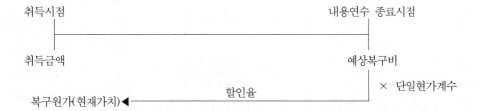

감가상각비 = (취득금액 + 복구원가 − 잔존가치) ÷ 내용연수

이자비용 = 복구충당부채 기초장부금액 × 유효이자율(할인율)

복구공사이익(손실) = 예상복구비 − 실제복구비 = + 이면 이익, − 이면 손실

(문제 5-7)

[9-4] 교환으로 취득한 자산의 원가 및 교환손익 결정*

구 분	교환으로 취득한 자산의 원가	교환손익
공정가치법(제공자산FV)*1	제공자산FV＋지급(－수취)	제공자산FV－제공자산CA
공정가치법(취득자산FV)*2	취득자산FV*4	제공자산FV－제공자산CA ＋수취(－지급)
장부금액법*3	제공자산CA＋지급(－수취)	－

*1. 원칙. 단, 제공자산의 공정가치가 취득자산의 공정가치보다 더 명백한 경우 제외
*2. 제공자산의 공정가치가 취득자산의 공정가치보다 더 명백한 경우
*3. FV를 신뢰성있게 측정할 수 없는 경우와 상업적 실질이 결여된 경우에 적용
*4. 현금수수를 고려하지 않는다.

※ FV : 공정가치, CA : 장부금액

(문제 8-3) (문제 10-2)

[9-5] 토지의 재평가증감에 따른 재평가손익인식

① 재평가증   ② 재평가감

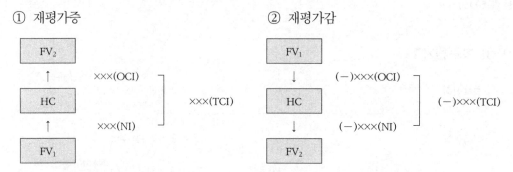

※ HC : 취득원가, NI : 당기순이익, OCI : 기타포괄손익, TCI : 총포괄손익

(문제 2-16) (문제 3-13) (문제 7-2)

[9-6] 감가상각

1. 다음의 경우라도 감가상각액을 인식한다

① 공정가치가 장부금액을 초과하는 자산

② 수선·유지활동을 하는 자산

③ 가동하지 않은 자산

④ 유휴상태에 있는 자산

2. 다음의 경우에는 감가상각액을 인식하지 않는다.

- 잔존가치가 장부금액을 초과하는 자산
- 매각예정으로 분류된 자산
- 사용정도에 따라 감가상각하는 경우 생산활동이 없는 자산
- 공정가치로 측정되는 투자부동산

(문제 5-2)

[9-7] 손상차손과 손상차손환입

1. 손상차손 = 장부금액(CA) − 회수가능액(RA)

   * 회수가능액 = Max[순공정가치, 사용가치]

2. 손상차손환입 = Min[①, ②] − ③

   ① 회수가능액(RA)

   ② 손상되지 않았다고 가정시 장부금액[CA(If손상×)]

   ③ 장부금액(CA)

(문제 2-4) (문제 6-5)

[9-8] 손상차손환입에서 손상차손 유도

HC : 취득원가, RA : 회수가능액, IL : 손상차손

$$손상차손환입 = IL \times \frac{n_2}{n_1} - Max\left[CA(손상\times) - RA_2 - RV), 0\right]$$

$$= IL \times \frac{n_2}{n_1} - Max\left[(HC - (HC - RV) \times \frac{n_0 - n_2}{n_0} - RA_2 - RV), 0\right]$$

(문제 5-9) (문제 9-1)

무형자산

[10-1] 무형자산의 정의(통제)

무형자산을 보호할 법적권리 유무에 따른 무형자산의 정의를 충족 여부를 정리하면 다음과 같다.

구 분	보호할 법적권리가 없는 경우	보호할 법적권리가 있는 경우
지식, 기술, 경영능력, 고객충성도	무형자산 정의 충족 안함	무형자산 정의 충족함
비계약적 고객관계 교환취득	무형자산 정의 충족함★	무형자산 정의 충족함

(문제 6-4)

[10-2] 브랜드 등에 대한 지출

브랜드 · 제호 · 출판표제 · 고객목록에 대한 지출의 회계처리를 정리하면 다음과 같다.

구 분	취득 또는 완성까지 지출	후속 지출
외부취득	조건충족시 자산	비용★
내부창출	비용	비용

(문제 9-4)

[10-3] 경제적 효익의 유입가능성 조건

① 개별 취득하는 무형자산은 미래 경제적 효익의 유입가능성조건을 항상 충족하는 것으로 본다.

② 사업결합으로 취득하는 무형자산은 미래 경제적 효익의 유입가능성조건을 항상 충족하는 것으로 본다.

(문제 1-28)

[10-4] 연구와 개발 구분

> ※ 간편 구분법★
> • 연구활동은 지식이나 대체안을 탐색하는 활동 등 : [지식, 대체안 → 연구활동]
> • 개발활동은 신제품등을 설계하는 활동 등 : [설계 → 개발활동]

연구단계와 개발단계를 요약하면 다음과 같다.

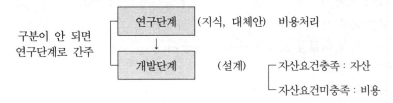

[10-5] 내용연수가 비한정인 무형자산

① 순현금유입 창출기대기간에 대하여 예측가능한 제한이 없다.

② 상각기간을 결정 불가 : 상각 안 함

③ 반드시 매년 손상검토실시

④ '무한'을 의미하지 않는다.

⑤ 성능유지를 위한 과도한 지출에 근거하여 비한정이라고 할 수 없다.

⑥ 유한으로 변경은 추정변경에 해당

⑦ 유한으로 재평가는 손상징후에 해당

투자부동산

[11-1] 투자부동산 범위

1. 투자부동산의 예

> 투자수익 = 시세차익, 임대수익
>
> (1) 시세차익 목적
>
>   ① 해당 목적 보유 토지
>
>   ② 보유 목적 미결정 토지(시세차익목적간주)
>
> (2) 임대수익 목적
>
>   ① 운용리스로 제공하고 있는 건물
>
>   ② 운용리스로 제공할 건물(리스 = 임대)
>
> (3) 기타
>
>   ① 투자부동산으로 사용하기 위해 건설 또는 개발중인 부동산★

2. 자가사용부동산은 예

① 미래에 자가사용하기 위한 부동산

② 미래에 개발 후 자가사용할 부동산

③ 종업원이 사용하고 있는 부동산(종업원이 시장가격으로 임차료를 지급하여도)★

④ 처분예정인 자가사용부동산

⑤ 소유자가 직접 경영하는 호텔★

⑥ 연결재무제표에 표시되는 지배기업 또는 다른 종속기업에 리스한 부동산

(문제 7-4)

[11-2] 투자부동산 측정

보유목적	주체	대상물	분류	평가
임대수익 시세차익	소유자	보유 부동산[1]	투자부동산(강제)	원가모형 or 공정가치[4]
	금융리스이용자			
	운용리스이용자	보유 부동산 권리	투자부동산(선택[2])	공정가치모형[3]

*1. 토지, 건물(또는 건물의 일부분) 또는 두 가지 모두

*2. 투자부동산으로 분류는 각 부동산별로 결정한다.★

*3. 원가모형은 적용할 수 없다.

*4. 운용리스부동산에 대한 권리를 투자부동산으로 인식하면 투자부동산으로 분류된 모든 부동산에 공정가치 모형을 적용한다. 펀드의 투자부동산 중 일부는 원가모형으로 일부는 공정가치모형으로 평가할 수 없다.

(문제 4-19)

[11-3] 투자부동산의 공정가치모형과 유형자산의 재평가모형 비교

과목	평가모형	평가시기	평가손익	감가상각여부
유형자산	재평가모형	주기적	당기손익, 기타포괄손익	○
투자부동산	공정가치모형	매년	당기손익	×

(문제 3-1)

[11-4] 투자부동산의 대체

1. 투자부동산에서 다른 자산(자가사용부동산, 재고자산)으로 대체하는 경우

대체하는 투자부동산의 평가	대체금액
원가	장부금액
공정가치	대체시점의 공정가치

2. 다른 자산에서 공정가치로 평가하는 투자부동산으로 대체하는 경우

대체전 과목	'공정가치 – 장부금액'의 인식
자가사용부동산	재평가회계처리와 동일하게★ ＋이면 기타포괄이익, －이면 당기손익
재고자산	당기손익
건설중인 투자부동산	당기손익

(문제 1-23) (문제 5-4)

차입원가

[12-1] 차입원가의 자본화계산식

평균지출액	연평균차입금 사용액		이자율	자본화할 차입원가	(한도)
①	특정차입금 (일시예치)	②	⑤	⑧=②×⑤	
		(−)③	⑥	⑨=③×⑥	
	일반차입금	④=①−(②−③)	⑦	⑩=④×⑦	⑪
계				⑫=⑧−⑨+Min[⑩,⑪]	

단, ⑪= 일반차입금에서 발생한 차입원가로서, 자본화이자율의 계산시 분자에 표시되는 금액이다.

> "일반차입금 사용 지출액 〉 자본화이자율의 분모(연평균 일반차입금)"인 경우
> 일반차입금 사용 지출액×자본화이자율 〉 자본화이자율 계산식의 분자(한도)
> ⇒ "일반차입금 사용 지출액×자본화이자율"로 계산한 금액이 한도를 초과하므로 일반차입금 자본화 차입원가= 자본화이자율의 분자(실제 발생한 일반차입금 차입원가)

따라서 일반차입금 자본화 차입원가는 다음과 같이 계산된다.

상 황	일반차입금 자본화 차입원가
한도내 : 일반차입금 사용 지출액 〈 연평균 일반차입금[1]	일반차입금 사용 지출액×자본화이자율
한도초과 : 일반차입금 사용 지출액 〉 연평균 일반차입금[1]	실제 발생한 일반차입금 차입원가[2]

[1]. 자본화이자율 계산식의 분모
[2]. 자본화이자율 계산식의 분자

(문제 1-24) (문제 2-10) (문제 4-11) (문제 5-2) (문제 6-20) (문제 8-21) (문제 10-17)

제13장   자산손상

[13-1] 자산손상 검토주기

매년 손상검사의무가 있는 자산★

> - 내용연수가 비한정인 무형자산(예 : 회원권)
> - 아직 사용할 수 없는 무형자산(예 : 취득중인 개발비)
> - 사업결합으로 취득한 영업권(관계기업주식에 포함된 영업권 대상 아님)

[주의] 내용연수 20년을 초과하는 자산은 대상 아님

(문제 1-29) (문제 2-27) (문제 8-5)

[13-2] 자산손상 실시

> - 손상검사는 회계연도 중 어느 때라도 할 수 있으며 매년 같은 시기에 실시한다.
> - 서로 다른 무형자산에 대해서는 각기 다른 시점에서 손상검사를 할 수 있다.
> - 다만, 회계연도 중에 이러한 무형자산을 최초로 인식한 경우에는 당해 회계연도 말 전에 손상검사를 한다.

[13-3] 현금창출단위의 손상차손의 배분손서

> (1) 우선, 현금창출단위(또는 현금창출단위집단)에 배분된 영업권의 장부금액을 감소시킨다.
> (2) 그 다음 현금창출단위(또는 현금창출단위집단)에 속하는 다른 자산에 각각 장부금액(회수가능액이 아님에 유의)에 비례하여 배분한다.

제14장 금융부채

[14-1] 금융부채와 비금융부채의 구분

금융부채	금융자산을 인도할	계약상 의무
비금융부채	금융자산을 인도할 의무가 없는	계약에 의하지 않은 의무
	선수수익,	의제의무 관련 부채 : 충당부채
	대부분의 품질보증의무 관련 부채	법인세 관련 부채 : 당기법인세부채

[14-2] 우선주의 분류★

① 의무상환우선주 : 금융부채

② 상환청구가능우선주(상환청구권이 보유자에게 있음) : 금융부채

③ 상환청구가능우선주(상환청구권이 발행자에게 있음) : 지분상품(자본)

(문제 7-17)

[14-3] 권면발행일 후 발행

1.1(권면발행일)　　　5.1(실제발행일)　　　　　　　　　　　20×1.12.31

① 5월 1일 현금수취액＝$PV(1.1) \times (1 + r \times 4/12)$

② 20×1년 이자비용(5.1~12.31)＝$PV(1.1) \times r \times 8/12$

③ 20×1년 12월 31일 장부금액＝$PV(1.1) \times (1 + r) - I$

　※ r : 실제발행일의 유효이자율,

　　I : 표시이자＝액면금액 × 표시이자율

[14-4] 기중 사채상환

[예시] 20×1년 4월 1일 발행한 사채(권면발행일은 20×1년 1월 1일)를 20×2년 7월 1일에 상환

　　사채상환손익＝장부금액㈜－상환금액＝＋이면 상환이익, －이면 상환손실

　　㈜ 장부금액(20×2.7.1이자포함)＝$(PV \times (1 + r) - I) \times (1 + r \times 6/12)$

(문제 5-1) (문제 6-1) (문제 8-2) (문제 10-6)

제15장 충당부채

[15-1] 현재의무

> ① 미래행위와 독립적으로 존재한다.
> ② 회피불가능하다. 따라서 지출계획(수선비 지출계획, 정화장치 취득 지출계획 등)은 법적
>   으로 강제되어도 회피가능하므로 현재의무가 아니다.
> ③ 의무이행(피해복구, 법칙금 납부 등) 이외에는 실질적인 대안이 없다.

(문제 3-15)

[15-2] 제3자에 의한 변제와 관련된 인식

변제가능성	현재의무가 존재함	현재의무 없음
확실함	• 재무상태표 : 별도의 자산으로 인식(총액주의) • 손익계산서 : 비용과 상계(순액주의)가능 • 관련 자산은 충당부채를 초과할 수 없음 • 변제액 주석공시	아무런 회계처리가 필요 없음
확실하지 않음	• 변제액은 자산으로 인식되지 않음 • 변제 가능성 주석 공시	

(문제 2-25)

[15-3] 손실부담계약

손실부담계약 : 다음과 같은 손실을 초래하는 계약

손실＝회피불가능원가㈜－계약으로 기대되는 경제적효익

㈜ 회피불가능원가＝Min[(1), (2)]
(1) 계약이행원가 : 계약을 이행하기 위하여 소요되는 원가
(2) 계약해지원가 : 계약을 이행하지 못하였을 때 지급하여야 할 보상금 또는 위약금

손실부담계약은 충당부채 인식, 반면에 미래의 예상 영업손실은 충당부채로 인식하지 아니
한다.

제16장 자본

[16-1] 자기지분상품 결제계약

변동가능한 수량의 자기지분상품을 인도할 계약상 의무	가 있는 비파생상품 : 금융부채
	가 없는 비파생상품 : 지분상품
확정 수량의 자기지분상품에 대하여 확정금액의 현금 등 금융자산을 교환하여 결제하는 방법	인 파생상품 : 지분상품
	이 아닌 파생상품 : 금융부채

상기 규정을 간단하게 요약하면 다음과 같다.

> 확정금액의 대가로 확정수량의 자기지분상품을 인도할 의무가 있는 계약은 지분상품
> 기타의 계약은 금융부채이다.

수량이나 금액 하나라도 변동가능하면 지분상품이 아니다.★

(문제 1-16) (문제 6-16)

[16-2] 배당액 계산

누적적·참가적 우선주가 있는 경우에는 다음과 같은 배당계산표를 이용하면 편리하다.

[표] 배당계산표(누적적·참가적 우선주인 경우에 유용함)

구 분	자 본 금	연체배당	참가배당	배 당 합
우선주(배당률)	×××	×××*1	×××*2	×××
보통주	×××	—	×××	×××
합계	×××	×××	×××	×××

*1. 연체배당 계산 : 우선주자본금×우선주배당률×연체배당연수

*2. 참가적 우선주인 경우에 연체배당후 잔액을 자본금비례로 안분한 금액이다

(총배당 − 연체배당)×{우선주자본금/(우선주자본금 + 보통주자본금)}

(총배당 − 연체배당)×{보통주자본금/(우선주자본금 + 보통주자본금)}

(문제 3-6) (문제 4-21) (문제 8-11)

복합금융상품

[17-1] 상환할증금

① "보장수익률 〉 표시이자율"인 경우에 발생한다.

② 만기에 지급한다.(전환되지 않은 전환사채에 대하여만 보상이 이루어지게)

③ 계산식 : 액면금액×(보장수익률－표시이자율)×연금미래계수(보장수익률, 사채기간)

④ 발행시 "사채상환할증금"이라는 과목으로 인식한다.

(문제 5-15)

[17-2] 발행시 부채요소(전환권가치, 전환권대가) 계산

전환권대가= 발행금액－미래현금흐름(이자＋액면＋상환할증금)의 현가
　　　　　＝발행금액－미래현금흐름을 일반사채 시장이자율로 할인한 금액

(문제 7-10) (문제 10-8)

[17-3] 전환사채 전환

1. 전환시 회계처리(압축분개)*

(차) 전환사채의 장부금액	×××*1	(대) 자 본 금	×××
전환권대가	×××	주식발행초과금	×××

*1 전환사채＋사채상환할증금－전환권조정 : 유효이자율법에 의한 상각후원가

2. 전환이 재무제표에 미치는 영향

주식발행금액＝자본금＋주식발행초과금＝전환사채의 장부금액＋전환권대가
주식발행초과금 증가＝전환사채의 장부금액＋전환권대가－자본금
자본증가＝전환사채의 장부금액 감소

(문제 6-20)

[17-4] 신주인수권부사채 신주인수권 행사

1. 신주인수권행사시 회계처리(압축분개)★

(차) 현 금	×××	(대) 자 본 금	×××
PV(사채상환할증금)	×××	주식발행초과금	×××[1]
신주인수권대가	×××[1]		

[1]. 상환할증금의 현재가치 = 상환할증금 − 상환할증금의 현재가치할인차금

상환할증금의 현재가치할인차금 = 상환할증금 − 상환할증금의 현재가치

$$= 상환할증금 − 상환할증금/(1+r)^n$$

단, r은 일반사채시장이자율이고, n은 잔여만기를 의미한다.

[2]. 대차일치금액으로 마지막에 기표된다.

2. 신주인수권행사가 재무제표에 미치는 영향

주식발행금액 = 현금(행사가격) + PV(사채상환할증금) + 신주인수권대가

주식발행초과금 증가 = 현금(행사가격) + PV(사채상환할증금) + 신주인수권대가− 자본금

자본증가 = 현금 + PV(사채상환할증금)

신주인수권부사채 장부금액 감소 = PV(사채상환할증금)

(문제 9-10)

[17-4] 만기까지 인식할 총이자비용

만기까지 인식할 총이자비용 = 액면이자합 + 전환권조정(신주인수권조정)

(문제 2-1) (문제 3-17)

[17-4] 조기상환 또는 재매입

최초의 전환권이 변동되지 않은 상태에서 조기상환이나 재매입을 통하여 만기 전에 전환상품이 소멸되는 경우 조기상환이나 재매입을 위하여 지급한 대가와 거래원가를 거래의 발생시점의 부채요소와 자본요소에 배분한다. 지급한 대가와 거래원가를 각 요소별로 배분하는 방법은 전환사채가 발행되는 시점에 발행금액을 각 요소별로 배분한 방법과 일관되어야 한다.

대가를 배분한 결과로 발생되는 손익은 관련 요소에 적용되는 회계원칙에 따라 다음과 같이 회계처리한다.

> (1) 부채요소에 관련된 손익은 당기손익으로 인식한다.
> (2) 자본요소와 관련된 대가는 자본으로 인식한다.

전환사채를 재매입하는 경우 부채요소와 자본요소로 구분하여 다음과 같이 회계처리(분개)한다.

〈부채요소 재매입〉

(차) 전환사채	×××	(대) 전환권조정	×××
사채상환할증금	×××	현　　금	×××
		사채상환손익(당기손익)	×××

〈자본요소 재매입〉

| (차) 전환권대가 | ××× | (대) 현　　금 | ××× |
| | | 　　전환권재매입손익(자본) | ××× |

(문제 1-5) (문제 8-20)

제18장 | 수익

[18-1] 계약을 식별함

① 다음 기준을 모두 충족하는 때에만, 고객과의 계약으로 회계처리한다.

(1) 계약 당사자들이 계약을 (서면으로, 구두로, 그 밖의 사업 관행에 따라) 승인하고 각자
의 의무를 수행하기로 확약한다.

(2) 이전할 재화나 용역과 관련된 각 당사자의 권리를 식별할 수 있다.

(3) 이전할 재화나 용역의 지급조건을 식별할 수 있다.

(4) 계약에 상업적 실질이 있다(계약의 결과로 기업의 미래 현금흐름의 위험, 시기, 금액
이 변동될 것으로 예상된다).

(5) 고객에게 이전할 재화나 용역에 대하여 받을 권리를 갖게 될 대가의 회수 가능성이
높다. 대가의 회수 가능성이 높은지를 평가할 때에는 지급기일에 고객이 대가(금액)를
지급할 수 있는 능력과 지급할 의도만을 고려한다. 기업이 고객에게 가격할인을 제공
할 수 있기 때문에 대가가 변동될 수 있다면, 기업이 받을 권리를 갖게 될 대가는 계
약에 표시된 가격보다 적을 수 있다.

② 고객이나 잠재적 고객에게 판매를 쉽게 하기 위해 행하는 같은 사업 영역에 있는 기업
사이의 비화폐성 교환. 예를 들면 두 정유사가 서로 다른 특정 지역에 있는 고객의 수요
를 적시에 충족하기 위해, 두 정유사끼리 유류를 교환하기로 합의한 계약에는 고객과의
계약이 아니다.

③ 계약 상대방이 고객인 경우에만 수익기준서를 그 계약에 적용한다. 고객이란 기업의 통상
적인 활동의 산출물인 재화나 용역을 대가와 교환하여 획득하기로 그 기업과 계약한 당사
자를 말한다. 예를 들면 계약상대방이 기업의 통상적인 활동의 산출물을 취득하기 위해서
가 아니라 어떤 활동이나 과정(예: 협업약정에 따른 자산 개발)에 참여하기 위해 기업과
계약하였고, 그 계약 당사자들이 그 활동이나 과정에서 생기는 위험과 효익을 공유한다면,
그 계약상대방은 고객이 아니다.★

④ 계약은 둘 이상의 당사자 사이에 집행 가능한 권리와 의무가 생기게 하는 합의이다. 고객
과 계약을 체결하는 관행과 과정은 고객과의 합의로 집행 가능한 권리와 의무가 생기는
지, 생긴다면 언제 생기는지를 판단할 때 고려한다.

⑤ 계약 당사자들이 현재 집행 가능한 권리와 의무가 있는 계약의 존속 기간(계약기간)에 수익기준서를 적용한다. 계약의 각 당사자가 전혀 수행되지 않은 계약에 대해 상대방(들)에게 보상하지 않고 종료할 수 있는 일방적이고 집행 가능한 권리를 갖는다면, 계약은 존재하지 않는다고 본다. 다음의 기준을 모두 충족한다면, 계약은 전혀 수행되지 않은 것이다.

  (1) 기업이 약속한 재화나 용역을 아직 고객에게 이전하지 않았다.

  (2) 기업이 약속한 재화나 용역에 대하여 어떤 대가도 아직 받지 않았고 아직 받을 권리도 없다.

(문제 1-11)(문제 6-30)

[18-2] 계약의 결합

다음 기준 중 하나 이상을 충족한다면, 같은 고객(또는 그 고객의 특수관계자)과 동시에 또는 가까운 시기에 체결한 둘 이상의 계약을 결합하여 단일 계약으로 회계처리한다.

(1) 복수의 계약을 하나의 상업적 목적으로 일괄 협상한다.

(2) 한 계약에서 지급하는 대가(금액)는 다른 계약의 가격이나 수행에 따라 달라진다.

(3) 복수의 계약에서 약속한 재화나 용역(또는 각 계약에서 약속한 재화나 용역의 일부)은 단일 수행의무에 해당한다.

[18-3] 계약변경

① 계약변경이란 계약 당사자들이 승인한 계약의 범위나 계약가격(또는 둘 다)의 변경을 말한다.

② 계약 당사자들끼리 계약변경 범위나 가격(또는 둘 다)에 다툼이 있거나, 당사자들이 계약 범위의 변경을 승인하였지만 아직 이에 상응하는 가격 변경을 결정하지 않았더라도, 계약변경은 존재할 수 있다. 계약변경으로 신설되거나 변경되는 권리와 의무를 집행할 수 있는지를 판단할 때에는 계약 조건과 그 밖의 증거를 포함하여 관련 사실 및 상황을 모두 고려한다. 계약 당사자들이 계약 범위의 변경을 승인하였으나 아직 이에 상응하는 가격 변경을 결정하지 않은 경우에 계약변경으로 생기는 거래가격의 변경은 변동대가 추정과 변동대가 추정치의 제약에 따라 추정한다.

③ 다음 두 조건을 모두 충족하는 경우에 계약변경은 별도 계약으로 회계처리한다.

  (1) 구별되는 약속한 재화나 용역이 추가되어 계약의 범위가 확장된다.

  (2) 계약가격이 추가로 약속한 재화나 용역의 개별 판매가격에 특정 계약 상황을 반영하여

적절히 조정한 대가(금액)만큼 상승한다. 예를 들면 기업은 기존 고객이 받는 할인을 고려하여 추가 재화나 용역의 개별 판매가격을 조정할 수 있는데, 이는 새로운 고객에게 비슷한 재화나 용역을 판매할 때 들 판매 관련 원가를 들일 필요가 없기 때문이다.

④ 계약변경이 별도 계약으로 회계처리하는 계약변경이 아니라면, 계약변경일에 아직 이전되지 않은 약속한 재화나 용역(나머지 약속한 재화나 용역)을 다음 중 해당하는 방법으로 회계처리한다.

(1) 나머지 재화나 용역이 계약변경일이나 그 전에 이전한 재화나 용역과 구별된다면, 그 계약변경은 기존 계약을 종료하고 새로운 계약을 체결한 것처럼 회계처리한다. 나머지 수행의무(또는 단일 수행의무에서 구별되는 나머지 재화나 용역)에 배분하는 대가(금액)는 다음 항목의 합계로 한다.

　(개) 고객이 약속한 대가(고객에게서 이미 받은 대가 포함) 중 거래가격 추정치에는 포함되었으나 아직 수익으로 인식되지 않은 금액

　(내) 계약변경의 일부로 약속한 대가

(2) 나머지 재화나 용역이 구별되지 않아서 계약변경일에 부분적으로 이행된 단일 수행의무의 일부를 구성한다면, 그 계약변경은 기존 계약의 일부인 것처럼 회계처리한다. 계약변경이 거래가격과 수행의무의 진행률에 미치는 영향은 계약변경일에 수익을 조정(수익의 증액이나 감액)하여 인식한다[수익을 누적효과 일괄조정기준으로 조정한다].

[18-4] 수행의무를 식별함

1. 일반

① 계약 개시시점에 고객과의 계약에서 약속한 재화나 용역을 검토하여 고객에게 다음 중 어느 하나를 이전하기로 한 각 약속을 하나의 수행의무로 식별한다.

(1) 구별되는 재화나 용역(또는 재화나 용역의 묶음)

(2) 실질적으로 서로 같고 고객에게 이전하는 방식도 같은 '일련의 구별되는 재화나 용역'

② 일련의 구별되는 재화나 용역이 다음 기준을 모두 충족하는 경우에는 고객에게 이전하는 방식이 같다.

(1) 기업이 고객에게 이전하기로 약속한 일련의 구별되는 재화나 용역에서 각 구별되는 재화나 용역이 기간에 걸쳐 이행하는 수행의무의 기준을 충족할 것이다.

(2) 일련의 구별되는 재화나 용역에서 각 구별되는 재화나 용역을 고객에게 이전하는 수행

의무의 진행률을 같은 방법을 사용하여 측정할 것이다.

2. 고객과의 계약으로 한 약속

① 일반적으로 고객과의 계약에는 기업이 고객에게 이전하기로 약속하는 재화나 용역을 분명히 기재한다. 그러나 고객과의 계약에서 식별되는 수행의무는 계약에 분명히 기재한 재화나 용역에만 한정되지 않을 수 있다. 이는 계약 체결일에 기업의 사업 관행, 공개한 경영방침, 특정 성명(서)에서 암시되는 약속이 기업이 재화나 용역을 고객에게 이전할 것이라는 정당한 기대를 하도록 한다면, 이러한 약속도 고객과의 계약에 포함될 수 있기 때문이다.

② 계약을 이행하기 위해 해야 하지만 고객에게 재화나 용역을 이전하는 활동이 아니라면 그 활동은 수행의무에 포함되지 않는다. 예를 들면 용역 제공자는 계약을 준비하기(set up) 위해 다양한 관리 업무를 수행할 필요가 있을 수 있다. 관리 업무를 수행하더라도, 그 업무를 수행함에 따라 고객에게 용역이 이전되지는 않는다. 그러므로 그 준비 활동은 수행의무가 아니다.★

3. 구별되는 재화나 용역

① 다음 기준을 모두 충족한다면 고객에게 약속한 재화나 용역은 구별되는 것이다.
   (1) 고객이 재화나 용역 그 자체에서 효익을 얻거나 고객이 쉽게 구할 수 있는 다른 자원과 함께하여 그 재화나 용역에서 효익을 얻을 수 있다(그 재화나 용역이 구별될 수 있다).
   (2) 고객에게 재화나 용역을 이전하기로 하는 약속을 계약 내의 다른 약속과 별도로 식별해 낼 수 있다(그 재화나 용역을 이전하기로 하는 약속은 계약상 구별된다).

② 재화나 용역을 사용할 수 있거나, 소비할 수 있거나, 폐물 가치보다 큰 금액으로 매각할 수 있거나, 그 밖에 달리 경제적 효익을 창출하는 방법으로 보유할 수 있다면, 고객은 재화나 용역에서 효익을 얻을 수 있는 것이다. 쉽게 구할 수 있는 자원이란 (그 기업이나 다른 기업이) 별도로 판매하는 재화나 용역이거나, 고객이 그 기업에서 이미 획득한 자원(계약에 따라 고객에게 미래에 이전하게 되어있는 재화나 용역 포함)이거나 다른 거래나 사건에서 이미 획득한 자원을 말한다. '고객이 재화나 용역 그 자체에서 효익을 얻거나 쉽게 구할 수 있는 다른 자원과 함께하여 효익을 얻을 수 있다'는 증거의 예로 기업이 보통 재화나 용역을 별도로 판매한다는 사실을 들 수 있다.

③ 고객에게 재화나 용역을 이전하기로 하는 약속이 별도로 식별되는지를 파악할 때, 그 목적은 계약상 그 약속의 성격이 각 재화나 용역을 개별적으로 이전하는 것인지, 아니면 약

속된 재화나 용역을 투입한 결합 품목(들)을 이전하는 것인지를 판단하는 것이다. 고객에게 재화나 용역을 이전하기로 하는 둘 이상의 약속을 별도로 식별해 낼 수 없음을 나타내는 요소에는 다음이 포함되지만, 이에 한정되지는 않는다.

(1) 기업은 해당 재화나 용역과 그 계약에서 약속한 다른 재화나 용역을 통합하는(이 통합으로 고객이 계약한 결합산출물(들)에 해당하는 재화나 용역의 묶음이 됨) 유의적인 용역을 제공한다. 다시 말해서, 기업은 고객이 특정한 결합산출물(들)을 생산하거나 인도하기 위한 투입물로서 그 재화나 용역을 사용하고 있다. 결합산출물(들)은 둘 이상의 단계, 구성요소, 단위를 포함할 수 있다.

(2) 하나 이상의 해당 재화나 용역은 그 계약에서 약속한 하나 이상의 다른 재화나 용역을 유의적으로 변형 또는 고객 맞춤화하거나, 계약에서 약속한 하나 이상의 다른 재화나 용역에 의해 변형 또는 고객 맞춤화된다.

(3) 해당 재화나 용역은 상호의존도나 상호관련성이 매우 높다. 다시 말해서 각 재화나 용역은 그 계약에서 하나 이상의 다른 재화나 용역에 의해 유의적으로 영향을 받는다. 예를 들면 어떤 경우에는 기업이 각 재화나 용역을 별개로 이전하여 그 약속을 이행할 수 없을 것이기 때문에 둘 이상의 재화나 용역은 서로 유의적으로 영향을 주고받는다.

[18-5] 수행의무의 이행

1. 일반사항

① 고객에게 약속한 재화나 용역, 즉 자산을 이전하여 수행의무를 이행할 때(또는 기간에 걸쳐 이행하는 대로) 수익을 인식한다. 자산은 고객이 그 자산을 통제할 때(또는 기간에 걸쳐 통제하게 되는 대로) 이전된다.

② 수행의무가 기간에 걸쳐 이행되지 않는다면, 그 수행의무는 한 시점에 이행되는 것이다.

③ 재화와 용역은 (많은 용역의 경우처럼) 받아서 사용할 때 비록 일시적일지라도 자산이다. 자산에 대한 통제란 자산을 사용하도록 지시하고 자산의 나머지 효익의 대부분을 획득할 수 있는 능력을 말한다. 통제에는 다른 기업이 자산의 사용을 지시하고 그 자산에서 효익을 획득하지 못하게 하는 능력이 포함된다. 자산의 효익은 다양한 방법으로 직접적으로나 간접적으로 획득할 수 있는 잠재적인 현금흐름(유입이 있거나 유출이 감소)이다.

④ 고객이 자산을 통제하는지를 판단할 때, 그 자산을 재매입하는 약정을 고려한다.

(문제 7-20)

2. 기간에 걸쳐 이행하는 수행의무

① 다음 기준 중 어느 하나를 충족하면, 기업은 재화나 용역에 대한 통제를 기간에 걸쳐 이전하므로, 기간에 걸쳐 수행의무를 이행하는 것이고 기간에 걸쳐 수익을 인식한다.

   (1) 고객은 기업이 수행하는 대로 기업의 수행에서 제공하는 **효익을 동시에 얻고 소비**한다.

   (2) 기업이 수행하여 만들어지거나 가치가 높아지는 대로 고객이 통제하는 자산(예: 재공품)을 기업이 만들거나 그 자산 가치를 높인다.

   (3) 기업이 수행하여 만든 자산이 기업 자체에는 대체 용도가 없고, 지금까지 수행을 완료한 부분에 대해 집행 가능한 **지급청구권**이 기업에 있다.

② 기업이 자산을 만들거나 그 가치를 높이는 동안에 그 자산을 다른 용도로 쉽게 전환하는 데에 계약상 제약이 있거나, 완료된 상태의 자산을 쉽게 다른 용도로 전환하는 데에 실무상 제한이 있다면, 기업이 수행하여 만든 그 자산은 그 기업에는 대체 용도가 없는 것이다. 자산이 기업에 대체 용도가 있는지는 **계약 개시시점**에 판단한다. 계약을 개시한 다음에는 계약 당사자들이 수행의무를 실질적으로 변경하는 계약변경을 승인하지 않는 한, 자산이 기업에 대체 용도가 있는지를 다시 판단하지 않는다.

③ 지금까지 수행을 완료한 부분에 대해 집행 가능한 지급청구권이 기업에 있는지를 판단할 때에는 계약에 적용되는 법률뿐만 아니라 계약 조건도 고려한다. 지금까지 수행을 완료한 부분에 대한 지급청구권이 고정금액에 대한 권리일 필요는 없다. 그러나 기업이 약속대로 수행하지 못했기 때문이 아니라 그 밖의 사유로 고객이나 다른 당사자가 계약을 종료한다면 적어도 지금까지 수행을 완료한 부분에 대한 보상 금액을 받을 권리가 계약기간에는 언제든지 있어야 한다.

3. 한 시점에 이행하는 수행의무

① 다음과 같은 통제 이전의 지표(다음이 포함되나 이에 한정되지는 않는다)를 참고하여야 한다.

   (1) 기업은 자산에 대해 현재 지급청구권이 있다.

   (2) 고객에게 자산의 법적 소유권이 있다. 고객의 지급불이행에 대비한 안전장치로서만 기업이 법적 소유권을 보유한다면, 그러한 기업의 권리가 고객이 자산을 통제하게 되는 것을 막지는 못할 것이다.

   (3) 기업이 자산의 물리적 점유를 이전하였다. 물리적 점유는 자산에 대한 통제와 일치하

지 않을 수 있다. 예를 들면 일부 재매입약정이나 위탁약정에서는 고객이나 수탁자가 기업이 통제하는 자산을 물리적으로 점유할 수 있다. 이와 반대로, 일부 미인도청구약정에서는 고객이 통제하는 자산을 기업이 물리적으로 점유할 수 있다.

⑷ 자산의 소유에 따른 유의적인 위험과 보상이 고객에게 있다. 약속된 자산의 소유에 따른 위험과 보상을 평가할 때에는, 그 자산을 이전해야 하는 수행의무에 더하여 별도의 수행의무를 생기게 할 위험은 고려하지 않는다. 예를 들면 기업이 고객에게 자산에 대한 통제를 이전하였으나 이전한 자산과 관련된 유지용역을 제공해야 하는 추가되는 수행의무는 아직 이행하지 못하였을 수 있다.

⑸ 고객이 자산을 인수하였다

4. 수행의무의 진행률을 측정함

① 기간에 걸쳐 이행하는 수행의무 각각에 대해, 수행의무의 진행률을 측정하여 기간에 걸쳐 수익을 인식한다.

② 기간에 걸쳐 이행하는 각 수행의무에는 하나의 진행률 측정방법을 적용하며 비슷한 상황에서의 비슷한 수행의무에는 그 방법을 일관되게 적용한다. 기간에 걸쳐 이행하는 수행의무의 진행률은 보고기간 말마다 다시 측정한다.

5. 진행률 측정방법

① 적절한 진행률 측정방법에는 산출법과 투입법이 포함된다. 적절한 진행률 측정방법을 결정할 때, 고객에게 이전하기로 약속한 재화나 용역의 특성을 고려한다.

② 진행률 측정방법을 적용할 때, 고객에게 통제를 이전하지 않은 재화나 용역은 진행률 측정에서 제외한다. 이와 반대로, 수행의무를 이행할 때 고객에게 통제를 이전하는 재화나 용역은 모두 진행률 측정에 포함한다.

③ 시간이 흐르면서 상황이 바뀜에 따라 수행의무의 산출물 변동을 반영하기 위해 진행률을 새로 수정한다. 이러한 진행률의 변동은 회계추정의 변경으로 회계처리한다.

6. 합리적인 진행률 측정

① 수행의무의 진행률을 합리적으로 측정할 수 있는 경우에만, 기간에 걸쳐 이행하는 수행의무에 대한 수익을 인식한다. 적절한 진행률 측정방법을 적용하는 데 필요한 신뢰할 수 있는 정보가 부족하다면 수행의무의 진행률을 합리적으로 측정할 수 없을 것이다.

② 어떤 상황(예: 계약 초기 단계)에서는 수행의무의 산출물을 합리적으로 측정할 수 없으나, 수행의무를 이행할 때 드는 원가는 회수될 것으로 예상한다. 그 상황에서는 수행의무의 산출물을 합리적으로 측정할 수 있을 때까지 발생원가의 범위에서만 수익을 인식한다.

7. 재매입약정(선도약정, 기업에게 콜옵션부여, 고객에게 풋옵션부여)

[정리] 선도약정 또는 기업에게 콜옵션 부여

고객권리행사	조건	기업 순 CF	기업 순 CF 성격	회계처리
RP 〉 EMP	RP 〉 OSP	OSP − RP 〈 0	이자비용	금융약정
	RP 〈 OSP	OSP − RP 〉 0	사용권대가 수익	리스

RP : Repurchase Price, (기업의) 재매입가격＝(고객의) 재판매가격

OSP : Original Selling Price, 원래 판매가격

EMP : Expected Market Price, 예상 시장가치

[정리] 고객에게 풋옵션 부여

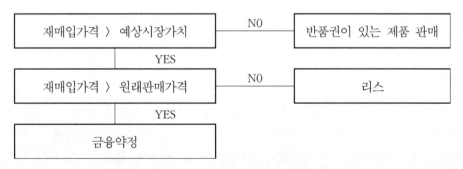

고객권리행사	조건	기업 순 CF	기업 순 CF 성격	회계처리
RP 〉 EMP	RP 〉 OSP	OSP − RP 〈 0	이자비용	금융약정
	RP 〈 OSP	OSP − RP 〉 0	사용권대가 수익	리스

풋옵션	예상	권리행사	회계처리
RP 〉 OSP	유의적 "RP 〉 EMP"	권리행사 유인 유의적	리스
	그 밖에		반품권이 있는 제품판매
RP 〈 OSP	유의적 "RP 〉 EMP"	권리행사 유인 유의적	금융약정
	그 밖에		반품권이 있는 제품판매

8. 미인도청구약정

① 미인도청구약정은 기업이 고객에게 제품의 대가를 청구하지만 미래 한 시점에 고객에게 이전할 때까지 기업이 제품을 물리적으로 점유하는 계약이다. 예를 들면 고객이 제품을 보관할 수 있는 공간이 부족하거나 생산 일정이 지연되어 기업에 이러한 계약의 체결을 요청할 수 있다.

② 고객이 미인도청구약정에서 제품을 통제하기 위해서는 다음 기준을 모두 충족하여야 한다.

(1) 미인도청구약정의 이유가 실질적이어야 한다(예: 고객이 그 약정을 요구하였다).

(2) 제품은 고객의 소유물로 구분하여 식별되어야 한다.

(3) 고객에게 제품을 물리적으로 이전할 준비가 현재 되어 있어야 한다.

(4) 기업이 제품을 사용할 능력을 가질 수 없거나 다른 고객에게 이를 넘길 능력을 가질 수 없다.

[18-6] 거래가격을 산정함

수행의무를 이행할 때(또는 이행하는 대로), 그 수행의무에 배분된 거래가격(변동대가 추정치 중 제약받는 금액은 제외)을 수익으로 인식한다.

1. 일반

① 거래가격을 산정하기 위해서는 계약 조건과 기업의 사업 관행을 참고한다. 거래가격은 고객에게 약속한 재화나 용역을 이전하고 그 대가로 기업이 받을 권리를 갖게 될 것으로 예상하는 금액이며, 제삼자를 대신해서 회수한 금액(예: 일부 판매세)은 제외한다. 고객과의 계약에서 약속한 대가는 고정금액, 변동금액 또는 둘 다를 포함할 수 있다.

② 고객이 약속한 대가의 특성, 시기, 금액은 거래가격의 추정치에 영향을 미친다. 거래가격을 산정할 때에는 다음 사항이 미치는 영향을 모두 고려한다.

(1) 변동대가 (2) 변동대가 추정치의 제약 (3) 계약에 있는 유의적인 금융요소

(4) 비현금 대가 (5) 고객에게 지급할 대가

③ 거래가격을 산정하기 위하여 기업은 재화나 용역을 현행 계약에 따라 약속대로 고객에게 이전할 것이고 이 계약은 취소·갱신·변경 되지 않을 것이라고 가정한다.

2. 변동대가

① 계약에서 약속한 대가에 변동금액이 포함된 경우에 고객에게 약속한 재화나 용역을 이전

하고 그 대가로 받을 권리를 갖게 될 금액을 추정한다.

② 대가(금액)는 할인, 리베이트, 환불, 공제, 가격할인, 장려금, 성과보너스, 위약금이나 그 밖의 비슷한 항목 때문에 변동될 수 있다. 기업이 대가를 받을 권리가 미래 사건의 발생 여부에 달려있는 경우에도 약속한 대가는 변동될 수 있다. 예를 들면 반품권을 부여하여 제품을 판매하거나 특정 단계에 도달해야 고정금액의 성과보너스를 주기로 약속한 경우에 대가(금액)는 변동될 것이다.

③ 변동대가(금액)는 다음 중에서 기업이 받을 권리를 갖게 될 대가(금액)를 더 잘 예측할 것으로 예상하는 방법을 사용하여 추정한다.

　(1) 기댓값―기댓값은 가능한 대가의 범위에 있는 모든 금액에 각 확률을 곱한 금액의 합이다. 기업에 특성이 비슷한 계약이 많은 경우에 기댓값은 변동대가(금액)의 적절한 추정치일 수 있다.★

　(2) 가능성이 가장 높은 금액―가능성이 가장 높은 금액은 가능한 대가의 범위에서 가능성이 가장 높은 단일 금액(계약에서 가능성이 가장 높은 단일 결과치)이다. 계약에서 가능한 결과치가 두 가지뿐일 경우(예: 기업이 성과보너스를 획득하거나 획득하지 못하는 경우)에는 가능성이 가장 높은 금액이 변동대가의 적절한 추정치가 될 수 있다.★

④ 기업이 받을 권리를 갖게 될 변동대가(금액)에 미치는 불확실성의 영향을 추정할 때에는 그 계약 전체에 하나의 방법을 일관되게 적용한다. 또 합리적인 범위에서 구할 수 있는 모든 정보(과거, 현재, 예측 정보)를 참고하고 합리적인 수에 해당하는 가능한 대가들을 식별한다. 변동대가(금액)를 추정할 때 사용하는 정보는 경영진이 입찰·제안 과정에서 사용하거나 약속한 재화나 용역의 가격을 정할 때 사용하는 정보와 일반적으로 비슷할 것이다.

3. 환불부채

① 고객에게서 받은 대가의 일부나 전부를 고객에게 환불할 것으로 예상하는 경우에는 환불부채를 인식한다.

② 환불부채는 기업이 받았거나 받을 대가 중에서 권리를 갖게 될 것으로 예상하지 않는 금액(거래가격에 포함되지 않는 금액)으로 측정한다.

③ 환불부채(그리고 이에 상응하는 거래가격 변동, 즉 계약부채의 변동)는 보고기간 말마다 상황의 변동을 반영하여 새로 수정한다.

1) 반품권이 있는 판매

① 반품권이 있는 제품(과 환불 대상이 되는 제공한 일부 용역)의 이전을 회계처리하기 위하여, 다음 사항을 모두 인식한다.

   (1) 기업이 받을 권리를 갖게 될 것으로 예상하는 대가(금액)를 이전하는 제품에 대한 수익으로 인식(그러므로 반품이 예상되는 제품에 대해서는 수익을 인식하지 않을 것이다)

   (2) 환불부채를 인식

   (3) 환불부채를 결제할 때, 고객에게서 제품을 회수할 기업의 권리에 대하여 자산(과 이에 상응하는 매출원가 조정)을 인식

② 반품기간에 언제라도 반품을 받기로 하는 기업의 약속은 환불할 의무에 더하여 수행의무로 회계처리하지 않는다.

③ 받은(또는 받을) 금액 중 기업이 권리를 갖게 될 것으로 예상하지 않는 부분은 고객에게 제품을 이전할 때 수익으로 인식하지 않고, 환불부채로 인식한다. 이후 보고기간 말마다, 기업은 제품을 이전하고 그 대가로 권리를 갖게 될 것으로 예상하는 금액을 다시 평가하고 이에 따라 거래가격과 인식된 수익 금액을 바꾼다.

④ 보고기간 말마다 반품 예상량의 변동에 따라 환불부채의 측정치를 새로 수정한다. 이에 따라 생기는 조정액을 수익(또는 수익의 차감)으로 인식한다.

⑤ 환불부채를 결제할 때 고객에게서 제품을 회수할 기업의 권리에 대해 인식하는 자산은 처음 측정할 때 제품(예: 재고자산)의 이전 장부금액에서 그 제품 회수에 예상되는 원가(반품된 제품이 기업에 주는 가치의 잠재적인 감소를 포함)를 차감한다. 보고기간 말마다 반품될 제품에 대한 예상의 변동을 반영하여 자산의 측정치를 새로 수정한다. 이 자산은 환불부채와는 구분하여 표시한다.

⑥ 고객이 한 제품을 유형·품질·조건·가격이 같은 다른 제품(예: 색상이나 크기가 같은 다른 제품)과 교환하는 경우에는 반품으로 보지 않는다.

⑦ 고객이 결함이 있는 제품을 정상 제품으로 교환할 수 있는 계약은 보증에 대한 지침에 따라 평가한다.

2) 보증

① 어떤 보증은 관련 제품이 합의된 규격에 부합하므로 당사자들이 의도한 대로 작동할 것이라는 확신을 고객에게 준다. 다른 보증은 제품이 합의된 규격에 부합한다는 확신에 더하여 고객에게 용역을 제공한다.

② 고객이 보증을 별도로 구매할 수 있는 선택권이 있다면(예: 보증에 대하여 별도로 가격을 정하거나 협상하기 때문), 그 보증은 구별되는 용역이다. 기업이 계약에서 기술한 기능성이 있는 제품에 더하여 고객에게 용역을 제공하기로 약속한 것이기 때문이다. 이 상황에서는 약속한 보증을 수행의무로 회계처리하고, 그 수행의무에 거래가격의 일부를 배분한다.

③ 고객에게 보증을 별도로 구매할 수 있는 선택권이 없는 경우에는, 약속한 보증(또는 그 일부)이 합의된 규격에 제품이 부합한다는 확신에 더하여 고객에게 용역을 제공하는 것이 아니라면, 이 보증을 기업회계기준서 제1037호 '충당부채, 우발부채, 우발자산'에 따라 회계처리 한다.

④ 보증이 합의된 규격에 제품이 부합한다는 확신에 더하여 고객에게 용역을 제공하는 것인지를 평가할 때, 다음과 같은 요소를 고려한다.

  (1) 법률에서 보증을 요구하는지—법률에 따라 기업이 보증을 제공하여야 한다면 그 법률의 존재는 약속한 보증이 수행의무가 아님을 나타낸다. 그러한 규정은 보통 결함이 있는 제품을 구매할 위험에서 고객을 보호하기 위해 존재하기 때문이다.

  (2) 보증기간—보증기간이 길수록, 약속한 보증이 수행의무일 가능성이 높다. 제품이 합의된 규격에 부합한다는 확신에 더하여 용역을 제공할 가능성이 더 높기 때문이다.

  (3) 기업이 수행하기로 약속한 업무의 특성—제품이 합의된 규격에 부합한다는 확신을 주기 위해 기업이 정해진 업무를 수행할 필요가 있다면(예 : 결함이 있는 제품의 반품 운송용역), 그 업무는 수행의무를 생기게 할 것 같지는 않다.

⑤ 보증(또는 그 일부)이 제품이 합의된 규격에 부합한다는 확신에 더하여 고객에게 용역을 제공한다면 이 약속한 용역은 수행의무이다. 그러므로 거래가격을 이 제품과 용역에 배분한다. 기업이 확신 유형의 보증과 용역 유형의 보증을 모두 약속하였으나 이를 합리적으로 구별하여 회계처리할 수 없다면, 두 가지 보증을 함께 단일 수행의무로 회계처리한다.

⑥ 제품이 손해나 피해를 끼치는 경우에 기업이 보상하도록 요구하는 법률 때문에 수행의무가 생기지는 않는다. 예를 들면 제조업자는 소비자가 용도에 맞게 제품을 사용하면서 생길 수 있는 모든 피해(예: 개인 자산에 대한 피해)를 제조업자가 책임지도록 하는 법률이 있는 국가(법적 관할구역)에서 제품을 판매할 수 있다. 이와 비슷하게, 제품이 특허권, 저작권, 상표권, 그 밖의 권리를 침해한 데 따른 청구로 생기는 책임과 피해에 대해 고객에게 배상하기로 한 기업의 약속 때문에 수행의무가 생기지는 않는다. 이러한 의무는 기업회계기준서 제1037호 '충당부채, 우발부채, 우발자산'에 따라 회계처리한다.

4. 변동대가 추정치를 제약함

① 변동대가와 관련된 불확실성이 나중에 해소될 때, 이미 인식한 누적 수익 금액 중 유의적인 부분을 되돌리지(환원하지) 않을 가능성이 매우 높은 정도까지만 변동대가(금액)의 일부나 전부를 거래가격에 포함한다.

② 수익 환원 가능성을 높이거나 그 크기를 크게 할 수 있는 요인에는 다음 항목이 포함되나 이에 한정되지는 않는다.

    (1) 대가(금액)가 기업의 영향력이 미치지 못하는 요인에 매우 민감하다. 그 요인에는 시장의 변동성, 제삼자의 판단이나 행동, 날씨 상황, 약속한 재화나 용역의 높은 진부화 위험이 포함될 수 있다.

    (2) 대가(금액)에 대한 불확실성이 장기간 해소되지 않을 것으로 예상된다.

    (3) 비슷한 유형의 계약에 대한 기업의 경험(또는 그 밖의 증거)이 제한적이거나, 그 경험(또는 그 밖의 증거)은 제한된 예측치만 제공한다.

    (4) 폭넓게 가격할인을 제공하거나, 비슷한 상황에 있는 비슷한 계약의 지급조건을 변경하는 관행이 있다.

    (5) 계약에서 생길 수 있는 대가가 다수이고 그 범위도 넓다.

5. 변동대가의 재검토

각 보고기간 말의 상황과 보고기간의 상황 변동을 충실하게 표현하기 위하여 보고기간 말마다 추정 거래가격을 새로 수정한다(변동대가 추정치가 제약되는지를 다시 평가하는 것을 포함).

6. 계약에 있는 유의적인 금융요소

① 거래가격을 산정할 때, 계약 당사자들 간에 (명시적으로나 암묵적으로) 합의한 지급시기 때문에 고객에게 재화나 용역을 이전하면서 유의적인 금융 효익이 고객이나 기업에 제공되는 경우에는 화폐의 시간가치가 미치는 영향을 반영하여 약속된 대가(금액)를 조정한다. 그 상황에서 계약은 유의적인 금융요소를 포함한다. 금융지원 약속이 계약에 분명하게 기재되어 있든지 아니면 그 약속이 계약 당사자들이 합의한 지급조건에 암시되어 있든지에 관계없이, 유의적인 금융요소가 있을 수 있다.

② 유의적인 금융요소를 반영하여 약속한 대가(금액)를 조정하는 목적은 약속한 재화나 용역을 고객에게 이전할 때(또는 이전하는 대로) 그 고객이 그 재화나 용역 대금을 현금으로 결제했다면 지급하였을 가격을 반영하는 금액(현금판매가격)으로 수익을 인식하기 위해서이다.

③ 고객과의 계약에 다음 요인 중 어느 하나라도 존재한다면 유의적인 금융요소가 없을 것이다.

  ⑴ 고객이 재화나 용역의 대가를 선급하였고 그 재화나 용역의 이전 시점은 고객의 재량에 따른다.

  ⑵ 고객이 약속한 대가 중 상당한 금액이 변동될 수 있으며 그 대가의 금액과 시기는 고객이나 기업이 실질적으로 통제할 수 없는 미래 사건의 발생 여부에 따라 달라진다(예 : 대가가 판매기준 로열티인 경우).

  ⑶ 약속한 대가와 재화나 용역의 현금판매가격 간의 차이가 고객이나 기업에 대한 금융 제공 외의 이유로 생기며, 그 금액 차이는 그 차이가 나는 이유에 따라 달라진다. 예를 들면 지급조건을 이용하여 계약상 의무의 일부나 전부를 적절히 완료하지 못하는 계약 상대방에게서 기업이나 고객을 보호할 수 있다.

④ 계약을 개시할 때 기업이 고객에게 약속한 재화나 용역을 이전하는 시점과 고객이 그에 대한 대가를 지급하는 시점 간의 기간이 1년 이내일 것이라고 예상한다면 유의적인 금융요소의 영향을 반영하여 약속한 대가(금액)를 조정하지 않는 실무적 간편법을 쓸 수 있다.

⑤ 유의적인 금융요소를 반영하여 약속한 대가(금액)를 조정할 때에는 계약 개시시점에 기업과 고객이 별도 금융거래를 한다면 반영하게 될 할인율을 사용한다. 이 할인율은 고객이나 기업이 제공하는 담보나 보증(계약에 따라 이전하는 자산을 포함)뿐만 아니라 계약에 따라 금융을 제공받는 당사자의 신용 특성도 반영할 것이다. 기업이 고객에게 재화나 용역을 이전할 때(또는 이전하는 대로) 고객이 그 재화나 용역의 대가를 현금으로 결제한다면 지급할 가격으로 약속한 대가의 명목금액을 할인하는 이자율을 식별하여 그 할인율을 산정할 수 있다. 계약 개시 후에는 이자율이나 그 밖의 상황이 달라져도(예: 고객의 신용위험 평가의 변동) 그 할인율을 새로 수정하지 않는다.

⑥ 포괄손익계산서에서는 금융효과(이자수익이나 이자비용)를 고객과의 계약에서 생기는 수익과 구분하여 표시한다. 이자수익과 이자비용은 고객과의 계약에 대한 회계처리에서 인식하는 계약자산(또는 수취채권)이나 계약부채를 인식하는 정도까지만 인식한다.

7. 비현금 대가

① 고객이 현금 외의 형태로 대가를 약속한 계약의 경우에 거래가격을 산정하기 위하여 비현금 대가(또는 비현금 대가의 약속)를 공정가치로 측정한다.(고객에게 약속한 재화나 용역의 개별판매가격으로 측정×)

② 비현금 대가의 공정가치를 합리적으로 추정할 수 없는 경우에는, 그 대가와 교환하여 고

객(또는 고객층)에게 약속한 재화나 용역의 개별 판매가격을 참조하여 간접적으로 그 대가를 측정한다.

③ 기업이 계약을 쉽게 이행할 수 있도록, 고객이 재화나 용역(예: 재료, 설비, 노동력)을 제공하는 경우에 기업이 그 제공받은 재화나 용역을 통제하게 되는지를 판단한다. 기업이 제공받은 재화나 용역을 통제한다면, 이를 고객에게서 받은 비현금 대가로 회계처리한다.

8. 고객에게 지급할 대가

① 고객에게 지급할 대가는 고객이 기업에 이전하는 구별되는 재화나 용역의 대가로 지급하는 것이 아니라면, 그 대가는 거래가격, 즉 수익에서 차감하여 회계처리한다. 고객에게 지급할 대가에 변동금액이 포함되는 경우에는 거래가격을 추정한다(변동대가 추정치의 제약에 대한 평가 포함).

② 고객에게 지급할 대가가 고객에게서 받은 구별되는 재화나 용역에 대한 지급이라면, 다른 공급자에게서 구매한 경우와 같은 방법으로 회계처리한다. 고객에게 지급할 대가(금액)가 고객에게서 받은 구별되는 재화나 용역의 공정가치를 초과한다면, 그 초과액을 거래가격에서 차감하여 회계처리한다. 고객에게서 받은 재화나 용역의 공정가치를 합리적으로 추정할 수 없다면, 고객에게 지급할 대가 전액을 거래가격에서 차감하여 회계처리한다.

③ 따라서 고객에게 지급할 대가를 거래가격에서 차감하여 회계처리하는 경우에는 다음 중 나중의 사건이 일어날 때(또는 일어나는 대로) 수익의 차감을 인식한다.

  (1) 기업이 고객에게 관련 재화나 용역을 이전하여 그 수익을 인식한다.

  (2) (지급이 미래 사건을 조건으로 할지라도) 기업이 대가를 지급하거나 지급하기로 약속한다. 그 약속은 기업의 사업 관행에서 암시될 수 있다.

[18-7] 거래가격을 수행의무에 배분함

1. 개별 판매가격에 기초한 배분

① 거래가격은 대적 개별 판매가격을 기준으로 계약에서 식별된 각 수행의무에 배분한다. 다만 할인액의 배분과 변동금액이 포함된 대가의 배분에서 정한 경우는 제외한다.

② 단일 수행의무만 있는 계약에는 적용하지 않는다. 그러나 단일 수행의무로 식별한, 일련의 구별되는 재화나 용역을 이전하기로 약속하고 그 약속한 대가에 변동금액이 포함된다면 적용할 수 있다.

③ 거래가격을 상대적 개별 판매가격에 기초하여 각 수행의무에 배분하기 위하여 계약 개시 시점에 계약상 각 수행의무의 대상인 구별되는 재화나 용역의 개별 판매가격을 산정하고 이 개별 판매가격에 비례하여 거래가격을 배분한다.

④ 개별 판매가격은 기업이 고객에게 약속한 재화나 용역을 별도로 판매할 경우의 가격이다. 개별 판매가격의 최선의 증거는 기업이 비슷한 상황에서 비슷한 고객에게 별도로 재화나 용역을 판매할 때 그 재화나 용역의 관측 가능한 가격이다. 재화나 용역의 계약상 표시가격이나 정가는 그 재화나 용역의 개별 판매가격일 수 있지만, 개별 판매가격으로 간주되어서는 안 된다.

⑤ 개별 판매가격을 직접 관측할 수 없다면, 개별 판매가격을 추정한다. 개별 판매가격을 추정할 때, 합리적인 범위에서 구할 수 있는 모든 정보(시장조건, 기업 특유 요소, 고객이나 고객층에 대한 정보 포함)를 고려한다. 이 때, 관측 가능한 투입변수들을 최대한 사용하고 비슷한 상황에서는 추정방법을 일관되게 적용한다.

⑥ 재화나 용역의 개별 판매가격을 적절하게 추정하는 방법에는 다음이 포함되지만 이에 한정되지는 않는다.
(1) 시장평가 조정 접근법 (2) 예상원가 이윤 가산 접근법 (3) 잔여접근법

⑦ 둘 이상의 재화나 용역의 개별 판매가격이 매우 다양하거나 불확실한 경우에는 계약에서 약속한 재화나 용역의 개별 판매가격 추정에 여러 방법을 결합하여 사용할 필요가 있을 수 있다.

2. 할인액의 배분

① 계약에서 약속한 재화나 용역의 개별 판매가격 합계가 계약에서 약속한 대가를 초과하면, 고객은 재화나 용역의 묶음을 구매하면서 할인을 받은 것이다. 할인액 전체가 계약상 하나 이상의 일부 수행의무에만 관련된다는 관측 가능한 증거가 있는 때 외에는, 할인액을 계약상 모든 수행의무에 비례하여 배분한다. 이러한 상황에서 할인액을 비례적으로 배분하면 대상이 되는 구별되는 재화나 용역의 상대적 개별 판매가격에 기초하여 거래가격을 각 수행의무에 배분한 결과가 된다.

② 할인액을 계약에 포함된 하나 이상의 일부 수행의무에 모두 배분하는 경우에 잔여접근법을 사용하여 재화나 용역의 개별 판매가격을 추정하기 전에 그 할인액을 배분한다.

[18-8] 거래가격의 변동

① 거래가격의 후속 변동은 계약 개시시점과 같은 기준으로 계약상 수행의무에 배분한다. 따라서 계약을 개시한 후의 개별 판매가격 변동을 반영하기 위해 거래가격을 다시 배분하지는 않는다.

② 이행된 수행의무에 배분되는 금액은 거래가격이 변동되는 기간에 수익으로 인식하거나 수익에서 차감한다.

[18-9] 라이선싱

① 라이선스는 기업의 지적재산에 대한 고객의 권리를 정한다.

② 라이선스를 부여하는 약속이 그 밖에 약속한 재화나 용역과 계약에서 구별되지 않는다면, 라이선스를 부여하는 약속과 그 밖에 약속한 재화나 용역을 함께 단일 수행의무로 회계처리한다. 계약에서 약속한 그 밖의 재화나 용역과 구별되지 않는 라이선스의 예에는 다음 항목이 포함된다.

  (1) 유형 재화의 구성요소이면서 그 재화의 기능성에 반드시 필요한 라이선스

  (2) 관련 용역과 결합되는 경우에만 고객이 효익을 얻을 수 있는 라이선스(예: 라이선스를 부여하여 고객이 콘텐츠에 접근할 수 있도록 제공하는 온라인 서비스)

③ 고객에게 라이선스를 부여하는 약속의 성격이 고객에게 다음 중 무엇을 제공하는 것인지를 고려한다.

  (1) 라이선스 기간 전체에 걸쳐 존재하는, 기업의 지적재산에 접근할 권리

  (2) 라이선스를 부여하는 시점에 존재하는, 기업의 지적재산을 사용할 권리

④ 다음 기준을 모두 충족한다면, 라이선스를 부여하는 기업의 약속의 성격은 기업의 지적재산에 접근권을 제공하는 것이다.

  (1) 고객이 권리를 갖는 지적재산에 유의적으로 영향을 미치는 활동을 기업이 할 것을 계약에서 요구하거나 고객이 합리적으로 예상한다.

  (2) 라이선스로 부여한 권리 때문에 식별되는 기업 활동의 긍정적 또는 부정적 영향에 직접 노출된다.

  (3) 그 활동(들)이 행해짐에 따라 재화나 용역을 고객에게 이전하는 결과를 가져오지 않는다.

⑤ 지적재산에 유의적으로 영향을 미치는 활동을 기업이 할 것이라고 고객이 합리적으로 예상할 수 있음을 나타낼 수 있는 요소(들)에는 기업의 사업 관행, 공개된 경영방침, 특정

성명(서)이 포함된다. 비록 결정적이지는 않지만, 고객에게 권리가 있는 지적재산과 관련하여 기업과 고객이 공유하는 경제적 지분(예: 판매기준 로열티)의 존재도 기업이 그러한 활동을 할 것이라고 고객이 합리적으로 예상할 수 있음을 나타낼 수 있다.

⑥ 다음 중 어느 하나에 해당하는 경우에는 기업의 활동이 고객에게 권리가 있는 지적재산에 유의적으로 영향을 미친다.

⑴ 그 활동이 지적재산의 형식(예: 디자인, 콘텐츠)이나 기능성(예: 기능 또는 업무를 수행하는 능력)을 유의적으로 바꿀 것으로 예상된다.

⑵ 지적재산에서 효익을 얻는 고객의 능력이 실질적으로 그 활동에서 생기거나 그 활동에 따라 달라진다. 예를 들면 상표에서 생기는 효익은 흔히 지적재산의 가치를 뒷받침하거나 유지하는 기업의 계속적인 활동에서 생기거나 그 활동에 따라 달라진다.

따라서 고객에게 권리가 있는 지적재산의 개별 기능성이 유의적이라면 그 지적재산의 효익 가운데 유의적인 부분은 그 기능성에서 생긴다. 따라서 그 활동이 형식이나 기능성을 유의적으로 바꾸지 않는다면 그 지적재산에서 효익을 얻는 고객의 능력은 기업의 활동에서 유의적으로 영향을 받지 않을 것이다. 흔히 개별 기능성이 유의적인 지적재산의 유형으로는 소프트웨어, 생물학적 화합물이나 약물의 제조법, 완성된 미디어콘텐츠(예: 영화, 텔레비전 쇼, 음반)가 포함된다.

⑦ 기업의 지적재산의 접근권을 제공하는 라이선스의 경우, 기업은 라이선스를 부여하는 약속을 기간에 걸쳐 이행하는 수행의무로 회계처리한다. 기업의 지적재산에 접근을 제공하는 약속을 수행하는 대로 고객이 수행에서 생기는 효익을 동시에 얻고 소비하기 때문이다.

⑧ 기업의 지적재산의 접근권을 제공하는 라이선스가 아닌 경우, 기업이 한 약속의 성격은 라이선스를 고객에게 부여하는 시점에 (형식과 기능성 면에서) 그 라이선스가 존재하는 대로, 지적재산의 사용권을 제공하는 것이다. 이는 라이선스를 이전하는 시점에 고객이 라이선스의 사용을 지시할 수 있고 라이선스에서 생기는 나머지 효익의 대부분을 획득할 수 있음을 뜻한다. 지적재산 사용권을 제공하는 약속은 한 시점에 이행하는 수행의무로 회계처리한다. 그러나 지적재산 사용권을 제공하는 라이선스에 대한 수익은 고객이 라이선스를 사용하여 효익을 얻을 수 있는 기간이 시작되기 전에는 인식할 수 없다. 예를 들면 고객이 즉시 소프트웨어를 사용할 수 있게 하는 접속번호를 고객에게 제공하거나 다른 방법으로 사용할 수 있게 하기 전에, 소프트웨어의 라이선스 기간이 시작될 수 있다. 이 경우에 기업은 그 접속번호를 제공하거나 다른 방법으로 사용할 수 있게 하기 전에는

수익을 인식하지 않는다.

⑨ 라이선스가 지적재산 접근권을 제공하는지, 지적재산 사용권을 제공하는지를 판단할 때, 다음 요소(들)는 고려하지 않는다.

　(1) 시간 제약, 지리적 지역 제약, 사용 제약―그 제약은 수행의무가 한 시점에 이행되는 지 또는 기간에 걸쳐 이행되는지를 정하기보다는 약속한 라이선스의 속성을 정한다.

　(2) 기업이 지적재산에 유효한 특허권이 있고 이 특허권의 무단사용을 금지하는 보증을 제공―특허권을 보호하는 약속은 수행의무가 아니다. 특허권을 보호하는 행위는 기업 의 지적재산의 가치를 보호하고, 이전된 라이선스가 계약에서 약속한 라이선스의 규격 을 충족한다는 확신을 고객에게 주는 것이기 때문이다.

⑩ 지적재산의 라이선스를 제공하는 대가로 약속된 판매기준 로열티나 사용기준 로열티의 수익은 다음 중 나중의 사건이 일어날 때(또는 일어나는 대로) 인식한다.

　(1) 후속 판매나 사용

　(2) 판매기준 또는 사용기준 로열티의 일부나 전부가 배분된 수행의무를 이행함(또는 일 부 이행함)

라이선스의 구분	수익인식	예
지적재산의 접근권	기간에 걸쳐	판매기준 로열티 존재
지적재산의 사용권	한 시점	부여시점 그대로 지적재산권 사용할 권리 제공

[18-10] 표시

① 계약 당사자 중 어느 한 편이 계약을 수행했을 때, 기업의 수행 정도와 고객의 지급과의 관계에 따라 그 계약을 계약자산이나 계약부채로 재무상태표에 표시한다. 대가를 받을 무 조건적인 권리는 수취채권으로 구분하여 표시한다.

② 기업이 고객에게 재화나 용역을 이전하기 전에 고객이 대가를 지급하거나 기업이 대가(금 액)를 받을 무조건적인 권리(수취채권)를 갖고 있는 경우에 기업은 지급받은 때나 지급받 기로 한 때에(둘 중 이른 시기)에 그 계약을 계약부채로 표시한다. 계약부채는 기업이 고 객에게서 받은 대가[또는 지급받을 권리가 있는 대가(금액)]에 상응하여 고객에게 재화나 용역을 이전하여야 하는 기업의 의무이다.

③ 고객이 대가를 지급하기 전이나 지급기일 전에 기업이 고객에게 재화나 용역의 이전을 수

행하는 경우에, 그 계약에 대해 수취채권으로 표시한 금액이 있다면 이를 제외하고 계약 자산으로 표시한다. 계약자산은 기업이 고객에게 이전한 재화나 용역에 대해 그 대가를 받을 권리이다.

④ 수취채권은 기업이 대가를 받을 무조건적인 권리이다. 시간만 지나면 대가를 지급받기로 한 때가 되는 경우에 그 대가를 받을 권리는 무조건적이다. 예를 들면 기업에 현재 지급 청구권이 있다면 그 금액이 미래에 환불될 수 있더라도 수취채권(계약자산×)을 인식한다. 고객과의 계약으로 수취채권을 최초로 인식할 때, 수취채권의 측정치와 인식한 수익에 상응하는 금액 간의 차이는 비용(예 : 손상차손)(수익차감×)으로 표시한다.★

⑤ '계약자산'과 '계약부채'라는 용어를 사용하지만 재무상태표에서 그 항목에 대해 다른 표현을 사용하는 것을 금지하지는 않는다. 계약자산에 대해 다른 표현을 사용할 경우에 수취채권과 계약자산을 구별할 수 있도록 재무제표이용자에게 충분한 정보를 제공한다.

(문제 3-23)

건설계약

[19-1] 진행기준 적용

건설계약의 결과를 신뢰성 있게 추정할 수 있는 경우, 건설계약과 관련한 계약수익과 계약원가는 보고기간말 현재 계약활동의 진행률을 기준으로 각각 수익과 비용으로 인식한다.(계약원가도 진행기준으로 인식함에 유의)

[19-2] 진행률

1. 계약의 진행률은 다양한 방식으로 결정될 수 있다.

> (1) 누적발생계약원가 기준 : 수행한 공사에 대하여 발생한 누적계약원가를 추정총계약원가로 나눈 비율(누적발생원가/추정총계약원가)
> (2) 수행한 공사의 측량
> (3) 계약 공사의 물리적 완성비율

[주의] 발주자에게서 수령한 기성금과 선수금은 흔히 수행한 공사의 정도를 반영하지 못한다.

2. 누적발생계약원가기준 진행률

진행률을 누적발생계약원가 기준으로 결정하는 경우에는 수행한 공사를 반영하는 계약원가만 누적발생원가에 포함한다. 진행률 산정을 위한 누적발생원가에서 제외되는 원가의 예는 다음과 같다.

> (1) 현장에 인도되었거나 계약상 사용을 위해 준비되었지만 아직 계약공사를 위해 설치, 사용 또는 적용이 되지 않은 재료의 원가와 같은 계약상 미래 활동과 관련된 계약원가. 단, 재료가 계약을 위해 별도로 제작된 경우는 제외한다.★
> (2) 하도급계약에 따라 수행될 공사에 대해 하도급자에게 선급한 금액★

누적발생계약원가기준에 의한 진행률은 다음과 같이 계산된다.

$$진행률 = \frac{누적발생원가}{추정총계약원가} = \frac{누적발생원가}{누적발생원가 + 추정추가원가}$$

(문제 1-1) (문제 2-22)

[19-3] 건설계약 회계처리

① 기중 : 계약원가 발생

(차) 미성공사	×××	(대) 현금or매입채무 등	×××

② 기중 : 공사대금 청구

(차) 공사미수금	×××	(대) 진행청구액	×××[*1]

③ 기중 : 공사대금 회수

(차) 현　　금	×××	(대) 공사미수금	×××

④ 기말 : 공사수익과 공사원가 인식

(차) 미성공사	×××	(대) 공사수익	×××
공사원가	×××	미성공사	×××

[19-4] 미청구공사, 초과청구공사

1. 계산식★

미청구공사 = 미성공사(주1) − 진행청구액(주2)

초과청구공사 = 진행청구액(주2) − 미성공사(주1)

(주1) 미성공사 = 누적발생원가 + 누적수익 − 누적공사원가
(주2) 진행청구액 = 누적청구액

2. 진행률이 누적원가기준인 경우

"누적발생원가 = 누적공사원가"이므로

미성공사 = 누적수익 = 계약금액 × 진행률

미청구공사 = 누적수익 − 누적청구액

초과청구공사 = 누적청구액 − 누적수익

(문제 3-25) (문제 9-24)

[19-5] 손실나는 공사*

손실나는 공사

○ 상황 : $TC_1 <$ TR $<$ TC_2, 공사기간 : 3년

○ 진행률은 누적발생계약원가 기준에 의함

구분	1차연도	2차연도	3차연도(완공)
총원가	TC_1	TC_2	TC_3
(누적)진행률	C_1	C_2	100%

※ TC : total cost 총원가, TR : total revenue 총수익(= 계약금액)

　　C : stage of completion 진행률

〈공사손익 등 계산식〉

① 1차연도 공사이익 = $(TR - TC_1) \times C_1$

② 2차연도 공사손실 = $(TC_2 - TR) + (TR - TC_1) \times C_1$

③ 3차연도 공사손익 = $TC_2 - TC_3$

④ 2차연도말 예상손실 = $(TC_2 - TR) \times (1 - C_2)$

(문제 4-25) (문제 6-17) (문제 10-26)

제20장 공정가치

[20-1] 공정가치의 정의

공정가치는 측정일에 시장참여자 사이의 정상거래에서 자산을 매도하면서 수취하거나 부채를 이전하면서 지급하게 될 가격이다. 즉, 공정가치는 유출가격(유입가격×)으로 정의된다.[*]

[20-2] 자산 또는 부채의 특성

① 공정가치측정은 특정(일반×) 자산이나 부채에 대한 것이다. 따라서 공정가치를 측정할 때에는 시장참여자가 측정일에 그 자산이나 부채의 가격을 결정할 때 고려하는 그 자산이나 부채의 특성을 고려한다.

② 특성 : 상태, 위치, 매도나 사용에 대한 제약   ※거래는 특성이 아니다.[*]

[20-3] 거래

① 거래시장 가정

> (1) 자산이나 부채의 주된 시장
> (2) 자산이나 부채의 주된 시장이 없는 경우에는 가장 유리한 시장

② 주된 시장이나 (주된 시장이 없는 경우) 가장 유리한 시장을 식별하기 위하여 가능한 모든 시장에 대한 광범위한 조사를 수행할 필요는 없으나 합리적으로 이용가능한 모든 정보를 고려한다. 이 경우 반증이 없는 한, 자산을 매도하거나 부채를 이전하기 위해 통상적으로 거래를 하는 시장을 주된 시장 또는 가장 유리한 시장(주된 시장이 없는 경우)으로 간주한다.

③ 자산이나 부채에 대한 주된 시장이 있는 경우에는 다른 시장의 가격이 측정일에 잠재적으로 더 유리하다고 하더라도, 공정가치측정치는 주된 시장의 가격(그 가격이 직접 관측가능하거나 혹은 다른 가치평가기법을 이용하여 추정이 되더라도)을 나타내도록 한다.[*]

④ 측정일에 주된 (또는 가장 유리한) 시장에 접근할 수 있어야 한다. 상이한 활동을 하는 다른 기업(및 그러한 기업에 포함되는 사업)은 다른 시장에 접근할 수도 있기 때문에 동일 자산이나 부채에 대한 주된 (또는 가장 유리한) 시장은 기업별(및 그러한 기업에 포함

되는 사업)로 다를 수 있다. 따라서 주된 (또는 가장 유리한) 시장(해당 시장 참여자)은 기업의 관점에서 고려되며 이에 따라 다른 활동을 하는 기업 간의 차이는 허용된다.

⑤ 측정일에 그 시장에 접근할 수 있어야 하지만, 그 시장의 가격에 근거하여 공정가치를 측정할 수 있도록 측정일에 특정 자산을 매도할 수 있거나 특정 부채를 이전할 수 있어야만 하는 것은 아니다.

⑥ 측정일에 자산의 매도나 부채의 이전에 대한 가격결정 정보를 제공할 수 있는 관측가능한 시장이 없더라도, 공정가치측정은 자산을 보유하거나 부채를 부담하는 시장참여자의 관점에서 고려된 거래가 측정일에 이루어진다고 가정한다.

(문제 3-4)

[20-4] 시장참여자

① 시장참여자는 다음의 특성을 모두 가진 주된 (또는 가장 유리한) 시장의 매입자와 매도자이다.

> (1) 서로 독립적이다.
> (2) 합리적인 판단력이 있다.
> (3) 자산이나 부채에 대한 거래를 체결할 수 있다. (능력)
> (4) 자산이나 부채에 대한 거래를 체결할 의사가 있다.

② 기업은 시장참여자가 경제적으로 최선의 행동을 한다는 가정하에 시장참여자가 자산이나 부채의 가격을 결정할 때 사용하는 가정에 근거하여 자산이나 부채의 공정가치를 측정하여야 한다.

③ 그러한 가정을 도출하기 위하여 특정 시장참여자를 식별할 필요는 없다

[20-5] 가격

① 공정가치는 측정일의 현행 시장 상황에서 주된 (또는 가장 유리한) 시장에서의 정상거래에서 자산을 매도하면서 수취하거나 부채를 이전(소멸×)하면서 지급하게 될 가격(즉 유출가격)이다. 이때, 그 가격은 직접 관측가능할 수도 있으며 다른 가치평가기법을 이용하여 추정될 수도 있다.

② 자산이나 부채의 공정가치를 측정하기 위하여 사용되는 주된 (또는 가장 유리한) 시장의 가격에서 거래원가는 조정하지 않는다. 거래 원가는 다른 기준서에 따라 회계처리한다. 거래원가는 자산이나 부채의 특성이 아니고 거래에 특정된 것이며 자산이나 부채를 어떻게 거래하는지에 따라 달라진다.[★]

③ 거래원가는 운송원가를 포함하지 않는다. 위치가 자산(예를 들면, 상품의 경우)의 특성이라면 현재의 위치에서 그 시장까지 자산을 운송하는 데 발생하게 될 원가가 있을 경우 주된 (또는 가장 유리한) 시장의 가격에서 그 원가를 조정한다.[★]

(문제 9-3)

[20-6] 투입변수

① 투입변수는 자산이나 부채의 가격을 결정할 때 시장참여자가 사용하게 될 가정이다.

② 투입변수는 관측가능하거나 관측가능하지 않을 수 있다.

③ 관련된 관측가능한 투입변수의 사용을 최대화하고 관측가능하지 않은 투입변수의 사용을 최소화하여 공정가치를 측정한다.

[20-7] 비금융자산에 대한 적용

① 비금융자산의 공정가치를 측정하는 경우에는 시장참여자가 경제적 효익을 창출하기 위하여 그 자산을 최고 최선으로 사용하거나 혹은 최고 최선으로 사용할 다른 시장참여자에게 그 자산을 매도하는 시장참여자의 능력을 고려한다

② 최고 최선의 사용은, 기업이 다르게 사용할 의도가 있더라도 시장참여자(기업×)의 관점에서 결정된다. 그러나 시장참여자가 비금융자산을 다르게 사용하여 그 가치를 최대화할 것이라는 점을 시장이나 기타 요소가 제시하지 않는 한 기업의 비금융자산의 현재의 사용을 최고 최선의 사용으로 간주한다.

[20-8] 부채 및 자기지분상품에 대한 적용

1. 일반원칙

부채나 자기지분상품은 다음과 같이 시장참여자에게 이전된다고 가정한다.

> (1) 부채는 여전히 남아있으며 시장참여자인 인수자는 의무를 이행하여야 한다. 측정일에 부채는 거래상대방과 결제가 이루어지지 않으며 소멸되지도 않는다. [★]
>
> (2) 자기지분상품은 여전히 남아있으며 시장참여자인 인수자는 지분상품과 관련된 권리와 책임을 인수한다. 측정일에 지분상품은 취소되거나 소멸되지 않는다.

2. 불이행위험

① 불이행위험은 기업이 의무를 이행하지 않을 위험이다.

② 부채의 공정가치는 불이행위험의 효과를 반영한다.

③ 불이행위험은 기업 자신의 신용위험을 포함하지만 이것만으로 한정되는 것은 아니다.

④ 불이행위험은 부채의 이전 전·후에 동일한 것으로 가정한다.

[20-9] 최초 인식 시점의 공정가치

① 자산이나 부채의 교환 거래에서 자산을 취득하거나 부채를 인수하는 경우, 거래가격은 자산을 취득하면서 지급하거나 부채를 인수하면서 수취하는 가격(유입가격)이다. 이와 반대로 자산이나 부채의 공정가치는 자산을 매도하면서 수취하거나 부채를 이전하면서 지급하게 될 가격(유출가격)이다.

② 자산을 취득하기 위해 지급할 가격으로 반드시 자산을 매도하는 것은 아니다. 이와 유사하게 부채를 인수하면서 수취하는 가격으로 반드시 부채를 이전하는 것은 아니다.

③ 다른 기준서에서 최초에 자산이나 부채를 공정가치로 측정할 것을 요구하거나 허용하면서 거래가격이 공정가치와 다른 경우에는, 해당 기준서에서 다르게 정하고 있지 않는 한 이로 인한 손익을 당기손익(기타포괄손익x)으로 인식한다. [★]

[20-10] 가치평가기법

① 상황에 적합하며 관련된 관측가능한 투입변수의 사용을 최대화하고 관측가능하지 않은 투입변수의 사용을 최소화하면서 공정가치를 측정하는 데 충분한 자료가 이용가능한 가치평가기법을 사용한다.

② 광범위하게 사용되는 세 가지 가치평가기법은 시장접근법, 원가접근법 및 이익접근법이다.

③ 가치평가기법이나 그 적용방법의 변경으로 인한 수정은 회계추정의 변경(회계추정의 변경x)으로 회계처리한다. [★]

[20-11] 공정가치 서열체계

① 공정가치 서열체계는 동일한 자산이나 부채에 대한 활성시장의 (조정되지 않은) 공시가격 (수준 1 투입변수)에 가장 높은 순위를 부여하며 관측가능하지 않은 투입변수(수준 3 투입변수)에 가장 낮은 순위를 부여한다.

② 공정가치 서열체계는 가치평가기법에의 투입변수에 우선순위를 부여하는 것이지 공정가치를 측정하기 위해 사용하는 가치평가기법에 우선 순위를 부여하는 것은 아니다.

③ 수준 1 투입변수는 측정일에 동일한 자산이나 부채에 대한 접근 가능한 활성시장의 (조정되지 않은) 공시가격이다.

⑴ 동일한 자산이나 부채에 대한 활성시장의 공시가격 : 수준 1 투입변수
⑵ 유사한 자산이나 부채에 대한 활성시장의 공시가격 : 수준 2 투입변수
⑶ 동일한 자산이나 부채에 대한 비활성시장의 공시가격 : 수준 2 투입변수

제21장 관계기업과 공동기업에 대한 투자

[21-1] 관계기업투자와 지분법손익 계산

주요 지분법적용결과를 표시하면 다음과 같다.

구 분	지분법손익	기타포괄손익	투자주식
기초잔액		×××	×××
1. 당기순손익보고 : 순이익 × 지분율	±×××		±×××
2. 기타포괄손익변동 : 기타포괄손익 × 지분율		±×××	±×××
3. 현금배당 : 현금배당액 × 지분율			(×××)
4. 염가매수차익 : 취득금액 − 순자산공정가치 × 지분율	×××		×××
5. 내부미실현이익제거 : 거래손익 × 기말보유비율 × 지분율	(×××)		(×××)
6. (FV − CA)의 상각 : (FV − CA) ÷ 잔존내용연수 × 지분율	(×××)		(×××)
7. 영업권 손상차손 : 영업권 − 회수가능액	(×××)		(×××)
기말잔액/이익합계	×××	×××	×××

(문제 1-2) (문제 2-29) (문제 3-27) (문제 10-28)

사업결합

[23-1] 역취득

[방법 1] 역취득의 투자차액계산

영업권＝a÷b×c－d

a : 회계상피취득자의 주식수

b : 회계상피취득자가 회계상취득자의 주주에게 회계상취득자의 주식 1주당 지급하는 회계상
　　피취득자의 주식수

c : 회계상취득자의 취득일 현재 주식 1주당 공정가치

d : 회계상피취득자 순자산의 공정가치

[방법 2] 역취득의 투자차액계산

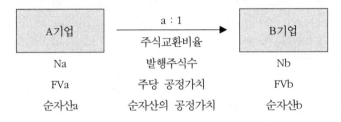

$Na < Na \times a \rightarrow$ 역취득에 해당

$$투자차액 = \frac{Na}{a} \times FVb - 순자산a$$

(문제 4-26)

정부보조금

[24-1] 인식

① 정부의 상환면제가능대출은 당해 기업이 대출의 상환면제조건을 충족할 것이라는 합리적 인 확신이 있을 때 정부보조금으로 처리한다.

② 시장이자율보다 낮은 이자율의 정부대여금의 효익은 정부보조금으로 처리한다. 시장이자 율보다 낮은 이자율의 효익은 정부대여금의 최초 장부금액(미래현금흐름을 사장이자율로 할인한 금액)과 수취한 대가의 차이로 측정한다. ★

③ 비상각자산과 관련된 정부보조금이 일정한 의무의 이행도 요구한다면 그 의무를 충족시 키기 위한 원가를 부담하는 기간에 그 정부보조금을 수익으로 인식한다. 예를 들어 건물 을 건설하는 조건으로 토지를 보조금으로 받은 경우 건물의 내용연수동안 수익으로 인식 하는 것이 적절할 수 있다.

(문제 4-7) (문제 9-23)

[24-2] 비화폐성 정부보조금

정부보조금은 토지나 그 밖의 자원과 같은 비화폐성자산을 기업이 사용하도록 이전하는 형 식을 취하는 경우에는 일반적으로 비화폐성자산의 공정가치를 평가하여 보조금과 자산 모두 를 그 공정가치 또는 명목금액으로 회계처리한다.

(문제 4-7)

[24-3] 자산관련보조금의 표시

① 자산관련정부보조금(공정가치로 측정되는 비화폐성 보조금 포함)은 재무상태표에 이연수 익으로 표시하거나 자산의 장부금액을 결정할 때 차감하여 표시한다.

> (1) 이연수익표시방법 : 보조금을 이연수익으로 인식하여 자산의 내용연수에 걸쳐 체계적이 고 합리적인 기준으로 수익을 인식하는 방법이다.
> (2) 관련자산차감표시방법 : 자산의 장부금액을 결정할 때 보조금을 차감하는 방법이다. 감가 상각자산의 내용연수에 걸쳐 감가상각액을 감소시키는 방식으로 보조금을 수익으로 인 식한다.

② 재무상태표에 보조금이 관련 자산에서 차감하여 표시되는지와 관계없이 자산의 총투자를 보여주기 위해 이러한 변동을 현금흐름표에 별도 항목으로 표시한다.★

(문제 4-7)

[24-4] 자산관련보조금(원가차감법) 감가상각비, 처분이익 계산

[표시 1]

① 감가상각비=(취득금액−정부보조금−잔존가치) ÷ 내용연수

② 처분이익=처분금액−[(취득금액−정부보조금)−(취득금액−정부보조금)

  × 경과연수/내용연쉬

[표시 2]★

차감후 취득금액=취득금액−정부보조금

① 감가상각비=(차감후 취득금액−잔존가치) ÷ 내용연수

② 처분이익=처분금액−(차감후 취득금액−차감후 취득금액× 경과연수/내용연수)

(문제 1-27) (문제 3-29)

[24-5] 수익관련보조금의 표시

수익관련보조금의 표시방법으로 다음의 두 가지 방법이 모두 인정된다.

- 수익계정 : 포괄손익계산서에 별도의 계정이나 '기타수익'과 같은 일반계정으로 표시한다.
- 비용차감계정 : 관련비용에서 보조금을 차감한다.

[24-6] 정부보조금의 상환

상환의무가 발생하게 된 정부보조금은 회계추정의 변경으로 회계처리한다.★

1. 수익관련보조금의 상환

수익관련보조금을 상환하는 경우 보조금과 관련하여 설정된 미상각 이연계정에 먼저 적용한다. 이러한 이연계정을 초과하거나 이연계정이 없는 경우에는 초과금액 또는 상환금액을 즉시 비용으로 인식한다.

2. 자산관련보조금의 상환

자산관련보조금을 상환하는 경우는 상환금액만큼 자산의 장부금액을 증가시키거나 이연수익에서 차감하여 기록한다. 보조금이 없었더라면 현재까지 비용으로 인식했어야 하는 누적적인 추가 감가상각액은 즉시 비용으로 인식한다.

종업원급여

[27-1] 확정기여제도와 확정급여제도

확정기여제도와 확정급여제도를 그림으로 표시하면 다음과 같다.*

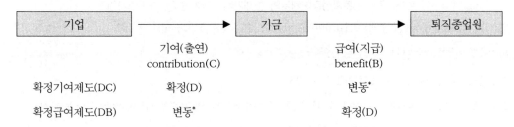

* 투자위험과 보험수리적위험을 부담함.
즉, 투자위험과 보험수리적위험 부담 : 확정기여제도 – 퇴직종업원, 확정급여제도 – 기업
(문제 1-19)

[27-2] 확정급여채무와 당기근무원가 계산

기업은 종업원이 퇴직한 시점에 일시불급여를 지급하며, 일시불급여는 종업원의 퇴직전 최종임금의 1%에 근무연수를 곱하여 산정된다. 종업원의 연간임금은 1차년도에 ₩10,000이며 향후 매년 7%(복리)씩 상승하는 것으로 가정한다. 또 연간 할인율은 10%라고 가정한다.
보험수리적 가정에 변화가 없다고 할 때 5년간 매년당기근무원가와 매년도말 확정급여채무의 현재가치는 다음과 같다.

(단위 : 원)

	1	2	3	4	5
귀속 급여					
과거연도	–	131	262	393	524
당해연도(퇴직전 최종임금의 1%)	131*1	131	131	131	131
당해연도와 과거연도	131	262	393	524	655
기초 확정급여채무의 현재가치	–	89	196	324	476
이자원가(할인율＝10%)	–	9*3	20	33	48
당기근무원가	89*2	98*4	108	119	131
기말 확정급여채무의 현재가치	89	196*5	324	476	655

*1. $100 \times 1.07^4 = 131$　　　　*2. $131 \div 1.1^4 = 89$

*3. $89 \times 0.1 = 9$ *4. $131 \div 1.1^3 = 98$

*5. $89 + 9 + 98 = 196$ or $262 \div 1.1^3 = 196$

(주1) 기초 확정급여채무의 현재가치는 과거연도에 귀속되는 급여의 현재가치를 말한다.

(주2) 당기근무원가는 **당해연도에 귀속되는 급여의 현재가치**를 말한다.

(주3) 기말 확정급여채무의 현재가치는 당해연도와 과거연도에 귀속되는 급여의 현재가치를 말한다. 기말확
　　정급여채무의 현재가치 = 기초확정급여채무의 현재가치 + 당기근무원가 + 이자원가

연도별 급여배분액(균등액) = $10,000$ 원 $\times 1.07^4 \times 1\% \times 5$ 년 $\div 5$ 년 $= 131$

1차연도 당기근무원가 = $131 \div 1.1^4 = 89$

2차연도 당기근무원가 = $131 \div 1.1^3 = 98$

2차연도말 확정급여채무 = 89(1차연도말확정급여채무) + 9(이자원가) + 98(당기근무원가)

　　　　　　　　　　 = 98(2차연도당기근무원가) × 2년 = 196

(문제 3-5)

[27-2] 확정급여채무, 사외적립자산

1. 확정급여채무★

확정급여채무

지급액	×××	기초	×××
보험수리적이익(주)	?	이자원가	×××
		당기근무원가	×××
		과거근무원가	×××
기말	×××	보험수리적손실(주)	?
	×××		×××

㈜ 보험수리적이익 또는 보험수리적손실은 대차를 일치시키는 잔여금액이다.

2. 사외적립자산

[표시 1]★

사외적립자산

기초	×××	급여지급액	×××
기여금수령액	×××	기타포괄손실(주)	?
이자수익	×××		
기타포괄이익㈜	?	기말	×××
	×××		×××

㈜ 기타포괄이익(손실)은 대차를 일치시키는 잔여금액이다.

기타포괄이익(손실)＝수익－이자수익

[표시 2]

사외적립자산

기초	×××	급여지급액	×××
기여금수령액	×××		
수익	?	기말	×××
	×××		×××

확정급여채무에 대한 이자수익과 사외적립자산에 대한 이자비용 계산시 적용되는 이자율은 보고기간초 현재 우량회사채의 시장수익률이다.

(문제 2-15) (문제 4-12) (문제 5-11) (문제 6-7) (문제 8-6) (문제 10-24)

[27-3] 확정급여원가

1. 당기손익 계산

당기근무원가	(×××)
과거근무원가(발생하는 경우)	(×××)
확정급여채무에 대한 이자원가	(×××)
사외적립자산에 대한 이자수익	×××
합계 : 당기손익	(×××)

2. 재측정요소(기타포괄손익) 계산

확정급여채무의 보험수리적손익	±×××
사외적립자산 수익－사외적립자산에 대한 이자수익	±×××
합계 : 재측정요소(기타포괄손익)	±×××

[27-4] 순확정급여부채, 순확정급여자산

1. 순확정급여부채*

순확정급여부채			
기여금수령액	×××	기초	×××
		과거근무원가(주)	×××
		순이자원가(주)	×××
재측정요소	?	당기근무원가(주)	×××
기말	×××	재측정요소	?
	×××		×××

(주) 퇴직급여원가(당기비용) = 과거근무원가(발생하는 경우) + 순이자원가 + 당기근무원가

2. 순확정급여자산

순확정급여자산			
기초(주1)	×××	당기근무원가(주2)	×××
순이자수익(주2)	×××	과거근무원가(주2)	×××
기여금수령액	×××	재측정요소	?
재측정요소	?	기말(주1)	×××
	×××		×××

(주1) Min[사외적립자산 − 확정급채무, 자산인식상환]
(주2) 퇴직급여원가(당기비용) = 과거근무원가(발생하는 경우) − 순이자수익 + 당기근무원가
(문제 1-3) (문제 4-2) (문제 7-8)

[28-1] 리스흐름 : 리스용어 상호간의 관계

① 공정가치(리스개설직접원가포함), 정기리스료·잔존가치, 내재이자율 중 2요소만 주어지면 나머지 요소는 구할 수 있다. 이러한 관계를 다음과 같이 도표로 표시할 수 있다.

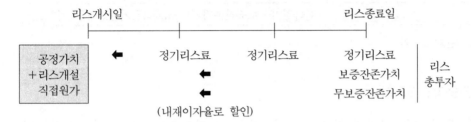

② LP(리스료) = 정기리스료합 + 보증잔존가치(or 소유권이전가격 or 염가구매약정액)

③ 리스총투자 = LP + 무보증잔존가치

④ 리스순투자 = 리스총투자의 현재가치 = 기초자산의 공정가치 + 리스개설직접원가

⑤ 미실현이자수익 = 리스총투자 - 리스순투자

[28-2] 리스약정일, 리스개시일

리스약정일(분류·측정)	리스개시일(인식)
• 리스계약일과 합의일 중 빠른 날 • 리스분류 결정일	• 리스제공자가 리스이용자에게 기초자산을 사용할 수 있게 하는 날 • 리스의 최초 인식일 • 감가상각개시일

[28-3] 리스이용자

1. 리스개시일에 금융리스부채와 사용권자산 인식

(1) 리스부채 = 리스료의 현재가치(할인율 : 1순위-내재이자율, 2순위-리스이용자의 증분차입이자율)

(2) 사용권자산＝리스부채＋리스개설직접원가

2. 감가상각비 인식

구 분	정액법에 의한 감가상각비 계산식
리스기간 종료시점까지 소유권이전 확실	(취득원가－추정잔존가치)÷내용연수
기타	(취득원가－보증잔존가치)÷Min[리스기간, 내용연쉬

(문제 4-22) (문제 9-27)

[28-4] 금융리스제공자

(1) 리스개시일에 금융리스채권 인식 : 금융리스제공자는 리스개시일에 금융리스의 리스순투자(리스총투자×)와 동일한 금액을 금융리스채권으로 인식한다.

리스순투자와 리스총투자

> • 리스순투자 : 리스총투자를 내재이자율로 할인한 금액≒기초자산의 공정가치
>   ＋리스개설직접원가
> • 리스총투자 : 리스료와 무보증잔존가치의 합계액

(2) 무보증잔존가치가 감소하는 경우 다음과 같이 금융리스채권손상차손을 인식한다.

금융리스채권손상차손

＝추정무보증잔존가치감소액×단일현가계수(내재이자율, 잔존리스기간)

＝Min[추정잔존가치감소액, 추정무보증잔존가치]

　×단일현가계수(내재이자율, 잔존리스기간)

(문제 6-22)

[28-5] 불균등 운용리스료

① 운용리스제공자 : 균등리스료를 운용리스수익으로 인식
② 운용리스제공자 : 균등리스료를 운용리스비용으로 인식

(문제 7-29)

[28-6] 금융리스와 운용리스의 당기손익*

구분	금융리스		운용리스	
리스제공자	이자수익*1	×××	운용리스수익	×××
	손상차손*3	(×××)	감가상각비	(×××)
			IDC 상각	(×××)
	당기손익 계	×××	당기손익 계	×××
리스이용자	이자비용	(×××)	운용리스비용	(×××)
	감가상각비*2	(×××)	IDC 상각	(×××)
	당기손익 계	(×××)	당기손익 계	(×××)

단, IDC : 리스개설직접원가

*1. IDC가 금융리스채권에 포함되어 이자수익으로 반영됨 *2. IDC가 금융리스자산에 포함되어 감가상각비로 반영됨
*3. 손상차손＝무보증잔존가치의 현재가치 감소액

(문제 7-26)

[28-7] 제조자나 판매자가 리스제공자인 경우

1. 매출액과 매출원가 측정*

① 매출액＝치초자산의 공정가치와 시장이자율로 할인한 리스료의 현재가치 중 작은 금액

② 매출원가는＝기초자산의 원가*에서 무보증잔존가치의 현재가치를 차감한 금액

* 만약 기초자산의 원가와 기초자산의 장부금액이 다를 경우에는 기초자산의 장부금액

2. 리스개시일의 회계처리

(차) 금융리스채권	×××	(대) 매 출 액	×××*1
매출원가	×××*2	재고자산	×××*3

*1. Min[기초자산의 공정가치, 시장이자율로 할인한 최소리스료의 현재가치]
*2. 기초자산의 취득원가−무보증잔존가치의 현재가치 *3. 기초자산의 취득원가

3. 리스기간 첫 회계연도 당기순이익 증가액(법인세효과 무시)은 다음과 같이 계산된다.

매 출 액	×××	＝Min[MLP현가, FV]
매출원가	(×××)	＝HC−URV현가
판매비용	(×××)	＝리스의 협상 및 계약단계에서 발생한 원가
당기순이익증가액	×××	법인세효과 무시

[28-8] 판매후리스거래

1. 판매자-리스이용자가 행한 자산 이전이 '자산의 판매'에 해당하는 경우 회계처리

(1) 판매자-리스이용자는 계속 보유하는 사용권에 관련되는 자산의 종전 장부금액에 비례하여 판매후리스에서 생기는 사용권자산을 측정한다. 따라서 판매자-리스이용자는 구매자-리스제공자에게 이전한 권리에 관련되는 차손익 금액만을 인식한다.

(2) 구매자-리스제공자는 자산의 매입으로 회계처리
- ❑ 자산 판매대가의 공정가치가 그 자산의 공정가치와 같지 않거나 리스에 대한 지급액이 시장요율이 아니라면 판매금액을 공정가치로 측정하기 위하여 다음과 같이 조정한다.
  - ① 시장조건을 밑도는 부분은 리스료의 선급으로 회계처리한다.
  - ② 시장조건을 웃도는 부분은 구매자-리스제공자가 판매자-리스이용자에 제공한 추가 금융으로 회계처리한다. *

2. 판매자-리스이용자가 행한 자산 이전이 '자산의 판매'에 해당하지 않은 경우 회계처리

(1) 판매자-리스이용자는 이전한 자산을 계속 인식하고, 이전금액과 같은 금액으로 금융부채를 인식한다.

(2) 구매자-리스제공자는 이전된 자산을 인식하지 않고, 이전금액과 같은 금액으로 금융자산을 인식한다.

3. 자산의 판매대가가 자산의 공정가치를 초과하는 판매후 리스(자산의 판매에 해당)

① 추가금융＝기초자산의 판매가격-기초자산의 공정가치

② 사용권자산＝기초자산의 장부금액×리스료의 현재가치*÷리스자산의 공정가치

③ 권리이전에 따른 실현차익＝(기초자산의 공정가치-기초자산의 장부금액)×(기초자산의 공정가치-리스료의 현재가치*)÷리스자산의 공정가치

* 추가금융을 차감한 순수 리스료의 현재가치＝명목상리스료의 현재가치-추가금융

(문제 5-24) (문제 8-29)

법인세

[30-1] 당기손익 이외로 인식되는 항목

기타포괄손익 또는 자본에 반영되는 당기법인세 또는 이연법인세는 다음과 같이 구분하여 정리하는 것이 이해하기 쉽다.

> (유형1) 기타포괄손익 또는 자본에 반영되는 당기법인세
> (유형2) 기타포괄손익 또는 자본에 반영되는 이연법인세

(유형1) 당기손익 이외로 인식되는 항목과 관련된 당기법인세
(예) 자기주식처분이익 ₩100 법인세 관련 분개(세율 : 30%)

구분	차변		대변	
당기법인세 인식	법인세비용	30	당기법인세부채	30
이연법인세 인식	자기주식처분이익	30	법인세비용	30
결합 분개	자기주식처분이익	30	당기법인세부채	30

(유형2) 당기손익 이외로 인식되는 항목과 관련된 이연법인세
(예) FVOCI금융자산평가이익 ₩100 법인세 관련 분개(세율 : 30%)

구분	차변		대변	
당기법인세 인식	해당 없음			
이연법인세 인식	법인세비용	30	이연법인세부채	30
	FVOCI금융자산평가이익	30	법인세비용	30
결합 분개	FVOCI금융자산평가이익	30	이연법인세부채	30

[30-2] 적용세율

① 한계세율과 평균세율 중 평균세율
② 발생세율과 소멸세율 중 소멸세율

[30-3] 사업결합에서 발생한 이연법인세

1. 사업결합결과 취득자의 이연법인세자산 인식

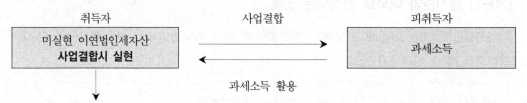

(차) 이연법인세자산 ××× (대) 법인세비용 ×××

취득자의 자산(이연법인세자산)이 변경되었으므로 사업결합회계처리(피취득자의 자산이 변경되는 경우에 해당)가 아니다. 따라서 영업권을 조정하지 않는다.

2. 사업결합이후 피취득자의 이연법인세자산 인식

(차) 이연법인세자산 ××× (대) 법인세비용 ×××
(차) 영업권손상차손 ××× (대) 영업권   ×××

피취득자의 자산(이연법인세자산)이 변경(증가)되었으므로 사업결합회계처리에 해당된다. 따라서 영업권을 감소시키고 손상차손으로 인식한다.

주식기준보상

[31-1] 시장성과조건과 비시장성과조건 비교

구 분	시장성과조건	비시장성과조건
성과조건의 예	목표주가의 달성, 주식선택권의 목표내재가치 달성, 기업의 지분상품의 시장가격을 다른 기업의 지분상품 시장가격의 지수와 비교하여 지정한 목표의 달성 등	목표이익, 목표판매량, 목표매출액 등 회사 지분상품의 시장가격과 직접 관련이 없는 성과를 달성 등
공정가치 측정시 성과조건 고려여부	고려함	고려 안 함
기대가득기간 후속적 수정여부	수정 안 함★	수정 함
성과조건 미 충족시 보상원가 인식	누적보상원가 인식함 기 인식한 보상원가 환입 안 함★	누적보상원가 인식 안 함 기 인식한 보상원가 환입

(문제 1-15) (문제 4-4)

[31-2] 주식결제형 가득기간 중 기간별 보상원가 측정

기대가득기간 : 3년(20×1년 1월 1일부터 20×3년 12월 31일까지)

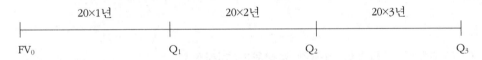

20×1년 보상원가 $= Q_1 \times FV_0 \times 1/3$

20×2년 보상원가 $= Q_2 \times FV_0 \times 2/3 - Q_1 \times FV_0 \times 1/3$

20×3년 보상원가 $= Q_3 \times FV_0 - Q_2 \times FV_0 \times 2/3$

단, FV_0 : 부여일 현재 주식선택권의 단위당 공정가치

Q_1 : 1차연도말 기대가득주식선택권수량

Q_2 : 2차연도말 기대가득주식선택권수량

Q_3 : 3차연도말 기대가득주식선택권수량

(문제 10-1)

[31-4] 조건변경

① 종업원에게 불리한 조건변경 : 조건변경이 없는 것으로 간주한다. 즉, 증분공정가치를 인식하지 않는다.

② 종업원에게 유리한 조건변경 : 증분공정가치를 인식한다.

- 가득기간 중 변경 : 증분공정가치를 당초 잔여기간에 걸쳐 인식한다.
- 가득일 후 변경 : 증분공정가치를 즉시 인식한다.

③ 취소 후 재부여도 조건변경으로 본다.

(문제 5-3) (문제 8-4)

[31-4] 종업원에게 유리한 조건변경 시 보상원가 계산식

〈배경정보〉

기대가득기간 : 3년

1차년도말에 종업원에게 유리한 조건변경 실시

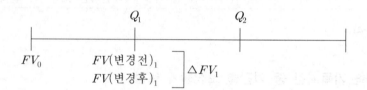

$$\times 2년\,보상원가 = Q_2 \times [FV_O \times \frac{2}{3} + (FV(변경후)_1 - FV(변경전)_1) \times \frac{1}{2}] - Q_1 \times FV_O \times \frac{1}{3}^\star$$

[31-5] 중도청산 시점에서 인식할 보상원가 계산식

따라서 중도청산하는 회계연도에 인식할 보상원가는 다음과 같이 계산된다.★

당기보상원가 + 잔여보상원가	×××	= 총보상원가 − 전기말 누적보상원가
공정가치를 초과한 지급액	×××	= 지급액 − 주식선택권의 공정가치
합계	×××	

(문제 3-2)

[31-6] 현금결제형 주식기준보상거래

○ 기간별 현금결제형 보상원가계산(공정가치로 측정하는 경우)

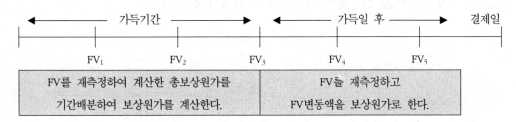

(문제 7-7)

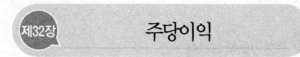

제32장 **주당이익**

[32-1] 주주우선배정 신주발행(발행금액이 공정가액 미만)

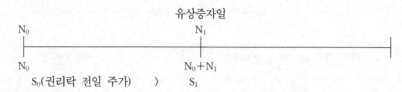

$$1 + 무상증자비율 = \frac{N_0 + N_1}{N_0 + N_1 \times (S_1/S_0)}$$

단, N_0 : 유상증자전 발행주식수 N_1 : 유상증자주식수

　　S_1 : 발행주가   　　　　　　S_0 : 권리락전일 주가,   　　$S_0 \rangle S_1$

(문제 5-8)

[32-2] 자기주식법

〈적용조건〉 $S_{avg} > X$

$$희석주당이익 \ 산정시 \ 가산할 \ 주식수 = N \times \left(1 - \frac{X}{S_{avg}}\right)$$

단, N : 매도콜옵션수

　　X : 콜옵션 행사가격

　　S_{avg} : 통주의 연평균시장가격

(문제 6-21)

[32-3] 전환금융상품의 희석주당이익 계산식

① 전환사채

$$
희석주당이익 = \frac{기본주당이익계산을\ 위한\ 이익 + 전환사채이자비용 \times (1 - 세율)}{기본주당이익계산을\ 위한\ 보통주식수 + 전환사채액면금액 \div 전환가격}
$$

② 전환우선주

$$
희석주당이익 = \frac{기본주당이익계산을\ 위한\ 이익 + 전환우선주배당액}{기본주당이익계산을\ 위한\ 보통주식수 + 전환우선주자본금 \div 전환가격}
$$

(문제 8-9)

[32-4] 소급수정

비교표시하는 모든 기본주당이익과 희석주당이익을 소급하여 수정하는 경우는 다음과 같다.

- 유통되는 보통주식수나 잠재적보통주식수가 자본금전입, 무상증자, 주식분할로 증가하였거나 주식병합으로 감소하였다면, 비교표시하는 모든 기본주당이익과 희석주당이익을 소급하여 수정한다.★
- 만약 이러한 변동이 보고기간후와 재무제표의 발행이 승인된 날 사이에 발생하였다면 당기와 표시되는 이전 기간의 주당이익을 새로운 유통보통주식수에 근거하여 재계산한다. 주당이익을 계산할 때 이와 같은 유통보통주식수의 변동을 반영하였다면 그러한 사실을 공시한다.
- 오류의 수정과 회계정책의 변경을 소급적용하는 경우에는 그 효과를 반영하여 비교표시하는 모든 기본주당이익과 희석주당이익을 수정한다.

(문제 7-9) (문제 9-26)

파생상품

[34-1] 공정가치위험회피회계와 현금흐름위험회피회계

구 분	공정가치위험회피회계	현금흐름위험회피회계
위험회피대상	고정금리조건 계약 확정계약[*1]	변동금리조건 계약 예상거래 확정계약의 위험회피[*1]
위험회피대상 평가손익	당기손익	－
파생상품 평가손익	당기손익	위험회피에 효과적 : 자본항목 위험회피에 비효과적 : 당기손익

*1. 다만, 확정계약의 외화위험회피에 공정가치위험회피회계 또는 현금흐름위험회피회계를 적용할 수 있다.

(문제 9-19) (문제 10-22)

[34-2] 통화선도의 평가손익과 거래손익 계산

매도(short) – 다운
  미수액 : fix
  (－) 미지급액 : 변동

계약 통화선도환율
                ↓ × 외화금액 = 평가손익
기말 통화선도환율
                ↓ × 외화금액 = 거래손익
결제 통화선도환율

매입(long) – 업
  미수액 : 변동
  (－) 미지급액 : fix

계약 통화선도환율
                ↑ × 외화금액 = 평가손익
기말 통화선도환율
                ↑ × 외화금액 = 거래손익
결제 통화선도환율

(문제 1-17) (문제 6-24)

[34-3] 현금흐름위험회피회계 평가손익

구 분	위험회피대상 평가손익	파생상품 평가손익	파생상품평가손익	
			당기손익	기타포괄손익
20×1년	A	B	① B−Min[A, B]	② Min[A, B]
20×2년	C	D	③−①	④−②
20×2년 누적	E	F	③ F−Min[E, F]	④ Min[E, F]

단, Min 값을 계산할 때 위험회피대상평가손익은 파생상품평가손익의 손익방향으로 조정한다. 예를 들어, 생상품평가손실 100이고, 위험회피대상평가이익 110인 경우 위험회피대상평가손실 110으로 조정한다.

[예시]

구 분	위험회피대상 평가손익	파생상품 평가손익	파생상품평가손익	
			당기손익	기타포괄손익
20×1년	70	(100)	(100)−(70)=(30)	Min[(70), (100)]=(70)
20×2년	60	(50)	10	(60)
20×2년누적	130	(150)	(150)−(130)=(20)	Min[(130), (150)]=(130)

(문제 9-19) (문제 10-22)

회계변경과 오류수정

[35-1] 회계추정의 변경과 회계정책의 변경★

> • 측정기준의 변경은 회계정책의 변경에 해당한다.
> • 회계정책의 변경과 회계추정의 변경의 구분이 어려운 경우에는 회계추정의 변경으로 본다.

[35-2] 회계정책 변경의 회계처리★

20×3년 총평균법에서 이동평균법으로 재고자산단위원가산정방법 변경

구 분	기말 재고자산			기말 이익잉여금		당기순이익
	20×1년	20×2년	20×3년	20×2년	20×3년	20×3년
총평균법	500	600	800	5,000	6,000	1,000
이동평균법	580	750	900	(물음 1)	(물음 2)	(물음 3)

(물음 1) $5,000 + (750 - 600) = 5,000 + 150 = 5,150$

(물음 2) $6,000 + (900 - 800) = 6,000 + 100 = 6,100$

(물음 3) $1,000 + [(900 - 750) - (800 - 600)] = 1,000 + (150 - 200) = 950$

전기말 이익잉여금 증가 = 전기말 재고자산 증가

당기말 이익잉여금 증가 = 딩기말 재고자산 증가

당기순이익 증가 = 재고자산 증가 차이

(문제 5-12)

[35-3] 회계추정 변경의 회계처리★

전진법은 다음의 2단계를 거쳐 적용된다.

> 〈1단계〉 ① 변경된 시점의 장부금액 계산
> 〈2단계〉 ② 새로운 추정치, 추정방법을 ①에 적용하여 감가상각비 계산

(문제 1-12) (문제 2-18) (문제 5-2) (문제 9-18) (문제 10-21)

재무제표분석

[42-1] 유동성비율 영향*

유동자산과 유동부채가 동액만큼 증가하거나 또는 감소하는 거래가 유동비율에 미치는 영향은 기존의 유동비율의 상황에 따라 다음과 같이 다르게 나타난다.

상 황	유동자산·유동부채 상계	유동자산·유동부채 동액 증가
유동비율 〈 1	감소	증가
유동비율＝1	불변	불변
유동비율 〉 1	증가	감소

(문제 4-30) (문제 10-29)

[42-2] 활동성비율*

$$재고자산회전율 = \frac{매출원가}{평균재고자산} = \frac{365}{재고자산회전기간}$$

$$매출채권회전율 = \frac{매출액}{평균매출채권} = \frac{365}{매출채권회수기간}$$

위의 산식에서 다음을 계산할 수 있다.

[물음] 매출총이익＝매출액－매출원가

[물음] 영업주기＝재고자산회전기간(보유기간)＋매출채권회수기간

(문제 1-13)

[42-3] 자기자본이익률*

$$자기자본이익률 = \frac{순이익}{자기자본}$$

$$자기자본이익률 = \frac{순이익}{매출액} \times \frac{매출액}{자산} \times \frac{자산}{자기자본}$$

$$자기자본이익률 = \frac{순이익}{매출액} \times \frac{매출액}{자산} \times (1 + \frac{부채}{자기자본})$$

자기자본이익률＝매출액순이익률×총자산회전율×(1＋부채비율)

(문제 2-16)

□ 저자약력 □

▪ 김정호

* 연세대학교 행정고시 재경직 특강
* 세무공무원 사무관 특별승진 강의
* 남서울회계학원원장 · 서울벤처창업스쿨 강사
* 지방국세청 강사
* 대주회계법인 근무
* AIFA경영아카데미 강사
* 한성학원 강사
  (현) 한국생산성본부 강사
  (현) 서울디지털대학교 겸임교수
  (현) 국세공무원교육원 강사
  (현) INTAX(조세신보사) 회계분야상담 전문위원
  (현) 소프트웨어공제조합 회계분야상담 전문위원
  (현) 반석회계법인 대표이사

〈저서〉

* (제4판) K-IFRS 재무회계연습 - 예상문제집(회경사, 2013.5)
* (제3판) K-IFRS 재무회계연습Ⅱ- 기출문제집 (회경사, 2012.5)
* (제7판) K-IFRS 중급회계Ⅰ (회경사, 2016.4)
* (제5판) K-IFRS 중급회계Ⅱ (회경사, 2015.8)
* (제5판) K-IFRS 객관식 회계학Ⅰ- 재무회계 기출문제집(회경사, 2015.11)
* (제3판) K-IFRS 객관식 회계학Ⅱ- 재무회계 예상문제집(회경사, 2012.11)
* (제2판) [한풀] 객관식 원가관리회계 기출문제집 (회경사, 2015.12)
* (제2판) 세무사 제1차시험 2교시 실전모의고사 (회경사, 2014.9)

[제5판]

K-IFRS 객관식 회계학 실전모의고사

2012년 1월 19일 초판 1쇄 발행
2012년 12월 6일 2판 1쇄 발행
2014년 9월 18일 3판 1쇄 발행
2016년 11월 4일 4판 1쇄 발행
2018년 9월 10일 5판 1쇄 발행

저 자 김 정 호
발행인 이 진 근
발행처 회 경 사

서울시 구로구 디지털로33길 11, 1008호
(구로동 에이스테크노타워 8차)
전화 : (02) 2025-7840, 7841   FAX : (02) 2025-7842
등록 : 1993년 8월 17일 제16-447호
홈페이지 http://www.macc.co.kr
e-mail : macc7@macc.co.kr

ISBN 978-89-6044-205-4   13320

정가 23,000원